Código de Derecho Internacional Privado

6ª EDICIÓN
ANOTADA Y CONCORDADA

Incluye
APÉNDICE LEGISLATIVO
ÍNDICES TEMÁTICO Y ANALÍTICO
JURISPRUDENCIA CHILENA

Eduardo Picand Albónico

Código de Derecho Internacional Privado

6ª EDICIÓN
ANOTADA Y CONCORDADA

Incluye
APÉNDICE LEGISLATIVO
ÍNDICES TEMÁTICO Y ANALÍTICO
JURISPRUDENCIA CHILENA

EDUARDO PICAND ALBÓNICO
Profesor de Derecho Internacional Privado
Universidad de Chile

tirant lo blanch
Valencia, 2025

EDITA: TIRANT LO BLANCH
C/ Artes Gráficas, 14 - 46010 - Valencia
TELFS.: 96/361 00 48 - 50
FAX: 96/369 41 51
Email: tlb@tirant.com
www.tirant.com
Librería virtual: https://editorial.tirant.com/cl
ISBN: 978-84-1095-618-6

Si tiene alguna queja o sugerencia, envíenos un mail a: *atencioncliente@tirant.com*. En caso de no ser atendida su sugerencia, por favor, lea en *www.tirant.net/index.php/empresa/politicas-de-empresa* nuestro procedimiento de quejas.

Responsabilidad Social Corporativa: http://www.tirant.net/Docs/RSCTirant.pdf

Índice

APÉNDICE

LEGISLACIÓN COMPLEMENTARIA

Contratos internacionales

Arbitraje comercial internacional

Sustracción internacional de niños, niñas y adolescentes

TRATADOS INTERNACIONALES

Parte general

Derecho de los Tratados

Inmunidades diplomáticas y consulares

Arbitraje Comercial Internacional

Derecho internacional privado de familia

Contratos internacionales

Títulos de crédito

Derecho extranjero

Cooperación jurídica internacional en materia civil y mercantil

Proceso civil internacional

PRÓLOGO

El Código de Derecho Internacional Privado, anexo de la Convención de La Habana de 1928, constituye, sin lugar a dudas, la obra de codificación más importante que haya tenido lugar en el continente americano sobre esta disciplina. Su autor fue el profesor de la Universidad de La Habana, Sr. Antonio Sánchez de Bustamante y Sirvén, a quien se le encargó esta tarea con la intención de unificar las normas de conflicto de los países americanos. Precisamente en honor al trabajo desarrollado por este jurista es que el Código de Derecho Internacional Privado es conocido universalmente como «*Código de Bustamante*».

El Código de Derecho Internacional Privado, contiene 437 artículos distribuídos en un Título Preliminar y cuatro Libros, referidos, respectivamente, al Derecho Civil Internacional; Derecho Mercantil Internacional; Derecho Penal Internacional y Derecho Procesal Internacional.

Es importante entender que la verdadera aceptación y aplicación del Código de Derecho Internacional Privado, en nuestro país, ha estado siempre marcada, incluso en sus inicios, por la influencia territorialista del Código Civil de 1855. En efecto, la delegación chilena que concurrió a La Habana en 1928, encabezada por el gran jurista Alejandro Álvarez, realizó la siguiente Declaración al momento de firmar la Convención de La Habana de 1928, lo que demuestra la posición de nuestro país:

> *«La Delegación de Chile se complace en presentar sus más calurosas felicitaciones al eminente y sabio jurisconsulto americano, señor Antonio Sánchez de Bustamante, por la magna labor que ha realizado redactando un proyecto de Código de Derecho Internacional Privado, destinado a regir las relaciones entre los Estados de América. Este trabajo es una contribución preciosa para el desarrollo del panamericanismo jurídico, que todos los países del Nuevo Mundo desean ver fortalecido y desarrollado. Aun cuando esta obra grandiosa de la codificación no puede realizarse en breve espacio de tiempo, porque necesita de la madurez y de la reflexión de los Estados que en ella van a participar, la Delegación de Chile no será un obstáculo para que esta Conferencia Panamericana apruebe un Código*

> *de Derecho Internacional Privado; pero salvará su voto en las materias y en los puntos que estime conveniente, en especial, en los puntos referentes a su política tradicional o a su legislación nacional».*

No obstante el reconocimiento manifestado, nuestro país, contraviniendo expresamente lo dispuesto en el artículo 3° de la Convención —norma que únicamente autorizaba a los Estados a formular reservas especiales a determinadas disposiciones del Código—, formuló una reserva general a todas las disposiciones, limitando con ello la aplicación del Código en nuestro país a aquellos casos en que existiere vacío legal o bien la propia ley chilena se remitiera a los tratados internacionales o a los principios de Derecho Internacional, cautelando con ello el territorialismo chileno:

> *«...ante el Derecho chileno y con relación a los conflictos que se produzcan entre la legislación chilena y alguna extranjera, los preceptos de la legislación actual o futura de Chile, prevalecerán sobre dicho Código, en caso de desacuerdo entre unos y otros».*

La reserva general con la cual Chile apoyó el Código de Bustamante, permitió que muchos autores —a mi juicio sin razón— relativizaran durante muchos años la real importancia que tiene el Código de Derecho Internacional Privado en Chile, trascendencia que ha refrendado en numerables oportunidades nuestra Corte Suprema de Justicia, al llenar los sensibles vacíos que tiene nuestra legislación sobre Derecho Internacional Privado, en materias relevantes como la competencia judicial internacional; la extradición; los conflictos de nacionalidad; los exhortos internacionales; entre otras tantas.

El año 2017, el Ministerio de Justicia y Derechos Humanos, la Facultad de Derecho de la Universidad de Chile y la Asociación Chilena de Derecho Internacional Privado (ADIPRI), firmaron un Convenio que busca colmar los vacíos del sistema chileno de Derecho Internacional Privado, a través de la elaboración de un texto técnico que sirva de base para una futura ley de Derecho Internacional Privado que regule de manera especial las relaciones privadas Internacionales. Será muy importante saber el rol que cumplirá en el futuro el Código de Derecho Internacional Privado, cuando nuestro país cuente con esta normativa especial. Por ahora, no cabe duda que el Código de Bustamante constituye una herramienta normativa fundamental en Chile para regular las relaciones privadas internacionales.

Hemos incorporado en la parte final del texto, un índice analítico a efectos de facilitar la búsqueda por materia de las distintas normas contenidas en el Código, así como también un listado reciente de sentencias dictadas por tribunales chilenos en las que se han aplicado sus disposiciones (2023-2024).

Santiago de Chile, 1 de marzo de 2025

Eduardo Picand Albónico
Profesor de Derecho Internacional Privado de la Universidad de Chile

LA CONVENCIÓN DE LA HABANA DE 1928[1]

Los Presidentes de las Repúblicas de Perú, de Uruguay, de Panamá, de Ecuador, de México, de El Salvador, de Guatemala, de Nicaragua, de Bolivia, de Venezuela, de Colombia, de Honduras, de Costa Rica, de Chile, de Brasil, de Argentina, de Paraguay, de Haití, de República Dominicana, de Estados Unidos de América y de Cuba.

Deseando que sus países respectivos estuvieran representados en la Sexta Conferencia Internacional Americana, enviaron a ella, debidamente autorizados para aprobar las recomendaciones, resoluciones, convenios y tratados que juzgaren útiles a los intereses de América, los siguientes señores Delegados: Los cuales, después de haberse comunicado sus plenos poderes y hallándolos en buena y debida forma, han convenido lo siguiente:

Artículo 1.- Las Repúblicas contratantes aceptan y ponen en vigor el Código de Derecho Internacional Privado, anexo al presente Convenio.

Artículo 2.- Las disposiciones de este Código no serán aplicables sino entre las Repúblicas contratantes y entre los demás Estados que se adhieran a él en la forma que más adelante se consigna.

Artículo 3.- Cada una de las Repúblicas contratantes, al ratificar el presente Convenio, podrá declarar que se reserva la aceptación de uno o varios artículos del Código anexo y no la obligarán las disposiciones a que la reserva se refiera.

Artículo 4.- El Código entrará en vigor para las Repúblicas que lo ratifiquen, a los treinta días del depósito de la respectiva ratificación y siempre que por lo menos lo hayan ratificado dos.

---

1 Véase el Decreto N° 374, del Ministerio de Relaciones Exteriores de Chile, publicado en el Diario Oficial el 25 de abril de 1934.

Artículo 5.- Las ratificaciones se depositarán en la Oficina de la Unión Panamericana, que trasmitirá copia de ellas a cada una de las Repúblicas contratantes.

Artículo 6.- Los Estados o personas jurídicas internacionales no contratantes que deseen adherirse a este Convenio y en todo o en parte al Código anexo, lo notificarán a la Oficina de la Unión Panamericana, que a su vez lo comunicará a todos los Estados hasta entonces contratantes o adheridos. Transcurridos seis meses desde esa comunicación, el Estado o persona jurídica internacional interesados podrá depositar en la Oficina de la Unión Panamericana el instrumento de adhesión y quedará ligado por este Convenio, con carácter recíproco, treinta días después de la adhesión, respecto de todos los regidos por el mismo que no hayan hecho en esos plazos reserva alguna en cuanto a la adhesión solicitada.

Artículo 7.- Cualquiera República Americana ligada por este Convenio, que desee modificar en todo o en parte el Código anexo, presentará la proposición correspondiente a la Conferencia Internacional Americana para la resolución que proceda.

Artículo 8.- Si alguna de las personas jurídicas internacionales contratantes o adheridas quisiera denunciar el presente Convenio, notificará la denuncia por escrito a la Unión Panamericana, la cual trasmitirá inmediatamente copia literal certificada de la notificación a las demás, dándoles a conocer la fecha en que la ha recibido. La denuncia no surtirá efecto sino respecto del contratante que la haya notificado y al año de recibida en la Oficina de la Unión Panamericana.

Artículo 9.- La Oficina de la Unión Panamericana llevará un registro de las fechas de recibo de ratificaciones y recibo de adhesiones y denuncias, y expedirá copias certificadas de dicho Registro a todo contratante que lo solicite. En fe de lo cual los Plenipotenciarios firman el presente Convenio y ponen en él el sello de la Sexta Conferencia Internacional Americana.

Hecho en la ciudad de La Habana, República de Cuba, el día veinte de febrero de mil novecientos veintiocho, en cuatro ejemplares escritos, respectivamente en castellano, inglés, francés y portugués, que se depositarán en la Oficina de la Unión Panamericana, a fin de que envíe una copia certificada de todos a cada una de las Repúblicas signatarias.

CÓDIGO DE DERECHO INTERNACIONAL PRIVADO[2] [3]

TÍTULO PRELIMINAR
REGLAS GENERALES

Artículo 1. Los extranjeros que pertenezcan a cualquiera de los Estados contratantes gozan, en el territorio de los demás, de los mismos derechos civiles que se concedan a los nacionales.

Cada Estado contratante puede, por razones de orden público, rehusar o subordinar a condiciones especiales el ejercicio de ciertos derechos civiles a los nacionales de las demás y cualquiera de esos Estados, puede, en tales casos, rehusar o subordinar a condiciones especiales el mismo ejercicio a los nacionales del primero.

---

2 Ratificado por: Bolivia, Brasil, Chile, Costa Rica, Cuba, Ecuador, El Salvador, Guatemala, Haití, Honduras, Nicaragua, Panamá, Perú, República Dominicana, Venezuela.

3 La delegación chilena realizó la siguiente Declaración al momento de firmar la Convención de La Habana de 1928: «*La Delegación de Chile se complace en presentar sus más calurosas felicitaciones al eminente y sabio jurisconsulto americano, señor Antonio Sánchez de Bustamante, por la magna labor que ha realizado redactando un proyecto de Código de Derecho Internacional Privado, destinado a regir las relaciones entre los Estados de América. Este trabajo es una contribución preciosa para el desarrollo del panamericanismo jurídico, que todos los países del Nuevo Mundo desean ver fortalecido y desarrollado. Aun cuando esta obra grandiosa de la codificación no puede realizarse en breve espacio de tiempo, porque necesita de la madurez y de la reflexión de los Estados que en ella van a participar, la Delegación de Chile no será un obstáculo para que esta Conferencia Panamericana apruebe un Código de Derecho Internacional Privado; pero salvará su voto en las materias y en los puntos que estime conveniente, en especial, en los puntos referentes a su política tradicional o a su legislación nacional*».
De igual manera, la Delegación de la República de Chile, formuló la siguiente reserva a la Convención de La Habana de 1928: «*...ante el Derecho chileno y con relación a los conflictos que se produzcan entre la legislación chilena y alguna extranjera, los preceptos de la legislación actual o futura de Chile, prevalecerán sobre dicho Código, en caso de desacuerdo entre unos y otros*».

Concordancias: *Código de Bustamante: artículos 9º, 177, 31, 33 y 34. Constitución Política: artículos 1, 10, 14 y 19 Nº 2 y 3. Código Civil: artículos 14, 16 inc. 3, 55, 56 y 57. Código Orgánico de Tribunales: artículo 5º. Código de Procedimiento Penal: artículo 1º. Ley 19.947 de Matrimonio Civil, D.O. 17.04.04: artículo 15. D.L. Nº1.939, Normas para Adquisición, Administración y Disposición de Bienes del Estado, D.O. 10.11.77. D.L. Nº 824, Ley de Impuesto a las Rentas D.O. 31.12.74: artículo 3º. D.F.L. Nº 523, Texto refundido, coordinado y sistematizado del D.L. Nº 600 de 1974 Estatuto de la Inversión Extranjera, D.O. 16.12.93.*

Artículo 2. Los extranjeros que pertenezcan a cualquiera de los Estados contratantes gozarán asimismo en el territorio de los demás de garantías individuales idénticas a las de los nacionales, salvo las limitaciones que en cada uno establezcan la Constitución y las leyes.

Las garantías individuales idénticas no se extienden, salvo disposición especial de la legislación interior, al desempeño de funciones públicas, al derecho de sufragio y a otros derechos políticos.

Concordancias: *Constitución Política: artículos 5, 10, 13, 19, 20, 21, 25, 34, 44 y 46. Código Orgánico de Tribunales: artículo 5º. Ley Nº 19.640, D.O. 15 de octubre de 1999, Orgánica Constitucional del Ministerio Público: artículo 14. Ley Nº 19.737, D.O. 6 de julio de 2001, Orgánica Constitucional de Municipalidades: artículo 73.*

Artículo 3. Para el ejercicio de los derechos civiles y para el goce de las garantías individuales idénticas, las leyes y reglas vigentes en cada Estado contratante se estiman divididas en las tres clases siguientes:

I. Las que se aplican a las personas en razón de su domicilio o de su nacionalidad y las siguen aunque se trasladen a otro país, denominadas personales o de orden público interno.

II. Las que obligan por igual a cuantos residen en el territorio, sean o no nacionales, denominadas territoriales, locales o de orden público internacional.

III. Las que se aplican solamente mediante la expresión, la interpretación o la presunción de la voluntad de las partes o de alguna de ellas, denominadas voluntarias o de orden privado.

Concordancias: *Código de Bustamante: artículos 4, 61, 117, 174, 175, 176 y 178. Constitución Política: artículo 19 Nº 21. Código Civil: artículos 14,*

15, 16, 57, 59, 548, 880, 1461, 1467 y 1475. Código de Comercio: artículo 113. Código de Procedimiento Penal: artículos 2° y 3°. D.L. N° 2349 D.O. 28 octubre 1978, Establece Normas sobre Contratos Internacionales para el Sector Público.

Artículo 4. Los preceptos constitucionales son de orden público internacional.

Concordancias: *Código de Bustamante: artículos 3°, 175, 178 y 179.*

Artículo 5. Todas las reglas de protección individual y colectiva, establecidas por el Derecho político y el administrativo, son también de orden público internacional, salvo el caso de que expresamente se disponga en ellas lo contrario.

Concordancias: *Constitución Política: artículo 19.*

Artículo 6. En todos los casos no previstos por este Código cada uno de los Estados contratantes aplicará su propia calificación a las instituciones o relaciones jurídicas que hayan de corresponder a los grupos de leyes mencionados en el artículo 3°.

Artículo 7. Cada Estado contratante aplicará como leyes personales las del domicilio, las de la nacionalidad o las que haya adoptado o adopte en lo adelante su legislación interior.

Concordancias: *Código de Bustamante: artículos 9°, 22, 27, 28, 36, 39, 62, 176. Código Civil: artículos 14 y 15.*

Artículo 8. Los derechos adquiridos al amparo de las reglas de este Código tienen plena eficacia extraterritorial en los Estados contratantes, salvo que se opusiere a alguno de sus efectos o consecuencias una regla de orden público internacional.

Concordancias: *Constitución Política de la República: Artículo 19 N° 24.*

LIBRO PRIMERO
DERECHO CIVIL INTERNACIONAL

TÍTULO PRIMERO
DE LAS PERSONAS

CAPÍTULO I
NACIONALIDAD Y NATURALIZACIÓN

Artículo 9. Cada Estado contratante aplicará su propio derecho a la determinación de la nacionalidad de origen de toda persona individual o jurídica y de su adquisición, pérdida o reintegración posteriores, que se hayan realizado dentro o fuera de su territorio, cuando una de las nacionalidades sujetas a controversia sea la de dicho Estado. En los demás casos, regirán las disposiciones que establecen los artículos restantes de este capítulo.

Concordancias: Código de Bustamante: artículos 1, 7 y 21. Constitución Política de la República: artículos 10, 11 y 12. Código Civil: artículos 14, 56. D.F.L. Nº 3, Ley General de Bancos, D.O. 19.12.97: artículos 32, 33 y 34. Ley Nº 18.046, sobre Sociedades Anónimas, D.O. 22.10.81: artículo 121. Convención sobre los Derechos del Niño, D.O. 27.09.90: artículo 7º. D.S. Nº 5.142 del Ministerio del Interior, Fija el Texto Refundido de las Disposiciones sobre Nacionalización de Extranjeros, D.O. 29.10.60.

Artículo 10. A las cuestiones sobre nacionalidad de origen en que no esté interesado el Estado en que se debaten, se aplicará la ley de aquella de las nacionalidades discutida en que tenga su domicilio la persona de que se trate.

Concordancias: Código de Bustamante: artículos 22 y ss. Constitución Política de la República: artículos 10 y ss. Código Civil: artículos 56, 59 y ss. Convención sobre los Derechos del Niño: artículo 7º.

Artículo 11. A falta de ese domicilio se aplicarán al caso previsto en el artículo anterior los principios aceptados por la ley del juzgador.

Concordancias: Código de Bustamante: artículos 22 y ss. Código Civil: artículos 59 y ss. Convención sobre los Derechos del Niño: artículo 7º.

Artículo 12. Las cuestiones sobre adquisición individual de una nueva nacionalidad, se resolverán de acuerdo con la ley de la nacionalidad que se suponga adquirida.

Concordancias: Constitución Política de la República: artículo 10. D.S. N° 5.142 del Ministerio del Interior, Fija el Texto Refundido de las Disposiciones sobre Nacionalización de Extranjeros, D.O. 29.10.60.

Artículo 13. A las naturalizaciones colectivas en el caso de independencia de un Estado se aplicará la ley del Estado nuevo, si ha sido reconocido por el Estado juzgador, y en su defecto la del antiguo, todo sin perjuicio de las estipulaciones contractuales entre los dos Estados interesados, que serán siempre preferentes.

Artículo 14. A la pérdida de la nacionalidad debe aplicarse la ley de la nacionalidad perdida.

Concordancias: Constitución Política: artículos 11 y 12. Convención sobre los Derechos del Niño: artículo 8°.

Artículo 15. La recuperación de la nacionalidad se somete a la ley de la nacionalidad que se recobra.

Concordancias: Constitución Política: artículo 12.

Artículo 16. La nacionalidad de origen de las Corporaciones y de las Fundaciones se determinará por la ley del Estado que las autorice o apruebe.

Concordancias: Código Civil: Libro I, Título XXXIII De las Personas Jurídicas.

Artículo 17. La nacionalidad de origen de las asociaciones será la del país en que se constituyan, y en él deben registrarse o inscribirse si exigiere ese requisito la legislación local.

Concordancias: Código Civil: Libro I, Título XXXIII De las Personas Jurídicas.

Artículo 18. Las sociedades civiles mercantiles o industriales que no sean anónimas, tendrán la nacionalidad que establezca el contrato social y, en su caso, la del lugar donde radicare habitualmente su gerencia o dirección principal.

Concordancias: *Código de Comercio: Artículos 352, 354 y 355.*

Artículo 19. Para las sociedades anónimas se determinará la nacionalidad por el contrato social y en su caso por la ley del lugar en que se reúna normalmente la junta general de accionistas y, en su defecto, por la del lugar en que radique su principal Junta o Consejo directivo o administrativo.

Concordancias: *Ley N° 18.046, D.O. 22 de octubre de 1981, sobre Sociedades Anónimas: artículos 121 y ss. D.F.L. N° 3, D.O. 19 de diciembre de 1997, Ley General de Bancos: artículos 32 a 34.*

Artículo 20. El cambio de nacionalidad de las corporaciones, fundaciones, asociaciones y sociedades, salvo los casos de variación en la soberanía territorial, habrá de sujetarse a las condiciones exigidas por su ley antigua y por la nueva.

Si cambiare la soberanía territorial, en el caso de independencia, se aplicará la regla establecida en el artículo trece para las naturalizaciones colectivas.

Concordancias: *Ley N° 18.046, D.O. 22 de octubre de 1981, sobre Sociedades Anónimas: artículo 124.*

Artículo 21. Las disposiciones del artículo 9 en cuanto se refieran a personas jurídicas y las de los artículos 16 y 20, no serán aplicadas en los Estados contratantes que no atribuyan nacionalidad a dichas personas jurídicas.

Concordancias: *Código de Bustamante: artículo 9°.*

CAPÍTULO II
DOMICILIO

Artículo 22. El concepto, adquisición, pérdida y recuperación del domicilio general y especial de las personas naturales o jurídicas se regirán por la ley territorial.

Concordancias: *Código de Bustamante: artículos 7°, 10 y 11. Código Civil: Libro I, Título I, Párrafos II y III, y artículos 69 y 70. Código Tributario: artículos 3° y 4°. Código de Comercio: Artículos 352, 354 y 355. Ley N° 18.046, sobre Sociedades Anónimas, D.O. 22.10.81: artículo 124.*

Artículo 23. El domicilio de los funcionarios diplomáticos y el de los individuos que residan temporalmente en el extranjero por empleo o comisión de su Gobierno o para estudios científicos o artísticos, será el último que hayan tenido en su territorio nacional.

Concordancias: Código Civil: artículo 65. Convención de Viena sobre Relaciones Diplomáticas, D.O. 04.03.68: Artículo 1. Convención de Viena sobre Relaciones Consulares, D.O. 05.03.68: Artículo 1.

Artículo 24. El domicilio legal del jefe de la familia se extiende a la mujer y los hijos no emancipados, y el del tutor o curador a los menores o incapacitados bajo su guardia, si no dispone lo contrario la legislación personal de aquellos a quienes se atribuye el domicilio de otro.

Concordancias: Código Civil: artículos 72 y 73.

Artículo 25. Las cuestiones sobre cambio de domicilio de las personas naturales o jurídicas se resolverán de acuerdo con la ley del Tribunal, si fuere el de uno de los Estados interesados, y en su defecto por la del lugar en que se pretenda haber adquirido el último domicilio.

Concordancias: Código Civil: artículos 65, 69 y 70.

Artículo 26. Para las personas que no tengan domicilio se entenderá como tal el de su residencia o en donde se encuentren.

Concordancias: Código Civil: artículo 68. D.L. Nº 824, D.O. 31 de diciembre de 1974, Ley de Impuesto a las Rentas: artículos 3º y 4º.

CAPÍTULO III
NACIMIENTO, EXTINCIÓN Y CONSECUENCIAS DE LA PERSONALIDAD CIVIL

SECCIÓN I
DE LAS PERSONAS INDIVIDUALES

Artículo 27. La capacidad de las personas individuales se rige por su ley personal, salvo las restricciones establecidas para su ejercicio por este Código o por el derecho local.

Concordancias: *Código de Bustamante: artículos 7º, 146, 232 y 233. Código Civil: artículos 15 y 1445 a 1447. Ley de Matrimonio Civil: artículo 4º.*

Artículo 28. Se aplicará la ley personal para decidir si el nacimiento determina la personalidad y si al concebido se le tiene por nacido para todo lo que le sea favorable, así como para la viabilidad y los efectos de la prioridad del nacimiento en el caso de partos dobles o múltiples.

Concordancias: *Código de Bustamante: artículo 7º. Constitución Política: artículos 1º y 19 Nº 1. Código Civil: artículos 74 y 75. Código Penal: artículo 394.*

Artículo 29. Las presunciones de supervivencia o de muerte simultánea en defecto de prueba, se regulan por la ley personal de cada uno de los fallecidos en cuanto a su respectiva sucesión.

Concordancias: *Código Civil: artículo 79.*

Artículo 30. Cada Estado aplica su propia legislación para declarar extinguida la personalidad civil por la muerte natural de las personas individuales y la desaparición o disolución oficial de las personas jurídicas, así como para decidir si la menor edad, la demencia o imbecilidad, la sordomudez, la prodigalidad y la interdicción civil son únicamente restricciones de la personalidad, que permiten derechos y aun ciertas obligaciones.

Concordancias: *Código de Bustamante: artículos 98 y 176. Código Civil: artículos 78 a 94, 559, 562, 2098 a 2108. Ley Nº 18.046, D.O. 22 de octubre de 1981, sobre Sociedades Anónimas: artículo 103. Ley 19.451 Establece Normas sobre el Trasplante y Donación de Órganos, D.O. 10.04.96: Artículo 11. D.F.L. Nº 3, D.O. 19 de diciembre de 1997, Ley General de Bancos: artículo 130.*

SECCIÓN II
DE LAS PERSONAS JURÍDICAS

Artículo 31. Cada Estado contratante, en su carácter de persona jurídica, tiene capacidad para adquirir y ejercitar derechos civiles y contraer obligaciones de igual clase en el territorio de los demás, sin otras restricciones que las establecidas expresamente por el derecho local.

Concordancias: *Código de Bustamante: artículo 1º. Código Civil: artículo 56. D.L. Nº 2.349.*

Artículo 32. El concepto y reconocimiento de las personas jurídicas se regirán por la ley territorial.

Concordancias: *Constitución Política: artículo 19 N° 15. Código Civil: artículos 14, 545 y ss., 2053. Código de Comercio, Libro II, Título VII. Código de Minería: artículo 173. Ley N° 18.046, D.O. 22 de octubre de 1981, sobre Sociedades Anónimas. Ley N° 3.918, D.O. 14 de marzo de 1923, sobre Sociedades de Responsabilidad Limitada. D.S. N° 110, Ministerio de Justicia, D.O. 20 de marzo de 1979, sobre Concesión de Personalidad Jurídica. Ley N° 19.712, D.O. 9 de febrero de 2001, del Deporte: artículos 33 a 34. Ley N° 19.638, D.O. 14 de octubre de 1999, Establece Normas sobre la Constitución Jurídica de las Iglesias y Organizaciones Religiosas. D.F.L. N°5 del Ministerio de Economía de Cooperativas. Convención sobre los Derechos del Niño: artículo 7°.*

Artículo 33. Salvo las restricciones establecidas en los dos artículos anteriores, la capacidad civil de las corporaciones se rige por la ley que las hubiere creado o reconocido; la de las fundaciones por las reglas de su institución, aprobadas por la autoridad correspondiente, si lo exigiere su derecho nacional, y la de las asociaciones por sus estatutos, en iguales condiciones.

Concordancias: *Código de Derecho Internacional Privado: artículo 1°. Código Civil: artículos 55 y ss.*

Artículo 34. Con iguales restricciones, la capacidad civil de las sociedades civiles, mercantiles o industriales se rige por las disposiciones relativas al contrato de sociedad.

Concordancias: *Código de Derecho Internacional Privado: artículo 1°. Código Civil: artículos 2053 y ss. Código de Comercio, Libro II, Título VII. Ley N° 18.046, sobre Sociedades Anónimas. Ley N° 3.918, sobre Sociedades de Responsabilidad Limitada.*

Artículo 35. La ley local se aplica para atribuir los bienes de las personas jurídicas que dejan de existir, si el caso no está previsto de otro modo en sus estatutos, cláusulas fundacionales, o en el derecho vigente respecto de las sociedades.

Concordancias: *Código Civil: artículo 2115. Código de Comercio: artículos 361, 363 y 364.*

CAPÍTULO IV
DEL MATRIMONIO Y EL DIVORCIO

SECCIÓN I
CONDICIONES JURÍDICAS QUE HAN DE PRECEDER LA CELEBRACIÓN DEL MATRIMONIO

Artículo 36. Los contrayentes estarán sujetos a su ley personal en todo lo que se refiera a la capacidad para celebrar el matrimonio, al consentimiento o consejo paternos, a los impedimentos y a su dispensa.

Concordancias: *Código de Derecho Internacional Privado: artículo 7°. Código Civil: artículos 15, 102 a 116, 1447. Ley N° 19.947 sobre Matrimonio Civil, D.O. 17.05.04: artículos 4, 5, 6, 7, 8, 80. Ley N° 20.830 sobre Acuerdos de Unión Civil, D.O. 21.4.15: artículos 12 y 13.*

Artículo 37. Los extranjeros deben acreditar antes de casarse que han llenado las condiciones exigidas por sus leyes personales en cuanto a lo dispuesto en el artículo precedente. Podrán justificarlo mediante certificación de sus funcionarios diplomáticos o agentes consulares o por otros medios que estime suficientes la autoridad local, que tendrá en todo caso completa libertad de apreciación.

Concordancias: *Código Civil: artículos 135 y 1723 inciso 4°.*

Artículo 38. La legislación local es aplicable a los extranjeros en cuanto a los impedimentos que por su parte establezca y que no sean dispensables, a la forma del consentimiento, a la fuerza obligatoria o no de los esponsales, a la oposición al matrimonio, a la obligación de denunciar los impedimentos y las consecuencias civiles de la denuncia falsa, a la forma de las diligencias preliminares y a la autoridad competente para celebrarlo.

Concordancias: *Código Civil: artículos 102 y ss. Ley N° 19.947 sobre Matrimonio Civil, D.O. 17.05.04: artículo 80.*

Artículo 39. Se rige por la ley personal común de las partes y, en su defecto, por el derecho local, la obligación o no de indemnización por la promesa de matrimonio incumplida o por la publicación de proclamas en igual caso.

Concordancias: *Código de Derecho Internacional Privado: artículo 7°. Código Civil: artículos 98 a 100.*

Artículo 40. Los Estados contratantes no quedan obligados a reconocer el matrimonio celebrado en cualquiera de ellos, por sus nacionales o por extranjeros, que contraríe sus disposiciones relativas a la necesidad de la disolución de un matrimonio anterior, a los grados de consanguinidad o afinidad respecto de los cuales exista impedimento absoluto, a la prohibición de casarse establecida respecto a los culpables de adulterio en cuya virtud se haya disuelto el matrimonio de uno de ellos y a la misma prohibición respecto al responsable de atentado a la vida de uno de los cónyuges para casarse con el sobreviviente, o a cualquiera otra causa de nulidad insubsanable.

Concordancias: Código Civil: artículos 131 y ss. Código Penal: artículo 375. Ley Nº 19.947 sobre Matrimonio Civil, D.O. 17.05.04: artículos 4, 7, 80.

SECCIÓN II
DE LA FORMA DEL MATRIMONIO

Artículo 41. Se tendrá en todas partes como válido en cuanto a la forma, el matrimonio celebrado en la que establezcan como eficaz las leyes del país en que se efectúe. Sin embargo, los Estados cuya legislación exija una ceremonia religiosa, podrán negar validez a los matrimonios contraídos por sus nacionales en el extranjero sin observar esa forma.

Concordancias: Código Civil: Artículo 17. Ley Nº 19.947 sobre Matrimonio Civil, D.O. 17.05.04: artículo 4, 17 a 20, 80, 81.

Artículo 42. En los países en donde las leyes lo admitan, los matrimonios contraídos ante los funcionarios diplomáticos o agentes consulares de ambos contrayentes, se ajustarán a su ley personal, sin perjuicio de que les sean aplicables las disposiciones del artículo cuarenta.

SECCIÓN III
EFECTOS DEL MATRIMONIO EN CUANTO A LAS PERSONAS DE LOS CÓNYUGES

Artículo 43. Se aplicará el derecho personal de ambos cónyuges y, si fuera diverso, el del marido, en lo que toque a los deberes respectivos de protección y obediencia, a la obligación o no de la mujer de seguir al marido cuando cambie de residencia, a la disposición y administración de los bienes comunes y a los demás efectos especiales del matrimonio.

Concordancias: Código Civil: artículos 15, 131 y 135. Ley Nº 19.947 sobre Matrimonio Civil, D.O. 17.05.04: artículo 81.

Artículo 44. La ley personal de la mujer regirá la disposición y administración de sus bienes propios y su comparecencia en juicio.

Concordancias: Código Civil: artículos 137, 150, 166 y 167. Ley Nº 19.947 sobre Matrimonio Civil, D.O. 17.05.04: artículo 81.

Artículo 45. Se sujeta al derecho territorial la obligación de los cónyuges de vivir juntos, guardarse fidelidad y socorrerse mutuamente.

Concordancias: Código Civil: artículos 131 a 133, 136. Ley Nº 19.947 sobre Matrimonio Civil, D.O. 17.05.04: artículo 81.

Artículo 46. También se aplica imperativamente el derecho local que prive de efectos civiles al matrimonio del bígamo.

Concordancias: Código Penal: artículo 382. Ley Nº 19.947 sobre Matrimonio Civil, D.O. 17.05.04: artículo 80.

SECCIÓN IV
NULIDAD DEL MATRIMONIO Y SUS EFECTOS

Artículo 47. La nulidad del matrimonio debe regularse por la misma ley a que esté sometida la condición intrínseca o extrínseca que la motive.

Concordancias: Código de Procedimiento Civil: artículo 753. Ley Nº 19.947 sobre Matrimonio Civil, D.O. 17.05.04: artículos 44, 45, 80.

Artículo 48. La coacción, el miedo y el rapto como causas de nulidad del matrimonio se rigen por la ley del lugar de la celebración.

Concordancias: Ley Nº 19.947 sobre Matrimonio Civil, D.O. 17.05.04: artículo 80.

Artículo 49. Se aplicará la ley personal de ambos cónyuges, si fuere común; en su defecto la del cónyuge que haya obrado de buena fe, y, a falta de ambas, la del varón, a las reglas sobre el cuidado de los hijos de matrimonios nulos, en los casos en que no puedan o no quieran estipular nada sobre esto los padres.

Concordancias: Código de Procedimiento Civil: artículos 755 y 757. Ley Nº 19.947 sobre Matrimonio Civil, D.O. 17.05.04: Artículos 51, 52.

Artículo 50. La propia ley personal debe aplicarse a los demás efectos civiles del matrimonio nulo, excepto los que ha de producir respecto de los bienes de los cónyuges, que seguirán la ley del régimen económico matrimonial.

Concordancias: Ley Nº 19.947 sobre Matrimonio Civil: artículo 84.

Artículo 51. Son de orden público internacional las reglas que señalan los efectos judiciales de la demanda de nulidad.

Concordancias: Código de Procedimiento Civil: artículos 753, 755 y 756.

SECCIÓN V
SEPARACIÓN DE CUERPOS Y DIVORCIO

Artículo 52. El derecho a la separación de cuerpos y al divorcio se regula por la ley del domicilio conyugal, pero no puede fundarse en causas anteriores a la adquisición de dicho domicilio si no las autoriza con iguales efectos la ley personal de ambos cónyuges.

Concordancias: Código Civil: artículos 170 y ss. Ley Nº 19.947 sobre Matrimonio Civil, D.O. 17.05.04: artículo 83.

Artículo 53. Cada Estado contratante tiene el derecho de permitir o reconocer o no, el divorcio o el nuevo matrimonio de personas divorciadas en el extranjero, en casos, con efectos o por causas que no admita su derecho personal.

Concordancias: Ley Nº 19.947 sobre Matrimonio Civil, D.O. 17.05.04: artículo 83.

Artículo 54. Las causas del divorcio y de la separación de cuerpos se someterán a la ley del lugar en que se soliciten, siempre que en él estén domiciliados los cónyuges.

Concordancias: *Código Civil: artículos 170 y ss. Ley Nº 19.947 sobre Matrimonio Civil, D.O. 17.05.04: artículo 26, 54, 55, 83.*

Artículo 55. La ley del juez ante quien se litiga determina las consecuencias judiciales de la demanda y los pronunciamientos de la sentencia respecto de los cónyuges y de los hijos.

Concordancias: *Ley Nº 19.947 sobre Matrimonio Civil, D.O. 17.05.04.*

Artículo 56. La separación de cuerpos y el divorcio, obtenidos conforme a los artículos que preceden, surten efectos civiles de acuerdo con la legislación del Tribunal que los otorga, en los demás Estados contratantes, salvo lo dispuesto en el artículo 53.

Concordancias: *Código de Procedimiento Civil: Libro III Título XVII. Ley Nº 19.947 sobre Matrimonio Civil, D.O. 17.05.04: Capítulo IX De los Juicios de Separación, Nulidad de Matrimonio y Divorcio.*

CAPÍTULO V
PATERNIDAD Y FILIACIÓN

Artículo 57. Son reglas de orden público interno, debiendo aplicarse la ley personal del hijo si fuere distinta a la del padre, las relativas a presunción de legitimidad y sus condiciones, las que confieren el derecho al apellido y las que determinan las pruebas de la filiación y regulan la sucesión del hijo.

Concordancias: *Código Civil: Libro I Títulos VII y VIII.*

Artículo 58. Tienen el mismo carácter, pero se aplica la ley personal del padre, las que otorguen a los hijos legitimados derechos sucesorios.

Concordancias: *Código de Derecho Internacional Privado: artículo 74. Código Civil: artículos 983 y 988.*

Artículo 59. Es de orden público internacional la regla que da al hijo el derecho a alimentos.

Concordancias: *Código Civil: artículos 232 y 321. Ley Nº 14.908, sobre Abandono de Familia y Pago de Pensiones Alimenticias. Convención sobre la Obtención de Alimentos en el Extranjero, D.O. 10.01.61.*

Artículo 60. La capacidad para legitimar se rige por la ley personal del padre y la capacidad para ser legitimado por la ley personal del hijo, requiriendo la legitimación la concurrencia de las condiciones exigidas en ambas.

Concordancias: Código Civil: artículos 186 a 194. Convención sobre los Derechos del Niño, D.O. 27.09.90: artículo 3º.

Artículo 61. La prohibición de legitimar hijos no simplemente naturales es de orden público internacional.

Concordancias: Código de Derecho Internacional Privado: artículo 3º.

Artículo 62. Las consecuencias de la legitimación y la acción para impugnarla se someten a la ley personal del hijo.

Concordancias: Código de Derecho Internacional Privado: artículo 7º. Código Civil: Libro I Título VII De la Filiación. Convención sobre los Derechos del Niño, D.O. 27.09.90: artículo 62.

Artículo 63. La investigación de la paternidad y de la maternidad y su prohibición se regulan por el derecho territorial.

Concordancias: Código Civil: Libro I Título VIII.

Artículo 64. Dependen de la ley personal del hijo las reglas que señalan condiciones al reconocimiento, obligan a hacerlo en ciertos casos, establecen las acciones a ese efecto, conceden o niegan el apellido y señalan causas de nulidad.

Concordancias: Código Civil: artículos 186 a 194, Libro I Título VII De la Filiación, Título VIII De las Acciones de Filiación.

Artículo 65. Se subordinan a la ley personal del padre los derechos sucesorios de los hijos ilegítimos y a la personal del hijo los de los padres ilegítimos.

Concordancias: Ley N°19.585 Modifica el Código Civil y Otros Cuerpos Legales en Materia de Filiación, D.O. 26.10.98.

Artículo 66. La forma y circunstancias del reconocimiento de los hijos ilegítimos se subordinan al derecho territorial.

Concordancias: *Ley N°19.585 Modifica el Código Civil y Otros Cuerpos Legales en Materia de Filiación, D.O. 26.10.98.*

CAPÍTULO VI
ALIMENTOS ENTRE PARIENTES

Artículo 67. Se sujetarán a la ley personal del alimentado el concepto legal de los alimentos, el orden de su prestación, la manera de suministrarlos y la extensión de ese derecho.

Concordancias: *Código de Derecho Internacional Privado: artículo 76. Código Civil: artículos 232, 321 a 337. Convención sobre los Derechos del Niño: artículos 3º, 27. Ley 14.908 Sobre Abandono de Familia y Pago de Pensiones Alimenticias, D.O. 05.10.62.*

Artículo 68. Son de orden público internacional las disposiciones que establecen el deber de prestar alimentos, su cuantía, reducción y aumento, la oportunidad en que se deben y la forma de su pago, así como las que prohíben renunciar y ceder ese derecho.

Concordancias: *Código Civil: artículos 232, 321 a 337. Ley Nº 14.908, sobre abandono de familia y pago de pensiones alimenticias. Convención sobre la obtención de alimentos en el extranjero, Nueva York, 1956. Convención interamericana sobre obligaciones alimentarias, Montevideo 1989, con vigencia administrativa en Chile. Convención sobre los Derechos del Niño. Ley Nº 19.947 sobre Matrimonio Civil: artículo 82.*

CAPÍTULO VII
PATRIA POTESTAD

Artículo 69. Están sometidas a la ley personal del hijo la existencia y el alcance general de la patria potestad respecto de la persona y los bienes, así como las causas de su extinción y recobro y la limitación por las nuevas nupcias del derecho de castigar.

Concordancias: *Código Civil: Libro I Título X y artículo 234.*

Artículo 70. La existencia del derecho de usufructo y las demás reglas aplicables a las diferentes clases de peculio, se someten también a la ley personal del hijo, sea cual fuere la naturaleza de los bienes y el lugar en que se encuentren.

Concordancias: Código Civil: artículos 15, 250 a 259. Convención sobre los Derechos del Niño: artículo 3º.

Artículo 71. Lo dispuesto en el artículo anterior ha de entenderse en territorio extranjero sin perjuicio de los derechos de tercero que la ley local otorgue y de las disposiciones locales sobre publicidad y especialidad de garantías hipotecarias.

Concordancias: Código Civil: artículos 15, 250 a 259. Convención sobre los Derechos del Niño: artículo 3º.

Artículo 72. Son de orden público internacional las disposiciones que determinen la naturaleza y límites de la facultad del padre para corregir y castigar y su recurso a las autoridades, así como las que lo priven de la potestad por incapacidad, ausencia o sentencia.

Concordancias: Código de Derecho Internacional Privado: artículo 93. Código Civil: artículos 234, 267 a 273. Código de Procedimiento Civil: artículo 836.

CAPÍTULO VIII
ADOPCIÓN

Artículo 73. La capacidad para adoptar y ser adoptado y las condiciones y limitaciones de la adopción se sujetan a la ley personal de cada uno de los interesados.

Concordancias: Ley 19.620 Sobre Adopción de Menores, D.O. 05.08.99: Artículos 8, 20, 21, 22, 29, 30.

Artículo 74. Se regulan por la ley personal del adoptante sus efectos en cuanto a la sucesión de éste y por la del adoptado lo que se refiere al apellido y a los derechos y deberes que conserve respecto de su familia natural, así como a su sucesión respecto del adoptante.

Concordancias: Código de Derecho Internacional Privado: artículo 58. Ley 19.620 Sobre Adopción de Menores, D.O. 05.08.99: Artículo 37.

Artículo 75. Cada uno de los interesados podrá impugnar la adopción de acuerdo con las prescripciones de su ley personal.

Concordancias: Ley 19.620 Sobre Adopción de Menores, D.O. 05.08.99: Artículos 38.

Artículo 76. Son de orden público internacional las disposiciones que en esta materia regulan el derecho a alimentos y las que establecen para la adopción formas solemnes.

Concordancias: Código de Derecho Internacional Privado: artículo 67.

Artículo 77. Las disposiciones de los cuatro artículos precedentes no se aplicarán a los Estados cuyas legislaciones no reconozcan la adopción.

CAPÍTULO IX
DE LA AUSENCIA

Artículo 78. Las medidas provisionales en caso de ausencia son de orden público internacional.

Concordancias: Código Civil: artículos 83, 84, 138, 343, 473 y ss. Código de Procedimiento Civil: artículos 285, 844 a 848.

Artículo 79. No obstante lo dispuesto en el artículo anterior, se designará la representación del presunto ausente de acuerdo con su ley personal.

Concordancias: Código Civil: artículos 83, 84, 138, 343, 473 y ss. Código de Procedimiento Civil: artículos 285, 844 a 848.

Artículo 80. La ley personal del ausente determina a quién compete la acción para pedir esa declaratoria y establece el orden y condiciones de los administradores.

Concordancias: Código Civil: artículos 81 a 90, 138, 343, 473 y ss. Código de Procedimiento Civil: artículos 285, 844 a 848.

Artículo 81. El derecho local debe aplicarse para decidir cuándo se hace y surte efecto la declaración de ausencia y cuándo y cómo debe cesar la administración de los bienes del ausente, así como a la obligación y forma de rendir cuentas.

Concordancias: Código Civil: artículos 81, 90, 93 y 94.

Artículo 82. Todo lo que se refiera a la presunción de muerte del ausente y a sus derechos eventuales, se regula por su ley personal.

Concordancias: Código Civil: artículos 80 a 94.

Artículo 83. La declaración de ausencia o de su presunción, así como su cesación y la de presunción de muerte del ausente, tienen eficacia extraterritorial, incluso en cuanto al nombramiento y facultades de los administradores.

Concordancias: Código Civil: artículos 80 a 94.

CAPÍTULO X
TUTELA

Artículo 84. Se aplicará la ley personal del menor o incapacitado para lo que toque al objeto de la tutela o curatela, su organización y sus especies.

Concordancias: Código Civil: Libro I Títulos XIX al XXXII. Código de Procedimiento Civil: Libro IV Título VI. Ley N° 18.600 sobre deficientes mentales, 19.02.87. Ley N° 19.735 Establece Nuevas Normas sobre Discapacitados Mentales, D.O. 22.06.01: artículo 18 bis.

Artículo 85. La propia ley debe observarse en cuanto a la institución del protutor.

Artículo 86. A las incapacidades y excusas para la tutela, curatela y protutela deben aplicarse simultáneamente las leyes personales del tutor, curador o protutor y del menor o incapacitado.

Concordancias: Código Civil: Libro I Título XXX y artículos 970 y 971.

Artículo 87. El afianzamiento de la tutela o curatela y las reglas para su ejercicio se someten a la ley personal del menor o incapacitado. Si la fianza fuere hipotecaria o pignoraticia deberá constituirse en la forma prevenida por la ley local.

Concordancias: *Código Civil: artículos 374 a 376. Código de Procedimiento Civil: artículos 855 a 857.*

Artículo 88. Se rigen también por la ley personal del menor o incapacitado las obligaciones relativas a las cuentas, salvo las responsabilidades de orden penal, que son territoriales.

Concordancias: *Código Civil: artículos 415 a 426. Código Orgánico de Tribunales: artículo 368. Código de Procedimiento Civil: artículo 436. Código Penal: artículos 470 N° 1.*

Artículo 89. En cuanto al registro de tutelas se aplicarán simultáneamente la ley local y las personales del tutor o curador y del menor o incapacitado.

Concordancias: *Código Civil: artículos 447 y 461. Ley de Registro Civil: artículos 4° N° 4 y 8 inciso 1. Reglamento Registro Conservador de Bienes Raíces: artículos 52 N° 4.*

Artículo 90. Son de orden público internacional los preceptos que obligan al Ministerio Público o a cualquier funcionario local, a solicitar la declaración de incapacidad de dementes y sordomudos y los que fijen los trámites de esa declaración.

Concordancias: *Código Civil: artículos 443, 444, 452 y 459. Código de Procedimiento Civil: artículos 841 y 843.*

Artículo 91. Son también de orden público internacional las reglas que establecen las consecuencias de la interdicción.

Concordancias: *Código Civil: artículos 442, 449, 453, 456, 463 a 466. Código de Procedimiento Civil: artículo 843.*

Artículo 92. La declaratoria de incapacidad y la interdicción civil surten efectos extraterritoriales.

Concordancias: *Código de Derecho Internacional Privado: artículo 100. Código Civil: artículo 15.*

Artículo 93. Se aplicará la ley local a la obligación del tutor o curador de alimentar al menor o incapacitado y a la facultad de corregirlos sólo moderadamente.

Concordancias: Código de Derecho Internacional Privado: artículo 72. Código Civil: artículos 428, 429, 431 a 434, 438, 464. Código de Procedimiento Civil: artículo 438.

Artículo 94. La capacidad para ser miembro de un Consejo de familia se regula por la ley personal del interesado.

Artículo 95. Las incapacidades especiales y la organización, funcionamiento, derechos y deberes del Consejo de familia, se someten a la ley personal del sujeto a tutela.

Artículo 96. En todo caso, las actas y acuerdos del Consejo de familia deberán ajustarse a las formas y solemnidades prescritas por la ley del lugar en que se reúna.

Artículo 97. Los Estados contratantes que tengan por ley personal la del domicilio podrán exigir, cuando cambie el de los incapaces de un país para otro, que se ratifique o se discierna de nuevo la tutela o curatela.

Concordancias: Código Civil: artículo 18.

CAPÍTULO XI
DE LA PRODIGALIDAD

Artículo 98. La declaración de prodigalidad y sus efectos se sujetan a la ley personal del pródigo.

Concordancias: Código de Derecho Internacional Privado: artículo 30. Código Civil: Libro I Título XXIV.

Artículo 99. No obstante lo dispuesto en el artículo anterior, no se aplicará la ley del domicilio a la declaración de prodigalidad de las personas cuyo derecho nacional desconozca esta institución.

Artículo 100. La declaración de prodigalidad, hecha en uno de los Estados contratantes, tiene eficacia extraterritorial respecto de los demás, en cuanto el derecho local lo permita.

Concordancias: Código de Derecho Internacional Privado: artículos 92, 174, 423 y ss. Código de Procedimiento Civil: Libro I, Título XIX, Párrafo 2.

CAPÍTULO XII
EMANCIPACIÓN Y MAYOR EDAD

Artículo 101. Las reglas aplicables a la emancipación y la mayor edad son las establecidas por la legislación personal del interesado.

Concordancias: Código Civil: artículos 15, 269 a 273, Código de Procedimiento Civil: artículo 836. Convención sobre los Derechos del Niño, D.O. 27.09.90: artículo 1°.

Artículo 102. Sin embargo, la legislación local puede declararse aplicable a la mayor edad como requisito para optar por la nacionalidad de dicha legislación.

Concordancias: Constitución Política de la República: artículo 10.

CAPÍTULO XIII
DEL REGISTRO CIVIL

Artículo 103. Las disposiciones relativas al Registro Civil son territoriales, salvo en lo que toca al que lleven los agentes consulares o funcionarios diplomáticos.

Lo prescrito en este artículo no afecta los derechos de otro Estado en relaciones jurídicas sometidas al Derecho internacional Público.

Concordancias: Ley de Registro Civil N° 4.808, Reglamento del Registro Civil. Convención de Viena sobre Relaciones Consulares, D.O. 05.03.68: Artículo 5 letras d) y f). Convención sobre los Derechos del Niño, D.O. 27.09.90: artículo 7°. Decreto N° 172 de Ministerio de Relaciones Exteriores, Reglamento Consular, D.O. 29.07.77: Artículo 3 Letras e) y g), Capítulo XXIII Registro Civil.

Artículo 104. De toda inscripción relativa a un nacional de cualquiera de los Estados contratantes, que se haga en el Registro Civil de otro, debe enviarse gratuitamente y por la vía diplomática, certificación literal y oficial al país del interesado.

TÍTULO SEGUNDO
DE LOS BIENES

CAPÍTULO I
CLASIFICACIÓN DE LOS BIENES

Artículo 105. Los bienes, sea cual fuere su clase, están sometidos a la ley de la situación.

Concordancias: *Código Civil: artículos 16 y 998. D.F.L. Nº 3, Ley General de Bancos, D.O. 19.12.97: artículo 34 inciso final.*

Artículo 106. Para los efectos del artículo anterior se tendrá en cuenta, respecto de los bienes muebles corporales y para los títulos representativos de créditos de cualquier clase, el lugar de su situación ordinaria o normal.

Concordancias: *Código Civil: artículo 16. D.F.L. Nº 3, Ley General de Bancos, D.O. 19.12.97: artículo 34 inciso final.*

Artículo 107. La situación de los créditos se determina por el lugar en que deben hacerse efectivos, y, si no estuviere precisado, por el domicilio del deudor.

Concordancias: *Código Civil: artículo 16.*

Artículo 108. La propiedad industrial, la intelectual y los demás derechos análogos de naturaleza económica que autorizan el ejercicio de ciertas actividades acordadas por la ley, se consideran situados donde se hayan registrado oficialmente.

Concordancias: *Código de Derecho Internacional Privado: artículo 115. Ley Nº 17.336 sobre Propiedad Intelectual. Decreto Nº 74 que ordena cumplir y llevar a efecto como Ley de la República la Convención Interamericana sobre Derechos de Autor en Obras Literarias, Científicas y Artísticas. Decreto Nº 75 que ordena cumplir y llevar a efecto como Ley de la República la Convención Universal sobre Derechos de Autor. Ley Nº 19.039 que establece normas aplicables a los privilegios industriales y protección de derechos de propiedad industrial. D.S. 177 Reglamento de la Ley Nº 19.039. Decreto Nº 425 que promulga el Convenio de París para la Protección de la Propiedad Industrial.*

Artículo 109. Las concesiones se reputan situadas donde se hayan obtenido legalmente.

Concordancias: DFL 164, Ministerio de Obras Públicas, 22 de julio de 1991 Ley de concesiones de obras públicas. D.S. 240, 10 de septiembre de 1991 Reglamento del D.F.L. Nº 164.

Artículo 110. A falta de toda otra regla y además para los casos no previstos en este Código, se entenderá que los bienes muebles de toda clase están situados en el domicilio de su propietario, o, en su defecto, en el del tenedor.

Artículo 111. Se exceptúan de lo dispuesto en el artículo anterior las cosas dadas en prenda, que se consideran situadas en el domicilio de la persona en cuya posesión se hayan puesto.

Artículo 112. Se aplicará siempre la ley territorial para distinguir entre los bienes muebles e inmuebles, sin perjuicio de los derechos adquiridos por terceros.

Concordancias: Código Civil: artículo 566 a 575, 580, 581.

Artículo 113. A la propia ley territorial se sujetan las demás clasificaciones y calificaciones jurídicas de los bienes.

Concordancias: Código Civil: Libro II Títulos I y III.

CAPÍTULO II
DE LA PROPIEDAD

Artículo 114. La propiedad de familia inalienable y exenta de gravámenes y embargos, se regula por la ley de la situación.

Sin embargo, los nacionales de un Estado contratante en que no se admita o regule esa clase de propiedad, no podrán tenerla u organizarla en otro, sino en cuanto no perjudique a sus herederos forzosos.

Concordancias: *Código de Procedimiento Civil: artículo 445. Código Civil: Libro I Título VI Párrafo 2.*

Artículo 115. La propiedad intelectual y la industrial se regirán por lo establecido en los convenios internacionales especiales ahora existentes o que en lo sucesivo se acuerden.

A falta de ellos, su obtención, registro y disfrute quedarán sometidos al derecho local que las otorgue.

Concordancias: *Código de Derecho Internacional Privado: artículo 108. Constitución Política: artículo 19 Nº 25, Código Civil: artículos 583 y 584. Ley Nº 17.336 de 2 de octubre de 1970. Ley Nº 19.039 de 25 de enero de 1991.*

Artículo 116. Cada Estado contratante tiene la facultad de someter a reglas especiales respecto de los extranjeros la propiedad minera, la de buques de pesca y cabotaje, las industrias en el mar territorial y en la zona marítima y la obtención y disfrute de concesiones y obras de utilidad pública y de servicio público.

Concordancias: *Constitución Política: artículo 19 Nº 24. Código de Minería: artículo 1º.*

Artículo 117. Las reglas generales sobre propiedad y modos de adquirirla o enajenarla entre vivos, incluso las aplicables al tesoro oculto, así como las que rigen las aguas de dominio público y privado y sus aprovechamientos, son de orden público internacional.

Concordancias: *Código de Derecho Internacional Privado: artículos 3º y 140. Constitución Política: artículo 19 Nº 24 inciso 2. Código Civil: Libro II Títulos II, IV a VI.*

CAPÍTULO III
DE LA COMUNIDAD DE BIENES

Artículo 118. La comunidad de bienes se rige en general por el acuerdo o voluntad de las partes y en su defecto por la ley del lugar. Este último se tendrá como domicilio de la comunidad a falta de pacto en contrario.

Concordancias: *Código Civil: artículos 2304 a 2313. Ley Nº 19.537 de Copropiedad inmobiliaria, D.O. 16 de diciembre de 1997.*

Artículo 119. Se aplicará siempre la ley local, con carácter exclusivo, al derecho de pedir la división de la cosa común y a las formas y condiciones de su ejercicio.

Concordancias: *Código Civil: Libro III Título X. Código de Procedimiento Civil: Libro III, Título IX. Código Orgánico de Tribunales: artículo 227 Nº 2.*

Artículo 120. Son de orden público internacional las disposiciones sobre deslinde y amojonamiento y derecho a cerrar las fincas rústicas y las relativas a edificios ruinosos y árboles que amenacen caerse.

Concordancias: *Código Civil: artículos 841 a 846, 932 a 950. Código de Procedimiento Civil: artículos 571 a 576.*

CAPÍTULO IV
DE LA POSESIÓN

Artículo 121. La posesión y sus efectos se rigen por la ley local.

Concordancias: *Código Civil: Libro II Título VII.*

Artículo 122. Los modos de adquirir la posesión se rigen por la ley aplicable a cada uno de ellos según su naturaleza.

Concordancias: *Código Civil: Artículos 700 a 705, Libro II Título VII párrafo 2.*

Artículo 123. Se determinan por la ley del tribunal los medios y trámites utilizables para que se mantenga en posesión al poseedor inquietado, perturbado o despojado a virtud de medidas o acuerdos judiciales o por consecuencia de ellos.

Concordancias: *Constitución Política: artículos 20. Código Civil: Libro II Título XIII. Código de Procedimiento Civil: Artículos 518, 551.*

CAPÍTULO V
DEL USUFRUCTO, DEL USO Y DE LA HABITACIÓN

Artículo 124. Cuando el usufructo se constituya por mandato de la ley de un Estado contratante, dicha ley lo regirá obligatoriamente.

Concordancias: *Código Civil: artículos 766 y 810.*

Artículo 125. Si se ha constituido por la voluntad de los particulares manifestada en actos entre vivos o mortis causa, se aplicarán respectivamente la ley del acto o la de la sucesión.

Concordancias: Código Civil: artículos 766 y 791.

Artículo 126. Si surge por prescripción, se sujetará a la ley local que la establezca.

Concordancias: Código Civil: artículo 766.

Artículo 127. Depende de la ley personal del hijo el precepto que releva o no de fianza al padre usufructuario.

Concordancias: Código Civil: artículos 15 Nº 2, 124 y 252.

Artículo 128. Se subordina a la ley de la sucesión la necesidad de que preste fianza el cónyuge superviviente por el usufructo hereditario y la obligación del usufructuario de pagar ciertos legados o deudas hereditarios.

Concordancias: Código Civil: artículos 1356, 1368 a 1370.

Artículo 129. Son de orden público internacional las reglas que definen el usufructo y las formas de su constitución, las que fijan las causas legales por las que se extingue y la que lo limita a cierto número de años para los pueblos, corporaciones o sociedades.

Concordancias: Código Civil: artículos 764, 765, 766, 770, 804 a 809.

Artículo 130. El uso y la habitación se rigen por la voluntad de la parte o partes que los establezcan.

Concordancias: Código Civil: artículo 812, 814.

CAPÍTULO VI
DE LAS SERVIDUMBRES

Artículo 131. Se aplicará el derecho local al concepto y clasificación de las servidumbres, a los modos no convencionales de adquirirlas y de extinguirse y a los derechos y obligaciones en este caso de los propietarios de los predios dominante y sirviente.

Concordancias: Código Civil: Libro II, Título XI. Código de Minería: artículos 109, 120 y ss. Código de Aguas: artículos 73, 103 a 109. Ley Nº 6.977, sobre servidumbre de alcantarillado, D.O. 16.07.1941. Ley Nº 18.168 Ley General de Telecomunicaciones, D.O. 02.10 1982: artículo 6. D.F.L. Nº 382, Ley General de Servicios Sanitarios, D.O. 21.06.1989: artículo 19. Decreto Nº 294, Ministerio de Obras Públicas, D.O. 20.05.1985: artículo 9º, 9º bis inciso 3º.

Artículo 132. Las servidumbres de origen contractual o voluntario se someten a la ley del acto o relación jurídica que las origina.

Concordancias: Código Civil: Libro II Título XI Párrafo 3.

Artículo 133. Se exceptúan de lo dispuesto en el artículo anterior la comunidad de pastos en terrenos públicos y la redención del aprovechamiento de leñas y demás productos de los montes de propiedad particular, que están sujetas a la ley territorial.

Artículo 134. Son de orden privado las reglas aplicables a las servidumbres legales que se imponen en interés o por utilidad particular.

Concordancias: Código Civil: artículo 841. Código de Aguas: artículos 76 a 107.

Artículo 135. Debe aplicarse el derecho territorial al concepto y enumeración de las servidumbres legales y a la regulación no convencional de las de aguas, paso, medianería, luces y vistas, desagüe de edificios, y distancias y obras intermedias para construcciones y plantaciones.

Concordancias: Código Civil: Libro II Título XI Párrafo 2. Código de Aguas: artículo 109.

CAPÍTULO VII
DE LOS REGISTROS DE LA PROPIEDAD

Artículo 136. Son de orden público internacional las disposiciones que establecen y regulan los registros de la propiedad, e imponen su necesidad respecto de terceros.

Concordancias: Código Civil: artículos 679, 686 a 697, 702 inc. final, 728, 730, 924, 2505. Reglamento del Registro Conservatorio de Bienes Raíces: artículos 52 y 53.

Artículo 137. Se inscribirán en los registros de la propiedad de cada uno de los Estados contratantes los documentos o títulos inscribibles otorgados en otro, que tengan fuerza en el primero con arreglo a este Código, y las ejecutorias a que de acuerdo con el mismo se dé cumplimiento en el Estado a que el registro corresponde, o tengan en él fuerza de cosa juzgada.

Concordancias: Código Civil: artículos 16 y 18, 686, 687, 688. Reglamento del Registro Conservatorio de Bienes Raíces: artículos 52 y 53.

Artículo 138. Las disposiciones sobre hipoteca legal a favor del Estado, de las provincias o de los pueblos, son de orden público internacional.

Concordancias: Código Civil: artículo 590.

Artículo 139. La hipoteca legal que algunas leyes acuerdan en beneficio de ciertas personas individuales, sólo será exigible cuando la ley personal concuerde con la ley del lugar en que se hallen situados los bienes afectados por ella.

Concordancias: Código de Procedimiento Civil: artículo 662. Ley Nº 20.720 Ley de Reorganización y Liquidación de Empresas y Personas, D.O. 09.01.12: Artículo 221.

TÍTULO TERCERO
DE VARIOS MODOS DE ADQUIRIR

CAPÍTULO I
REGLA GENERAL

Artículo 140. Se aplica el derecho local a los modos de adquirir respecto de los cuales no haya en este Código disposiciones en contrario.

Concordancias: Código de Derecho Internacional Privado: artículo 117. Constitución Política de la República: Artículo 19 N° 24 inciso 2. Código Civil: 588, Libro II Títulos IV De la Ocupación, V De la Accesión, y VI De la Tradición, 951 y siguientes., 2492, 2498 y siguientes.

CAPÍTULO II
DE LAS DONACIONES

Artículo 141. Cuando fueren de origen contractual, las donaciones quedarán sometidas, para su perfección y efectos entre vivos, a las reglas generales de los contratos.

Concordancias: *Código Civil: artículos 1386 a 1393, 1400, 1401 y 1416. Código de Procedimiento Civil: Libro IV Título IX De la Insinuación de Donaciones.*

Artículo 142. Se sujetará a la ley personal respectiva del donante y del donatario la capacidad de cada uno de ellos.

Concordancias: *Código Civil: artículos 15, 1387 a 1392.*

Artículo 143. Las donaciones que hayan de producir efecto por muerte del donante, participarán de la naturaleza de las disposiciones de última voluntad y se regirán por las reglas internacionales establecidas en este Código para la sucesión testamentaria.

Concordancias: *Código de Derecho Internacional Privado: artículos 146 a 151. Código Civil: artículo 1000.*

CAPÍTULO III
DE LAS SUCESIONES EN GENERAL

Artículo 144. Las sucesiones intestadas y las testamentarias incluso en cuanto al orden de suceder, a la cuantía de los derechos sucesorios y a la validez intrínseca de las disposiciones, se regirán, salvo los casos de excepción más adelante establecidos, por la ley personal del causante, sea cual fuere la naturaleza de los bienes y el lugar en que se encuentren.

Concordancias: *Código Civil: artículo 955, Libro III Título II Reglas Relativas a la Sucesión Intestada, Título IV De las Asignaciones Testamentarias.*

Artículo 145. Es de orden público internacional el precepto en cuya virtud los derechos a la sucesión de una persona se transmiten desde el momento de su muerte.

Concordancias: *Código Civil: artículo 955.*

CAPÍTULO IV
DE LOS TESTAMENTOS

Artículo 146. La capacidad para disponer por testamento se regula por la ley personal del testador.

Concordancias: Código de Derecho Internacional Privado: artículos 27 y 143. Código Civil: artículo 1005.

Artículo 147. Se aplicará la ley territorial a las reglas establecidas por cada Estado para comprobar que el testador demente está en un intervalo lúcido.

Artículo 148. Son de orden público internacional las disposiciones que no admiten el testamento mancomunado, el ológrafo y el verbal, y las que lo declaran acto personalísimo.

Concordancias: Código Civil: artículos 1003, 1011, 1014, 1021, 1027, 1028, 1030, 1033, 1046 y 1053.

Artículo 149. También son de orden público internacional las reglas sobre forma de papeles privados relativos al testamento y sobre nulidad del otorgado con violencia, dolo o fraude.

Concordancias: Código Civil: artículo 1007.

Artículo 150. Los preceptos sobre forma de los testamentos son de orden público internacional, con excepción de los relativos al testamento otorgado en el extranjero, y al militar y marítimo en los casos en que se otorgue fuera del país.

Concordancias: Código Civil: artículos 1003, 1008, 1011, 1014, 1016, 1018, 1021, 1027, 1028, Libro III Título III párrafo 4 De los Testamentos Privilegiados.

Artículo 151. Se sujetan a la ley personal del testador la procedencia, condiciones y efectos de la revocación de un testamento, pero la presunción de haberlo revocado se determina por la ley local.

Concordancias: Código Civil: artículos 1001.

CAPÍTULO V
DE LA HERENCIA

Artículo 152. La capacidad para suceder por testamento o sin él se regula por la ley personal del heredero o legatario.

Concordancias: Código Civil: artículos 961 a 979, 1056, 1060, 1061, 1167.

Artículo 153. No obstante lo dispuesto en el artículo precedente son de orden público internacional las incapacidades para suceder que los Estados contratantes consideren como tales.

Concordancias: Código Civil: artículos 961 a 979.

Artículo 154. La institución de herederos y la sustitución se ajustarán a la ley personal del testador.

Concordancias: Código Civil: artículos 988 a 995, Libro III Título IV párrafo 9 De las Sustituciones.

Artículo 155. Se aplicará, no obstante, el derecho local a la prohibición de sustituciones fideicomisarias que pasen del segundo grado o que se hagan a favor de personas que no vivan al fallecimiento del testador y de las que envuelvan prohibición perpetua de enajenar.

Concordancias: Código Civil: artículos 737, 738 y 745.

Artículo 156. El nombramiento y las facultades de los albaceas o ejecutores testamentarios, dependen de la ley personal del difunto y deben ser reconocidos en cada uno de los Estados contratantes de acuerdo con esa ley.

Concordancias: Código Civil: artículos 1270 y 1271.

Artículo 157. En la sucesión intestada, cuando la ley llame al Estado como heredero, en defecto de otros, se aplicará la ley personal del causante; pero si lo llama como ocupante de cosas *nullius* se aplica el derecho local.

Concordancias: Código Civil: artículos 590, 955 y 983.

Artículo 158. Las precauciones que deben adoptarse cuando la viuda quede encinta, se ajustarán a lo dispuesto en la legislación del lugar en que se encuentre.

Concordancias: Código Civil: artículos 128 a 130, 962.

Artículo 159. Las formalidades requeridas para aceptar la herencia a beneficio de inventario o para hacer uso del derecho de deliberar se ajustarán a la ley del lugar en que la sucesión se abra, bastando eso para sus efectos extraterritoriales.

Concordancias: Código Civil: artículos 1247 y 1248.

Artículo 160. Es de orden público internacional el precepto que se refiera a la proindivisión ilimitada de la herencia o establezca la partición provisional.

Concordancias: Código Civil: artículo 688.

Artículo 161. La capacidad para solicitar y llevar a cabo la división se sujeta a la ley personal del heredero.

Concordancias: Código Civil: artículo 1317.

Artículo 162. El nombramiento y las facultades del contador o perito partidor dependen de la ley personal del causante.

Concordancias: Código Civil: artículos 1317, 1318 y 1323 a 1326. Código de Procedimiento Civil: Libro III Título IX De los Juicios Sobre Partición de Bienes.

Artículo 163. A la misma ley se subordina el pago de las deudas hereditarias. Sin embargo, los acreedores que tuvieren garantía de carácter real, podrán hacerla efectiva de acuerdo con la ley que rija esa garantía.

Concordancias: Código Civil: artículos 1354 y 1526.

TÍTULO CUARTO
DE LAS OBLIGACIONES Y CONTRATOS

CAPÍTULO I
DE LAS OBLIGACIONES EN GENERAL

Artículo 164. El concepto y clasificación de las obligaciones se sujetan a la ley territorial.

Concordancias: *Código Civil: artículos 578, 1437, 2284 y Libro IV Títulos III al XI.*

Artículo 165. Las obligaciones derivadas de la ley se rigen por el derecho que las haya establecido.

Concordancias: *Código Civil: artículos 1437 y 2284.*

Artículo 166. Las obligaciones que nacen de los contratos tienen fuerza de ley entre las partes contratantes y deben cumplirse al tenor de los mismos, salvo las limitaciones establecidas en este Código.

Concordancias: *Código Civil: artículos 1437 y 1545. Convención de las Naciones Unidas sobre Compraventa Internacional de Mercaderías: Capítulos II y III.*

Artículo 167. Las originadas por delitos o faltas se sujetan al mismo derecho que el delito o falta de que procedan.

Concordancias: *Código Civil: Libro IV Título XXXV. Código Penal: Libro II Título X. Código de Procedimiento Penal artículo 10. Código Procesal Penal Libro I Título III Párrafo II.*

Artículo 168. Las que se deriven de actos u omisiones en que intervenga culpa o negligencia no penadas por la ley, se regirán por el derecho del lugar en que se hubiere incurrido en la negligencia o la culpa que las origine.

Concordancias: *Código Civil: Libro IV Título XXXV. Código Penal: artículo 2º y Libro II Título X.*

Artículo 169. La naturaleza y efectos de las diversas clases de obligaciones, así como su extinción, se rigen por la ley de la obligación de que se trata.

Concordancias: *Código Civil: Libro IV.*

Artículo 170. No obstante lo dispuesto en el artículo anterior, la ley local regula las condiciones del pago y la moneda en que debe hacerse.

Concordancias: *Código Civil: Libro IV Título XIV. Ley Nº 18.010 sobre Operaciones de Crédito de Dinero, D.O. 27.06.81: Título II. Convención de las Naciones Unidas sobre Compraventa Internacional de Mercaderías: Capítulo II Sección I y Capítulo III Sección I.*

Artículo 171. También se somete a la ley del lugar la determinación de quién debe satisfacer los gastos judiciales que origine el pago, así como su regulación.

Concordancias: *Código Civil: artículo 1604. Código de Procedimiento Civil: artículos 25. Libro I Título XIV De las Costas, artículos 446, 471 y 510.*

Artículo 172. La prueba de las obligaciones se sujeta, en cuanto a su admisión y eficacia, a la ley que rija la obligación misma.

Concordancias: *Código Civil: artículo 18 y Libro IV, Título XXI De la Prueba de las Obligaciones. Código de Comercio: Libro II Título I Párrafo 2 De la Prueba de los Contratos y Obligaciones. Convención de las Naciones Unidas sobre Compraventa Internacional de Mercaderías, D.O. 03.10.90: artículos 11, 12 y 13.*

Artículo 173. La impugnación de la certeza del lugar del otorgamiento de un documento privado, si influye en su eficacia, podrá hacerse siempre por el tercero a quien perjudique, y la prueba estará a cargo de quien la aduzca.

Concordancias: *Código Civil: Artículos 1703, 1703. Código de Procedimiento Civil: artículo 355.*

Artículo 174. La presunción de cosa juzgada por sentencia extranjera será admisible, siempre que la sentencia reúna las condiciones necesarias para su ejecución en el territorio, conforme al presente Código.

Concordancias: *Código de Derecho Internacional Privado: artículos 3° y 100. Código de Procedimiento Civil: artículos 175, 176, 177, 242 a 251.*

CAPÍTULO II
DE LOS CONTRATOS EN GENERAL

Artículo 175. Son reglas de orden público internacional las que impiden establecer pactos, cláusulas y condiciones contrarias a las leyes, la moral y el orden público y la que prohíbe el juramento y lo tiene por no puesto.

Concordancias: *Código de Derecho Internacional Privado: artículos 3°, 4° y 244. Constitución Política: artículo 19 N° 21. Código Civil: artículos 10, 548, 880, 1461, 1462, 1463, 1464, 1465, 1466, 1467, 1469, 1475.*

Artículo 176. Dependen de la ley personal de cada contratante las reglas que determinen la capacidad o incapacidad para prestar el consentimiento.

Concordancias: *Código de Derecho Internacional Privado: artículos 3°, 7° y 30. Código Civil: artículos 15, 1445 a 1447. Convención Interamericana sobre Conflictos de Leyes en Materia de Letras de Cambio, Pagarés y Facturas: artículo 1°.*

Artículo 177. Se aplicará la ley territorial al error, la violencia, la intimidación y el dolo, en relación con el consentimiento.

Concordancias: *Código de Derecho Internacional Privado: artículo 1°. Código Civil: artículos 1445, 1451 a 1459.*

Artículo 178. Es también territorial toda regla que prohíbe que sean objeto de los contratos, servicios contrarios a las leyes y a las buenas costumbres y cosas que estén fuera del comercio.

Concordancias: *Código de Derecho Internacional Privado: artículos 3° y 4°. Código Civil: artículos 1445, 1460 a 1466 y 1468.*

Artículo 179. Son de orden público internacional las disposiciones que se refieren a causa ilícita en los contratos.

Concordancias: *Código de Derecho Internacional Privado: artículo 4°. Código Civil: artículos 1445, 1467 y 1468.*

Artículo 180. Se aplicarán simultáneamente la ley del lugar del contrato y la de su ejecución, a la necesidad de otorgar escritura o documento público para la eficacia de determinados convenios y a la de hacerlos constar por escrito.

Concordancias: Código Civil: artículos 16 a 18, 1699, 1709, 1710, 1801. Código de Comercio: Artículo 128, 129. Convención de las Naciones Unidas sobre Compraventa Internacional de Mercaderías, D.O. 03.10.90: artículos 11, 12 y 13.

Artículo 181. La rescisión de los contratos por incapacidad o ausencia, se determina por la ley personal del ausente o incapacitado.

Concordancias: Código Civil: artículos 15, 1445 a 1447, 1682, 1685, 1686, 1688. Convención de las Naciones Unidas sobre Compraventa Internacional de Mercaderías, D.O. 03.10.90: artículo 29.

Artículo 182. Las demás causas de rescisión y su forma y efectos, se subordinan a la ley territorial.

Concordancias: Código Civil: artículos 15, 16 y Libro IV, Título XX De la Nulidad y la Rescisión.

Artículo 183. Las disposiciones sobre nulidad de los contratos se sujetarán a la ley de que la causa de la nulidad dependa.

Concordancias: Código Civil: Artículo 10, Libro IV, Título XX De la Nulidad y la Rescisión.

Artículo 184. La interpretación de los contratos debe efectuarse como regla general, de acuerdo con la ley que los rija.

Sin embargo, cuando esa ley se discuta y deba resultar de la voluntad tácita de las partes, se aplicará presuntamente la legislación que para ese caso se determina en los artículos 185 y 186 aunque eso lleve a aplicar al contrato una ley distinta como resultado de la interpretación de voluntad.

Concordancias: Código Civil: Libro IV Título XIII De la Interpretación de los Contratos. Convención de las Naciones Unidas sobre Compraventa Internacional de Mercaderías, 03.10.90: artículo 7º.

Artículo 185. Fuera de las reglas ya establecidas y de las que en lo adelante se consignen para casos especiales, en los contratos de adhesión se presume aceptada, a falta de voluntad expresa o tácita, la ley del que los ofrece o prepara.

Concordancias: *Código de Comercio: artículo 101. Ley Nº 19.496 de Protección al Consumidor, D.O. 17.03.97: artículo 17.*

Artículo 186. En los demás contratos y para el caso previsto en el artículo anterior, se aplicará en primer término la ley personal común a los contratantes y en su defecto la del lugar de la celebración.

Concordancias: *Código de Comercio: artículos 101 y 104. Convención de las Naciones Unidas sobre Compraventa Internacional de Mercaderías, D.O. 03.10.90: artículo 7º.*

CAPÍTULO III
DEL CONTRATO SOBRE BIENES CON OCASIÓN DE MATRIMONIO

Artículo 187. Este contrato se rige por la ley personal común de los contrayentes y en su defecto por la del primer domicilio matrimonial.

Las propias leyes determinan, por ese orden, el régimen legal supletorio a falta de estipulación.

Concordancias: *Código Civil: artículos 15, 135, Libro IV Títulos XXII De las Convenciones Matrimoniales y de la Sociedad Conyugal, y Título XXII-A Régimen de la Participación en los Gananciales.*

Artículo 188. Es de orden público internacional el precepto que veda celebrar capitulaciones durante el matrimonio, o modificarlas, o que se altere el régimen de bienes por cambios de nacionalidad o de domicilio posteriores al mismo.

Concordancias: *Código Civil: artículos 15, 135, 1716, 1717, y 1723.*

Artículo 189. Tienen igual carácter los preceptos que se refieren al mantenimiento de las leyes y las buenas costumbres, a los efectos de las capitulaciones respecto de terceros y a su forma solemne.

Concordancias: *Código Civil: artículos 1715 a 1724.*

Artículo 190. La voluntad de las partes regula el derecho aplicable a las donaciones por razón de matrimonio, excepto en lo referente a su capacidad, a la salvaguardia de derechos legitimarios y a la nulidad mientras el matrimonio subsista, todo lo cual se subordina a la ley general que lo rige, y siempre que no afecte el orden público internacional.

Concordancias: Código Civil: artículos 1187, 1404, 1406, 1425, 1724, Libro IV Título XXII Párrafo 7 De la dote y de las Donaciones por Causa de Matrimonio.

Artículo 191. Las disposiciones sobre dote y parafernales dependen de la ley personal de la mujer.

Concordancias: Código Civil: artículos 1404, 1406, Libro IV Título XXII Párrafo 7 De la dote y de las Donaciones por Causa de Matrimonio.

Artículo 192. Es de orden público internacional la regla que repudia la inalienabilidad de la dote.

Concordancias: Código Civil: Libro IV Título XXII Párrafo 7 De la dote y de las Donaciones por Causa de Matrimonio.

Artículo 193. Es de orden público internacional la prohibición de renunciar a la sociedad de gananciales durante el matrimonio.

Concordancias: Código Civil: artículos 1723, 1767, 1781 a 1785.

CAPÍTULO IV
COMPRAVENTA, CESIÓN DE CRÉDITO Y PERMUTA

Artículo 194. Son de orden público internacional las disposiciones relativas a enajenación forzosa por utilidad pública.

Concordancias: Constitución Política: artículo 19 Nº 24. D.L. Nº 2.186 Ley Orgánica Constitucional de Expropiaciones, D.O. 09.06.1978.

Artículo 195. Lo mismo sucede con las que fijan los efectos de la posesión y de la inscripción entre varios adquirentes, y las referentes al retracto legal.

Concordancias: Código Civil: artículos 1803, 1804, 1805, 1817, 1823. Código de Comercio: artículos 98 a 101. Ley Nº 16.499 de Protección al Consumidor, D.O. 17.03.97: artículo 16.

CAPÍTULO V
ARRENDAMIENTO

Artículo 196. En el arrendamiento de cosas, debe aplicarse la ley territorial a las medidas para dejar a salvo el interés de terceros y a los derechos y deberes del comprador de finca arrendada.

Concordancias: Código Civil: artículos 1962 y 1964. D.L. N°993 Disposiciones Especiales sobre Arrendamiento de Predios Rústicos, Medierías o Apariencias y otras Formas de Explotación por Terceros, D.O. 24.04.75. Ley 18.101 Fija Normas Especiales sobre Arrendamiento de Predios Urbanos, D.O. 29.01.82.

Artículo 197. Es de orden público internacional, en el arrendamiento de servicios, la regla que impide concertarlos para toda la vida o por más de cierto tiempo.

Concordancias: Código Civil: artículo 2009.

Artículo 198. También es territorial la legislación sobre accidentes del trabajo y protección social del trabajador.

Concordancias: Ley N° 16.744 sobre Accidentes del Trabajo. Convenio Chileno-Argentino sobre Reciprocidad en el Pago de Indemnizaciones por Accidentes del Trabajo, D.S. Min. RR.EE. N° 613/58, D.O. de 27 de noviembre de 1958. Convenio Chileno Español sobre Seguridad Social, D.S. Min. RR.EE. N° 400/80, D.O. de 14 de julio de 1980.

Artículo 199. Son territoriales, en los transportes por agua, tierra y aire, las leyes y reglamentos locales especiales.

Concordancias: Código de Comercio: Libro II, Título V y Libro III. Código Aeronáutico.

CAPÍTULO VI
CENSOS

Artículo 200. Se aplica la ley territorial a la determinación del concepto y clases de los censos, a su carácter redimible, a su prescripción, y a la acción real que de ellos se deriva.

Concordancias: Código Civil: artículos 579, 2022, 2023, 2029, 2039, 2040, 2042, 2279 y 2280.

Artículo 201. Para el censo enfitéutico son asimismo territoriales las disposiciones que fijan sus condiciones y formalidades, que imponen un reconocimiento cada cierto número de años y que prohíben la subenfiteusis.

Concordancias: Código Civil: artículos 2024 a 2040.

Artículo 202. En el censo consignativo, es de orden público internacional la regla que prohíbe que el pago en frutos pueda consistir en una parte alícuota de los que produzca la finca acensuada.

Concordancias: Código Civil: artículos 2025 y 2028.

Artículo 203. Tiene el mismo carácter en el censo reservativo la exigencia de que se valorice la finca acensuada.

Concordancias: Código Civil: artículos 2036.

CAPÍTULO VII
SOCIEDAD

Artículo 204. Son leyes territoriales las que exigen un objeto lícito, formas solemnes, e inventarios cuando hay inmuebles.

Concordancias: Código Civil: artículos 2057, 2065 a 2070. Código de Comercio: artículos 352, 354, 356, 357, 474, 493. Ley Nº 18.046 de Sociedades Anónimas, D.O. 22.10.81: artículo 4º.

CAPÍTULO VIII
PRÉSTAMO

Artículo 205. Se aplica la ley local a la necesidad del pacto expreso de intereses y a su tasa.

Concordancias: Código Civil: artículos 2205 y 2207. Ley Nº 18.010 sobre Operaciones de Crédito de Dinero, D.O. 27.06.81: artículo 8º.

CAPÍTULO IX
DEPOSITO

Artículo 206. Son territoriales las disposiciones referentes al depósito necesario y al secuestro.

Concordancias: Código Civil: Libro IV Título XXXII Párrafo 2 Del Depósito Necesario, Párrafo 3 Del Secuestro. Código de Procedimiento Civil: artículos 290 y 291.

CAPÍTULO X
CONTRATOS ALEATORIOS

Artículo 207. Los efectos de la capacidad en acciones nacidas del contrato de juego, se determinan por la ley personal del interesado.

Concordancias: Código Civil: artículos 2260 y 2263.

Artículo 208. La ley local define los contratos de suerte y determina el juego y la apuesta permitidos o prohibidos.

Concordancias: Código Civil: artículos 1466, 2258, Libro IV Título XXXIII Párrafo 1 Del Juego y la Apuesta.

Artículo 209. Es territorial la disposición que declara nula la renta vitalicia sobre la vida de una persona, muerta a la fecha del otorgamiento, o dentro de un plazo si se halla padeciendo de enfermedad incurable.

Concordancias: Código Civil: artículos 10, 2270.

CAPÍTULO XI
TRANSACCIONES Y COMPROMISOS

Artículo 210. Son territoriales las disposiciones que prohíben transigir o sujetar a compromiso determinadas materias.

Concordancias: Código Civil: artículos 2450 a 2452. Código Orgánico de Tribunales: artículos 229 y 230.

Artículo 211. La extensión y efectos del compromiso y la autoridad de cosa juzgada de la transacción, dependen también de la ley territorial.

Concordancias: Código Civil: artículos 2460, 2461. Código Orgánico de Tribunales: artículos 223, 234 y 235. Código de Procedimiento Civil: Libro III Título VIII Del Juicio Arbitral.

CAPÍTULO XII
DE LA FIANZA

Artículo 212. Es de orden público internacional la regla que prohíbe al fiador obligarse a más que el deudor principal.

Concordancias: Código Civil: artículos 2343 y 2344.

Artículo 213. Corresponden a la misma clase las disposiciones relativas a la fianza legal o judicial.

Concordancias: Código Civil: artículos 2336 y 2358. Código de Procedimiento Civil: Artículo 279. Código Procesal Penal: artículo 146.

CAPÍTULO XIII
PRENDA, HIPOTECA Y ANTICRESIS

Artículo 214. Es territorial la disposición que prohíbe al acreedor apropiarse las cosas recibidas en prenda o hipoteca.

Concordancias: Código Civil: artículos 2397 y 2424. Código de Procedimiento Civil: Artículo 760. D.F.L. N° 3 Ley General de Bancos, D.O. 19.12.1997: Artículos 103 a 108.

Artículo 215. Lo son también los preceptos que señalan los requisitos esenciales del contrato de prenda, y con ellos debe cumplirse cuando la cosa pignorada se traslade a un lugar donde sean distintos de los exigidos al constituirlo.

Concordancias: Código Civil: artículos 2384 a 2386. Ley N° 4.097 sobre Contrato de Prenda Agraria, D.O. 25.09.1926. Ley N°5.687 sobre Contrato de Prenda Industrial, D.O. 17.09.1935. Ley N°18.112 sobre Prenda sin Desplazamiento, D.O. 16.05.1962.

Artículo 216. Igualmente son territoriales las prescripciones en cuya virtud la prenda deba quedar en poder del acreedor o de un tercero, la que requiere para perjudicar a extraños que conste por instrumento público la certeza de la fecha y la que fija el procedimiento para su enajenación.

Concordancias: Código Civil: artículo 2386. Ley N° 4.097 sobre Contrato de Prenda Agraria, D.O. 25.09.1926. Ley N°5.687 sobre Contrato de Prenda Industrial.

Artículo 217. Los reglamentos especiales de los Montes de piedad y establecimientos públicos análogos, son obligatorios territorialmente para todas las operaciones que con ellos se realicen.

Artículo 218. Son territoriales las disposiciones que fijan el objeto, condiciones, requisitos, alcance e inscripción del contrato de hipoteca.

Concordancias: Código Civil: Libro IV Título XXXVIII De la Hipoteca. Código de Comercio: Libro II Título III De los Privilegios y de la Hipoteca Naval. Código Aeronáutico: Título VIII Capítulo IV De la Hipoteca y de los Privilegios.

Artículo 219. Lo es asimismo la prohibición de que el acreedor adquiera la propiedad del inmueble en la anticresis, por falta de pago de la deuda.

Concordancias: Código Civil: artículo 2441.

CAPÍTULO XIV
CUASICONTRATOS

Artículo 220. La gestión de negocios ajenos se regula por la ley del lugar en que se efectúa.

Concordancias: Código Civil: Libro IV Título XXXIV Párrafo 1 De la Agencia Oficiosa o Gestión de Negocios Ajenos.

Artículo 221. El cobro de lo indebido se somete a la ley personal común de las partes y, en su defecto, a la del lugar en que se hizo el pago.

Concordancias: Código Civil: Libro IV Título XXXIV Párrafo 2 Del Pago de lo No Debido.

Artículo 222. Los demás cuasicontratos se sujetan a la ley que regule la institución jurídica que los origine.

Concordancias: Código Civil: artículo 2284.

CAPÍTULO XV
CONCURRENCIA Y PRELACIÓN DE CRÉDITOS

Artículo 223. Si las obligaciones concurrentes no tienen carácter real y están sometidas a una ley común, dicha ley regulará también su prelación.

Concordancias: Código Civil: Libro IV Título XLI De la Prelación de Créditos. Código de Procedimiento Civil: Artículo 546. Ley N° 20.720 Sustituye el Régimen Concursal Vigente por una Ley de Reorganización y Liquidación de Empresas y Personas, y Perfecciona el Rol de la Superintendencia del Ramo, D.O. 09.01.2014: Artículos 241, 312.

Artículo 224. Para las garantías con acción real, se aplicará la ley de la situación de la garantía.

Concordancias: Código Civil: artículo 16, Libro IV Título XXXVII Del Contrato de Prenda, Libro IV Título XXXVIII De la Hipoteca. Código de Comercio: Libro II Título XV Del Contrato de Prenda. Ley N° 4.097 sobre Contrato de Prenda Agraria, D.O. 25.09.1926. Ley 4.287 sobre Prenda de Valores Mobiliarios a Favor de los Bancos. D.O. 23 y 29.02.1928. Ley N°5.687 sobre Contrato de Prenda Industrial, D.O. 17.09.1935. Ley N°18.112 sobre Prenda sin Desplazamiento, D.O. 16.05.1962. Ley 18.690 sobre Almacenes Generales de Depósito, D.O. 02.02.1998. Decreto Ley N°776 sobre Realización de Prenda, D.O. 22.12.1925.

Artículo 225. Fuera de los casos previstos en los artículos anteriores, debe aplicarse a la prelación de créditos la ley del tribunal que haya de decidirla.

Concordancias: Código Civil: artículo 16; Libro IV Título XLI De la Prelación de Créditos. Código Orgánico e Tribunales: Artículo 154. Código de Procedimiento Civil: Artículo 546. Ley N° 20.720 Sustituye el Régimen Concursal Vigente por una Ley de Reorganización y Liquidación de Empresas y Personas, y Perfecciona el Rol de la Superintendencia del Ramo, D.O. 09.01.2014: Artículos 241, 312.

Artículo 226. Si la cuestión se planteare simultáneamente en tribunales de Estados diversos, se resolverá de acuerdo con la ley de aquel que tenga realmente bajo su jurisdicción los bienes o numerario en que haya de hacerse efectiva la prelación.

Concordancias: Código Civil: artículo 16.

CAPÍTULO XVI
PRESCRIPCIÓN

Artículo 227. La prescripción adquisitiva de bienes muebles o inmuebles se rige por la ley del lugar en que estén situados.

Concordancias: Código de Derecho Internacional Privado: artículo 294. Código Civil: artículos 16, 2498 a 2513.

Artículo 228. Si las cosas muebles cambiasen de situación estando en camino de prescribir, se regirá la prescripción por la ley del lugar en que se encuentren al completarse el tiempo que requiera.

Concordancias: Código Civil: artículo 16.

Artículo 229. La prescripción extintiva de acciones personales se rige por la ley a que esté sujeta la obligación que va a extinguirse.

Concordancias: Código Civil: artículos 2514 a 2524. Código de Comercio: Libro II Título XXVII De la Prescripción, Libro III Título X De la Prescripción.

Artículo 230. La prescripción extintiva de acciones reales se rige por la ley del lugar en que esté situada la cosa a que se refiera.

Concordancias: Código Civil: artículos 16, 2514 a 2524.

Artículo 231. Si en el caso previsto en el artículo anterior se tratase de cosas muebles y hubieren cambiado de lugar durante el plazo de prescripción se aplicará la ley del lugar en que se encuentren al cumplirse allí el término señalado para prescribir.

Concordancias: Código Civil: artículo 16.

LIBRO SEGUNDO
DERECHO MERCANTIL INTERNACIONAL

TÍTULO PRIMERO
DE LOS COMERCIANTES Y DEL COMERCIO EN GENERAL

CAPÍTULO I
DE LOS COMERCIANTES

Artículo 232. La capacidad para ejercer el comercio y para intervenir en actos y contratos mercantiles, se regula por la ley personal de cada interesado.

Concordancias: Código de Derecho Internacional Privado: artículo 27. Código Civil: artículos 15 y 1447. Código de Comercio: artículos 1º, 7º, 8º, 10, 11, 14, 16, 18 y 19.

Artículo 233. A la misma ley personal se subordinan las incapacidades y su habilitación.

Concordancias: Código de Derecho Internacional Privado: artículo 27. Código Civil: artículos 150, 244, 439 y 1447. Código de Comercio: artículos 10, 16, 18 y 19.

Artículo 234. La ley del lugar en que el comercio se ejerza debe aplicarse a las medidas de publicidad necesarias para que puedan dedicarse a él, por medio de sus representantes los incapacitados, o por sí las mujeres casadas.

Concordancias: Código de Derecho Internacional Privado: artículos 241 y 242. Código de Comercio: artículos 10, 16, 19 y 23.

Artículo 235. La ley local debe aplicarse a la incompatibilidad para el ejercicio del comercio de los empleados públicos y de los agentes de comercio y corredores.

Artículo 236. Toda incompatibilidad para el comercio que resulte de leyes o disposiciones especiales en determinado territorio, se regirá por el derecho del mismo.

Artículo 237. Dicha incompatibilidad en cuanto a los funcionarios diplomáticos y agentes consulares, se apreciará por la ley del Estado que los nombra. El país en que residen tiene igualmente el derecho de prohibirles el ejercicio del comercio.

Concordancias: Convención de Viena sobre Relaciones Diplomáticas, D.S. 666), del 18.04.1961, D.O. 04.03.1968, Artículo 42. Convención de Viena sobre Relaciones Consulares, del 28.11.1969, D.S. 709, D.O. 5.03.1968, Artículo 57.

Artículo 238. El contrato social y en su caso la ley a que esté sujeto se aplica a la prohibición de que los socios colectivos o comanditarios realicen operaciones mercantiles, o cierta clase de ellas, por cuenta propia o de otros.

Concordancias: Código de Comercio: artículos 404. Código del Trabajo: artículo 160.

CAPÍTULO II
DE LA CUALIDAD DE COMERCIANTES Y DE LOS ACTOS DE COMERCIO

Artículo 239. Para todos los efectos de carácter público, la cualidad de comerciante se determina por la ley del lugar en que se haya realizado el acto o ejercido la industria de que se trate.

Concordancias: Código de Comercio: artículos 7º y 8º.

Artículo 240. La forma de los contratos y actos mercantiles se sujeta a la ley territorial.

Concordancias: Código de Derecho Internacional Privado: artículos 244 a 246. Código Civil: Artículo 17. Código de Comercio: artículos 3, 96 y siguientes.

CAPÍTULO III
DEL REGISTRO MERCANTIL

Artículo 241. Son territoriales las disposiciones relativas a la inscripción en el Registro mercantil de los comerciantes y sociedades extranjeras.

Concordancias: Código de Derecho Internacional Privado: artículo 234. Código de Comercio: Libro I Título I Párrafo 2 Del Registro de Comercio. Reglamento del Registro de Comercio: artículo 7º.

Artículo 242. Tienen el mismo carácter las reglas que señalan el efecto de la inscripción en dicho Registro de créditos o derechos de terceros.

Concordancias: Código de Derecho Internacional Privado: artículo 234. Código de Comercio: artículos 20 y 21.

CAPÍTULO IV
LUGARES Y CASAS DE CONTRATACIÓN MERCANTIL Y COTIZACIÓN OFICIAL DE EFECTOS PÚBLICOS Y DOCUMENTOS DE CRÉDITO AL PORTADOR

Artículo 243. Las disposiciones relativas a los lugares y casas de contratación mercantil y cotización oficial de efectos públicos y documentos de crédito al portador, son de orden público internacional.

Concordancias: Ley Nº 18.045 sobre Mercado de Valores, D.O. 22.10.81: artículos 38 y ss.

CAPÍTULO V
DISPOSICIONES GENERALES SOBRE LOS CONTRATOS DE COMERCIO

Artículo 244. Se aplicarán a los contratos de comercio las reglas generales establecidas para los contratos civiles en el capítulo segundo, título cuarto, libro primero de este Código.

Concordancias: Código de Derecho Internacional Privado: artículos 175 a 186 y 240. Código de Comercio: artículo 96.

Artículo 245. Los contratos por correspondencia no quedarán perfeccionados sino mediante el cumplimiento de las condiciones que al efecto señale la legislación de todos los contratantes.

Concordancias: Código de Comercio: artículos 98 y ss. Convención de las Naciones Unidas sobre los Contratos de Compraventa Internacional de Mercaderías, de 11.04.1980, D.S. 544, D.O. 03.10.1990 Artículos 14 a 24.

Artículo 246. Son de orden público internacional las disposiciones relativas a contratos ilícitos y a términos de gracia, cortesía u otros análogos.

Concordancias: *Código Civil: artículos 1462 a 1468. Código de Comercio: artículo 112. Código de Procedimiento Civil: artículo 246.*

TÍTULO SEGUNDO
DE LOS CONTRATOS ESPECIALES DEL COMERCIO

CAPÍTULO I
DE LAS COMPAÑÍAS MERCANTILES

Artículo 247. El carácter mercantil de una sociedad colectiva o comanditaria se determina por la ley a que esté sometido el contrato social, y en su defecto por la del lugar en que tenga su domicilio comercial.

Si esas leyes no distinguieran entre sociedades mercantiles y civiles, se aplicará el derecho del país en que la cuestión se someta a juicio.

Concordancias: *Código Civil: artículo 2059. Código de Comercio: artículos 352, 355.*

Artículo 248. El carácter mercantil de una sociedad anónima depende de la ley del contrato social; en su defecto, de la del lugar en que celebre las juntas generales de accionistas y por su falta de la de aquel en que residan normalmente su Consejo o Junta Directiva.

Si esas leyes no distinguieren entre sociedades mercantiles y civiles tendrá uno u otro carácter según que esté o no inscrita en el Registro mercantil del país donde la cuestión haya de juzgarse. A falta de Registro mercantil se aplicará el derecho local de este último país.

Concordancias: *Código Civil: artículos 2059, 2060, 2064. Código de Comercio: artículo 3. Ley N° 18.046 sobre Sociedades Anónimas, D.O. 22.10.81: artículo 1°.*

Artículo 249. Lo relativo a la constitución y manera de funcionar de las sociedades mercantiles y a la responsabilidad de sus órganos, está sujeto al contrato social y en su caso a la ley que lo rija.

Concordancias: *Código de Comercio: artículos 348 y ss. Ley N° 18.046 sobre Sociedades Anónimas D.O. 22.10.81. Ley N° 3.918 sobre Sociedades de Responsabilidad Limitada D.O. 14.03.23.*

Artículo 250. La emisión de acciones y obligaciones en un Estado contratante, las formas y garantías de publicidad y la responsabilidad de los gestores de agencias y sucursales respecto de terceros, se someten a la ley territorial.

Concordancias: Ley Nº 18.045 sobre Mercado de Valores, D.O. 22.10.81. Ley Nº 18.046 sobre Sociedades Anónimas, D.O. 22.10.81.

Artículo 251. Son también territoriales las leyes que subordinen la sociedad a un régimen especial por razón de sus operaciones.

Concordancias: Ley Nº 18.046 sobre Sociedades Anónimas, D.O. 22.10.81: artículos 126 a 132.

Artículo 252. Las sociedades mercantiles debidamente constituidas en un Estado contratante disfrutarán de la misma personalidad jurídica en los demás, salvo las limitaciones del derecho territorial.

Concordancias: Código Civil: artículo 16, 17.

Artículo 253. Son territoriales las disposiciones que se refieran a la creación, funcionamiento y privilegios de los bancos de emisión y descuento, compañías de almacenes generales de depósitos y otras análogas.

Concordancias: Ley Nº 18690 sobre Almacenes Generales de Depósito, D.O. 02.02.88.

CAPÍTULO II
DE LA COMISIÓN MERCANTIL

Artículo 254. Son de orden público internacional las prescripciones relativas a la forma de la venta urgente por el comisionista para salvar en lo posible el valor de las cosas en que la comisión consista.

Concordancias: Código de Comercio: artículos 235 y 304.

Artículo 255. Las obligaciones del factor se sujetan a la ley del domicilio mercantil del mandante.

Concordancias: Código de Comercio: artículos 237, 325 a 341.

CAPÍTULO III
DEL DEPÓSITO Y PRÉSTAMO MERCANTILES

Artículo 256. Las responsabilidades no civiles del depositario se rigen por la ley del lugar del depósito.

Concordancias: Código de Comercio: artículos 807 a 812.

Artículo 257. La tasa o libertad del interés mercantil son de orden público internacional.

Concordancias: Código Civil: artículos 2206. Código de Comercio: artículos 798 a 800. Ley N° 18.010 sobre Operaciones de Crédito de Dinero, D.O. 27.06.81: artículo 8°.

Artículo 258. Son territoriales las disposiciones referentes al préstamo con garantía de efectos cotizables, hecho en bolsa, con intervención de agente colegiado o funcionario oficial.

Concordancias: Ley N° 18.045 sobre Mercado de Valores, D.O. 22.10.81: artículo 23.

CAPÍTULO IV
DEL TRANSPORTE TERRESTRE

Artículo 259. En los casos de transporte internacional no hay más que un contrato, regido por la ley que le corresponda según su naturaleza.

Artículo 260. Los plazos y formalidades para el ejercicio de acciones surgidas de este contrato y no previstos en el mismo, se rigen por la ley del lugar en que se produzcan los hechos que las originen.

Concordancias: Código de Comercio: artículos 191 a 218.

CAPÍTULO V
DE LOS CONTRATOS DE SEGURO

Artículo 261. El contrato de seguro contra incendios se rige por la ley del lugar donde radique, al efectuarlo, la cosa asegurada.

Concordancias: Código de Comercio: Libro II Título VIII Párrafo V del Seguro Contra Incendio.

Artículo 262. Los demás contratos de seguro siguen la regla general, regulándose por la ley personal común de las partes o en su defecto por la del lugar de la celebración; pero las formalidades externas para comprobar hechos u omisiones necesarios al ejercicio o a la conservación de acciones o derechos, se sujetan a la ley del lugar en que se produzca el hecho o la omisión que les hace surgir.

Concordancias: Código de Comercio: artículos 512 al 578 y 587 a 601.

CAPÍTULO VI
DEL CONTRATO Y LETRA DE CAMBIO Y EFECTOS MERCANTILES ANÁLOGOS

Artículo 263. La forma del giro, endoso, fianza, intervención, aceptación y protesto de una letra de cambio, se somete a la ley del lugar en que cada uno de dichos actos se realice.

Concordancias: Código de Comercio: artículo 621. Ley Nº 18.092 sobre Letra de Cambio y Pagaré D.O. 14.01.82: artículos 1 a 78. Convención Interamericana sobre Conflictos de Leyes en Materia de Cheques, D.O. 04.03.97 Cambio, Pagarés y Facturas, D.O. 3.07.76: artículos 2, 6 y 7.

Artículo 264. A falta de convenio expreso o tácito, las relaciones jurídicas entre el librador y el tomador se rigen por la ley del lugar en que la letra se gira.

Concordancias: Ley Nº 18.092 sobre Letra de Cambio y Pagaré, D.O. 14.01.82: artículo 10. Convención Interamericana sobre Conflictos de Leyes en Materia de Cheques, D.O. 04.03.97: artículo 3. Convención Interamericana sobre Conflictos de Leyes en Materia de Letras de Cambio, Pagarés y Facturas, D.O. 3.07.76: artículo 3º.

Artículo 265. En igual caso, las obligaciones y derechos entre el aceptante y el portador se regulan por la ley del lugar en que se ha efectuado la aceptación.

Concordancias: Ley Nº 18.092 sobre Letra de Cambio y Pagaré, D.O. 14.01.82: Párrafo 6 Del Pago. Convención Interamericana sobre Conflictos de

Leyes en Materia de Cheques, D.O. 04.03.97: artículo 3º. Convención Interamericana sobre Conflictos de Leyes en Materia de Letras de Cambio, Pagarés y Facturas, D.O. 3.07.76: artículo 3º.

Artículo 266. En la misma hipótesis, los efectos jurídicos que el endoso produce entre endosante y endosatario, dependen de la ley del lugar en que la letra ha sido endosada.

Concordancias: Ley Nº 18.092 sobre Letra de Cambio y Pagaré, D.O. 14.01.82: Párrafo 2 Del Endoso. Ley Nº 18.552 sobre Tratamiento de Títulos de Crédito, D.O. 20.09.86: artículo 1º. Convención Interamericana sobre Conflictos de Leyes en Materia de Cheques, D.O. 04.03.97: artículo 2º. Convención Interamericana sobre Conflictos de Leyes en Materia de Letras de Cambio, Pagarés y Facturas, D.O. 3.07.76: artículo 2º.

Artículo 267. La mayor o menor extensión de las obligaciones de cada endosante, no altera los derechos y deberes originarios del librador y el tomador.

Concordancias: Ley Nº 18.092 sobre Letra de Cambio y Pagaré, D.O. 14.01.82: artículo 28. Convención Interamericana sobre Conflictos de Leyes en Materia de Cheques, D.O. 04.03.97: artículo 2º. Convención Interamericana sobre Conflictos de Leyes en Materia de Letras de Cambio, Pagarés y Facturas, D.O. 3.07.76: artículo 2º.

Artículo 268. El aval, en las propias condiciones, se rige por la ley del lugar en que se presta.

Concordancias: Ley Nº 18.092 sobre Letra de Cambio y Pagaré, D.O. 14.01.82: Párrafo 4 Del Aval.

Artículo 269. Los efectos jurídicos de la aceptación por intervención se regulan, a falta de pacto, por la ley del lugar en que el tercero interviene.

Artículo 270. Los plazos y formalidades para la aceptación, el pago y el protesto, se someten a la ley local.

Concordancias: Ley Nº 18.092 sobre Letra de Cambio y Pagaré, D.O. 14.01.82: Párrafos 3 De la Aceptación, 6 Del Pago y 7 De los Protestos. Convención Interamericana sobre Conflictos de Leyes en Materia de Cheques, D.O.

04.03.97: artículo 6. Convención Interamericana sobre Conflictos de Leyes en Materia de Letras de Cambio, Pagarés y Facturas, D.O. 3.07.76: artículo 6°.

Artículo 271. Las reglas de este capítulo son aplicables a las libranzas, vales, pagarés y mandatos o cheques.

Concordancias: Ley N° 18.092 sobre Letra de Cambio y Pagaré, D.O. 14.01.82. Convención Interamericana sobre Conflictos de Leyes en Materia de Cheques, D.O. 04.03.97: artículo 6°. D.F.L. N° 707 sobre Cuentas Corrientes Bancarias y Cheques, D.O. 07.10.82.

CAPÍTULO VII
DE LA FALSEDAD, ROBO, HURTO O EXTRAVÍO DE DOCUMENTOS DE CRÉDITO Y EFECTOS AL PORTADOR

Artículo 272. Las disposiciones relativas a la falsedad, robo, hurto o extravío de documentos de crédito y efectos al portador son de orden público internacional.

Concordancias: Ley N° 18.552 sobre Tratamiento de Títulos de Crédito, D.O. 20.09.82. Ley N° 18.092 sobre Letra de Cambio y Pagaré, D.O. 14.01.82, Párrafo 9 Del Extravío. D.F.L. N° 707 sobre Cuentas Corrientes Bancarias y Cheques, D.O. 07.10.82. Convención Interamericana sobre Conflictos de Leyes en Materia de Letras de Cambio, Pagarés y Facturas, D.O. 3.07.76: artículo 7°.

Artículo 273. La adopción de las medidas que establezca la ley del lugar en que el hecho se produce, no dispensa a los interesados de tomar cualesquiera otras que establezca la ley del lugar en que esos documentos y efectos se coticen y la del lugar de su pago.

TÍTULO TERCERO
DEL COMERCIO MARÍTIMO Y AÉREO

CAPÍTULO I
DE LOS BUQUES Y AERONAVES

Artículo 274. La nacionalidad de las naves se prueba por la patente de navegación y la certificación del registro, y tiene el pabellón como signo distintivo aparente.

Concordancias: *Código de Comercio: artículo 830. Código Aeronáutico: Artículos 32, 33 y 35. D.L. Nº 2.222 Sustituye Ley de Navegación, D.O. 31.05.78: Título II Del Registro y de la Nacionalidad de las Aeronaves. D.S. 163 del Ministerio de Defensa Nacional, Reglamento de Registro de Naves y Artefactos Navales, D.O. 13.04.81.*

Artículo 275. La ley del pabellón rige las formas de publicidad requeridas para la transmisión de la propiedad de una nave.

Concordancias: *Código de Comercio: artículos 831 Nº 2 y 835. Código Aeronáutico: Artículos 29 y siguientes, Título II, Capítulo III Del Registro Nacional de Aeronaves. D.S. 163 del Ministerio de Defensa Nacional, Reglamento de Registro de Naves y Artefactos Navales, D.O. 13.04.81: artículo 24.*

Artículo 276. A la ley de la situación debe someterse la facultad de embargar y vender judicialmente una nave, esté o no cargada y despachada.

Concordancias: *Código Civil: Artículo 16. Código de Comercio: artículo 835. Código Aeronáutico: Artículo 48. D.L. Nº 2222 sobre Registro y Nacionalidad de Naves, D.O. 31.05.78: artículo 20. Decreto Supremo Nº 71 del Ministerio de Defensa Nacional, Que Aprueba el Reglamento del Registro Nacional de Aeronaves D.O. 19.01.07.*

Artículo 277. Se regulan por la ley del pabellón los derechos de los acreedores después de la venta de la nave, y la extinción de los mismos.

Concordancias: *Código de Comercio: Libro III Título III. Código Aeronáutico.*

Artículo 278. La hipoteca marítima y los privilegios o seguridades de carácter real constituidos de acuerdo con la ley del pabellón, tienen efectos extraterritoriales aun en aquellos países cuya legislación no conozca o regule esa hipoteca o esos privilegios.

Concordancias: *Código de Comercio: artículos 839 y 866 a 881. Código Aeronáutico: Título VIII Capítulo IV De la Hipoteca y de los Privilegios.*

Artículo 279. Se sujetan también a la ley del pabellón los poderes y obligaciones del capitán y la responsabilidad de los propietarios y navieros por sus actos.

Concordancias: *Código de Comercio: artículos 882 y ss. Código Aeronáutico: Título III Capítulo III Del Comandante de la Aeronave, Título IX De la Responsabilidad Aeronáutica.*

Artículo 280. El reconocimiento del buque, la petición de práctico y la policía sanitaria, dependen de la ley territorial.

Artículo 281. Las obligaciones de los oficiales y gente de mar y el orden interno del buque, se sujetan a la ley del pabellón.

Concordancias: *Código de Comercio: artículos 882 y ss. Código Aeronáutico: Título III Del Personal Aeronáutico.*

Artículo 282. Las disposiciones precedentes de este capítulo se aplican también a las aeronaves.

Artículo 283. Son de orden público internacional las reglas sobre nacionalidad de los propietarios de buques y aeronaves y de los navieros, así como de los oficiales y la tripulación.

Concordancias: *Código Aeronáutico: Título II Capítulo III Del Registro Nacional de Aeronaves. D.L. Nº 2.222 sobre Registro y Nacionalidad de Naves, D.O. 31.05.78. D.S. Nº 163 Reglamento de Registro de Naves y Artefactos Navales, D.O. 13.04.81. Decreto Supremo Nº 71 del Ministerio de Defensa Nacional, Que Aprueba el Reglamento del Registro Nacional de Aeronaves D.O. 19.01.07.*

Artículo 284. También son de orden público internacional las disposiciones sobre nacionalidad de buques y aeronaves para el comercio fluvial, lacustre y de cabotaje o entre determinados lugares del territorio de los Estados contratantes, así como para la pesca y otros aprovechamientos submarinos en el mar territorial.

Concordancias: *D.L. Nº 2.222 sobre Registro y Nacionalidad de Naves. D.S. Nº 163 Reglamento de Registro de Naves y Artefactos Navales.*

CAPÍTULO II
DE LOS CONTRATOS ESPECIALES DEL COMERCIO MARÍTIMO Y AÉREO

Artículo 285. El fletamento, si no fuere un contrato de adhesión, se regirá por la ley del lugar de salida de las mercancías.

Los actos de ejecución del contrato se ajustarán a la ley del lugar en que se realicen.

Concordancias: Código de Comercio: Libro III Título V Párrafo 2 De los Fletamentos. Código Aeronáutico: Título VIII Capítulo II Del Fletamento de Aeronaves.

Artículo 286. Las facultades del capitán para el préstamo a la gruesa se determinan por la ley del pabellón.

Concordancias: Código de Comercio: artículo 1097.

Artículo 287. El contrato de préstamo a la gruesa, salvo pacto en contrario, se sujeta a la ley del lugar en que el préstamo se efectúa.

Concordancias: Código de Comercio: artículo 1092.

Artículo 288. Para determinar si la avería es simple o gruesa y la proporción en que contribuyen a soportarla la nave y el cargamento, se aplica la ley del pabellón.

Concordancias: Código de Comercio: artículos 1090, 1092, 1093 y 1095.

Artículo 289. El abordaje fortuito en aguas territoriales o en el aire nacional se somete a la ley del pabellón si fuere común.

Concordancias: Código de Comercio: artículo 1118.

Artículo 290. En el propio caso, si los pabellones difieren, se aplica la ley del lugar.

Concordancias: Código de Comercio: artículo 1118.

Artículo 291. La propia ley local se aplica en todo caso al abordaje culpable en aguas territoriales o aire nacional.

Concordancias: Código de Comercio: artículo 1118.

Artículo 292. Al abordaje fortuito o culpable en alta mar o aire libre, se le aplica la ley del pabellón si todos los buques o aeronaves tuvieren el mismo.

Concordancias: Código de Comercio: artículo 1118.

Artículo 293. En su defecto, se regulará por el pabellón del buque o aeronave abordados, si el abordaje fuere culpable.

Concordancias: Código de Derecho Internacional Privado: artículo 309. Código de Comercio: artículos 1118 y 1119.

Artículo 294. En los casos de abordaje fortuito en alta mar o aire libre, entre naves o aeronaves de diferente pabellón, cada uno soportará la mitad de la suma total del daño, repartida según la ley de una de ellas, y la mitad restante repartida según la ley de la otra.

Concordancias: Código de Comercio: artículo 1120.

TÍTULO CUARTO
DE LA PRESCRIPCIÓN

Artículo 295. La prescripción de las acciones nacidas de los contratos y actos mercantiles, se ajustará a las reglas establecidas en este Código respecto de las acciones civiles.

Concordancias: Código de Derecho Internacional Privado: artículos 227 a 231. Código de Comercio: artículos 1246 a 1250. Código Aeronáutico: Artículo 175.

LIBRO TERCERO
DERECHO PENAL INTERNACIONAL

CAPÍTULO I
DE LAS LEYES PENALES

Artículo 296. Las leyes penales obligan a todos los que residen en el territorio, sin más excepciones que las establecidas en este capítulo.

Concordancias: Código de Derecho Internacional Privado: artículo 351. Código Civil: artículo 14. Código de Procedimiento Penal: artículos 1 y 2. Código de Penal: artículos 5 y 6. Código Orgánico de Tribunales: artículo 6. Convención sobre la Prevención y Castigo de Delitos contra Personas Internacionalmente protegidas, inclusive los Agentes Diplomáticos, D.O. 29.03.77: artículos 2º, 3º y 7º.

Artículo 297. Están exentos de las leyes penales de cada Estado contratante los Jefes de los otros Estados, que se encuentren en su territorio.

Concordancias: Convención de Viena sobre Relaciones Consulares, D.O. 28.11.67: artículos 29, 31, 36 a 43; Convención de Viena sobre relaciones diplomáticas, D.O. 09.11.67: artículos 41, 43, 53 y 58; Convención sobre las Misiones Especiales, D.O. 31.01.80: artículos 29 a 41.

Artículo 298. Gozan de igual exención los Representantes diplomáticos de los Estados contratantes en cada uno de los demás, así como sus empleados extranjeros, y las personas de la familia de los primeros, que vivan en su compañía.

Concordancias: Código Procesal Penal: artículos 210, 211 y 300, Convención de Viena sobre Relaciones Consulares, D.O. 28.11.67; Convención de Viena sobre relaciones diplomáticas, D.O. 09.11.67.

Artículo 299. Tampoco son aplicables las leyes penales de un Estado a los delitos cometidos en el perímetro de las operaciones militares, cuando autorice el paso por su territorio de un ejército de otro Estado contratante, salvo que no tengan relación legal con dicho ejército.

Artículo 300. La misma exención se aplica a los delitos cometidos en aguas territoriales o en el aire nacional, a bordo de naves o aeronaves extranjeras de guerra.

Concordancias: *Código Penal: artículo 5. Código Orgánico de Tribunales: artículo 6 Nº 40 y Nº 7. Convención sobre Infracciones y Ciertos Actos Cometidos a Bordo de Aeronaves suscrita en Tokio el 14 de diciembre de 1963, ratificada y promulgada por decreto Nº 711, D.O. 17.12.7), Convención contra la represión del Actos Ilícitos contra la seguridad de la Aviación Civil en Montreal el 23.09.71, ratificada y promulgada por decreto Nº 376, D.O. 11.12.75, Convenio para la Represión de Actos Ilícitos contra la Seguridad de la Navegación Marítima, promulgado por decreto Nº 793 del Ministerio de Relaciones Exteriores D.O. de 08.08.94.*

Artículo 301. Lo propio sucede con los delitos cometidos en aguas territoriales o aire nacional en naves o aeronaves mercantes extranjeras, si no tienen relación alguna con el país y sus habitantes ni perturban su tranquilidad.

Artículo 302. Cuando los actos de que se componga un delito, se realicen en Estados contratantes diversos, cada Estado puede castigar el acto realizado en su país, si constituye por sí solo un hecho punible.

De lo contrario, se dará preferencia al derecho de la soberanía local en que el delito se haya consumado.

Concordancias: *Código de Procedimiento Penal: artículo 1. Código Orgánico de Tribunales: artículo 167. Auto Acordado de la Corte de Apelaciones de Santiago de 12 de enero de 1935 Dispone que los delitos cometidos fuera del territorio chileno, de competencia de tribunales chilenos, serán conocidos por el juez de turno en lo criminal de Santiago.*

Artículo 303. Si se trata de delitos conexos en territorios de más de un Estado contratante, sólo estará sometido a la ley penal de cada uno el cometido en su territorio.

Concordancias: *Código Orgánico de Tribunales: artículo 164 a 170 bis.*

Artículo 304. Ningún Estado contratante aplicará en su territorio las leyes penales de los demás.

Concordancias: *Código de Procedimiento Penal: artículo 2.*

CAPÍTULO II
DELITOS COMETIDOS EN UN ESTADO EXTRANJERO CONTRATANTE

Artículo 305. Están sujetos en el extranjero a las leyes penales de cada Estado contratante, los que cometieren un delito contra la seguridad interna o externa del mismo o contra su crédito público sea cual fuere la nacionalidad o el domicilio del delincuente.

Concordancias: Código Orgánico de Tribunales: artículo 6. Código Penal: artículo 6.

Artículo 306. Todo nacional de un Estado contratante o todo extranjero domiciliado en él, que cometa en el extranjero un delito contra la independencia de ese Estado, queda sujeto a sus leyes penales.

Concordancias: Código Orgánico de Tribunales: artículo 6 Nº 3.

Artículo 307. También estarán sujetos a las leyes penales del Estado extranjero en que puedan ser aprehendidos y juzgados, los que cometan fuera del territorio un delito como la trata de blancas que ese Estado contratante se haya obligado a reprimir por un acuerdo internacional.

Concordancias: Código Orgánico de Tribunales: artículo 6 Nº 8.

CAPÍTULO III
DELITOS COMETIDOS FUERA DE TODO TERRITORIO NACIONAL

Artículo 308. La piratería, la trata de negros y el comercio de esclavos, la trata de blancas, la destrucción o deterioro de cables submarinos y los demás delitos de la misma índole contra el derecho internacional, cometidos en alta mar, en el aire libre o en territorios no organizados aún en Estado, se castigarán por el captor de acuerdo con sus leyes penales.

Concordancias: Código Orgánico de Tribunales: artículo 6 Nº 7. Código Penal: artículo 434.

Artículo 309. En los casos de abordaje culpable en alta mar o en el aire, entre naves o aeronaves de distinto pabellón, se aplicará la ley penal de la víctima.

Concordancias: Código de Derecho Internacional Privado: artículo 292. Código Orgánico de Tribunales: artículo 6 Nº 4. Código de Comercio: artículos 1116 a 1125. Código Penal: artículo 434.

CAPÍTULO IV
CUESTIONES VARIAS

Artículo 310. Para el concepto legal de la reiteración o de la reincidencia, se tendrá en cuenta la sentencia dictada en un Estado extranjero contratante, salvo los casos en que se opusiere la legislación local.

Concordancias: Código Penal: artículo 12 Nº 15. Código de Procedimiento Penal: artículo 3º. Ley Nº 17.155: artículo 8º inciso 1º.

Artículo 311. La pena de interdicción civil tendrá efecto en los otros Estados mediante el cumplimiento previo de las formalidades de registro o publicación que exija la legislación de cada uno de ellos.

Artículo 312. La prescripción del delito se subordina a la ley del Estado a que corresponda su conocimiento.

Concordancias: Código Penal: artículos 94 a 97, 101 a 105.

Artículo 313. La prescripción de la pena se rige por la ley del Estado que la ha impuesto.

Concordancias: Código Penal: artículos 97 a 101.

LIBRO CUARTO
DERECHO PROCESAL INTERNACIONAL

TÍTULO PRIMERO
PRINCIPIOS GENERALES

Artículo 314. La ley de cada Estado contratante determina la competencia de los tribunales, así como su organización, las formas de enjuiciamiento y de ejecución de las sentencias y los recursos contra sus decisiones.

Concordancias: Constitución Política: artículos 73 y 74. Código Orgánico de Tribunales: artículos 5 y siguientes, Títulos III al VI. Código de Procedimiento Civil: Libro I Título IX De los Incidentes, Libro II Del Juicio Ordinario, Libro III De los Juicios Especiales, Libro IV De los Actos Judiciales No Contenciosos. Código Procesal Penal: Libro II Procedimiento Ordinario, Libro III Recursos, Libro IV Procedimientos Especiales y Ejecución.

Artículo 315. Ningún Estado contratante organizará o mantendrá en su territorio tribunales especiales para los miembros de los demás Estados contratantes.

Concordancias: Código de Procedimiento Penal: artículo 1. Código Procesal Penal: artículos 1 y 2.

Artículo 316. La competencia *ratione loci* se subordina, en el orden de las relaciones internacionales, a la ley del Estado contratante que la establece.

Artículo 317. La competencia *ratione materiae* y *ratione personae*, en el orden de relaciones internacionales, no debe basarse por los Estados contratantes en la condición de nacionales o extranjeras de las personas interesadas, en perjuicio de éstas.

TÍTULO SEGUNDO
COMPETENCIA

CAPÍTULO I
DE LAS REGLAS GENERALES DE COMPETENCIA EN LO CIVIL Y MERCANTIL

Artículo 318. Será en primer término juez competente para conocer de los pleitos a que dé origen el ejercicio de las acciones civiles y mercantiles de toda clase, aquel a quien los litigantes se sometan expresa o tácitamente, siempre que uno de ellos por lo menos sea nacional del Estado contratante a que el juez pertenezca o tenga en él su domicilio y salvo el derecho local contrario.

La sumisión no será posible para las acciones reales o mixtas sobre bienes inmuebles, si la prohíbe la ley de su situación.

Concordancias: Código Orgánico de Tribunales: *artículos 135 y 138, 181 y ss.* Convención sobre el Reconocimiento y la Ejecución de Sentencias Arbitrales Extranjeras, *D.O. 30.10.75: artículo 2º:* Convención Interamericana sobre Arbitraje Comercial Internacional, *D.O. 12.07.76: artículos 1º a 3º.* Decreto Ley Nº 2.349 sobre Contratos Internacionales del Sector Público, *D.O. 28.10.78.*

Artículo 319. La sumisión sólo podrá hacerse a juez que ejerza jurisdicción ordinaria y que la tenga para conocer de igual clase de negocios y en el mismo grado.

Concordancias: Código Orgánico de Tribunales: *artículos 181 y ss.* Código de Procedimiento Civil: *artículos 628 y ss.* Convención sobre el Reconocimiento y la Ejecución de Sentencias Arbitrales Extranjeras, *D.O. 30.10.75: artículo 2º.* Convención Interamericana sobre Arbitraje Comercial Internacional, *D.O. 12.07.76: artículos 1º a 3º.* Ley Nº 19.971 Sobre Arbitraje Comercial Internacional, *D.O. 29.09.04.*

Artículo 320. En ningún caso podrán las partes someterse expresa o tácitamente para un recurso a juez o tribunal diferente de aquel a quien esté subordinado, según las leyes locales, el que haya conocido en primera instancia.

Concordancias: Código Orgánico de Tribunales: *artículo 182.* Convención sobre el Reconocimiento y la Ejecución de Sentencias Arbitrales Extranjeras,

D.O. 30.10.75: artículo 2°. Convención Interamericana sobre Arbitraje Comercial Internacional, D.O. 12.07.76: artículos 1° a 3°. Ley N° 19.971 Sobre Arbitraje Comercial Internacional, D.O. 29.09.04: Capítulo VII Impugnación del Laudo.

Artículo 321. Se entenderá por sumisión expresa la hecha por los interesados renunciando clara y terminantemente a su fuero propio y designando con toda precisión el juez a quien se sometan.

Concordancias: *Código Orgánico de Tribunales: artículo 186. Convención sobre el Reconocimiento y la Ejecución de Sentencias Arbitrales Extranjeras: artículo 2°. Convención Interamericana sobre Arbitraje Comercial Internacional: artículos 1° a 3°. Ley N° 19.971 Sobre Arbitraje Comercial Internacional, D.O. 29.09.04: Capítulo II Acuerdo de Arbitraje.*

Artículo 322. Se entenderá hecha la sumisión tácita por el demandante con el hecho de acudir al juez interponiendo la demanda, y por el demandado con el hecho de practicar, después de personado en el juicio, cualquier gestión que no sea proponer en forma la declinatoria. No se entenderá que hay sumisión tácita si el procedimiento se siguiera en rebeldía.

Concordancias: *Código Orgánico de Tribunales: artículo 187. Código de Procedimiento Civil: artículo 78. Convención sobre el Reconocimiento y la Ejecución de Sentencias Arbitrales Extranjeras: artículo 2°. Convención Interamericana sobre Arbitraje Comercial Internacional: artículos 1° a 3°.*

Artículo 323. Fuera de los casos de sumisión expresa o tácita, y salvo el derecho local contrario, será juez competente para el ejercicio de acciones personales el del lugar del cumplimiento de la obligación, o el del domicilio de los demandados y subsidiariamente el de su residencia.

Concordancias: *Código Orgánico de Tribunales: Título VII Párrafo 4 Reglas que Determinan la Competencia en Materias Civiles entre Tribunales de Igual Jerarquía.*

Artículo 324. Para el ejercicio de acciones reales sobre bienes muebles será competente el juez de la situación, y si no fuere conocida del demandante, el del domicilio, y en su defecto el de la residencia del demandado.

Concordancias: *Código Orgánico de Tribunales: artículos 134, 137 y 138.*

Artículo 325. Para el ejercicio de acciones reales sobre bienes inmuebles y para el de las acciones mixtas de deslinde y división de la comunidad, será juez competente el de la situación de los bienes.

Concordancias: Código Orgánico de Tribunales: artículos 135 y 137.

Artículo 326. Si en los casos a que se refieren los dos artículos anteriores hubiere bienes situados en más de un Estado contratante podrá acudirse a los jueces de cualquiera de ellos, salvo que lo prohíba para los inmuebles la ley de la situación.

Concordancias: Código Orgánico de Tribunales: artículo 135.

Artículo 327. En los juicios de testamentaría o ab intestato será juez competente el del lugar en que tuvo el finado su último domicilio.

Concordancias: Código Orgánico de Tribunales: artículos 148 y 149.

Artículo 328. En los concursos de acreedores y en las quiebras, cuando fuere voluntaria la presentación del deudor en ese Estado, será juez competente el de su domicilio.

Concordancias: Código Orgánico de Tribunales: artículos 131 y 154. Ley N° 20.720 Ley de Reorganización y Liquidación de Empresas y Personas, D.O. 09.01.14: Artículo 3.

Artículo 329. En los concursos o quiebras promovidos por los acreedores, será juez competente el de cualquiera de los lugares que esté conociendo de la reclamación que los motiva, prefiriéndose, caso de estar entre ellos, el del domicilio del deudor, si éste o la mayoría de los acreedores, lo reclamasen.

Concordancias: Código Orgánico de Tribunales: artículos 131 y 154. Ley N° 20.720 Ley de Reorganización y Liquidación de Empresas y Personas, D.O. 09.01.14: Artículo 3.

Artículo 330. Para los actos de jurisdicción voluntaria y salvo también el caso de sumisión y el derecho local, será competente el juez del lugar en que tenga o haya tenido su domicilio, o en su defecto, la residencia, la persona que los motive.

Concordancias: Código Orgánico de Tribunales: artículos 134, 148 a 153 y 155.

Artículo 331. Respecto de los actos de jurisdicción voluntaria en materia de comercio y fuera del caso de sumisión y salvo el derecho local, será competente el juez del lugar en que la obligación deba cumplirse o, en su defecto, el del lugar del hecho que los origine.

Concordancias: Código Orgánico de Tribunales: artículos 134 y 154.

Artículo 332. Dentro de cada Estado contratante, la competencia preferente de los diversos jueces se ajustará a su derecho nacional.

CAPÍTULO II
EXCEPCIONES A LAS REGLAS GENERALES DE COMPETENCIA EN LO CIVIL Y EN LO MERCANTIL

Artículo 333. Los jueces y tribunales de cada Estado contratante serán incompetentes para conocer de los asuntos civiles o mercantiles en que sean parte demandada los demás Estados contratantes o sus Jefes, si se ejercita una acción personal, salvo el caso de sumisión expresa o de demandas reconvencionales.

Concordancias: D.L. Nº 2.349, Establece Normas sobre Contratos Internacionales para el Sector Público, D.O. 08.10.78.

Artículo 334. En el mismo caso y con la propia excepción, serán incompetentes cuando se ejerciten acciones reales, si el Estado contratante o su Jefe han actuado en el asunto como tales y en su carácter público, debiendo aplicarse lo dispuesto en el último párrafo del artículo 318.

Concordancias: Código Civil: artículo 16.

Artículo 335. Si el Estado extranjero contratante o su Jefe han actuado como particulares o personas privadas, serán competentes los jueces o tribunales para conocer de los asuntos en que se ejerciten acciones reales o mixtas, si esta competencia les corresponde conforme a este Código.

Concordancias: Código Civil: artículo 16. D.L. Nº 2.349, Establece Normas sobre Contratos Internacionales para el Sector Público, D.O. 08.10.78.

Artículo 336. La regla del artículo anterior será aplicable a los juicios universales sea cual fuere el carácter con que en ellos actúen el Estado extranjero contratante o su Jefe.

Concordancias: Código Civil: artículo 955.

Artículo 337. Las disposiciones establecidas en los artículos anteriores, se aplicarán a los funcionarios diplomáticos extranjeros y a los comandantes de buques o aeronaves de guerra.

Concordancias: Convención de Viena sobre Relaciones Diplomáticas, D.O. 04.03.68: artículo 31. Convención de Viena sobre Relaciones Consulares, D.O. 05.03.68: Artículo 43. Código Aeronáutico: Título XII De la Autoridad Aeronáutica y de las Infracciones a la Ley y Reglamentos Aeronáuticos. D. S. N° 148 del Ministerio de Defensa Nacional, Reglamento del Procedimiento Infraccional Aeronáutico, D.O. 25.11.04.

Artículo 338. Los cónsules extranjeros no estarán exentos de la competencia de los jueces y tribunales civiles del país en que actúen, sino para sus actos oficiales.

Concordancias: Convención de Viena sobre Relaciones Diplomáticas, D.O. 04.03.68. Convención Interamericana sobre Agentes Consulares, D.O. 05.03.68. Convención de Viena sobre Relaciones Consulares. Reglamento Consular, D.O. 29.07.77.

Artículo 339. En ningún caso podrán adoptar los jueces o tribunales medidas coercitivas o de otra clase que hayan de ser ejecutadas en el interior de las Legaciones o Consulados o sus archivos, ni respecto de la correspondencia diplomática o consular, sin el consentimiento de los respectivos funcionarios diplomáticos o consulares.

Concordancias: Convención de Viena sobre Relaciones Diplomáticas, D.O. 04.03.68. Convención de Viena sobre Relaciones Consulares, D.O. 05.03.68. Reglamento Consular, D.O. 29.07.77.

CAPÍTULO III
REGLAS GENERALES DE COMPETENCIA EN LO PENAL

Artículo 340. Para conocer de los delitos y faltas y juzgarlos son competentes los jueces y tribunales del Estado contratante en que se hayan cometido.

Concordancias: Código Orgánico de Tribunales: Título II De los Juzgados de Garantía y de los Tribunales de Juicio Oral en lo Penal. Código de Procedimiento Penal: artículo 1º. Código Procesal Penal: artículos 69, 70 y 77.

Artículo 341. La competencia se extiende a todos los demás delitos y faltas a que haya de aplicarse la ley penal del Estado conforme a las disposiciones de este Código.

Concordancias: Código Orgánico de Tribunales: Artículos 157 y siguientes. Código de Procedimiento Penal: artículo 6º.

Artículo 342. Alcanza asimismo a los delitos o faltas cometidos en el extranjero por funcionarios nacionales que gocen del beneficio de inmunidad.

Concordancias: Código de Procedimiento Penal: artículo 6º. Convención de Viena sobre Relaciones Consulares, D.O. 05.03.68: artículos 29, 31, 36 a 43; Convención de Viena sobre relaciones diplomáticas, D.O. 04.03.68: artículos 41, 43, 53 y 58.

CAPÍTULO IV
EXCEPCIONES A LAS REGLAS GENERALES DE COMPETENCIA EN MATERIA PENAL

Artículo 343. No están sujetos en lo penal a la competencia de los jueces y tribunales de los Estados contratantes, las personas y los delitos y faltas a que no alcanza la ley penal del respectivo Estado.

TÍTULO TERCERO
DE LA EXTRADICIÓN

Artículo 344. Para hacer efectiva la competencia judicial internacional en materias penales, cada uno de los Estados contratantes accederá a la solicitud de cualquiera de los otros para la entrega de individuos condenados o procesados por delitos que se ajusten a las disposiciones de este título, sujeto a las provisiones de los tratados o convenciones internacionales que contengan listas de infracciones penales que autoricen la extradición.

Concordancias: Código de Derecho Internacional Privado: artículo 353. Código de Procedimiento Penal: artículo 644 y ss. Código Procesal Penal: artículos 20 bis, 431, 440 y siguientes. Convención sobre Extradición, D.O. 19.08.35: Artículo 1.

Artículo 345. Los Estados contratantes no están obligados a entregar a sus nacionales. La nación que se niegue a entregar a uno de sus ciudadanos estará obligada a juzgarlo.

Concordancias: Convención sobre Extradición, D.O. 19.08.35: Artículo 2.

Artículo 346. Cuando, con anterioridad al recibo de la solicitud, un procesado o condenado haya delinquido en el país a que se pide su entrega, puede diferirse esa entrega hasta que se le juzgue y cumpla la pena.

Concordancias: Convención sobre Extradición, D.O. 19.08.35: Artículos 3 y 4.

Artículo 347. Si varios Estados contratantes solicitan la extradición de un delincuente por el mismo delito, debe entregarse a aquel en cuyo territorio se haya cometido.

Concordancias: Convención sobre Extradición, D.O. 19.08.35: Artículo 7.

Artículo 348. Caso de solicitarse por hechos diversos, tendrá preferencia el Estado contratante en cuyo territorio se haya cometido el delito más grave, según la legislación del Estado requerido.

Concordancias: Convención sobre Extradición, D.O. 19.08.35: Artículo 7.

Artículo 349. Si todos los hechos imputados tuvieren igual gravedad, será preferido el Estado contratante que presente primero la solicitud de extradición. De ser simultáneas, decidirá el Estado requerido, pero debe conceder la preferencia al Estado de origen o, en su defecto, al del domicilio del delincuente, si fuere uno de los solicitantes.

Concordancias: Convención sobre Extradición, D.O. 19.08.35: Artículo 7.

Artículo 350. Las anteriores reglas sobre preferencia no serán aplicables si el Estado contratante estuviere obligado con un tercero, a virtud de tratados vigentes anteriores a este Código, a establecerla de un modo distinto.

Artículo 351. Para conceder la extradición, es necesario que el delito se haya cometido en el territorio del Estado que la pida o que le sean aplicables sus leyes penales de acuerdo con el libro tercero de este Código.

Concordancias: Código de Derecho Internacional Privado: artículos 296 a 307. Código Procesal Penal: Artículo 440. Convención sobre Extradición, D.O. 19.08.35: Artículo 1.

Artículo 352. La extradición alcanza a los procesados o condenados como autores, cómplices o encubridores de delito.

Artículo 353. Es necesario que el hecho que motive la extradición tenga carácter de delito en la legislación del Estado requirente y en la del requerido.

Concordancias: Código de Derecho Internacional Privado: artículo 344. Código Procesal Penal: artículo 449 letra c).

Artículo 354. Asimismo se exigirá que la pena asignada a los hechos imputados, según su calificación provisional o definitiva por el juez o tribunal competente del Estado que solicita la extradición, no sea menor de un año de privación de libertad y que esté autorizada o acordada la prisión o detención preventiva del procesado, si no hubiere aún sentencia firme. Esta debe ser de privación de libertad.

Concordancias: Código Procesal Penal: artículo 440, 449.

Artículo 355. Están excluidos de la extradición los delitos políticos y conexos, según la calificación del Estado requerido.

Concordancias: Código Procesal Penal: artículo 449 letra b). Convención sobre Extradición, D.O. 19.08.35: Artículo 3.

Artículo 356. Tampoco se acordará, si se probare que la petición de entrega se ha formulado de hecho con el fin de juzgar y castigar al acusado por un delito de carácter político, según la misma calificación.

Concordancias: Código Procesal Penal: artículo 449 letra b). Convención sobre Extradición, D.O. 19.08.35: Artículo 3.

Artículo 357. No será reputado delito político, ni hecho conexo, el de homicidio o asesinato del Jefe de un Estado contratante o de cualquiera persona que en él ejerza autoridad.

Artículo 358. No será concedida la extradición si la persona reclamada ha sido ya juzgada y puesta en libertad, o ha cumplido la pena, o está pendiente de juicio, en el territorio del Estado requerido, por el mismo delito que motiva la solicitud.

Concordancias: Código de Derecho Internacional Privado: artículo 381. Convención sobre Extradición, D.O. 19.08.35: Artículo 3.

Artículo 359. Tampoco debe accederse a ella si han prescrito el delito o la pena conforme a las leyes del Estado requirente o del requerido.

Concordancias: Código de Derecho Internacional Privado: artículos 312 y 313. Código Penal: artículos 94 y 97. Convención sobre Extradición, D.O. 19.08.35: Artículo 3.

Artículo 360. La legislación del Estado requerido posterior al delito, no podrá impedir la extradición.

Artículo 361. Los cónsules generales, cónsules, vicecónsules o agentes consulares, pueden pedir que se arreste y entregue a bordo de un buque o aeronave de su país, a los oficiales, marinos o tripulantes de sus naves o aeronaves de guerra o mercantes, que hubiesen desertado de ellas.

Artículo 362. Para los efectos del artículo anterior, exhibirán a la autoridad local correspondiente, dejándole además copia auténtica, los registros del buque o aeronave, rol de la tripulación o cualquier otro documento oficial en que la solicitud se funde.

Artículo 363. En los países limítrofes podrán pactarse reglas especiales para la extradición en las regiones o localidades de la frontera.

Concordancias: Convenio sobre Policía Fronteriza suscrito con Argentina, 30 de abril de 1920. Convenio sobre Policía Fronteriza suscrito con Perú,

D.O. 08.01.31. Convenio Internacional de Policía, Buenos Aires 1920, D.O. 30.08.30.

Artículo 364. La solicitud de la extradición debe hacerse por conducto de los funcionarios debidamente autorizados para eso por las leyes del Estado requirente.

Concordancias: *Código Procesal Penal: Artículos 431, 432, 436, 437 y 443. Convención sobre Extradición, D.O. 19.08.35: Artículo 5.*

Artículo 365. Con la solicitud definitiva de extradición deben presentarse:

1. Una sentencia condenatoria o un mandamiento o auto de prisión o un documento de igual fuerza, o que obligue al interesado a comparecer periódicamente ante la jurisdicción represiva, acompañado de las actuaciones del proceso que suministren pruebas o al menos indicios racionales de la culpabilidad de la persona de que se trate.
2. La filiación del individuo reclamado o las señas o circunstancias que puedan servir para identificarlo.
3. Copia auténtica de las disposiciones que establezcan la calificación legal del hecho que motiva la solicitud de entrega, definan la participación atribuida en él al inculpado y precisen la pena aplicable.

Concordancias: *Convención sobre Extradición, D.O. 19.08.35: Artículo 5.*

Artículo 366. La extradición puede solicitarse telegráficamente y, en ese caso, los documentos mencionados en el artículo anterior se presentarán al país requerido o a su Legación o Consulado general en el país requirente, dentro de los dos meses siguientes a la detención del inculpado. En su defecto será puesto en libertad.

Concordancias: *Convención sobre Extradición, D.O. 19.08.35: Artículo 5.*

Artículo 367. Si el Estado requirente no dispone de la persona reclamada dentro de los tres meses siguientes a haber quedado a sus órdenes, será puesto también en libertad.

Concordancias: *Convención sobre Extradición, D.O. 19.08.35: Artículos 10 y 11.*

Artículo 368. El detenido podrá utilizar, en el Estado a que se haga la solicitud de extradición, todos los medios legales concedidos a los nacionales para recobrar su libertad, fundando su ejercicio en las disposiciones de este Código.

Concordancias: Constitución Política de la República: Artículo 19 N° 3. Código Procesal Penal: artículos 8, 444, 445 y 448. Convención sobre Extradición, D.O. 19.08.35: Artículo 8.

Artículo 369. También podrá el detenido, a partir de ese hecho, utilizar los recursos legales que procedan, en el Estado que pida la extradición, contra las calificaciones y resoluciones en que se funde.

Concordancias: Código Procesal Penal: artículo 450. Convención sobre Extradición, D.O. 19.08.35: Artículo 8.

Artículo 370. La entrega debe hacerse con todos los objetos que se encontraren en poder de la persona reclamada, ya sean producto del delito imputado, ya piezas que puedan servir para la prueba del mismo, en cuanto fuere practicable con arreglo a las leyes del Estado que la efectúa, y respetando debidamente los derechos de tercero.

Concordancias: Convención sobre Extradición, D.O. 19.08.35: Artículo 15.

Artículo 371. La entrega de los objetos a que se refiere el artículo anterior, podrá hacerse, si la pidiere el Estado solicitante de la extradición, aunque el detenido muera o se evada antes de efectuarla.

Artículo 372. Los gastos de detención y entrega serán de cuenta del Estado requirente, pero no tendrá que sufragar ninguno por los servicios que prestaren los empleados públicos con sueldo del Gobierno a quien se pida la extradición.

Concordancias: Convención sobre Extradición, D.O. 19.08.35: Artículo 16.

Artículo 373. El importe de los servicios prestados por empleados públicos u oficiales que sólo perciban derechos o emolumentos, no excederá de los que habitualmente cobraren por esas diligencias o servicios según las leyes del país en que residan.

Artículo 374. Toda responsabilidad que pueda originarse del hecho de la detención provisional, será de cargo del Estado que la solicite.

Artículo 375. El tránsito de la persona extraditada y de sus custodios por el territorio de un tercer Estado contratante, se permitirá mediante la exhibición del ejemplar original o de una copia auténtica del documento que concede la extradición.

Concordancias: Convención sobre Extradición, D.O. 19.08.35: Artículo 18.

Artículo 376. El Estado que obtenga la extradición de un acusado que fuere luego absuelto, estará obligado a comunicar al que la concedió una copia auténtica del fallo.

Concordancias: Convención sobre Extradición, D.O. 19.08.35: Artículo 17.

Artículo 377. La persona entregada no podrá ser detenida en prisión ni juzgada por el Estado contratante a quien se entregue, por un delito distinto del que hubiere motivado la extradición y cometido con anterioridad a la misma, salvo que consienta en ello el Estado requerido, o que permanezca el extraditado libre en los primeros tres meses después de juzgado y absuelto por el delito que originó la extradición o de cumplida la pena de privación de libertad impuesta.

Concordancias: Convención sobre Extradición, D.O. 19.08.35: Artículo 17.

Artículo 378. En ningún caso se impondrá o ejecutará la pena de muerte por el delito que hubiese sido causa de la extradición.

Concordancias: Convención sobre Extradición, D.O. 19.08.35: Artículo 17.

Artículo 379. Siempre que proceda el abono de la prisión preventiva, se computará como tal el tiempo transcurrido desde la detención del extraditado en el Estado a quien se le haya pedido.

Artículo 380. El detenido será puesto en libertad, si el Estado requirente no presentase la solicitud de extradición en un plazo razonable dentro del menor tiempo posible, habida cuenta de la distancia y las facilidades de comunicaciones postales entre los dos países, después del arresto provisional.

Concordancias: Código de Derecho Internacional Privado: artículo 366. Código Procesal Penal: artículo 442. Convención sobre Extradición, D.O. 19.08.35: Artículo 10.

Artículo 381. Negada la extradición de una persona, no se puede volver a solicitar por el mismo delito.

Concordancias: Código Procesal Penal: artículo 452. Convención sobre Extradición, D.O. 19.08.35: Artículo 12.

TÍTULO CUARTO
DEL DERECHO DE COMPARECER EN JUICIO Y SUS MODALIDADES

Artículo 382. Los nacionales de cada Estado contratante gozarán en cada uno de los otros del beneficio de defensa por pobre, en las mismas condiciones que los naturales.

Concordancias: Código de Procedimiento Civil: artículos 129 y ss. Código Orgánico de Tribunales: artículos 591 y ss. Código Procesal Penal: artículo 102.

Artículo 383. No se hará distinción entre nacionales y extranjeros en los Estados contratantes en cuanto a la prestación de la fianza para comparecer en juicio.

Concordancias: Código de Bustamante: Artículo 1. Constitución Política de la República: Artículo 19 N°3. Código Civil: Artículo 57. Código de Procedimiento Penal: artículo 22.

Artículo 384. Los extranjeros pertenecientes a un Estado contratante podrán ejercitar en los demás la acción pública en materia penal, en iguales condiciones que los nacionales.

Concordancias: Código de Bustamante: Artículo 1. Código Civil: Artículo 57. Código de Procedimiento Penal: artículo 15. Código Procesal Penal: artículos 53 y 54.

Artículo 385. Tampoco necesitarán esos extranjeros prestar fianza para querellarse por acción privada, en los casos en que no se exija a los nacionales.

Concordancias: Código de Bustamante: Artículo 1. Código Civil: Artículo 57. Código de Procedimiento Penal: artículo 22.

Artículo 386. Ninguno de los Estados contratantes impondrá a los nacionales de otro la caución *judicio siti* o el *onus probandi*, en los casos en que no se exijan a sus propios naturales.

Concordancias: Código de Bustamante: Artículo 1. Constitución Política de la República: Artículo 19 N°3. Código Civil: Artículo 57.

Artículo 387. No se autorizarán embargos preventivos, ni fianza de cárcel segura ni otras medidas procesales de índole análoga, respecto de los nacionales de los Estados contratantes, por su sola condición de extranjeros.

Concordancias: Código de Bustamante: Artículo 1. Constitución Política de la República: Artículo 19 N°3. Código Civil: Artículo 57. Código de Procedimiento Penal: artículo 246. Código Procesal Penal: artículos 122 y 157.

TÍTULO QUINTO
EXHORTOS O COMISIONES ROGATORIAS

Artículo 388. Toda diligencia judicial que un Estado contratante necesite practicar en otro, se efectuará mediante exhorto o comisión rogatoria cursados por la vía diplomática. Sin embargo, los Estados contratantes podrán pactar o aceptar entre sí en materia civil o criminal cualquier otra forma de transmisión.

Concordancias: Código de Procedimiento Civil: artículo 76. Código Procesal Penal: artículos 20 y 21. Acuerdo de la Iltma. Corte de Apelaciones de Santiago sobre Distribución de la Tramitación de Exhortos Emanados de Tribunales Extranjeros, 4 octubre 1982. Convención Interamericana sobre Exhortos o Cartas Rogatorias, D.O. 18.10.76: artículos 2°, 3°, 4°, 13 y 16. Convención Interamericana sobre Recepción y Pruebas en el Extranjero, D.O. 09.10.76: artículos 11 a 15.

Artículo 389. Al juez exhortante corresponde decidir respecto a su competencia y a la legalidad y oportunidad del acto o prueba, sin perjuicio de la jurisdicción del juez exhortado.

Concordancias: Convención Interamericana sobre Exhortos o Cartas Rogatorias, D.O. 18.10.76: artículo 3. Convención Interamericana sobre Recepción y Pruebas en el Extranjero, D.O. 09.10.76: artículo 9º.

Artículo 390. El juez exhortado resolverá sobre su propia competencia *ratione materiae* para el acto que se le encarga.

Concordancias: Convención Interamericana sobre Recepción y Pruebas en el Extranjero, D.O. 09.10.76: artículo 9º.

Artículo 391. El que reciba el exhorto o comisión rogatoria debe ajustarse en cuanto a su objeto a la ley del comitente y en cuanto a la forma de cumplirlo a la suya propia.

Concordancias: Código de Procedimiento Civil: Artículo 71. Convención Interamericana sobre Exhortos o Cartas Rogatorias, D.O. 18.10.76: artículos 5º, 6º, 8º, 10, 17 y 18. Convención Interamericana sobre Recepción y Pruebas en el Extranjero, D.O. 09.10.76: artículos 3º, 4º, 5º, 10, 12 y 16.

Artículo 392. El exhorto será redactado en la lengua del Estado exhortante y será acompañado de una traducción hecha en la lengua del Estado exhortado, debidamente certificada por intérprete juramentado.

Concordancias: Convención Interamericana sobre Recepción y Pruebas en el Extranjero, D.O. 09.10.76: artículo 10.

Artículo 393. Los interesados en la ejecución de los exhortos y cartas rogatorias de naturaleza privada deberán constituir apoderados, siendo de su cuenta los gastos que estos apoderados y las diligencias ocasionen.

Concordancias: Código de Procedimiento Civil: artículos 73 y 77. Convención Interamericana sobre Exhortos o Cartas Rogatorias, D.O. 18.10.76: artículo 12. Convención Interamericana sobre Recepción y Pruebas en el Extranjero, D.O. 09.10.76: artículo 7.

TÍTULO SEXTO
EXCEPCIONES QUE TIENEN CARÁCTER INTERNACIONAL

Artículo 394. La *litis pendencia* por pleito en otro de los Estados contratantes, podrá alegarse en materia civil cuando la sentencia que se dicte en uno de ellos haya de producir en el otro los efectos de cosa juzgada.

Concordancias: Código de Procedimiento Civil: artículos 175 a 177, 303, 464.

Artículo 395. En asuntos penales no podrá alegarse la excepción de *litis pendencia* por causa pendiente en otro Estado contratante.

Artículo 396. La excepción de cosa juzgada que se funde en sentencia de otro Estado contratante, sólo podrá alegarse cuando se haya dictado la sentencia con la comparecencia de las partes o de sus representantes legítimos, sin que se haya suscitado cuestión de competencia del tribunal extranjero basada en disposiciones de este Código.

Concordancias: Código de Procedimiento Civil: artículos 175 a 177, 245.

Artículo 397. En todos los Casos de relaciones jurídicas sometidas a este Código, podrán promoverse cuestiones de competencia por declinatoria fundada en sus preceptos.

TÍTULO SÉPTIMO
DE LA PRUEBA

CAPÍTULO I
DISPOSICIONES GENERALES SOBRE LA PRUEBA

Artículo 398. La ley que rija el delito o la relación de derecho objeto del juicio civil o mercantil, determina a quién incumbe la prueba.

Concordancias: Código Civil: Libro IV Título XXI De la Prueba de las Obligaciones. Código de Procedimiento Civil: Libro II Título IX De la Prueba en General, Título XI De los Medios de Prueba en Particular. Código Procesal Penal: artículos 295 y ss.

Artículo 399. Para decidir los medios de prueba que pueden utilizarse en cada caso, es competente la ley del lugar en que se ha realizado el acto o hecho que se trate de probar, exceptuándose los no autorizados por la ley del lugar en que se sigue el juicio.

Concordancias: Código Civil: artículos 17, 18 y 1698 y siguientes. Código de Procedimiento Civil: Libro II Título IX De la Prueba en General, Título XI De los Medios de Prueba en Particular. Convención Interamericana sobre Recepción de Pruebas en el Extranjero, D.O. 09.10.76: Artículo 2.

Artículo 400. La forma en que ha de practicarse toda prueba se regula por la ley vigente en el lugar en que se lleva a cabo.

Concordancias: Convención Interamericana sobre Recepción de Pruebas en el Extranjero, D.O. 09.10.76: Artículo 5. Código Civil: Libro IV Título XXI De la Prueba de las Obligaciones. Código de Procedimiento Civil: Libro II Título IX De la Prueba en General, Título XI De los Medios de Prueba. Código Procesal Penal: Libro II Título III Párrafo 4 Disposiciones Generales sobre la Prueba, Párrafo 5 Testigos, Párrafo 6 Informe de Peritos, Párrafo 7 Otros Medios de Prueba.

Artículo 401. La apreciación de la prueba depende de la ley del juzgador.

Concordancias: Código de Procedimiento Civil: artículos 428 y 429. Código Procesal Penal: artículos 297.

Artículo 402. Los documentos otorgados en cada uno de los Estados contratantes, tendrán en los otros el mismo valor en juicio que los otorgados en ellos, si reúnen los requisitos siguientes:

1. Que el asunto o materia del acto o contrato sea lícito y permitido por las leyes del país del otorgamiento y de aquel en que el documento se utiliza;
2. Que los otorgantes tengan aptitud y capacidad legal para obligarse conforme a su ley personal;
3. Que en su otorgamiento se hayan observado las formas y solemnidades establecidas en el país donde se han verificado los actos o contratos;
4. Que el documento esté legalizado y llene los demás requisitos necesarios para su autenticidad en el lugar donde se emplea.

Concordancias: Código Civil: artículos 17 y 18. Código de Procedimiento Civil: artículos 345 y 346. Código Procesal Penal: Artículo 295.

Artículo 403. La fuerza ejecutiva de un documento se subordina al derecho local.

Concordancias: Código Civil: artículos 17 y 18. Código de Procedimiento Civil: artículo 434 y siguientes.

Artículo 404. La capacidad de los testigos y su recusación dependen de la ley a que se someta la relación de derecho objeto del juicio.

Concordancias: *Código de Procedimiento Civil: artículos 356 a 358. Código Procesal Penal: artículos 298 y ss.*

Artículo 405. La forma del juramento se ajustará a la ley del juez o tribunal ante quien se preste y su eficacia a la que rija el hecho sobre el cual se jura.

Concordancias: *Código de Procedimiento Civil: 62, 363. Código Procesal Penal: artículo 306.*

Artículo 406. Las presunciones derivadas de un hecho se sujetan a la ley del lugar en que se realiza el hecho de que nacen.

Concordancias: *Código Civil: artículos 47, 76, 184, 700, 706, 1233, 1654, 1712. Código de Procedimiento Civil: artículos 426, 427. Código Procesal Penal: Artículos 4, 160.*

Artículo 407. La prueba indiciaria depende de la ley del juez o tribunal.

CAPÍTULO II
REGLAS ESPECIALES SOBRE LA PRUEBA DE LEYES EXTRANJERAS

Artículo 408. Los jueces y tribunales de cada Estado contratante aplicarán de oficio, cuando proceda, las leyes de los demás sin perjuicio de los medios probatorios a que este capítulo se refiere.

Concordancias: *Convención Interamericana sobre Prueba e Información acerca del Derecho Extranjero, D.O. 06.06.97: Artículo 8. Convención suscrita entre Chile y Uruguay acerca de la aplicación e información del derecho extranjero, D.O. 21.10.85: artículo 1º. Código de Procedimiento Civil: Artículo 411.*

Artículo 409. La parte que invoque la aplicación del derecho de cualquier Estado contratante en uno de los otros, o disienta de ella, podrá justificar su texto, vigencia y sentido, mediante certificación de dos abogados en ejercicio en el país de cuya legislación se trate, que deberá presentarse debidamente legalizada.

Concordancias: *Código de Procedimiento Civil: artículo 411. Convención Interamericana sobre Prueba e Información acerca del Derecho Extranjero, D.O. 06.06.97: Artículo 3. Convención suscrita entre Chile y Uruguay acerca de la aplicación e información del derecho extranjero, Montevideo D.O. 21.10.85: artículo 3°.*

Artículo 410. A falta de prueba o si el juez o el tribunal por cualquier razón la estimaren insuficiente, podrán solicitar de oficio, antes de resolver, por la vía diplomática, que el Estado de cuya legislación se trate proporcione un informe sobre el texto, vigencia y sentido del derecho aplicable.

Concordancias: *Convención Interamericana sobre Prueba e Información acerca del Derecho Extranjero, D.O. 06.06.97: Artículos 3, 4, 5, 6, 7. Convención suscrita entre Chile y Uruguay acerca de la aplicación e información del derecho extranjero, D.O. 21.10.85: artículos 3° a 6°.*

Artículo 411. Cada Estado contratante se obliga a suministrar a los otros, en el más breve plazo posible, la información a que el artículo anterior se refiere y que deberá proceder de su Tribunal Supremo o de cualquiera de sus Salas o Secciones, o del Ministerio Fiscal, o de la Secretaría o Ministerio de Justicia.

Concordancias: *Convención Interamericana sobre Prueba e Información acerca del Derecho Extranjero, D.O. 06.06.97: Artículos 3, 4, 5, 6, 7. Convención suscrita entre Chile y Uruguay acerca de la aplicación e información del derecho extranjero, D.O. 21.10.85: artículo 5°.*

TÍTULO OCTAVO
DEL RECURSO DE CASACIÓN

Artículo 412. En todo Estado contratante donde exista el recurso de casación o la institución correspondiente, podrá interponerse por infracción, interpretación errónea o aplicación indebida de una ley de otro Estado contratante, en las mismas condiciones y casos que respecto del derecho nacional.

Concordancias: *Código de Procedimiento Civil: Libro III Título XIX Del Recurso de Casación.*

Artículo 413. Serán aplicables al recurso de casación las reglas establecidas en el capítulo segundo del título anterior, aunque el juez o tribunal inferior haya hecho ya uso de ellas.

Concordancias: Código de Derecho Internacional Privado: artículos 408 a 411.

TÍTULO NOVENO
DE LA QUIEBRA O CONCURSO

CAPÍTULO I
UNIDAD DE LA QUIEBRA O CONCURSO

Artículo 414. Si el deudor concordatario concursado o quebrado no tiene más que un domicilio civil o mercantil, no puede haber más que un juicio de procedimientos preventivos de concurso o quiebra, o una suspensión de pagos o quita y espera, para todos sus bienes y todas sus obligaciones en los Estados contratantes.

Concordancias: Ley N° 20.720 Sustituye el Régimen Concursal Vigente por una Ley de Reorganización y Liquidación de Empresas y Personas, y Perfecciona el Rol de la Superintendencia del Ramo, D.O. 09.01.2014: Artículo 300.

Artículo 415. Si una misma persona o sociedad tuviere en más de un Estado contratante varios establecimientos mercantiles enteramente separados económicamente, puede haber tantos juicios de procedimientos preventivos y de quiebra como establecimientos mercantiles.

CAPÍTULO II
UNIVERSALIDAD DE LA QUIEBRA O CONCURSO, Y SUS EFECTOS

Artículo 416. La declaratoria de incapacidad del quebrado o concursado tiene en los Estados contratantes efectos extraterritoriales mediante el cumplimiento previo de las formalidades de registro o publicación que exija la legislación de cada uno de ellos.

Concordancias: Ley N° 20.720 Sustituye el Régimen Concursal Vigente por una Ley de Reorganización y Liquidación de Empresas y Personas, y Perfecciona el Rol de la Superintendencia del Ramo, D.O. 09.01.2014: Artículos 314 y siguientes.

Artículo 417. El auto de declaratoria de quiebra o concurso dictado en uno de los Estados contratantes, se ejecutará en los otros en los casos y forma establecidos en este Código para las resoluciones judiciales; pero producirá, desde que quede firme y para las personas respecto de las cuales lo estuviere, los efectos de cosa juzgada.

Concordancias: Ley N° 20.720 Sustituye el Régimen Concursal Vigente por una Ley de Reorganización y Liquidación de Empresas y Personas, y Perfecciona el Rol de la Superintendencia del Ramo, D.O. 09.01.2014: Artículos 314 y siguientes.

Artículo 418. Las facultades y funciones de los síndicos nombrados en uno de los Estados contratantes con arreglo a las disposiciones de este Código, tendrán efecto extraterritorial en los demás, sin necesidad de trámite alguno local.

Concordancias: Ley N° 20.720 Sustituye el Régimen Concursal Vigente por una Ley de Reorganización y Liquidación de Empresas y Personas, y Perfecciona el Rol de la Superintendencia del Ramo, D.O. 09.01.2014: Artículos 314 y siguientes.

Artículo 419. El efecto retroactivo de la declaración de quiebra o concurso y la anulación de ciertos actos por consecuencia de esos juicios, se determinarán por la ley de los mismos y serán aplicables en el territorio de los demás Estados contratantes.

Concordancias: Ley N° 20.720 Sustituye el Régimen Concursal Vigente por una Ley de Reorganización y Liquidación de Empresas y Personas, y Perfecciona el Rol de la Superintendencia del Ramo, D.O. 09.01.2014: Artículo: 323.

Artículo 420. Las acciones reales y los derechos de la misma índole continuarán sujetos no obstante la declaración de quiebra o concurso, a la ley de la situación de las cosas a que afecten y a la competencia de los jueces del lugar en que éstas se encuentren.

Concordancias: Código Civil: artículos 2477 a 2480. Ley N° 20.720 Sustituye el Régimen Concursal Vigente por una Ley de Reorganización y Liquidación de Empresas y Personas, y Perfecciona el Rol de la Superintendencia del Ramo, D.O. 09.01.2014: Artículos 242, 243 y 319.

CAPÍTULO III
DEL CONVENIO Y LA REHABILITACIÓN

Artículo 421. El convenio entre los acreedores y el quebrado o concursado, tendrá efectos extraterritoriales en los demás Estados contratantes, salvo el derecho de los acreedores por acción real que no lo hubiesen aceptado.

Concordancias: Ley N° 20.720 Sustituye el Régimen Concursal Vigente por una Ley de Reorganización y Liquidación de Empresas y Personas, y Perfecciona el Rol de la Superintendencia del Ramo, D.O. 09.01.2014: Artículos 257 y siguientes.

Artículo 422. La rehabilitación del quebrado tiene también eficacia extraterritorial en los demás Estados contratantes, desde que quede firme la resolución judicial en que se disponga, y conforme a sus términos.

Concordancias: Ley N° 20.720 Sustituye el Régimen Concursal Vigente por una Ley de Reorganización y Liquidación de Empresas y Personas, y Perfecciona el Rol de la Superintendencia del Ramo, D.O. 09.01.2014: Artículos 255, 268.

TÍTULO DÉCIMO
EJECUCIÓN DE SENTENCIAS DICTADAS POR TRIBUNALES EXTRANJEROS

CAPÍTULO I
MATERIA CIVIL

Artículo 423. Toda sentencia civil o contencioso-administrativa dictada en uno de los Estados contratantes, tendrá fuerza y podrá ejecutarse en los demás si reúne las siguientes condiciones:

1. Que tenga competencia para conocer del asunto y juzgarlo, de acuerdo con las reglas de este Código, el juez o tribunal que la haya dictado;
2. Que las partes hayan sido citadas personalmente o por su representante legal, para el juicio;
3. Que el fallo no contravenga el orden público o el derecho público del país en que quiere ejecutarse;
4. Que sea ejecutorio en el Estado en que se dicte;

5. Que se traduzca autorizadamente por un funcionario o intérprete oficial del Estado en que ha de ejecutarse, si allí fuere distinto el idioma empleado;

6. Que el documento en que conste reúna los requisitos necesarios para ser considerado como auténtico en el Estado de que proceda, y los que requiera para que haga fe la legislación del Estado en que se aspira a cumplir la sentencia.

Concordancias: Código de Derecho Internacional Privado: artículo 100. Código de Procedimiento Civil: artículos 242 a 245. Convención sobre el Reconocimiento y la Ejecución de Sentencias Arbitrales Extranjeras, D.O. 30.10.75: artículo 5º; Convención Interamericana sobre Arbitraje Comercial Internacional, D.O. 12.07.76: artículos 4º y 5º.

Artículo 424. La ejecución de la sentencia deberá solicitarse del juez o tribunal competente para llevarla a efecto, previas las formalidades requeridas por la legislación interior.

Concordancias: Código de Procedimiento Civil: artículo 251. Convención sobre el Reconocimiento y la Ejecución de Sentencias Arbitrales Extranjeras, D.O. 30.10.75: artículo 5; Convención Interamericana sobre Arbitraje Comercial Internacional, D.O. 12.07.76: artículo 4 y 5.

Artículo 425. Contra la resolución judicial, en el caso a que el artículo anterior se refiere se otorgarán todos los recursos que las leyes de ese Estado concedan respecto de las sentencias definitivas dictadas en juicio declarativo de mayor cuantía.

Concordancias: Código de Procedimiento Civil: artículos 248 y 251.

Artículo 426. El juez o tribunal a quien se pida la ejecución oirá antes de decretarla o denegarla, y por término de 20 días, a la parte contra quien se dirija y al Fiscal o Ministerio Público.

Concordancias: Código de Procedimiento Civil: artículo 248.

Artículo 427. La citación de la parte a quien deba oírse, se practicará por medio de exhorto o comisión rogatoria, según lo dispuesto en este Código, si tuviere su domicilio en el extranjero y careciere en el país de representación bastante, o en la forma establecida por el derecho local si tuviere el domicilio en el Estado requerido.

Concordancias: Código de Derecho Internacional Privado: artículos 366 y 388 a 396. Código de Procedimiento Civil: artículo 76, 248. Código Procesal Penal: artículos 20 y 21. Convención Interamericana sobre Exhortos o Cartas Rogatorias, D.O. 18.10.76: Artículo 2. Acuerdo de la Iltma. Corte de Apelaciones de Santiago sobre Distribución de la Tramitación de Exhortos Emanados de Tribunales Extranjeros, de 04.10.82.

Artículo 428. Pasado el término que el juez o tribunal señale para la comparecencia, continuará la marcha del asunto, haya o no comparecido el citado.

Concordancias: Código de Procedimiento Civil: artículo 248.

Artículo 429. Si se deniega el cumplimiento se devolverá la ejecutoria al que la hubiese presentado.

Artículo 430. Cuando se acceda a cumplir la sentencia, se ajustará su ejecución a los trámites determinados por la ley del juez o tribunal para sus propios fallos.

Concordancias: Código de Procedimiento Civil: artículo 251. Convención sobre el Reconocimiento y la Ejecución de Sentencias Arbitrales Extranjeras, D.O. 30.10.75: artículo 3; Convención Interamericana sobre Arbitraje Comercial Internacional, D.O. 12.07.76: artículo 4.

Artículo 431. Las sentencias firmes dictadas por un Estado contratante que por sus pronunciamientos no sean ejecutables, producirán en los demás los efectos de cosa juzgada si reúnen las condiciones que a ese fin determina este Código, salvo las relativas a su ejecución.

Concordancias: Código de Procedimiento Civil: artículos 174 a 178, 242 a 245. Convención sobre el Reconocimiento y la Ejecución de Sentencias Arbitrales Extranjeras: artículo 3; Convención Interamericana sobre Arbitraje Comercial Internacional: artículo 4.

Artículo 432. El procedimiento y los efectos regulados en los artículos anteriores, se aplicarán en los Estados contratantes a las sentencias dictadas en cualquiera de ellos por árbitros o amigables componedores, siempre que el asunto que las motiva pueda ser objeto de compromiso conforme a la legislación del país en que la ejecución se solicite.

Concordancias: Código de Procedimiento Civil: artículo 246. Convención sobre el Reconocimiento y Ejecución de Sentencias Arbitrales Extranjeras, D.O. 30.10.75. Convención Interamericana sobre Arbitraje Comercial Internacional, D.O. 12.07.76.

Artículo 433. Se aplicará también ese mismo procedimiento a las sentencias civiles dictadas en cualquiera de los Estados contratantes por un tribunal internacional, que se refieran a personas e intereses privados.

Concordancias: Código de Procedimiento Civil: artículo 246. Convención sobre el Reconocimiento y Ejecución de Sentencias Arbitrales Extranjeras, D.O. 30.10.75. Convención Interamericana sobre Arbitraje Comercial Internacional, D.O. 12.07.76.

CAPÍTULO II
ACTOS DE JURISDICCIÓN VOLUNTARIA

Artículo 434. Las disposiciones dictadas en actos de jurisdicción voluntaria en materia de comercio, por jueces o tribunales de un Estado contratante o por sus agentes consulares se ejecutarán en los demás mediante los trámites y en la forma señalados en el capítulo anterior.

Concordancias: Código de Procedimiento Civil: artículo 249.

Artículo 435. Las resoluciones en los actos de jurisdicción voluntaria en materia civil procedentes de un Estado contratante, se aceptarán por los demás si reúnen las condiciones exigidas por este código para la eficacia de los documentos otorgados en país extranjero y proceden de juez o tribunal competente, y tendrán en consecuencia eficacia extraterritorial.

Concordancias: Código de Procedimiento Civil: artículo 249.

CAPÍTULO III
MATERIA PENAL

Artículo 436. Ningún Estado contratante ejecutará las sentencias dictadas en uno de los otros en materia penal, en cuanto a las sanciones de ese orden que impongan.

Concordancias: *Código de Derecho Internacional Privado: artículo 304. Código de Procedimiento Civil: artículo 3. Código Procesal Penal: artículo 13.*

Artículo 437. Podrán sin embargo, ejecutarse dichas sentencias en lo que toca a la responsabilidad civil y a sus efectos sobre los bienes del condenado, si han sido dictadas por juez o tribunal competente según este Código, y con audiencia del interesado, y se cumplen las demás condiciones formales y de trámite que el Capítulo I de este Título establece.

Concordancias: *Código de Procedimiento Civil: 178. Código Procesal Penal: artículo 13.*

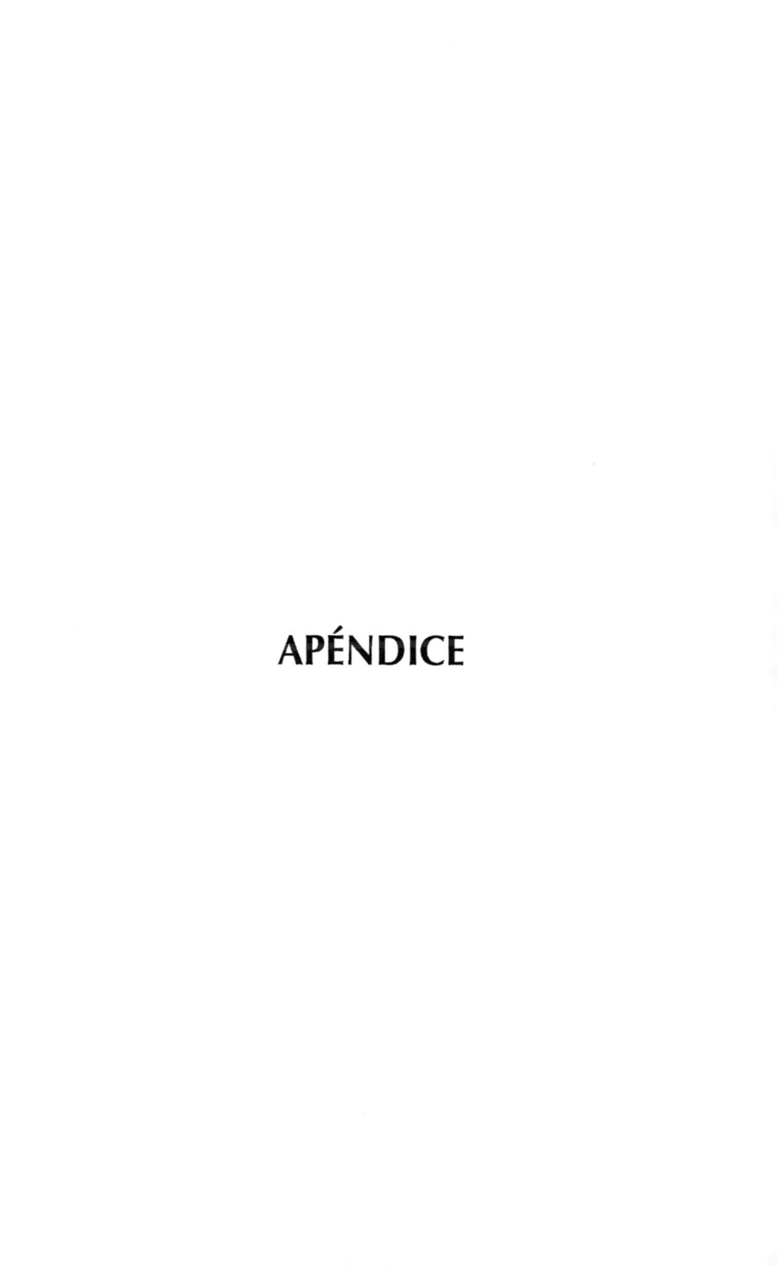

APÉNDICE

LEGISLACIÓN COMPLEMENTARIA

Contratos internacionales

DECRETO LEY N° 2.349, SOBRE «CONTRATOS INTERNACIONALES PARA EL SECTOR PÚBLICO»[1]

Concordancias: Código Civil: artículo 16 inciso 2°. Código de Comercio: artículo 113 inciso final. Convención de Viena de 1980 sobre Contratos de Compraventa Internacional de Mercaderías. Código de Derecho Internacional Privado: artículos 318 y siguientes. Ley N° 19.971, sobre Arbitraje Comercial Internacional: artículos 7° y 28.

Considerando:

1.° Que constituye una práctica comercial generalizada, cuya aplicación alcanza a nuestro país, que en los contratos internacionales relativos a negocios y operaciones de carácter patrimonial que el Estado o sus organismos, instituciones y empresas, celebran con organismos, instituciones o empresas internacionales o extranjeras, cuyo centro principal de negocios se encuentra en el exterior, se inserten estipulaciones en virtud de las cuales se les sujeta a determinada legislación extranjera, se sometan las controversias que de ellos pudieran derivarse al conocimiento de tribunales extranjeros, sean ordinarios o arbitrales, se pacte domicilio especial fuera del país y se establezcan mecanismos para configurar la relación procesal.

2.° Que, dentro del sistema jurídico chileno, tales estipulaciones son lícitas y en esta virtud tienen frecuente aplicación en los contratos celebrados entre particulares, siendo de advertir, además, que ellas están consagradas en el Código de Derecho Internacional Privado aprobado en la Sexta Conferencia Internacional Americana, el que rige en nuestro país desde 1934.

3.° Que, sin perjuicio de la plena vigencia de las normas en cuya virtud los particulares pueden ejercer la libertad de estipulación, resulta de toda

---

1 El Decreto Ley N° 2.349, sobre «Contratos Internacionales para el Sector Público», fue publicado en el Diario Oficial el 28 de octubre de 1978.

conveniencia regular en nuestro ordenamiento legal, con respecto al sector público, determinadas cuestiones de la índole precedentemente considerada, precisando el ámbito de aplicación de tales estipulaciones y sus efectos. Asimismo, se hace necesario modificar algunas normas existentes, a fin de armonizarlas con dicha regulación.

Artículo 1°. Decláranse válidos los pactos destinados a sujetar al derecho extranjero los contratos internacionales, cuyo objeto principal diga relación con negocios u operaciones de carácter económico o financiero, celebrados o que se celebren por organismos, instituciones o empresas internacionales o extranjeras que tengan el centro principal de sus negocios en el extranjero, con el Estado de Chile o sus organismos, instituciones o empresas.

Son igualmente válidas las estipulaciones por las cuales se haya sometido o se sometan diferendos derivados de tales contratos a la jurisdicción de tribunales extranjeros, incluyendo tribunales arbitrales previstos en mecanismos de arbitraje preestablecidos o en el respectivo contrato, como también las estipulaciones por las que se haya fijado o se fije domicilio especial y se haya designado o se designe mandatario en el extranjero para los efectos del contrato.

Lo dispuesto en los incisos anteriores igualmente es aplicable a los actos y contratos por los cuales el Estado de Chile o sus organismos, instituciones y empresas, hayan otorgado u otorguen, en cualquier forma, su garantía a terceros en los contratos a que se refiere el inciso primero.

En virtud del sometimiento a la jurisdicción de un tribunal extranjero, cesará el derecho a invocar la inmunidad de jurisdicción, a menos de estipulación expresa en contrario.

Artículo 2°. Declárase que el Estado de Chile y sus organismos, instituciones o empresas, podrán renunciar a la inmunidad de ejecución en los contratos referidos en el artículo anterior. Con todo, tal renuncia se entenderá limitada al cumplimiento de sentencias recaídas en litigios derivados del contrato específico en que ella se haya convenido. Tratándose de organismos, instituciones y empresas con personalidad jurídica distinta a la del Estado, la renuncia afectará exclusivamente los bienes del dominio de la entidad contratante.

La renuncia pactada en los contratos a que se refiere este artículo, celebrados con anterioridad a la vigencia de este decreto ley, se entenderá válida con las mismas limitaciones señaladas en el inciso anterior.

Artículo 3°. Para los efectos de este decreto ley, se entenderá por organismos, instituciones y empresas del Estado, todo servicio público, institución fiscal o semifiscal, centralizada o descentralizada, empresa del Estado y, en general, todo organismo autónomo creado por ley como, asimismo, toda empresa, sociedad o entidad pública o privada en que el Estado o sus empresas, sociedades o instituciones, centralizadas o descentralizadas, tengan aportes de capital, representación o participación superiores al 50% del capital social, aun cuando se exija norma expresa para aplicarles las disposiciones legales del sector público.

Artículo 4°. Para que los contratos y estipulaciones indicados en los artículos 1.° y 2.° convenidos con posterioridad a la vigencia del presente decreto ley, queden regidos por sus disposiciones, será necesario que la sumisión al derecho extranjero o a tribunales extranjeros, el señalamiento de domicilio, la designación de mandatarios en el extranjero y la renuncia a la inmunidad de ejecución, cuenten con la autorización del Presidente de la República, dada mediante decreto del Ministerio de Hacienda. Se exceptúan de esta exigencia el Banco Central y el Banco del Estado de Chile.

El Presidente de la República podrá otorgar su autorización en general a determinados organismos, instituciones o empresas del Estado, o en particular para algunas clases de contrato. En todo caso esta autorización no podrá concederse por un plazo superior a un año; pero podrá renovarse.

La autorización a que se refiere este artículo no excluye otras necesarias en razón de la naturaleza del contrato de que se trate.

Artículo 5°. Sin perjuicio de la validez de las estipulaciones contenidas en actos o contratos ya celebrados, no valdrá renuncia alguna en cuanto a la inmunidad de ejecución respecto de los fondos, derechos y bienes que el Banco Central de Chile mantuviere en el extranjero, por cuenta propia, salvo que dicha renuncia se refiera a obligaciones contraídas por dicho Banco.

Artículo 6°. No procederá renuncia alguna de inmunidad de ejecución respecto de los bienes inmuebles y del mobiliario destinados a mantener una Misión Diplomática o consular o la residencia del jefe de ellas.

No valdrá renuncia alguna de inmunidad de ejecución con respecto a bienes destinados a fines militares, tanto aquellos que sean propiamente de carácter militar como aquellos que se encuentren bajo el control de una autoridad militar o agencia de defensa.

Artículo 7°. Las estipulaciones contenidas en los artículos 1º y 2º no podrán pactarse en los contratos que se celebren en conformidad al decreto ley Nº 600, de 13 de julio de 1974, y sus modificaciones.

Asimismo, no procederán en los contratos que se celebren sobre concesiones de bienes de uso público o de bienes fiscales, ni en los actos o contratos que celebren los organismos, instituciones o empresas del Estado de Chile, cuando la legislación particular por la cual se rijan excluya en forma expresa la sumisión a la ley o tribunal extranjeros, o disponga que los diferendos que de ellos deriven deban ser sometidos a la ley chilena o a tribunales nacionales.

Artículo 8°. La designación de mandatarios especiales a que se refiere el artículo 1º sólo podrá recaer, en el futuro, en un cónsul chileno general o particular o de distrito, en alguna agencia u oficina de organismos, instituciones o empresas del Estado de Chile con sede en el extranjero, o en el representante legal de dicha agencia u oficina.

Artículo 9°. Cualquier Estado extranjero y sus organismos, instituciones y empresas podrán impetrar en Chile la inmunidad de jurisdicción y de ejecución, según el caso, en los mismos términos y con igual amplitud e idénticas excepciones como la reconociere su propia legislación en favor del Estado de Chile o de sus organismos, instituciones y empresas.

Artículo 10°. Sustitúyese el N° 3 del artículo 245 del Código de Procedimiento Civil, por el siguiente:

«3. Que la parte en contra de la cual se invoca la sentencia haya sido debidamente notificada de la acción. Con todo, podrá ella probar que, por otros motivos, estuvo impedida de hacer valer sus medios de defensa».

Artículo 11°. Declárase que las operaciones de crédito con el exterior, pactadas con instituciones o empresas bancarias o financieras, extranjeras o internacionales, han estado y estarán sometidas, en cuanto a estipulaciones sobre intereses, comisiones, recargos, pago anticipado y demás condiciones financieras, a las modalidades usuales imperantes en el mercado externo de capitales, sin que les sean aplicables las disposiciones limitativas sobre la materia de la legislación nacional.

Se presume que las condiciones contenidas en operaciones aprobadas por el Banco Central de Chile son las imperantes en el respectivo mercado externo de capitales.

Arbitraje comercial internacional

LEY N° 19.971 SOBRE ARBITRAJE COMERCIAL INTERNACIONAL[2]

CAPÍTULO I
DISPOSICIONES GENERALES

Artículo 1°. Ámbito de aplicación. 1) Esta ley se aplicará al arbitraje comercial internacional, sin perjuicio de cualquier tratado multilateral o bilateral vigente en Chile[3].

2) Las disposiciones de esta ley, con excepción de los artículos 8°, 9°, 35 y 36, se aplicarán únicamente si el lugar del arbitraje se encuentra en el territorio nacional.

3) Un arbitraje es internacional si:

a) Las partes en un acuerdo de arbitraje tienen, al momento de la celebración de ese acuerdo, sus establecimientos en Estados diferentes, o

b) Uno de los lugares siguientes está situado fuera del Estado en el que las partes tienen sus establecimientos:

i) El lugar del arbitraje, si éste se ha determinado en el acuerdo de arbitraje o con arreglo al acuerdo de arbitraje;

ii) El lugar del cumplimiento de una parte sustancial de las obligaciones de la relación comercial o el lugar con el cual el objeto del litigio tenga una relación más estrecha, o

---

[2] Ley N° 19.971 sobre Arbitraje Comercial Internacional. Publicada en el Diario Oficial de 29 de septiembre de 2004.

[3] Encontrándose dentro de los más importantes en relación a la materia y ratificados por Chile, el Convenio de Panamá de 1975, sobre Arbitraje Comercial Internacional; el Convenio de Nueva York de 1958, sobre Reconocimiento y Ejecución de Laudos Arbitrales Extranjeros y el Convenio de Washington de 1965, sobre Solución de Controversias en materia de Inversión.

c) Las partes han convenido expresamente en que la cuestión objeto del acuerdo de arbitraje está relacionada con más de un Estado.

4) A los efectos del numeral 3) de este artículo:

a) Si alguna de las partes tiene más de un establecimiento, el establecimiento será el que guarde una relación más estrecha con el acuerdo de arbitraje.

b) Si una parte no tiene ningún establecimiento, se tomará en cuenta su residencia habitual.

5) Esta ley no afectará a ninguna otra ley en virtud de la cual determinadas controversias no sean susceptibles de arbitraje o se puedan someter a arbitraje únicamente de conformidad con disposiciones que no sean las de la presente ley.

Artículo 2°. Definiciones y reglas de interpretación. Para los efectos de esta ley:

a) «arbitraje» significa cualquier arbitraje con independencia de que sea o no una institución arbitral permanente la que haya de ejercitarlo.

b) «tribunal arbitral» significa tanto un solo árbitro como una pluralidad de árbitros.

c) «tribunal» significa un órgano del sistema judicial de un país.

d) Cuando una disposición de esta ley, excepto el artículo 28, deje a las partes la facultad de decidir libremente sobre un asunto, esa facultad entraña la de autorizar a un tercero, incluida una institución, a que adopte esa decisión.

e) Cuando una disposición de esta ley se refiera a un acuerdo que las partes hayan celebrado o que puedan celebrar o cuando, en cualquier otra forma, se refiera a un acuerdo entre las partes, se entenderán comprendidas en ese acuerdo todas las disposiciones del reglamento de arbitraje en él mencionado.

f) Cuando una disposición de esta ley, excepto la letra a) del artículo 25 y la letra a) del numeral 2) del artículo 32, se refiera a una demanda, se aplicará también a una reconvención, y cuando se refiera a una contestación, se aplicará asimismo a la contestación a esa reconvención.

g) La expresión «comercial» debe interpretarse en un sentido amplio para que abarque todas las cuestiones que se plantean en las relaciones de esta índole, contractuales o no. Se comprenden dentro de éstas, por ejemplo, cualquier operación comercial de suministro o intercambio de bienes o servicios, acuerdo de distribución, representación o mandato comercial, transferencia de créditos para su cobro, arrendamiento de bienes de equipo con opción de compra, construcción de obras, consultoría, ingeniería, concesión de licencias, inversión, financiación, banca, seguros, acuerdo o concesión de explotación, asociaciones de empresas y otras formas de cooperación industrial o comercial, transporte de mercancías o de pasajeros por vía aérea, marítima, férrea o por carretera.

Concordancias: Código de Comercio: artículo 3° (Véase: Historia Fidedigna de la Ley, en donde se deja expresa constancia que esta disposición no permite interpretar el término «comercial» de esta ley.

Artículo 3°. Recepción de comunicaciones escritas. 1) Salvo acuerdo en contrario de las partes:

a) Se considerará recibida toda comunicación escrita que haya sido entregada personalmente al destinatario o que haya sido entregada en su establecimiento, residencia habitual o domicilio postal; en el supuesto de que no se descubra, tras una indagación razonable, ninguno de esos lugares, se considerará recibida toda comunicación escrita que haya sido enviada al último establecimiento, residencia habitual o domicilio postal conocido del destinatario por carta certificada o cualquier otro medio que deje constancia del intento de entrega.

b) La comunicación se considerará recibida el día en que se haya realizado tal entrega.

2) Las disposiciones de este artículo no se aplican a las comunicaciones habidas en un procedimiento ante un tribunal.

Artículo 4°. Renuncia al derecho de objetar. Se considerará que la parte que prosiga el arbitraje conociendo que no se ha cumplido alguna disposición de esta ley de la que las partes puedan apartarse o algún requisito del acuerdo de arbitraje y no exprese su objeción a tal incumplimiento sin demora injustificada o, si se prevé un plazo para hacerlo, dentro de ese plazo, ha renunciado a su derecho a objetar.

Artículo 5°. Alcance de la intervención del tribunal. En los asuntos que se rijan por la presente ley, no intervendrá ningún tribunal salvo en los casos en que esta ley así lo disponga[4].

Concordancias: Ley N° 19.971: artículo 34. Constitución Política de la República: artículos 76 y 79. Código Orgánico de Tribunales: artículo 545.

Artículo 6°. Tribunal para el cumplimiento de determinadas funciones de asistencia y supervisión durante el arbitraje. Las funciones a que se refieren los artículos 11, numerales 3) y 4); 13, numeral 3); 14 y 16, numeral 3), serán ejercidas por el Presidente de la Corte de Apelaciones del lugar donde debe seguirse o se sigue el arbitraje y la del artículo 34, numeral 2), será desempeñada por la respectiva Corte de Apelaciones.

CAPÍTULO II
ACUERDO DE ARBITRAJE

Artículo 7°. Definición y forma del acuerdo de arbitraje. 1) El «acuerdo de arbitraje» es un acuerdo por el que las partes deciden someter a arbitraje todas las controversias o ciertas controversias que hayan surgido o puedan surgir entre ellas respecto de una determinada relación jurídica, contractual o no contractual. El acuerdo de arbitraje podrá adoptar la forma de una cláusula compromisoria incluida en un contrato o la forma de un acuerdo independiente.

2) El acuerdo de arbitraje deberá constar por escrito. Se entenderá que el acuerdo es escrito cuando esté consignado en un documento firmado por las partes o en un intercambio de cartas, télex, telegramas u otros medios de telecomunicación que dejen constancia del acuerdo, o en un intercambio de escritos de demanda y contestación en los que la existencia de un acuerdo sea afirmada por una parte sin ser negada por

---

[4] Excepciones a las que la Ley hace referencia en sus artículos 6°, 8°, 9°, 11 n° 3 y n° 4, 13 n° 3, 14, 16 n° 3, 27, 35 y 36.

la otra. La referencia hecha en un contrato a un documento que contiene una cláusula compromisoria constituye acuerdo de arbitraje siempre que el contrato conste por escrito y la referencia implique que esa cláusula forma parte del contrato[5].

Concordancias: Convención de Panamá de 1976 sobre Arbitraje Comercial Internacional: artículo 1°. Convención de Nueva York de 1958, sobre Reconocimiento y Ejecución de Laudos Arbitrales Extranjeros: artículo II.

Artículo 8°. Acuerdo de arbitraje y demanda en cuanto al fondo ante un tribunal. 1) El tribunal al que se someta un litigio sobre un asunto que es objeto de un acuerdo de arbitraje, remitirá a las partes al arbitraje si lo solicita cualquiera de ellas, a más tardar, en el momento de presentar el primer escrito sobre el fondo del litigio, a menos que se compruebe que dicho acuerdo es nulo, ineficaz o de ejecución imposible.

2) Si se ha entablado la acción a que se refiere el numeral 1) del presente artículo, se podrá, no obstante, iniciar o proseguir las actuaciones

---

5 Respecto a esta solemnidad, el artículo 3° de la Ley N° 19.799, «Sobre Documentos Electrónicos, Firma Electrónica y Servicios de Certificación de dicha Firma», publicado en el Diario Oficial de 12 abril 2002, dispone que «Los actos y contratos otorgados o celebrados por personas naturales o jurídicas, suscritos por medio de firma electrónica, serán válidos de la misma manera y producirán los mismos efectos que los celebrados por escrito y en soporte de papel. Dichos actos y contratos se reputarán como escritos, en los casos en que la ley exija que los mismos consten de ese modo, y en todos aquellos casos en que la ley prevea consecuencias jurídicas cuando constan igualmente por escrito.

Lo dispuesto en el inciso anterior no será aplicable a los actos o contratos otorgados o celebrados en los casos siguientes:

a) Aquellos en que la ley exige una solemnidad que no sea susceptible de cumplirse mediante documento electrónico;

b) Aquellos en que la ley requiera la concurrencia personal de alguna de las partes, y

c) Aquellos relativos al derecho de familia.

La firma electrónica, cualquiera sea su naturaleza, se mirará como firma manuscrita para todos los efectos legales, sin perjuicio de lo establecido en los artículos siguientes».

arbitrales y dictar un laudo mientras la cuestión esté pendiente ante el tribunal.

Artículo 9°. Acuerdo de arbitraje y adopción de medidas provisionales por el tribunal. No será incompatible con un acuerdo de arbitraje que una parte, ya sea con anterioridad a las actuaciones arbitrales o durante su transcurso, solicite de un tribunal la adopción de medidas cautelares provisionales ni que el tribunal conceda esas medidas.

CAPÍTULO III
COMPOSICIÓN DEL TRIBUNAL ARBITRAL

Artículo 10°. Número de árbitros. 1) Las partes podrán determinar libremente el número de árbitros.

2) A falta de tal acuerdo, los árbitros serán tres.

Artículo 11°. Nombramiento de los árbitros. 1) Salvo acuerdo en contrario de las partes, la nacionalidad de una persona no será obstáculo para que esa persona actúe como árbitro[6].

2) Sin perjuicio de lo dispuesto en los numerales 4) y 5) de este artículo, las partes podrán acordar libremente el procedimiento para el nombramiento del árbitro o los árbitros.

3) A falta de tal acuerdo:

a) En el arbitraje con tres árbitros, cada parte nombrará un árbitro y los dos árbitros así designados nombrarán al tercero; si una parte no nombra al árbitro dentro de los treinta días del recibo de un requerimiento de la otra parte para que lo haga, o si los dos árbitros no consiguen ponerse de acuerdo sobre el tercer árbitro dentro de los treinta días contados desde su nombramiento, la designación será hecha, a petición de una de las partes, por el Presidente de la Corte de Apelaciones correspondiente al lugar donde deba seguirse el arbitraje.

---

6 Véase: Constitución Política de la República: Artículo 19 n° 17.

b) En el arbitraje con árbitro único, si las partes no consiguen ponerse de acuerdo sobre la designación del árbitro, éste será nombrado, a petición de cualquiera de las partes, por el Presidente de la Corte de Apelaciones correspondiente al lugar donde deba seguirse el arbitraje.

4) Cuando en un procedimiento de nombramiento convenido por las partes:

a) Una parte no actúe conforme a lo estipulado en dicho procedimiento, o

b) Las partes, o dos árbitros, no puedan llegar a acuerdo conforme al mencionado procedimiento, o

c) Un tercero, incluida una institución, no cumpla una función que se le confiera en dicho procedimiento, cualquiera de las partes podrá solicitar al Presidente de la Corte de Apelaciones correspondiente al lugar donde deba seguirse el arbitraje que adopte la medida necesaria, a menos que en el acuerdo sobre el procedimiento de nombramiento se prevean otros medios para conseguirlo.

5) Toda decisión sobre las cuestiones encomendadas en los numerales 3) ó 4) de este artículo al Presidente de la respectiva Corte de Apelaciones será inapelable. Al nombrar un árbitro, el tribunal u otra autoridad tendrá debidamente en cuenta las condiciones requeridas para un árbitro por el acuerdo entre las partes y tomará las medidas necesarias para garantizar el nombramiento de un árbitro independiente e imparcial. En el caso de árbitro único o del tercer árbitro, tendrá en cuenta asimismo la conveniencia de nombrar un árbitro de nacionalidad distinta a la de las partes.

Concordancias: Convención de Panamá de 1976 sobre Arbitraje Comercial Internacional: artículo 2° y 3°.

Artículo 12°. Motivos de recusación. 1) La persona a quien se comunique su posible nombramiento como árbitro deberá revelar todas las circunstancias que puedan dar lugar a dudas justificadas acerca de su imparcialidad o independencia. El árbitro, desde el momento de su nombramiento y durante todas las actuaciones arbitrales, revelará sin demora tales circunstancias a las partes, a menos que ya les haya informado de ellas.

2) Un árbitro sólo podrá ser recusado si existen circunstancias que den lugar a dudas justificadas respecto de su imparcialidad o independencia, o si no posee las cualificaciones convenidas por las partes. Una parte sólo podrá recusar al árbitro nombrado por ella, o en cuyo nombramiento haya participado, por causas de las que haya tenido conocimiento después de efectuada la designación.

Artículo 13°. Procedimiento de recusación. 1) Sin perjuicio de lo dispuesto en el numeral 3) de este artículo, las partes podrán acordar libremente el procedimiento de recusación de los árbitros.

2) A falta de tal acuerdo, la parte que desee recusar a un árbitro enviará al tribunal arbitral, dentro de los quince días siguientes a aquel en que tenga conocimiento de la constitución del tribunal arbitral o de cualquiera de las circunstancias mencionadas en el numeral 2) del artículo 12, un escrito en el que exponga los motivos para la recusación. A menos que el árbitro recusado renuncie a su cargo o que la otra parte acepte la recusación, corresponderá al tribunal arbitral decidir sobre ésta.

3) Si no prosperase la recusación incoada con arreglo al procedimiento acordado por las partes o en los términos del numeral 2) de este artículo, la parte recusante podrá pedir, dentro de los treinta días siguientes al recibo de la notificación de la decisión por la que se rechaza la recusación, al Presidente de la Corte de Apelaciones correspondiente al lugar donde deba seguirse el arbitraje, que decida sobre la procedencia de la recusación, decisión que será inapelable; mientras esa petición esté pendiente, el tribunal arbitral, incluso el árbitro recusado, podrán proseguir las actuaciones arbitrales y dictar un laudo.

Artículo 14°. Falta o imposibilidad de ejercicio de las funciones. 1) Cuando un árbitro se vea impedido de jure o de facto en el ejercicio de sus funciones o por otros motivos no las ejerza dentro de un plazo razonable, cesará en su cargo si renuncia o si las partes acuerdan su remoción. De lo contrario, si subsiste un desacuerdo respecto a cualquiera de esos motivos, cualquiera de las partes podrá solicitar del Presidente de la Corte de Apelaciones correspondiente al lugar donde deba seguirse el arbitraje una decisión que declare la cesación del mandato, decisión que será inapelable.

2) Si, conforme a lo dispuesto en este artículo o en el numeral 2) del artículo 13, un árbitro renuncia a su cargo o una de las partes acepta la terminación del mandato de un árbitro, ello no se considerará como una aceptación de la procedencia de ninguno de los motivos mencionados en este artículo o en el numeral 2) del artículo 12.

Artículo 15°. Nombramiento de un árbitro sustituto. Cuando un árbitro cese en su cargo en virtud de lo dispuesto en los artículos 13 ó 14, o en los casos de renuncia por cualquier otro motivo o de remoción por acuerdo de las partes o de expiración de su mandato por cualquier otra causa, se procederá al nombramiento de un sustituto conforme al mismo procedimiento por el que se designó al árbitro que se ha de sustituir.

CAPÍTULO IV
COMPETENCIA DEL TRIBUNAL ARBITRAL

Artículo 16°. Facultad del tribunal arbitral para decidir acerca de su competencia. 1) El tribunal arbitral estará facultado para decidir acerca de su propia competencia, incluso sobre las excepciones relativas a la existencia o a la validez del acuerdo de arbitraje. A ese efecto, una cláusula compromisoria que forme parte de un contrato se considerará como un acuerdo independiente de las demás estipulaciones del contrato. La decisión del tribunal arbitral de que el contrato es nulo no entrañará ipso jure la nulidad de la cláusula compromisoria.

2) La excepción de incompetencia del tribunal arbitral deberá oponerse a más tardar en el momento de presentar la contestación. Las partes no se verán impedidas de oponer la excepción por el hecho de que hayan designado a un árbitro o participado en su designación. La excepción basada en que el tribunal arbitral ha excedido su mandato deberá oponerse tan pronto como se plantee durante las actuaciones arbitrales la materia que supuestamente exceda su mandato. El tribunal arbitral podrá, en cualquie-

ra de los casos, estimar una excepción presentada más tarde si considera justificada la demora.

3) El tribunal arbitral podrá decidir las excepciones a que se hace referencia en el numeral 2) de este artículo como cuestión previa o en un laudo sobre el fondo. Si, como cuestión previa, el tribunal arbitral se declara competente, cualquiera de las partes, dentro de los treinta días siguientes al recibo de la notificación de esa decisión, podrá solicitar del Presidente de la respectiva Corte de Apelaciones que resuelva la cuestión, y la resolución de este tribunal será inapelable; mientras esté pendiente dicha solicitud, el tribunal arbitral podrá proseguir sus actuaciones y dictar un laudo.

Artículo 17°. Facultad del tribunal arbitral de ordenar medidas provisionales cautelares. Salvo acuerdo en contrario de las partes, el tribunal arbitral podrá, a petición de una de ellas, ordenar a cualquiera de las partes que adopte las medidas provisionales cautelares que el tribunal arbitral estime necesarias respecto del objeto del litigio. El tribunal arbitral podrá exigir de cualquiera de las partes una garantía apropiada en conexión con esas medidas.

CAPÍTULO V
SUSTANCIACIÓN DE LAS ACTUACIONES ARBITRALES

Artículo 18°. Trato equitativo de las partes. Deberá tratarse a las partes con igualdad y darse a cada una de ellas plena oportunidad de hacer valer sus derechos.

Artículo 19°. Determinación del procedimiento. 1) Con sujeción a las disposiciones de esta ley, las partes tendrán libertad para convenir el procedimiento a que se haya de ajustar el tribunal arbitral en sus actuaciones.

2) A falta de acuerdo, el tribunal arbitral podrá, con sujeción a lo dispuesto en esta ley, dirigir el arbitraje del modo que considere apropiado. Esta facultad conferida al tribunal arbitral incluye la de determinar la admisibilidad, la pertinencia y el valor de las pruebas.

Artículo 20°. Lugar del arbitraje. 1) Las partes podrán determinar libremente el lugar del arbitraje. En caso de no haber acuerdo al respecto, el tribunal arbitral determinará el lugar del arbitraje, atendidas las circunstancias del caso, inclusive las conveniencias de las partes.

2) Sin perjuicio de lo dispuesto en el numeral precedente, el tribunal arbitral podrá, salvo acuerdo en contrario de las partes, reunirse en cualquier lugar que estime apropiado para celebrar deliberaciones entre sus miembros, para oír a los testigos, a los peritos o a las partes, o para examinar mercancías u otros bienes o documentos.

Artículo 21°. Iniciación de las actuaciones arbitrales. Salvo que las partes hayan convenido otra cosa, las actuaciones arbitrales respecto de una determinada controversia se iniciarán en la fecha en que el demandado haya recibido el requerimiento de someter esa controversia a arbitraje.

Artículo 22°. Idioma. 1) Las partes podrán acordar libremente el idioma o los idiomas que hayan de utilizarse en las actuaciones arbitrales. A falta de tal acuerdo, el tribunal arbitral determinará el idioma o los idiomas que hayan de emplearse en las actuaciones. Este acuerdo o esta determinación será aplicable, salvo que en ellos mismos se haya especificado otra cosa, a todos los escritos de las partes, a todas las audiencias, y a cualquier laudo, decisión o comunicación de otra índole que emita el tribunal arbitral.

2) El tribunal arbitral podrá ordenar que cualquier prueba documental vaya acompañada de una traducción al idioma o los idiomas convenidos por las partes o determinados por el tribunal arbitral.

Artículo 23°. Demanda y contestación. 1) Dentro del plazo convenido por las partes o determinado por el tribunal arbitral, el demandante deberá alegar los hechos en que se funda la demanda, los puntos controvertidos y el objeto de la demanda, y el demandado deberá responder a los planteamientos alegados en la demanda, a menos que las partes hayan acordado otra cosa respecto de los elementos que la demanda y la contestación deban necesariamente contener. Las partes podrán aportar, al formular sus alegaciones, todos los documentos que consideren pertinentes o hacer referencia a los documentos u otras pruebas que vayan a presentar.

2) Salvo acuerdo en contrario de las partes, en el curso de las actuaciones arbitrales cualquiera de las partes podrá modificar o ampliar su demanda o contestación, a menos que el tribunal arbitral considere improcedente esa alteración en razón de la demora con que se ha hecho.

Artículo 24°. Audiencias y actuaciones por escrito. 1) Salvo acuerdo en contrario de las partes, el tribunal arbitral decidirá si han de celebrarse audiencias para la presentación de pruebas o para alegatos orales, o si las actuaciones se sustanciarán sobre la base de documentos y demás pruebas. No obstante, a menos que las partes hubiesen convenido que no se celebrarían audiencias, el tribunal arbitral celebrará dichas audiencias en la fase apropiada de las actuaciones, a petición de una de las partes.

2) Deberá notificarse a las partes con suficiente antelación la celebración de las audiencias y las reuniones del tribunal arbitral para examinar mercancías u otros bienes o documentos.

3) De todas las declaraciones, documentos o demás información que una de las partes suministre al tribunal arbitral se dará traslado a la otra parte. Asimismo, deberán ponerse a disposición de ambas partes los peritajes o los documentos probatorios en los que el tribunal arbitral pueda basarse al adoptar su decisión.

Artículo 25°. Rebeldía de una de las partes. Salvo acuerdo en contrario de las partes, cuando, sin invocar causa suficiente:

a) El demandante no presente su demanda con arreglo al numeral 1) del artículo 23, el tribunal arbitral dará por terminadas las actuaciones.

b) El demandado no presente su contestación con arreglo al numeral 1 del artículo 23, el tribunal arbitral continuará las actuaciones, sin que esa omisión se considere por sí misma como una aceptación de las alegaciones del demandante.

c) Una de las partes no comparezca a una audiencia o no presente pruebas documentales, el tribunal arbitral podrá continuar las actuaciones y dictar el laudo basándose en las pruebas de que disponga.

Artículo 26°. Nombramiento de peritos por el tribunal arbitral. 1) Salvo acuerdo en contrario de las partes, el tribunal arbitral:

a) Podrá nombrar uno o más peritos para que le informen sobre materias concretas que determinará el tribunal arbitral.

b) Podrá solicitar a cualquiera de las partes que suministre al perito toda la información pertinente o que le presente para su inspección todos los documentos, mercancías u otros bienes pertinentes, o les proporcione acceso a ellos.

2) Salvo acuerdo en contrario de las partes, cuando una parte lo solicite o cuando el tribunal arbitral lo considere necesario, el perito, después de la presentación de su dictamen escrito u oral, deberá participar en una audiencia en la que las partes tendrán oportunidad de hacerle preguntas y de presentar peritos para que informen sobre los puntos controvertidos.

Artículo 27°. Asistencia de los tribunales para la práctica de pruebas. El tribunal arbitral o cualquiera de las partes con la aprobación del tribunal arbitral podrá pedir la asistencia de un tribunal competente de Chile para la práctica de pruebas. El tribunal podrá atender dicha solicitud dentro del ámbito de su competencia y de conformidad con las normas que le sean aplicables sobre medios de prueba.

CAPÍTULO VI
PRONUNCIAMIENTO DEL LAUDO Y TERMINACIÓN DE LAS ACTUACIONES

Artículo 28°. Normas aplicables al fondo del litigio. 1) El tribunal arbitral decidirá el litigio de conformidad con las normas de derecho elegidas por las partes como aplicables al fondo del litigio. Se entenderá que toda indicación del derecho u ordenamiento jurídico de un Estado determinado se refiere, a menos que se exprese lo contrario, al derecho sustantivo de ese Estado y no a sus normas de conflicto de leyes.

2) Si las partes no indican la ley aplicable, el tribunal arbitral aplicará la ley que determinen las normas de conflicto de leyes que estime aplicables[7].

3) El tribunal arbitral decidirá ex aequo et bono o como amigable componedor sólo si las partes le han autorizado expresamente a hacerlo así.

4) En todos los casos, el tribunal arbitral decidirá con arreglo a las estipulaciones del contrato y tendrá en cuenta los usos mercantiles aplicables al caso.

Concordancias: Véase: Principios de UNIDROIT sobre Contratos Mercantiles Internacionales, de 2010.

Artículo 29°. Adopción de decisiones cuando hay más de un árbitro. En las actuaciones arbitrales en que haya más de un árbitro, toda decisión del tribunal arbitral se adoptará, salvo acuerdo en contrario de las partes, por mayoría de votos de todos los miembros. Sin embargo, el árbitro presidente podrá decidir cuestiones de procedimiento, si así lo autorizan las partes o todos los miembros del tribunal.

Artículo 30°. Transacción. 1) Si, durante las actuaciones arbitrales, las partes llegan a una transacción que resuelva el litigio, el tribunal arbitral dará por terminadas las actuaciones y, si lo piden ambas partes y el tribunal arbitral no se opone, hará constar la transacción en forma de laudo arbitral en los términos convenidos por las partes.

2) El laudo en los términos convenidos se dictará con arreglo a lo dispuesto en el artículo 31 y se hará constar en él que se trata de un laudo. Este laudo tiene la misma naturaleza y efecto que cualquier otro laudo dictado sobre el fondo del litigio.

Artículo 31°. Forma y contenido del laudo. 1) El laudo se dictará por escrito y será firmado por el árbitro o los árbitros. En actuaciones arbitrales con más de un árbitro bastarán las firmas de la mayoría de los miembros

---

7 ***Concordancias:*** Código de Derecho Internacional Privado. Código Civil: Artículos 12 al 21, 950 y 951.

del tribunal arbitral, siempre que se deje constancia de las razones de la falta de una o más firmas.

2) El laudo del tribunal arbitral deberá ser motivado, a menos que las partes hayan convenido en otra cosa o que se trate de un laudo pronunciado en los términos convenidos por las partes conforme al artículo 30.

3) Constarán en el laudo la fecha en que ha sido dictado y el lugar del arbitraje determinado de conformidad con el numeral 1) del artículo 20. El laudo se considerará dictado en ese lugar.

4) Después de dictado el laudo, el tribunal lo notificará a cada una de las partes mediante entrega de una copia firmada por los árbitros de conformidad con el numeral 1) de este artículo.

Artículo 32°. Terminación de las actuaciones. 1) Las actuaciones arbitrales terminan con el laudo definitivo o por una orden del tribunal arbitral dictada de conformidad con el numeral 2) de este artículo.

2) El tribunal arbitral ordenará la terminación de las actuaciones arbitrales cuando:

a) El demandante retire su demanda, a menos que el demandado se oponga a ello y el tribunal arbitral reconozca un legítimo interés de su parte en obtener una solución definitiva del litigio.

b) Las partes acuerden dar por terminadas las actuaciones.

c) El tribunal arbitral compruebe que la prosecución de las actuaciones resultaría innecesaria o imposible.

3) El tribunal arbitral cesará en sus funciones al terminar las actuaciones arbitrales, salvo lo dispuesto en el artículo 33 y en el numeral 4) del artículo 34.

Artículo 33°. Corrección e interpretación del laudo y laudo adicional. 1) Dentro de los treinta días siguientes a la recepción del laudo, salvo que las partes hayan acordado otro plazo:

a) Cualquiera de las partes podrá, con notificación a la otra, pedir al tribunal arbitral que corrija en el laudo cualquier error de cálculo, de copia o tipográfico o cualquier otro error de naturaleza similar.

b) Si así lo acuerdan las partes, cualquiera de ellas podrá, con notificación a la otra, pedir al tribunal arbitral que dé una interpretación sobre un punto o una parte concreta del laudo.

Si el tribunal arbitral estima justificado el requerimiento, efectuará la corrección o dará la interpretación dentro de los treinta días siguientes a la recepción de la solicitud. La interpretación formará parte del laudo.

2) El tribunal arbitral podrá corregir cualquier error del tipo mencionado en la letra a) del numeral 1) de este artículo por su propia iniciativa dentro de los treinta días siguientes a la fecha del laudo.

3) Salvo acuerdo en contrario de las partes, dentro de los treinta días siguientes a la recepción del laudo, cualquiera de las partes, con notificación a la otra parte, podrá pedir al tribunal arbitral que dicte un laudo adicional respecto de reclamaciones formuladas en las actuaciones arbitrales, pero omitidas del laudo. Si el tribunal arbitral estima justificado el requerimiento, dictará el laudo adicional dentro de sesenta días.

4) El tribunal arbitral podrá prorrogar, de ser necesario, el plazo en el cual efectuará una corrección, dará una interpretación o dictará un laudo adicional con arreglo a los numerales 1) o 3) de este artículo.

5) Lo dispuesto en el artículo 31 se aplicará a las correcciones o interpretaciones del laudo o a los laudos adicionales.

CAPÍTULO VII
IMPUGNACIÓN DEL LAUDO

Artículo 34°. La petición de nulidad como único recurso contra un laudo arbitral[8]. 1) Contra un laudo arbitral sólo podrá recurrirse ante un

---

8 Véase sentencia Rol 55038-2016, dictada por la Excma. Corte Suprema de Justicia, de 05 de octubre de 2016. Declara inadmisible recurso de casación en el fondo en contra de laudo arbitral dictado de conformidad a la ley N° 19.971, sobre Arbitraje Comercial Internacional. SCA (Corte de Apelaciones de Santiago), Rol N° 3390-2017, de fecha 12 de abril de 2017. Declara inadmisible recurso de queja interpuesto en contra de un laudo arbitral dictado en arbitraje comercial internacional con sede en Chile (Rol 2480-2015).

tribunal mediante una petición de nulidad conforme a los numerales 2) y 3) de este artículo.

2) El laudo arbitral sólo podrá ser anulado por la respectiva Corte de Apelaciones cuando:

a) La parte que interpone la petición pruebe:

i) Que una de las partes en el acuerdo de arbitraje a que se refiere el artículo 7º estaba afectada por alguna incapacidad, o que dicho acuerdo no es válido en virtud de la ley a que las partes lo han sometido, o si nada se hubiera indicado a este respecto, en virtud de la ley de este Estado, o

ii) Que no ha sido debidamente notificada de la designación de un árbitro o de las actuaciones arbitrales o no ha podido, por cualquier otra razón, hacer valer sus derechos, o

iii) Que el laudo se refiere a una controversia no prevista en el acuerdo de arbitraje o contiene decisiones que exceden los términos del acuerdo de arbitraje; no obstante, si las disposiciones del laudo que se refieren a las cuestiones sometidas al arbitraje pueden separarse de las que no lo están, sólo se podrán anular estas últimas, o

iv) Que la composición del tribunal arbitral o el procedimiento arbitral no se han ajustado al acuerdo entre las partes, salvo que dicho acuerdo

---

El 28 de enero de 2019, en autos 613-2019, la I. Corte de Apelaciones de Santiago, resolviendo un recurso de queja interpuesto en el contexto de un arbitraje comercial internacional con sede en Chile, resolvió lo siguiente:

«Vistos y teniendo presente: 1°) Que, conforme los artículos 545 y siguientes del Código Orgánico de Tribunales, para recurrir de queja, es necesario que se trate de una sentencia definitiva o interlocutoria que ponga fin al juicio o haga imposible su continuación, no siendo estas susceptibles de algún otro recurso. 2°) Que, en este caso, la resolución recurrida se refiere al laudo arbitral, debiendo estarse, en materia recursiva, a las bases del arbitraje y cuyo título referente a los Recursos señala que, respecto de la sentencia definitiva, ha de estarse a lo establecido en la cláusula duodécima del Contrato de Compraventa, sin perjuicio de lo establecido en el artículo 34 de la Ley N° 19.971. 3°) Que, la anterior norma legal citada está referida al Arbitraje Comercial Internacional y el artículo del caso apunta a la petición de nulidad como único recurso contra un laudo arbitral, es decir, en este caso, existe un recurso ordinario que prevalece por sobre el recurso de queja y que lleva consigo la declaración de inadmisibilidad del mismo…».

estuviera en conflicto con una disposición de esta ley de la que las partes no pudieran apartarse o, a falta de dicho acuerdo, que no se han ajustado a esta ley, o

b) El tribunal compruebe:

i) Que, según la ley chilena, el objeto de la controversia no es susceptible de arbitraje[9], o

ii) Que el laudo es contrario al orden público de Chile[10].

3) La petición de nulidad no podrá formularse después de transcurridos tres meses contados desde la fecha de la recepción del laudo o, si la petición se ha hecho con arreglo al artículo 33, desde la fecha en que esa petición haya sido resuelta por el tribunal arbitral.

4) El tribunal, cuando se le solicite la anulación de un laudo, podrá suspender las actuaciones de nulidad, cuando corresponda y cuando así lo solicite una de las partes, por un plazo que determine a fin de dar al tribunal arbitral la oportunidad de reanudar las actuaciones arbitrales o de adoptar cualquier otra medida que a juicio del tribunal arbitral elimine los motivos para la petición de nulidad.

5) Las Cortes de Apelaciones colocarán las peticiones de nulidad de inmediato en tabla y gozarán de preferencia para su vista y fallo.

Concordancias: Constitución Política de la República: artículo 79. Ley N° 19.971: artículo 5°. Código Orgánico de Tribunales: artículo 545.

---

9 Véanse los artículos 229 y 230 del Código Orgánico de Tribunales.

10 En los autos SCAS, Rol 2685-2016: (Ingeniería Proyersa Limitada con Steag GMBH), la Corte de Apelaciones de Santiago, se pronunció expresamente sobre el contenido del orden público chileno: «*Tercero: Que, en cuanto a este aspecto de la anulación solicitada, el concepto de orden público, no definido ni precisado por la Ley N° 19. 971 sobre Arbitraje Comercial Internacional, debe entenderse como el conjunto de normas básicas de justicia y moralidad de nuestro ordenamiento jurídico y, en el caso, imbuido y delimitado por los principios que inspiran la citada ley, fundamentalmente, la autonomía de la voluntad de los contratantes, a lo que debe unirse la mínima intervención judicial, excepcionalidad en la revisión del dictamen, la interpretación restrictiva de las causales de invalidación y la evidencia o certidumbre de los yerros o vicios que se atribuyen al laudo*».

Jurisprudencia: *Véase los siguientes recursos de nulidad resueltos por la I. Corte de Apelaciones de Santiago: SCAS, Rol 2685-2016: (Ingeniería Proyersa Limitada con Steag GMBH); SCAS, Rol 11466-2015: (Arce Holdings Corporation con Árbitro Alberto Lyon Puelma); SCAS, Rol 1739-2015: (Huber y otros con Sociedad Río Bonito S.A.); SCAS, Rol 6975-2012: (Productos Naturales de la Sabana S.A. con Corte Internacional de Arbitraje de la Cámara de Comercio Internacional); SCAS, Rol 9211-2012: (Constructora Emex Ltda. con Organización Europea para la Investigación Astronómica en el Hemisferio Sur); SCAS, Rol 1971-2012: (Vergara Varas con Costa Ramírez); SCAS, Rol 7278-2012: (Sánchez Arriagada y otros con Cavendish Square Holding); SCAS, Rol 1420-2010: (Ann Arbor Foods S.A. con Domino's Pizza International); SCAS, Rol 9134-2007: (Publicis Groupe Holdings B.V. - Investments).*

CAPÍTULO VIII
RECONOCIMIENTO Y EJECUCIÓN DE LOS LAUDOS[11]

Artículo 35°. Reconocimiento y ejecución. 1) Un laudo arbitral, cualquiera que sea el país en que se haya dictado, será reconocido como vinculante y, tras la presentación de una petición por escrito al tribunal competente, será ejecutado en conformidad con las disposiciones de este artículo y del artículo 36.

2) La parte que invoque un laudo o pida su ejecución deberá presentar el original debidamente autenticado del laudo o copia debidamente certificada del mismo, y el original del acuerdo de arbitraje a que se refiere el artículo 7° o copia debidamente certificada del mismo. Si el laudo o el acuerdo no estuviera redactado en un idioma oficial de Chile, la parte deberá presentar una traducción debidamente certificada a ese idioma de dichos documentos.

Artículo 36°. Motivos para denegar el reconocimiento o la ejecución. 1) Sólo se podrá denegar el reconocimiento o la ejecución de un laudo arbitral, cualquiera que sea el país en que se haya dictado:

[11] Véase la Convención de 1958 sobre Reconocimiento y Ejecución de Laudos Arbitrales, y la Convención de Panamá de 1975 sobre Arbitraje Comercial Internacional.

a) A instancia de la parte contra la cual se invoca, cuando esta parte pruebe ante el tribunal competente del país en que se pide el reconocimiento o la ejecución:

i) Que una de las partes en el acuerdo de arbitraje a que se refiere el artículo 7° estaba afectada por alguna incapacidad, o que dicho acuerdo no es válido en virtud de la ley a que las partes lo han sometido, o si nada se hubiera indicado a este respecto, en virtud de la ley del país en que se haya dictado el laudo, o

ii) Que la parte contra la cual se invoca el laudo no ha sido debidamente notificada de la designación de un árbitro o de las actuaciones arbitrales o no ha podido, por cualquier otra razón, hacer valer sus derechos, o

iii) Que el laudo se refiere a una controversia no prevista en el acuerdo de arbitraje o contiene decisiones que exceden los términos del acuerdo de arbitraje; no obstante, si las disposiciones del laudo que se refieren a las cuestiones sometidas al arbitraje pueden separarse de las que no lo están, se podrá dar reconocimiento y ejecución a las primeras, o

iv) Que la composición del tribunal arbitral o el procedimiento arbitral no se han ajustado al acuerdo celebrado entre las partes o, en defecto de tal acuerdo, que no se han ajustado a la ley del país donde se efectuó el arbitraje, o

v) Que el laudo no es aún obligatorio para las partes o ha sido anulado o suspendido por un tribunal del país en que, o conforme a cuyo derecho, ha sido dictado ese laudo, o

b) Cuando el tribunal compruebe:

i) Que, según la ley chilena, el objeto de la controversia no es susceptible de arbitraje, o

ii) Que el reconocimiento o la ejecución del laudo serían contrarios al orden público de Chile[12].

---

12 Una infracción al orden público de Chile sólo se produce si el reconocimiento o la ejecución del laudo arbitral extranjero conduce a un *resultado manifiestamente incompatible con los principios fundamentales del Derecho chileno*, es decir, si el laudo viola una *norma que regule los principios de la vida estatal o económica*, o si *se opone de manera intolerable a las ideas de justicia chilenas*. Dicho de otro modo, el lau-

2) Si se ha pedido a un tribunal de los previstos en el literal v) de la letra a) del numeral 1) de este artículo la nulidad o la suspensión del laudo, el tribunal al que se pide el reconocimiento o la ejecución podrá, si lo considera procedente, aplazar su decisión y, a instancia de la parte que pida el reconocimiento o la ejecución del laudo, podrá también ordenar a la otra parte que dé garantías apropiadas.

> ***Concordancias:*** *Convención de Panamá de 1976 sobre Arbitraje Comercial Internacional: artículo 4 y siguientes°. Convención de Nueva York de 1958, sobre Reconocimiento y Ejecución de Laudos Arbitrales Extranjeros: artículo III y siguientes.*

---

do arbitral extranjero violenta el orden público chileno únicamente cuando vulnera los principios fundamentales de nuestro ordenamiento jurídico. La jurisprudencia ha dicho que una violación del orden público solo se presenta en casos «*extremos y gravísimos*» [Causa n° 11466/2015 (Civil). Resolución n° 579009 de Corte de Apelaciones de Santiago, 28 de junio de 2016, Considerando 4°]. La Corte Suprema de Chile ha señalado que el orden público es «*un conjunto de disposiciones establecidas por el legislador en resguardo de los intereses superiores de la colectividad o de la moral social*» [Corte Suprema, 29 de mayo 1964. Revista de Derecho y Jurisprudencia, tomo 139, sección primera, p. 134]. Por lo tanto, una violación del mismo se limita «*sólo a la infracción de normas básicas y fundamentales del Estado chileno*» [SCS Santiago, Rol N° 9134-2007, de 4 de agosto de 2009]. Sobre el sentido y alcance del orden público chileno, pueden consultarse los siguientes casos: Causa n° 24348/2016 (Exequatur). Resolución n° 695475 de Corte Suprema, Sala Primera (Civil) de 29 de noviembre de 2016; Causa n° 11466/2015 (Civil). Resolución n° 579009 de Corte de Apelaciones de Santiago, de 28 de junio de 2016; «Pedro Pablo Vergara Varas» en Causa n° 7341/2013 (Otros). Resolución n° 122631 de Corte Suprema, Sala Primera (Civil) de 16 de diciembre de 2013; «Vergara Varas», Causa n° 1971/2012 (Civil). Resolución n° 421155 de Corte de Apelaciones de Santiago, de 9 de septiembre de 2013; Stemcor UK Limited», Causa n° 1724/2010. Resolución n° 21329 de Corte Suprema, de 21 de junio de 2010; Publicis Groupe Holdings B.V. y Publicis Groupe Investements», Rol N° 9134-2007, ICAS, de fecha 4 de agosto de 2009; Comverse Inc Rol N° 3225-2008, E.C.S., 8 de septiembre de 2009; Kreditanstalt für Wiederaufbau, Rol N° 5228-2008, E.C.S., 15 de diciembre 2009; Gold Nutrition Industria y Comercio con Laboratorios Garden House, Rol N°6615,-2007, 15 de septiembre de 2008; Sentencia Corte de Apelaciones de Santiago, R.N. 9134-2007; Corte Suprema, 29 de mayo 1964. Revista de Derecho y Jurisprudencia, tomo 139, sección primera, p. 134.

Sustracción internacional de niños, niñas y adolescentes

«ACTA» DE LA EXCMA. CORTE SUPREMA N° 205, DE 2005[13]

En Santiago, a tres de diciembre de dos mil quince, se deja constancia de que con fecha veinte de noviembre del actual, se reunió el Tribunal Pleno bajo la Presidencia del subrogante señor Milton Juica Arancibia y con la asistencia de los Ministros señores Dolmestch, Carreño, Pierry, Brito, señoras Maggi, Egnem, señor Blanco, señoras Chevesich y Muñoz y señores Cerda, Valderrama y Dahm.

MODIFICA Y REFUNDE TEXTO DEL AUTO ACORDADO SOBRE PROCEDIMIENTO APLICABLE AL CONVENIO DE LA HAYA RELATIVO A LOS EFECTOS CIVILES DE LA SUSTRACCIÓN INTERNACIONAL DE NIÑOS Y NIÑAS[14]

Teniendo presente:

---

13 Publicada en el Diario Oficial el 16 de enero de 2016.

14 A propósito del antiguo Auto Acordado de la Corte Suprema, de 1998, sobre Efectos Civiles de la Sustracción Internacional de Menores, modificado el 2002, nuestro máximo tribunal resolvió en no pocas oportunidades que «*[C]abe consignar que esta Corte ha resuelto reiteradamente que la Ley N° 19.968, que comenzó a regir el 1° de octubre de 2005, esto es, con posterioridad a la dictación del Auto Acordado de este tribunal sobre Procedimiento Aplicable al Convenio de La Haya Relativo a los Efectos Civiles del Secuestro Internacional de Menores, dictado el 9 de octubre de 1998 y modificado el 3 de mayo de 2002, ha producido la derogación tácita de aquellas disposiciones que este último contempla, en cuanto presenten incompatibilidad con el nuevo estatuto regulatorio. Así el procedimiento que la referida ley, que crea los Tribunales de Familia, establece como ordinario general aplicable a todos los asuntos contenciosos cuyo conocimiento corresponda a los Juzgados de Familia y que no tengan señalado otro distinto, resulta aplicable a materias como la sustracción de me-*

1°) Que la Convención de La Haya de 25 de octubre de 1980, sobre Aspectos Civiles de la Sustracción Internacional de Menores, vino a regular el vacío legal que existía a nivel internacional acerca del traslado y/o retención ilícita de menores;

2°) Que el Convenio de La Haya sobre Aspectos Civiles de la Sustracción Internacional de Menores de 25/10/1980, que entró en vigor a través del decreto N° 386, de 17/06/1994, del Ministerio de Relaciones Exteriores, se viene aplicando ya desde el siglo pasado. A partir del año 1994, aproximadamente, y precisamente por los problemas en su tramitación en los Juzgados de Menores, fue que la Corte Suprema dictó un Auto Acordado publicado en el Diario Oficial del 3 de noviembre de 1998, que fue modificado posteriormente en el Diario Oficial del 17 de mayo de 2002, y que establece un procedimiento muy sumario, acorde a lo que exige el Convenio;

3°) Que en sus disposiciones el referido auto acordado establece tanto el tribunal competente como el procedimiento adecuado para dar cumplimiento al referido Convenio;

4°) Que el tiempo transcurrido ha hecho patente la necesidad de actualización del contenido del ordenamiento en mención en lo que respecta a la institucionalidad (tribunales de menores por tribunales de familia) y en la forma de denominación del menor en relación a su género (niño, niña y adolescente). Se ha evidenciado, además, la necesidad de establecer una concordancia con el documento «Lineamientos emergentes, relativos al desarrollo de la red internacional de jueces de La Haya y Proyecto de principios generales sobre comunicaciones judiciales, que comprende las salvaguardias comúnmente aceptadas para las comunicaciones judiciales directas en casos específicos, en el contexto de la red internacional de

---

nores en el ámbito de la referida convención, a saber, entregada primitivamente a los Juzgados de Menores por el mencionado Auto Acordado. De este modo, la tramitación de la materia que nos ocupa debe llevarse a cabo bajo las normas del procedimiento ordinario que se establece en el párrafo cuarto del título I de la referida ley, la que en lo atingente, dispone en su artículo 32, que la apreciación de la prueba se rige por las normas y principios de la sana crítica». Ver en www.pjud.cl: SCS, Rol 2577-2013, de 11 de julio de 2013.

jueces de La Haya», de julio de 2012 (Documento elaborado por la Oficina Permanente de la Conferencia de La Haya de Derecho Internacional Privado, para revisar el funcionamiento práctico del Convenio de La Haya de 1980 sobre Sustracción de Menores y del Convenio de La Haya de 1996 sobre Protección de Niños);

Y de conformidad a lo establecido en los artículos 82 de la Constitución Política de la República y 96 número 4 del Código Orgánico de Tribunales, se acuerda dictar el siguiente nuevo auto acordado sobre el procedimiento aplicable al Convenio de La Haya relativo a los Efectos Civiles de la Sustracción Internacional de Niños y Niñas:

Artículo 1°. Tribunal competente y efectos de la presentación. Será competente para conocer de la solicitud o demanda de ubicación y búsqueda de un niño, niña o adolescente sujeto a sustracción internacional el Juzgado de Familia del domicilio presunto del niño o niña. Si en la comuna respectiva existiere más de un Juzgado de Familia, el conocimiento de dicha solicitud corresponderá al que se designe conforme a las reglas generales de distribución de causas.

La presentación de la demanda o solicitud de restitución ante el tribunal competente determinará la fecha de iniciación de los procedimientos para los efectos establecidos en los incisos primero y segundo del artículo 12 del Convenio de La Haya, de 1980, sobre Aspectos Civiles de la Sustracción Internacional de Menores, y 14 de la Convención Americana de Derechos Humanos, de 1969.

Artículo 2°. Orden de localización. Ingresada la solicitud el tribunal deberá emitir, cuando corresponda, a las distintas instituciones del país, las respectivas órdenes que fueren pertinentes para asegurar la ubicación del niño, niña o adolescente en el territorio chileno.

Concordancias: Decreto N° 386, Min. Relaciones Exteriores, Convención sobre los aspectos civiles del secuestro internacional de niños, D.O. 17.06.1994: artículo 8°.

Artículo 3°. Ausencia de formalidades. No deberán requerirse legalizaciones ni otras formalidades similares a la documentación que se presente, salvo que estuviere redactada en otro idioma, en cuyo caso deberá acompañarse una traducción fiel al idioma castellano.

Artículo 4°. Aseguramiento nacional del menor. Ingresada la solicitud deberá decretarse, en forma inmediata, la orden de arraigo del niño o niña. Podrá, asimismo, disponer el tribunal la entrega del pasaporte del niño o niña, si contare con uno.

Artículo 5°. Plazo máximo de resolución. La solicitud deberá ser proveída en un plazo que no podrá exceder las 48 horas siguientes a su presentación, citándose a las partes a una audiencia única de conciliación, contestación y prueba para dentro de quinto día hábil, plazo que deberá contarse desde la última notificación.

Artículo 6°. Comparecencia. El solicitante estará eximido de comparecer obligatoriamente en forma personal, bastando la comparecencia de su apoderado o apoderados a la audiencia única.

Artículo 7°. Suspensión de procedimientos en curso. Mientras se tramita la solicitud de restitución, quedarán en suspenso los procesos tendientes a resolver sobre el fondo de la guarda o custodia del niño, niña o adolescente que estuvieren en trámite.

Artículo 8°. Notificación. La resolución que cite a audiencia única se notificará por Receptor Judicial, por Receptor de turno encargado de notificaciones u otro funcionario ad hoc que el Juzgado designará en su caso. Si el notificado no fuere habido, bastará que el ministro de fe certifique que se trata de su morada para notificarlo conforme al artículo 44 del Código de Procedimiento Civil, sin necesidad de establecer que éste se encuentra en el lugar del juicio. Si no pudiera realizarse la notificación en esa forma, la resolución se notificará al Defensor Público, quien deberá asumir la representación del ausente

Artículo 9°. Audiencia única. La audiencia única procurará, en principio, asegurar el retorno seguro del niño, niña o adolescente a su lugar de residencia habitual o facilitar una solución amigable, y tendrá por objeto lo siguiente:

a) Establecer si el niño, niña o adolescente se encuentra en el país;

b) Establecer si el traslado o retención del niño, niña o adolescente ha sido ilícito en los términos del Convenio;

c) Determinar si concurre alguna de las causales que el Convenio autoriza para oponerse a la restitución del niño, niña o adolescente.

Atendida la naturaleza y urgencia del procedimiento, en la audiencia única se deberá ratificar oralmente la demanda, contestar la demanda de manera oral si no se ha hecho previamente por escrito, promoverse la conciliación y fijar los hechos a probar y las convenciones probatorias acordadas, si las hubiere.

No se admitirán cuestiones previas, incidentes ni reconvenciones que obsten a la prosecución del trámite. El tribunal rechazará de plano toda excepción fuera de las enumeradas en la referida Convención.

Si fuere necesario rendir prueba las partes deberán producirla en la audiencia única, la que se apreciará de acuerdo a las reglas de la sana crítica.

El número de testigos se limitará a tres por cada parte.

En la audiencia se escuchará la opinión del Consejo Técnico si ha sido citado a la audiencia y las observaciones que a las partes les merezca la prueba, con derecho a replicar respecto de las conclusiones argumentadas por la parte contraria.

El tribunal podrá disponer, de oficio, que se acompañen todos los medios de prueba de que tome conocimiento o que, a su juicio, resulte necesario producir en atención a la acción intentada. Dichas diligencias deberán evacuarse dentro del plazo máximo de quince días hábiles, al cabo del cual aquellas que no hubieren sido cumplidas se tendrán por no decretadas. Para tal efecto, el tribunal deberá citar a audiencia de continuación para una fecha no posterior a quince días hábiles, contados desde la fecha de la audiencia única.

Artículo 10°. Derecho a ser oído. En la audiencia única se oirá al niño, niña o adolescente cuando a criterio del tribunal su opinión pueda resultar relevante, atendida su edad y madurez.

Artículo 11°. Sentencia. Una vez concluido el debate el Juez comunicará de inmediato su veredicto, indicando los fundamentos principales tomados en consideración para emitirlo.

Excepcionalmente, cuando la audiencia se hubiere prolongado por más de un día, se podrá postergar la decisión del caso hasta el día siguiente hábil, lo que se indicará a las partes al término de la audiencia, fijándose de inmediato la oportunidad en que el veredicto será comunicado.

El Juez podrá diferir la redacción del fallo hasta por un plazo de cinco días hábiles.

Artículo 12°. Recursos. La sentencia definitiva sólo será impugnable a través del recurso de apelación, el que deberá interponerse dentro del plazo de cinco días hábiles, contado desde la notificación respectiva. El recurso será distribuido por el Presidente de la Corte dentro de los cinco días hábiles siguientes a su ingreso, sin esperar la comparecencia de las partes, y se conocerá en cuenta, salvo que éstas soliciten alegatos, caso en el cual se agregará preferentemente a la tabla.

Contra la sentencia que se pronuncie sobre el recurso de apelación no procederá recurso alguno.

Las demás resoluciones que se dicten durante la substanciación del procedimiento sólo serán susceptibles de recurso de reposición.

Artículo 13°. Juez de Enlace. Se designará un Juez de Enlace con el cometido de facilitar las comunicaciones judiciales directas sobre los asuntos en trámite comprendidos por el presente Auto Acordado, entre los tribunales extranjeros y los tribunales nacionales.

Las consultas podrán ser recíprocas, se realizarán por intermedio del Juez de Enlace y se dejará constancia de las mismas en los respectivos expedientes, con comunicación a las partes.

La designación se hará por el o la ministro encargado de la Unidad de Apoyo a los Tribunales de Familia de la Corte de Apelaciones de Santiago, previo concurso de oposición de antecedentes, al cual podrán postular todos los jueces de Familia del país. El juez nominado ejercerá su rol para todo el territorio nacional.

El Juez de Enlace así designado ejercerá la función por el término de cuatro años.

Artículo 14°. Vigencia. El presente Auto Acordado comenzará a regir cumplidos tres meses desde su publicación en el Diario Oficial.

Artículo 15°. Comunicación y publicación. Transcríbase a las Cortes de Apelaciones del país para su cumplimiento y para que, con igual objeto, lo comuniquen a los Juzgados de sus respectivas jurisdicciones.

TRATADOS INTERNACIONALES

Parte general

ESTATUTO DE LA CONFERENCIA DE LA HAYA DE DERECHO INTERNACIONAL PRIVADO[15]

Los Gobiernos de los países enumerados a continuación:

La República Federal de Alemania, Austria, Bélgica, Dinamarca, España, Finlandia, Francia, Italia, Japón, Luxemburgo, Noruega, los Países Bajos, Portugal, el Reino Unido de Gran Bretaña e Irlanda del Norte, Suecia y Suiza;

Considerando el carácter permanente de la Conferencia de La Haya de Derecho Internacional Privado;

Deseando acentuar dicho carácter;

Habiendo estimado conveniente a tal fin dotar a la Conferencia de un Estatuto;

Han convenido en las siguientes disposiciones:

Artículo 1. La Conferencia de La Haya tiene por objeto trabajar en la unificación progresiva de las normas de Derecho internacional privado.

---

15 Entró en rigor el 15 de julio de 1955. Véase el Decreto N° 1089, publicado en el Diario oficial el 15 de febrero de 1986. Ratificado por Albania, Alemania, Argentina, Australia, Austria, Bielorrusia. Bélgica, Bosnia y Herzegovina, Brasil, Bulgaria, Burkina Faso, Canadá, chile, República Popular de China, Chipre, República de Corea, Costa Rica, Croacia, Dinamarca, ecuador, Egipto, Eslovaquia, Eslovenia, España, Estados Unidos de América, Estonia, Filipinas, Finlandia, Francia, Georgia, Grecia, Hungría, India, Irlanda, Islandia, Israel, Italia, Japón, Jordania, Ex República Yugoslava de Macedonia, Letonia, Lituania, Luxemburgo, Malasia, Malta, Marruecos, Mauricio, México, Mónaco, Montenegro, Noruega, Nueva Zelanda, Países Bajos, Panamá, Paraguay, Perú, Polonia, Portugal, Reino Unido de Gran Bretaña e Irlanda del Norte, República Checa, Rumania, Federación De Rusia, Serbia, Singapur, Sri Lanka, Sudáfrica, Suecia, Suiza, Surinam, Turquía, Ucrania, Venezuela, Vietnam, Zambia.

Artículo 2. 1. Son Miembros de la Conferencia de La Haya de Derecho Internacional Privado los Estados que hayan participado ya en una o varias Sesiones de la Conferencia y que acepten el presente Estatuto.

2. Podrán llegar a ser Miembros cualesquiera otros Estados cuya participación tenga un interés de naturaleza jurídica para los trabajos de la Conferencia. La admisión de nuevos Estados miembros se decidirá por los Gobiernos de los Estados participantes, a propuesta de uno o varios de ellos, por mayoría de los votos emitidos, en un plazo de seis meses a partir de la fecha en que se hubiera sometido dicha propuesta a los Gobiernos.

3. La admisión será efectiva por el hecho de la aceptación del presente Estatuto por el Estado interesado.

Artículo 3. 1. Los Estados miembros de la Conferencia, en una reunión sobre asuntos generales y política en la que estén presentes la mayoría de ellos, podrán decidir, por mayoría de votos emitidos, admitir igualmente como Miembro a cualquier Organización Regional de Integración Económica que haya presentado una solicitud de admisión al Secretario General. Toda referencia a los Miembros hecha en el presente Estatuto incluirá a esas Organizaciones miembros, salvo disposición expresa en contrario. La admisión será efectiva desde la aceptación del Estatuto por la Organización Regional de Integración Económica de que se trate.

2. Para poder solicitar su admisión en la Conferencia en calidad de Miembro, una Organización Regional de Integración Económica deberá estar constituida únicamente por Estados soberanos, y deberá tener competencias transferidas por sus Estados miembros en un conjunto de materias que entran dentro del ámbito de actuación de la Conferencia, incluida la facultad para adoptar decisiones que obliguen a sus Estados miembros respecto de dichas materias.

3. Toda Organización Regional de Integración Económica que solicite la admisión presentará, en el momento de su solicitud, una declaración sobre su competencia precisando las materias respecto de las cuales sus Estados miembros le han transferido competencias.

4. Toda Organización miembro y sus Estados miembros asegurarán que toda modificación relativa a la competencia o a la composición de la Or-

ganización miembro sea notificada al Secretario General, quien trasladará esa información a los demás Miembros de la Conferencia.

5. Se entenderá que los Estados miembros de una Organización miembro conservan sus competencias en todas las materias respecto de las cuales no se haya declarado o notificado específicamente una transferencia de competencias.

6. Todo Miembro de la Conferencia podrá solicitar a la Organización miembro y a sus Estados miembros que proporcione información sobre la competencia de la Organización miembro respecto de cualquier cuestión específica de la que trate la Conferencia. La Organización miembro y sus Estados miembros deberán asegurar que se proporciona esa información en respuesta a dicha solicitud.

7. La Organización miembro ejercerá los derechos inherentes a su condición de Miembro en alternancia con sus Estados miembros que sean Miembros de la Conferencia, en el ámbito de sus competencias respectivas.

8. Respecto de las materias que sean de su competencia, la Organización miembro podrá disponer, en toda reunión de la Conferencia en la que esté facultada para participar, de un número de votos igual al número de sus Estados miembros que le hayan transferido competencias en la materia en cuestión, y que estén facultados para votar en dicha reunión y se hayan acreditado para participar en la misma. Cuando la Organización miembro ejerza su derecho de voto, sus Estados miembros no ejercerán el suyo, y viceversa.

9. Por «Organización Regional de Integración Económica» se entenderá una Organización internacional constituida únicamente por Estados soberanos, que tenga competencias transferidas por sus Estados miembros en un conjunto de materias, incluida la facultad de adoptar decisiones que obliguen a sus Estados miembros respecto de dichas materias.

Artículo 4. 1. El Consejo de Asuntos Generales y Política (en lo sucesivo, el Consejo), compuesto por todos los Miembros, tendrá a su cargo el funcionamiento de la Conferencia. Las reuniones del Consejo se celebrarán, en principio, anualmente.

2. El Consejo asegurará tal funcionamiento mediante una Oficina Permanente cuyas actividades serán dirigidas por aquél.

3. El Consejo examinará todas las propuestas destinadas a ser incluidas en el orden del día de la Conferencia. Podrá determinar libremente el curso que se haya de dar a dichas propuestas.

4. La Comisión de Estado de los Países Bajos, creada por Real Decreto de 20 de febrero de 1897 con vistas a promover la codificación del derecho internacional privado, fijará, previa consulta a los Miembros de la Conferencia, la fecha de las Sesiones Diplomáticas.

5. La Comisión de Estado se dirigirá al Gobierno de los Países Bajos para la convocatoria de los Miembros. El Presidente de la Comisión de Estado presidirá las Sesiones de la Conferencia.

6. Las Sesiones Ordinarias de la Conferencia se celebrarán, en principio, cada cuatro años.

7. Cuando sea necesario, el Consejo, previa consulta a la Comisión de Estado, podrá pedir al Gobierno de los Países Bajos que convoque la Conferencia en Sesión Extraordinaria.

8. El Consejo podrá consultar a la Comisión de Estado sobre cualquier otra cuestión de interés para la Conferencia.

Artículo 5. 1. La Oficina Permanente tendrá su sede en La Haya. Estará compuesta por un Secretario General y cuatro Secretarios que serán designados por el Gobierno de los Países Bajos a propuesta de la Comisión de Estado.

2. El Secretario General y los Secretarios deberán poseer los conocimientos jurídicos y la experiencia práctica apropiados. En su designación se tendrá en cuenta asimismo la diversidad de representación geográfica y de especialidad jurídica.

3. Podrá aumentarse el número de Secretarios, previa consulta al Consejo y de conformidad con el artículo 10.

Artículo 6. Bajo la dirección del Consejo, la Oficina Permanente se encargará de:

a) la preparación y organización de las Sesiones de la Conferencia de La Haya, así como de las reuniones del Consejo y de las Comisiones Especiales;

b) los trabajos de la Secretaría de las Sesiones y de las reuniones previstas más arriba;

c) todas las tareas propias de la actividad de una secretaría.

Artículo 7. 1. Con objeto de facilitar las comunicaciones entre los Miembros de la Conferencia y la Oficina Permanente, el Gobierno de cada uno de los Estados miembros designará un órgano nacional y cada Organización miembro un órgano de enlace.

2. La Oficina Permanente podrá mantener contacto con todos los órganos así designados y con las organizaciones internacionales competentes.

Artículo 8. 1. Las Sesiones, y, en el intervalo entre las Sesiones, el Consejo, podrán crear Comisiones Especiales para elaborar proyectos de convenios o para estudiar todas las cuestiones de Derecho internacional privado comprendidas en el objeto de la Conferencia.

2. Las Sesiones, el Consejo y las Comisiones Especiales funcionarán, en toda la medida de lo posible, sobre la base del consenso.

Artículo 9. 1. Los costes previstos en el presupuesto anual de la Conferencia se repartirán entre los Estados miembros de la Conferencia.

2. Una Organización miembro no estará obligada a contribuir al presupuesto anual de la Conferencia, además de sus Estados miembros, pero pagará una suma que será determinada por la Conferencia en consulta con la Organización miembro, para cubrir los gastos administrativos adicionales derivados de su condición de Miembro.

3. En todo caso, los gastos de desplazamiento y estancia de los Delegados en el Consejo y en las Comisiones Especiales serán sufragados por los Miembros representados.

Artículo 10. 1. El presupuesto de la Conferencia se someterá cada año a la aprobación del Consejo de Representantes Diplomáticos de los Estados miembros en La Haya.

2. Estos Representantes fijarán asimismo el reparto entre los Estados miembros de los gastos que corran a cargo de estos últimos con arreglo a dicho presupuesto.

3. Los Representantes Diplomáticos se reunirán a tal fin bajo la presidencia del Ministro de Asuntos Exteriores del Reino de los Países Bajos.

Artículo 11. 1. Los gastos que originen las Sesiones Ordinarias y Extraordinarias de la Conferencia, correrán a cargo del Gobierno de los Países Bajos.

2. En todo caso, los gastos de desplazamiento y estancia de los Delegados serán sufragados por los Miembros respectivos.

Artículo 12. Los usos de la Conferencia seguirán en vigor en todo lo que no fuere contrario al presente Estatuto o a los Reglamentos.

Artículo 13. 1. Las enmiendas al presente Estatuto deberán adoptarse por consenso de los Estados miembros presentes en una reunión sobre asuntos generales y política.

2. Dichas enmiendas entrarán en vigor, para todos los Miembros, tres meses después de su aprobación por dos tercios de los Estados miembros, de conformidad con sus procedimientos internos respectivos, pero no antes de un plazo de nueve meses desde la fecha de su adopción.

3. La reunión mencionada en el apartado 1 podrá modificar, por consenso, los plazos mencionados en el apartado 2.

Artículo 14. Para asegurar su ejecución, las disposiciones del presente Estatuto serán completadas por Reglamentos, que serán elaborados por la Oficina Permanente y sometidos a la aprobación de una Sesión Diplomática, del Consejo de Representantes Diplomáticos o del Consejo de Asuntos Generales y Política.

Artículo 15. 1. El presente Estatuto se someterá a la aceptación de los Gobiernos de los Estados que hayan participado en una o varias Sesiones de la Conferencia. Entrará en vigor cuando haya sido aceptado por la mayoría de los Estados representados en la Séptima Sesión.

2. La declaración de aceptación se depositará en poder del Gobierno de los Países Bajos, que dará conocimiento de ella a los Gobiernos a que se refiere el apartado 1 de este artículo.

3. En caso de admisión de un nuevo Miembro, el Gobierno de los Países Bajos notificará a todos los Miembros la declaración de aceptación de ese nuevo Miembro.

Artículo 16. 1. Cada Miembro podrá denunciar el presente Estatuto después de un periodo de cinco años, a partir de la fecha de su entrada en vigor a tenor de lo dispuesto en el apartado 1 del artículo 15.

2. La denuncia deberá notificarse al Ministerio de Asuntos Exteriores del Reino de los Países Bajos, al menos seis meses antes de la expiración del año presupuestario de la Conferencia, y surtirá sus efectos al expirar dicho año, pero únicamente respecto del Miembro que la haya notificado.

Los textos en francés e inglés de este Estatuto, con las enmiendas introducidas el 1 de enero de 2007, son igualmente auténticos.

PROMULGA LA INCORPORACIÓN DE CHILE AL INSTITUTO INTERNACIONAL PARA LA UNIFICACIÓN DEL DERECHO PRIVADO (UNIDROIT), Y A SU ESTATUTO ORGÁNICO, ADOPTADO EN ROMA, ITALIA, EL 15 DE MARZO DE 1940, (DECRETO N° 504), PUBLICADO EN EL DIARIO OFICIAL EL 25 DE AGOSTO DE 1982[16] [17]

Artículo 1. El Instituto Internacional para la Unificación del Derecho Privado tiene por objeto estudiar los medios de armonizar y coordinar el derecho privado entre los Estados o entre grupos de Estados y preparar gradualmente la adopción por parte de los distintos Estados, de una legislación de derecho privado uniforme.

A tal fin, el Instituto:

a) prepara proyectos de leyes o convenciones con la finalidad de establecer un derecho interno uniforme;

b) prepara proyectos de acuerdos tendientes a facilitar las relaciones internacionales en materia del derecho privado;

c) emprende estudios de derecho comparado en materias de derecho privado;

---

16 Ratificado por Argentina, Australia, Austria, Bélgica, Bolivia, Brasil, Bulgaria, Canadá, Chile, China, Colombia, Croacia, Cuba, Chipre, República Checa, Dinamarca, Egipto, Estonia, Finlandia, Francia, Alemania, Grecia, Vaticano, Hungría, India, Indonesia, Irán, Irak, Irlanda, Israel, Italia, Japón, Letonia, Lituania, Luxemburgo, Malta, México, Países Bajos, Nicaragua, Nigeria, Noruega, Paquistán, Paraguay, Polinia, Portugal, República de Corea, República de Serbia, Rumania, Federación de Rusia, San Marino, Arabia Saudí, Eslovaquia, Eslovenia, Sudáfrica, España, Suecia, Suiza, Túnez, Turquía, Reino Unido de Gran Bretaña e Irlanda del Norte, Estados Unidos de América, Uruguay, Venezuela.

17 Enmienda al párrafo I del artículo 16 del Estatuto Orgánico del Instituto Internacional para la Unificación del Derecho Privado, (Decreto N° 730), publicado en el Diario Oficial el 6 de agosto de 1985.

d) se interesa por las iniciativas referentes a dichos asuntos, emprendidas por otras instituciones, con las que puede, en caso necesario, mantenerse en contacto;

e) organiza conferencias y publica los estudios que juzgue dignos de amplia difusión.

Artículo 2. 1.- El Instituto Internacional para la Unificación del Derecho Privado es una institución internacional que depende de los Gobiernos participantes.

2.- Son Gobiernos participantes los que adhieran al presente Estatuto con arreglo al artículo 20.

3.- El Instituto goza, en el territorio de cada Gobierno participante, de la capacidad jurídica necesaria para ejercer su actividad y realizar sus objetivos.

4.- Los privilegios e inmunidades de que gozará el Instituto, sus agentes y sus funcionarios, serán determinados en acuerdos que se celebrarán con los Gobiernos participantes.

Artículo 3. El Instituto Internacional para la Unificación del Derecho Privado tiene su sede en Roma.

Artículo 4. Los órganos del Instituto son:

1) la Asamblea General;

2) el Presidente;

3) el Consejo Directivo;

4) el Comité Permanente;

5) el Tribunal Administrativo;

6) la Secretaría.

Artículo 5. 1.- La Asamblea General se compone de un representante por cada Gobierno participante.

Los Gobiernos, distintos del Gobierno italiano, están representados en ella por sus agentes diplomáticos ante el Gobierno italiano o sus delegados.

2.- La Asamblea se reúne en Roma en sesión ordinaria al menos una vez cada año, por convocatoria del Presidente, para la aprobación de las cuentas anuales de ingresos y gastos, y del presupuesto.

3.- Cada tres años, la Asamblea debe aprobar el programa de trabajo del Instituto, a propuesta del Consejo Directivo y, de acuerdo al párrafo 4 del artículo 16, revisa, por mayoría de dos tercios de los miembros presentes y votantes, si fuera el caso, las resoluciones adoptadas conforme al párrafo 3 de dicho artículo 16.

Artículo 6. 1.- El Consejo Directivo está compuesto del Presidente y de veinticinco miembros.

2.- El Presidente es nombrado por el Gobierno italiano.

3.- Los miembros son nombrados por la Asamblea General. La Asamblea puede nombrar un miembro adicional a los mencionados en el párrafo primero, seleccionándolo entre los jueces en funciones de la Corte Internacional de Justicia.

4.- El mandato del Presidente y de los miembros del Consejo Directivo tiene la duración de cinco años y es renovable.

5.- El miembro del Consejo Directivo nombrado en reemplazo de un miembro cuyo mandato no haya vencido concluye el término del mandato de su antecesor.

6.- Con el consentimiento del Presidente, cada miembro puede hacerse representar por una persona de su elección.

7.- El Consejo Directivo puede llamar a participar en sus sesiones, a título consultivo, a representantes de instituciones u organizaciones internacionales, cuando los trabajos del Instituto traten materias que conciernen tales instituciones u organizaciones.

8.- El Consejo Directivo es convocado por el Presidente cada vez que lo considere conveniente y por lo menos una vez cada año.

Artículo 7. 1.- El Comité Permanente está compuesto por el Presidente y cinco miembros nombrados por el Consejo Directivo de entre sus miembros.

2.- Los miembros del Comité Permanente permanecen en sus cargos por cinco años y son reelegibles.

3.- El Comité Permanente es convocado por el Presidente, cada vez que lo considere conveniente y por lo menos una vez cada año.

Artículo 7 bis. 1.- El Tribunal Administrativo tiene competencia para fallar sobre las controversias entre el

Instituto y sus funcionarios o empleados, o sus derechohabientes, en especial las referentes a la interpretación o aplicación del reglamento del personal. Las controversias derivadas de relaciones contractuales entre el Instituto y terceros, serán sometidas a este Tribunal a condición que tal competencia sea expresamente reconocida por las partes en el contrato que da lugar a la disputa.

2.- El Tribunal se compone de tres miembros titulares y un miembro suplente, escogidos fuera del Instituto y pertenecientes, preferentemente, a distintas nacionalidades. Los mismos son elegidos por la Asamblea General por la duración de cinco años. En caso de vacante, el Tribunal se completará por elección interna.

3.- El Tribunal juzga, en primera y última instancia, aplicando las disposiciones del Estatuto y del reglamento, así como los principios generales de derecho. Igualmente puede fallar ex aequo et bono cuando tal facultad le haya sido atribuida por acuerdo de las partes.

4.- Si el Presidente del Tribunal opina que una controversia entre el Instituto y uno de sus funcionarios o empleados tiene poca importancia, puede fallar él mismo, o bien confiar la decisión a uno solo de los jueces del Tribunal.

5.- El Tribunal establece su propio reglamento de procedimiento.

Artículo 7 ter. Los miembros del Consejo Directivo o del Tribunal Administrativo, cuyo mandato concluya por vencimiento del término, permanecen en funciones hasta la instalación de los nuevos elegidos.

Artículo 8. 1.- La Secretaría se compone de un Secretario General nombrado por el Consejo Directivo, a proposición del Presidente, dos Secretarios Generales Adjuntos pertenecientes a distintas nacionalidades, igualmente nombrados por el Consejo Directivo, y los funcionarios y empleados que se mencionan en las reglas relativas a la administración del Instituto y a su funcionamiento interno, previstas por el artículo 17.

2.- El Secretario General y los adjuntos se nombran por un período que tendrá una duración no mayor de cinco años y son reelegibles.

3.- El Secretario General del Instituto es ex officio Secretario de la Asamblea General.

Artículo 9. El Instituto tiene una biblioteca bajo la dirección del Secretario General.

Artículo 10. Los idiomas oficiales del Instituto son el italiano, el alemán, el inglés, el español y el francés.

Artículo 11. 1.- El Consejo Directivo determina los medios de realizar las tareas enunciadas en el artículo 1.

2.- Establece el programa de trabajo del Instituto.

3.- Aprueba el informe anual sobre la actividad del Instituto.

4.- Aprueba el proyecto de presupuesto y lo remite a la Asamblea General para su aprobación.

Artículo 12. 1.- Todo Gobierno participante, al igual que toda institución internacional con carácter oficial, puede formular, dirigiéndose al Consejo Directivo, propuestas concernientes al estudio de los asuntos relacionados con la unificación, armonización o coordinación del derecho privado.

2.- Toda institución o asociación internacional, cuyo objeto sea el estudio de asuntos jurídicos, puede presentar al Consejo Directivo sugerencias relativas a los estudios que deban emprenderse.

3.- El Consejo Directivo decide el curso que debe darse a las propuestas y sugerencias formuladas.

Artículo 12 bis. El Consejo Directivo puede establecer con otras organizaciones intergubernamentales, así como con los Gobiernos no participantes, todas las relaciones adecuadas para asegurar una colaboración conforme a sus fines respectivos.

Artículo 13. 1.- El Consejo Directivo puede someter el examen de asuntos especiales a Comisiones de jurisconsultos particularmente versados en el estudio de tales asuntos.

2.- Las Comisiones son presididas, en lo posible, por miembros del Consejo Directivo.

Artículo 14. 1.- Después del estudio de los asuntos que ha seleccionado como objeto de sus trabajos, el

Consejo Directivo a prueba, si tal es el caso, los anteproyectos a someter a los Gobiernos.

2.- El Consejo Directivo los remite, sea a los Gobiernos participantes, sea a las instituciones o asociaciones que le presentaron las propuestas o sugerencias, pidiéndoles su opinión sobre la conveniencia y el contenido de las disposiciones.

3.- Con fundamento en las respuestas recibidas, el Consejo Directivo aprueba, si tal es el caso, los proyectos definitivos.

4.- El Consejo Directivo los remite a los Gobiernos y a las instituciones o asociaciones que le presentaron las propuestas o sugerencias.

5.- A continuación, el Consejo Directivo determina los medios para asegurar la convocación de una Conferencia diplomática encargada de examinar los proyectos.

Artículo 15. 1.- El Presidente representa al Instituto.

2.- El poder ejecutivo es ejercido por el Consejo Directivo.

Artículo 16. 1.- Los gastos anuales relativos al funcionamiento y mantenimiento del Instituto son cubiertos con los ingresos asentados en su presupuesto, los que comprenden especialmente la contribución ordinaria básica del Gobierno italiano, promotor del Instituto, tal como fuera aprobada por el Parlamento italiano, y que el Gobierno italiano declara haber sido fijada a partir del año 1985 en la suma de 300 millones de liras italianas anuales, cantidad que puede ser revisada a la expiración de cada período trienal por la ley que apruebe el presupuesto del Estado italiano, y también las contribuciones ordinarias anuales de los demás Gobiernos participantes.

2.- Con el objeto de distribuir la cuota que corresponda de los gastos anuales no cubiertos por la contribución ordinaria del Gobierno italiano ni por los ingresos procedentes de otros orígenes, entre los demás Gobiernos participantes, estos últimos estarán divididos por categorías. A cada categoría corresponderá una cierta cantidad de unidades.

3.- El número de categorías, el número de unidades correspondientes a cada categoría, el monto de cada unidad, así como la clasificación de cada Gobierno dentro de una categoría, son fijados por resolución de la Asamblea General adoptada por mayoría de dos tercios de los miembros presentes y votantes, a propuesta de una Comisión nombrada por la Asamblea. En tal clasificación, la Asamblea tendrá en cuenta, entre otras consideraciones, la renta nacional del país en cuestión.

4.- Las decisiones adoptadas por la Asamblea General en virtud del párrafo 3 del presente artículo pueden ser reformadas cada tres años por una nueva resolución de la Asamblea General, adoptada por la misma mayoría de dos tercios de los miembros presentes y votantes, en ocasión de la decisión prevista por el párrafo 3 del artículo 5.

5.- Las resoluciones de la Asamblea General, adoptadas en virtud de los párrafos 3 y 4 del presente artículo, serán notificadas por el Gobierno italiano a cada Gobierno participante.

6.- Dentro del término de un año a partir de la notificación prevista en el párrafo 5 del presente artículo, cada Gobierno participante tiene la facultad de hacer valer sus objeciones contra las resoluciones relativas a su clasificación, en la próxima sesión de la Asamblea General. Esta debe decidirlas mediante una resolución adoptada por mayoría de dos tercios de los miembros presentes y votantes, que será notificada por el Gobierno italiano al Gobierno participante interesado. Este último Gobierno, sin embargo, tendrá la facultad de retirar su adhesión al Instituto, siguiendo el procedimiento previsto en el párrafo 3 del artículo 19.

7.- Los Gobiernos participantes atrasados por más de dos años en el pago de sus contribuciones, pierden el derecho de voto en el seno de la

Asamblea General hasta que regularicen su situación. Además, no se considerará a esos Gobiernos para la formación de la mayoría requerida por el artículo 19 del presente Estatuto.

8.- Los locales necesarios para el funcionamiento de los servicios del Instituto son puestos a su disposición por el Gobierno italiano.

9.- Se crea un Fondo de caja del Instituto, con el fin de solventar los gastos corrientes, en espera del cobro de las contribuciones debidas por los Gobiernos participantes, así como los gastos imprevistos.

10.- Las reglas relativas al Fondo de caja forman parte del reglamento del Instituto. Serán adoptadas y modificadas por la Asamblea General por mayoría de dos tercios de los miembros presentes y votantes.

Artículo 17. 1.- Las reglas relativas a la administración del Instituto, a su funcionamiento interno y al estatuto del personal son establecidas por el Consejo Directivo y deben ser aprobadas por la Asamblea General y comunicadas al Gobierno italiano.

2.- Las indemnizaciones por viajes y estancias de los miembros del Consejo Directivo y de las Comisiones de estudio, así como los emolumentos del personal de la Secretaría, al igual que todo otro gasto administrativo, están a cargo del presupuesto del Instituto.

3.- La Asamblea General nombra, a proposición del Presidente, uno o dos auditores encargados del control financiero del Instituto. La duración en sus funciones es de cinco años. En caso de nombrarse dos auditores, deben pertenecer a nacionalidades distintas.

4.- El Gobierno italiano no incurrirá en ninguna responsabilidad, ni financiera ni de otra naturaleza, derivada de la administración del Instituto, ni en ninguna responsabilidad civil con motivo del funcionamiento de sus servicios y especialmente con respecto al personal del Instituto.

Artículo 18. 1.- El compromiso del Gobierno italiano relativo a la subvención anual y a los locales del Instituto, que se señala en el artículo 16, se estipula con una duración de seis años. Este compromiso continuará en vigor por un nuevo período de seis años si el Gobierno italiano no notifica a los demás Gobiernos participantes su intención de hacer caducar sus efectos, al menos dos años antes de finalizar el período en curso. En tal eventualidad, la Asamblea General será convocada por el Presidente, si es necesario, en sesión extraordinaria.

2.- Corresponderá a la Asamblea General, en caso de que decida la supresión del Instituto, sin perjuicio de las disposiciones del Estatuto y del reglamento relativas al Fondo de caja, adoptar toda medida útil concerniente a las propiedades adquiridas por el Instituto en el curso de su funcionamiento y particularmente a los archivos y colecciones de documentos y libros o periódicos.

3.- Sin embargo, queda entendido que en tal eventualidad los terrenos, edificios y bienes muebles puestos a disposición del Instituto por el Gobierno italiano serán devueltos a éste.

Artículo 19. 1.- Las enmiendas al presente Estatuto que fueren adoptadas por la Asamblea General entrarán en vigor desde su aprobación por mayoría de dos tercios de los Gobiernos participantes.

2.- Cada Gobierno comunicará por escrito su aprobación al Gobierno italiano, que la pondrá en conocimiento de los demás Gobiernos participantes, así como del Presidente del Instituto.

3.- Todo Gobierno que no hubiera aprobado una enmienda al presente Estatuto tendrá la facultad de denunciar su adhesión en un plazo de seis meses a partir de la entrada en vigor de la enmienda. Tal denuncia tendrá efecto a partir de la fecha de su notificación al Gobierno italiano, el cual la pondrá en conocimiento de los demás Gobiernos participantes, así como del Presidente del Instituto.

Artículo 20. 1.- Todo Gobierno que tenga intención de adherir al presente Estatuto notificará por escrito su adhesión al Gobierno italiano.

2.- La adhesión se dará por seis años y quedará tácitamente renovada de seis en seis años, salvo su denuncia comunicada por escrito un año antes de vencer cada período.

3.- Las adhesiones y denuncias serán notificadas a los Gobiernos participantes por el Gobierno italiano.

Artículo 21. El presente Estatuto entrará en vigor desde que, por lo menos, seis Gobiernos hayan notificado su adhesión al Gobierno italiano.

Artículo 22. El presente Estatuto, fechado el 15 de marzo de 1940, quedará depositado en los archivos del Gobierno italiano. Copia certificada del texto será remitida, por el Gobierno italiano, a cada Gobierno participante.

Derecho de los Tratados

CONVENCIÓN SOBRE EL DERECHO DE LOS TRATADOS Y SU ANEXO, SUSCRITA POR EL GOBIERNO DE CHILE EN VIENA, EL 23 DE MAYO DE 1969

Los Estados Partes en la presente Convención,

Considerando la función fundamental de los tratados en la historia de la relaciones internacionales,

Reconociendo la importancia cada vez mayor de los tratados como fuente del derecho internacional y como medio de desarrollar la cooperación pacífica entre las naciones, sean cuales fueren sus regímenes constitucionales y sociales.

Advirtiendo que los principios del libre consentimiento y de la buena fe y la norma pacta sunt servanda están universalmente reconocidos,

Afirmando que las controversias relativas a los tratados, al igual que las demás controversias internacionales, deben resolverse por medios pacíficos y de conformidad con los principios de la justicia y del derecho internacional,

Recordando la resolución de los pueblos de las Naciones Unidas de crear condiciones bajo las cuales puedan mantenerse la justicia y el respeto a las obligaciones emanadas de los tratados,

Teniendo presente los principios de derecho internacional incorporados en la Carta de las Naciones Unidas, tales como los principios de la igualdad de derechos, de la libre determinación de los pueblos, de la igualdad soberana y la independencia de todos los Estados, de la no injerencia en los asuntos internos de los Estados, de la prohibición de la amenaza o el uso de la fuerza y del respeto universal a los derechos humanos y a las libertades fundamentales de todos y la efectividad de tales derechos y libertades,

Convencidos de que la codificación y el desarrollo progresivo del derecho de los tratados logrados en la presente Convención contribuirán a la consecución de los propósitos de las Naciones Unidas enunciados en la carta, que consisten en mantener la paz y la seguridad internacionales, fomentar entre las naciones las relaciones de amistad y realizar la cooperación internacional,

Afirmando que las normas de derecho internacional consuetudinario continuarán rigiendo las cuestiones no reguladas en las disposiciones de la presente Convención,

Han convenido lo siguiente:

PARTE I
INTRODUCCIÓN

1. Alcance de la presente Convención. La presente Convención se aplica a los tratados entre Estados.

2. Términos empleados. 1. Para los efectos de la presente Convención:

a) se entiende por «tratado» un acuerdo internacional celebrado por escrito entre Estados y regido por el derecho internacional, ya conste en un instrumento único o en dos o más instrumentos conexos y cualquiera que sea su denominación particular;

b) se entiende por «ratificación», «aceptación», «aprobación» y «adhesión», según el caso, el acto internacional así denominado por el cual un Estado hace constar en el ámbito internacional su consentimiento en obligarse por un tratado;

c) se entiende por «plenos poderes» un documento que emana de la autoridad competente de un Estado y por el que se designa a una o varias personas para representar al Estado en la negociación, la adopción o la autenticación del texto de un tratado, para expresar el consentimiento del Estado en obligarse por un tratado, o para ejecutar cualquier otro acto con respecto a un tratado;

d) se entiende por «reserva» una declaración unilateral, cualquiera que sea su enunciado o denominación, hecha por un Estado al firmar, ratificar, aceptar o aprobar un tratado o al adherirse a él, con objeto de excluir o modificar los efectos jurídicos de ciertas disposiciones del tratado en su aplicación a ese Estado;

e) se entiende por un «Estado negociador» un Estado que ha participado en la elaboración y adopción del texto del tratado;

f) se entiende por «Estado contratante» un Estado que ha consentido en obligarse por el tratado, haya o no entrado en vigor el tratado;

g) se entiende por «parte» un Estado que ha consentido en obligarse por el tratado y con respecto al cual el tratado está en vigor;

h) se entiende por «Tercer Estado» un Estado que no es parte en el tratado;

i) se entiende por «organización internacional» una organización intergubernamental.

2. Las disposiciones del párrafo I sobre los términos empleados en la presente Convención se entenderán sin perjuicio del empleo de esos términos o del sentido que se les pueda dar en el derecho interno de cualquier Estado.

3. Acuerdos internacionales no comprendidos en el ámbito de la presente Convención. El hecho de que la presente Convención no se aplique ni a los acuerdos internacionales celebrados entre Estados y otros sujetos de derecho internacional o entre esos otros sujetos de derecho internacional, ni a los acuerdos internacionales no celebrados por escrito, no afectara:

a) al valor jurídico de tales acuerdos;

b) a la aplicación a los mismos de cualquiera de las normas enunciadas en la presente Convención a que estuvieren sometidos en virtud del derecho internacional independientemente de esta Convención;

c) a la aplicación de la Convención a las relaciones de los Estados entre sí en virtud de acuerdos internacionales en los que fueren asimismo partes otros sujetos de derecho internacional.

4. Irretroactividad de la presente Convención. Sin perjuicio de la aplicación de cualesquiera normas enunciadas en la presente Convención a las que los tratados estén sometidos en virtud del derecho internacional independientemente de la Convención, esta solo se aplicará a los tratados que sean celebrados por Estados después de la entrada en vigor de la presente Convención con respecto a tales Estados.

5. Tratados constitutivos de organizaciones internacionales y tratados adoptados en el ámbito de una organización internacional. La presente Convención se aplicara a todo tratado que sea un instrumento constitutivo de una organización interna nacional y a todo tratado adoptado en el ámbito de una organización internacional, sin perjuicio de cualquier norma pertinente de la organización.

PARTE II
CELEBRACIÓN Y ENTRADA EN VIGOR DE LOS TRATADOS

SECCIÓN PRIMERA
CELEBRACIÓN DE LOS TRATADOS

6. Capacidad de los Estados para celebrar tratados. Todo Estado tiene capacidad para celebrar tratados.

7. Plenos poderes. 1. Para la adopción la autenticación del texto de un tratado, para manifestar el consentimiento del Estado en obligarse por un tratado, se considerará que una persona representa a un Estado:

a) si se presentan los adecuados plenos poderes, o

b) si se deduce de la práctica seguida por los Estados interesados o de otras circunstancias, que la intención de esos Estados ha sido considerar a esa persona representante del Estado para esos efectos y prescindir de la presentación de plenos poderes.

2. En virtud de sus funciones, y sin tener que presentar plenos poderes, se considerará que representan a su Estado:

a) los Jefes de Estado, Jefes de Gobierno y Ministros de relaciones exteriores, para la ejecución de todos los actos relativos a la celebración de un tratado;

b) los Jefes de misión diplomáticas, para la adopción del texto de un tratado entre el Estado acreditante y el Estado ante el cual se encuentran acreditados;

c) los representantes acreditados por los Estados ante una conferencia internacional o ante una organización internacional o uno de sus órganos, para la adopción del texto de un tratado en tal conferencia. Organización u órgano.

8. Confirmación ulterior de un acto ejecutado sin autorización. Un acto relativo a la celebración de un tratado ejecutado por una persona que, conforme al artículo 7, no pueda considerarse autorizada para representar con tal fin a un Estado, no surtirá efectos jurídicos a menos que sea ulteriormente confirmado por ese Estado.

9. Adopción del texto. 1. La adopción del texto de un tratado se efectuara por consentimiento de todos los Estados participantes en su elaboración, salvo lo dispuesto en el párrafo 2.

2. La adopción del texto de un tratado en una conferencia internacional se efectuara por mayoría de dos tercios de los Estados presentes y votantes, a menos que esos Estados decidan por igual mayoría aplicar una regla diferente.

10. Autenticación del texto. El texto de un tratado quedara establecido como auténtico y definitivo

a) mediante el procedimiento que se prescriba en él o que convengan los Estados que hayan participado en su elaboración; o

b) a falta de tal procedimiento, mediante la firma, la firma «ad referéndum» o la rúbrica puesta por los representantes de esos Estados en el texto del tratado o en el acta final de la conferencia en la que figure el texto.

11. Formas de manifestación del consentimiento en obligarse por un tratado. El consentimiento de un Estado en obligarse por un tratado podrá manifestarse mediante la firma, el canje de instrumentos que constituyan un tratado la ratificación, la aceptación, la aprobación o la adhesión, o en cualquier otra forma que se hubiere convenido.

12. Consentimiento en obligarse por un tratado manifestado mediante la firma. El consentimiento de un Estado en obligarse por un tratado se manifestara mediante la firma de su representante:

a) cuando el tratado disponga que la firma tendrá ese efecto;

b) cuando conste de otro modo que los Estados negociadores han convenido que la firma tenga ese efecto; o

c) cuando la intención del Estado de dar ese efecto a la firma se desprenda de los plenos poderes de su representante o se haya manifestado durante la negociación.

2. Para los efectos del párrafo l:

a) la rúbrica de un texto equivaldrá a la firma del tratado cuando conste que los Estados negociadores así lo han convenido;

b) la firma «ad referéndum» de un tratado por un representante equivaldrá a la firma definitiva del tratado si su Estado la confirma.

13. Consentimiento en obligarse por un tratado manifestado mediante el canje de instrumentos que constituyen un tratado. El consentimiento de los Estados en obligarse por un tratado constituido por instrumentos canjeados entre ellos se manifestara mediante este canje:

a) cuando los instrumentos dispongan que su canje tendrá ese efecto; o

b) cuando conste de otro modo que esos Estados han convenido que el canje de los instrumentos tenga ese efecto.

14. Consentimiento en obligarse por un tratado manifestado mediante la ratificación, la aceptación o la aprobación. I. El consentimiento de un Estado en obligarse por un tratado se manifestara mediante la ratificación:

a) cuando el tratado disponga que tal consentimiento debe manifestarse mediante la ratificación;

b) cuando conste de otro modo que los Estados negociadores han convenido que se exija la ratificación;

c) cuando el representante del Estado haya firmado el tratado a reserva de ratificación; o

d) cuando la intención del Estado de firmar el tratado a reserva de ratificación se desprenda de los plenos poderes de su representante o se haya manifestado durante la negociación.

2. El consentimiento de un Estado en obligarse por un tratado se manifestará mediante la aceptación o la aprobación en condiciones semejantes a las que rigen para la ratificación.

15. Consentimiento en obligarse por un tratado manifestado mediante la adhesión. El consentimiento de un Estado en obligarse por un tratado se manifestara mediante la adhesión:

a) cuando el tratado disponga que ese Estado puede manifestar tal consentimiento mediante la adhesión:

b) cuando conste de otro modo que los Estados negociadores han convenido que ese Estado puede manifestar tal consentimiento mediante la adhesión; o

c) cuando todas las partes hayan consentido ulteriormente que ese Estado puede manifestar tal consentimiento mediante la adhesión.

16. Canje o déposito de los instrumentos de ratificación aceptación aprobación o adhesión. Salvo que el tratado disponga otra cosa los instrumentos de ratificación, aceptación, aprobación o adhesión harán constar el consentimiento de un Estado en obligarse por un tratado al efectuarse:

a) su canje entre los Estados contratantes:

b) su depósito en poder del depositario; o

c) su notificación a los Estados contratantes o al depositario si así se ha convenido.

17. Consentimiento en obligarse respecto de parte de un tratado y opción entre disposiciones diferentes. 1. Sin perjuicio de lo dispuesto en los artículos 19 a 23, el consentimiento de un Estado en obligarse respecto de parte de un tratado solo surtirá efecto si el tratado lo permite o los demás Estados contratantes convienen en ello.

2. El consentimiento de un Estado en obligarse por un tratado que permita una opción entre disposiciones diferentes solo surtirá efecto si se indica claramente a que disposiciones se refiere el consentimiento.

18. Obligación de no frustrar el objeto y el fin de un tratado antes de su entrada en vigor. Un Estado deberá abstenerse de actos en virtud de los cuales se frustren el objeto y el fin de un tratado:

a) si ha firmado el tratado o ha canjeado instrumentos que constituyen el tratado a reserva de ratificación, aceptación o aprobación, mientras no haya manifestado su intención de no llegar a ser parte en el tratado: o

b) si ha manifestado su consentimiento en obligarse por el tratado, durante el periodo que preceda a la entrada en vigor del mismo y siempre que esta no se retarde indebidamente.

SECCIÓN SEGUNDA
RESERVAS

19. Formulación de reservas. Un Estado podrá formular una reserva en el momento de firmar, ratificar, aceptar o aprobar un tratado o de adherirse al mismo, a menos:

a) que la reserva este prohibida por el tratado;

b) que el tratado disponga que únicamente pueden hacerse determinadas reservas, entre las cuales no figure la reserva de que se trate; o

c) que, en los casos no previstos en los apartados a) y b), la reserva sea incompatible con el objeto y el fin del tratado.

20. Aceptación de las reservas y objeción a las reservas. 1. Una reserva expresamente autorizada por el tratado no exigirá la aceptación ulterior de los demás Estados contratantes, a menos que el tratado así lo disponga.

2. Cuando del número reducido de Estados negociadores y del objeto y del fin del tratado se desprenda que la aplicación del tratado en su integridad entre todas las partes es condición esencial del consentimiento de cada una de ellas en obligarse por el tratado, una reserva exigirá la aceptación de todas las partes.

3. Cuando el tratado sea un instrumento constitutivo de una organización internacional y a menos que en él se disponga otra cosa, una reserva exigirá la aceptación del órgano competente de esa organización

4. En los casos no previstos en los párrafos precedentes y a menos que el tratado disponga otra cosa:

a) la aceptación de una reserva por otro Estado contratante constituirá al Estado autor de la reserva en parte en el tratado en relación con ese Estado sí el tratado ya está en vigor o cuando entre en vigor para esos Estados:

b) la objeción hecha por otro Estado contratante a una reserva no impedirá la entrada en vigor del tratado entre el Estado que haya hecho la objeción y el Estado autor de la reserva, a menos que el Estado autor de la objeción manifieste inequívocamente la intención contraria;

c) un acto por el que un Estado manifieste su consentimiento en obligarse por un tratado y que contenga una reserva surtirá efecto en cuanto acepte la reserva al menos otro Estado contratante.

5. Para los efectos de los párrafos 2 y 4. y a menos que el tratado disponga otra cosa, se considerara que una reserva ha sido aceptada por un Estado cuando este no ha formulado ninguna objeción a la reserva dentro de los doce meses siguientes a la fecha en que hayan recibido la notificación de la reserva o en la fecha en que haya manifestado su consentimiento en obligarse por el tratado si esta última es posterior.

21. Efectos jurídicos de las reservas y de las objeciones a las reservas. 1. Una reserva que sea efectiva con respecto a otra parte en el tratado de conformidad con los artículos 19 20 y 23:

a) modificara con respecto al Estado autor de la reserva en sus relaciones con esa otra parte las disposiciones del tratado a que se refiera la reserva en la medida determinada por la misma:

b) modificara en la misma medida, esas disposiciones en lo que respecta a esa otra parte en el tratado en sus relaciones con el Estado autor de la reserva.

2. La reserva no modificara las disposiciones del tratado en lo que respecta a las otras partes en el tratado en sus relaciones «inter se».

3. Cuando un Estado que haya hecho una objeción a una reserva no se oponga a la entrada en vigor del tratado entre él y el Estado autor de la

reserva, las disposiciones a que se refiera esta no se aplicaran entre los dos Estados en la medida determinada por la reserva.

22. Retiro de las reservas y de las objeciones a las reservas. 1. Salvo que el tratado disponga otra cosan una reserva podrá ser retirada en cualquier momento y no se exigirá para su retiro el consentimiento del Estado que la haya aceptado.

2. Salvo que el tratado disponga otra cosa, una objeción a una reserva podrá ser retirada en cualquier momento.

3. Salvo que el tratado disponga o se haya convenido otra cosa:

a) el retiro de una reserva solo surtirá efecto respecto de otro Estado contratante cuando ese Estado haya recibido la notificación:

b) el retiro de una objeción a una reserva solo surtirá efecto cuando su notificación haya sido recibida por el Estado autor de la reserva.

23. Procedimiento relativo a las reservas. 1. La reserva, la aceptación expresa de una reserva v la objeción a una reserva habrán de formularse por escrito y comunicarse a los Estados contratantes v a los demás Estados facultados para llegar a ser partes en el tratado.

2. La reserva que se formule en el momento de la firma de un tratado que haya de ser objeto de ratificación, aceptación o aprobación, habrá de ser confirmada formalmente por el Estado autor de la reserva al manifestar su consentimiento en obligarse por el tratado. En tal caso se considerará que la reserva ha sido hecha en la fecha de su confirmación.

3. La aceptación expresa de una reserva o la objeción hecha a una reserva anteriores a la confirmación de la misma, no tendrán que ser a su vez confirmadas.

4. El retiro de una reserva o de una objeción a una reserva habrá de formularse por escrito.

SECCIÓN TERCERA
ENTRADA EN VIGOR Y APLICACIÓN PROVISIONAL DE LOS TRATADOS.

24. Entrada en vigor. 1. Un tratado entrará en vigor de la manera y en la fecha que en él se disponga o que acuerden los Estados negociadores.

2. A falta de tal disposición o acuerdo, el tratado entrara en vigor tan pronto como haya constancia del consentimiento de todos los Estados negociadores en obligarse por el tratado.

3. Cuando el consentimiento de un Estado en obligarse por un tratado se haga constar en una fecha posterior a la de la entrada en vigor de dicho tratado, este entrará en vigor con relación a ese Estado en dicha fecha, a menos que el tratado disponga otra cosa.

4. Las disposiciones de un tratado que regulen la autenticidad de su texto, la constancia del consentimiento de los Estados en obligarse por el tratado, la manera o la fecha de su entrada en vigor, las reservas. las funciones del depositario y otras cuestiones que se susciten necesariamente antes de la entrada en vigor del tratado se aplicarán desde el momento de la adopción de su texto.

25. Aplicación provisional. 1. Un tratado o una parte de él se aplicará provisionalmente antes de su entrada en vigor:

a) si el propio tratado así lo dispone: o

b) si los Estados negociadores han convenido en ello de otro modo.

2. La aplicación provisional de un tratado o de una parte de él respecto de un Estado terminará si éste notifica a los Estados entre los cuales el tratado se aplica provisionalmente su intención de no llegar a ser parte en el mismo, a menos que el tratado disponga o los Estados negociadores hayan convenido otra cosa al respecto.

PARTE III
OBSERVANCIA, APLICACIÓN E INTERPRETACIÓN DE LOS TRATADOS

SECCIÓN PRIMERA
OBSERVANCIA DE LOS TRATADOS

26. «Pacta sunt servanda». Todo tratado en vigor obliga a las partes y debe ser cumplido por ellas de buena fe.

27. El derecho interno y la observancia de los tratados. Una parte no podrá invocar las disposiciones de su derecho interno como justificación del incumplimiento de un tratado. Esta norma se entenderá sin perjuicio de lo dispuesto en el artículo 46.

SECCIÓN SEGUNDA
APLICACIÓN DE LOS TRATADOS

28. Irretroactividad de los tratados. Las disposiciones de un tratado no obligaran a una parte respecto de ningún acto o hecho que haba tenido lugar con anterioridad a la fecha de entrada en vigor del tratado para esa parte ni de ninguna situación que en esa fecha haya dejado de existir, salvo que una intención diferente se desprenda del tratado o conste de otro modo.

29. Ámbito territorial de los tratados. Un tratado será obligatorio para cada una de las partes por lo que respecta a la totalidad de su territorio, salvo que una intención diferente se desprenda de él o conste de otro modo.

30. Aplicación de tratados sucesivos concernientes a la misma materia. 1. Sin perjuicio de lo dispuesto en el artículo 103 de la Carta de las Naciones Unidas, los derechos y las obligaciones de los Estados partes en tratados sucesivos concernientes a la misma materia se determinaran conforme a los párrafos siguientes.

2. Cuando un tratado especifique que está subordinado a un tratado anterior o posterior o que no debe ser considerado incompatible con ese otro tratado prevalecerán las disposiciones de este último.

3. Cuando todas las partes en el tratado anterior sean también partes en el tratado posterior, pero el tratado anterior no quede terminado ni su aplicación suspendida conforme al artículo 59, el tratado anterior se aplicara únicamente en la medida en que sus disposiciones sean compatibles con las del tratado posterior.

4. Cuando las partes en el tratado anterior no sean todas ellas partes en el tratado posterior:

a) en las relaciones entre los Estados partes en ambos tratados se aplicará la norma enunciada en el párrafo 3:

b) en las relaciones entre un Estado que sea parte en ambos tratados y un Estado que sólo lo sea en uno de ellos, los derechos y obligaciones recíprocos se regirán por el tratado en el que los dos Estados sean partes.

5. El párrafo 4 se aplicará sin perjuicio de lo dispuesto en el artículo 41 y no prejuzgará ninguna cuestión de terminación o suspensión de la aplicación de un tratado conforme al artículo 60 ni ninguna cuestión de responsabilidad en que pueda incurrir un Estado por la celebración o aplicación de un tratado cuyas disposiciones sean incompatibles con las obligaciones contraídas con respecto a otro Estado en virtud de otro tratado.

SECCIÓN TERCERA
INTERPRETACIÓN DE LOS TRATADOS

31. Regla general de interpretación. I. Un tratado deberá interpretarse de buena fe conforme al sentido corriente que haya de atribuirse a los términos del tratado en el contexto de estos y teniendo en cuenta su objeto y fin.

2. Para los efectos de la interpretación de un tratado. El contexto comprenderá, además del texto, incluidos su preámbulo y anexos:

a) todo acuerdo que se refiera al tratado y haya sido concertado entre todas las partes con motivo de la celebración del tratado:

b) todo instrumento formulado por una o más partes con motivo de la celebración del tratado y aceptado por las demás como instrumento referente al tratado;

3. Juntamente con el contexto, habrá de tenerse en cuenta:

a) todo acuerdo ulterior entre las partes acerca de la interpretación del tratado o de la aplicación de sus disposiciones:

b) toda práctica ulteriormente seguida en la aplicación del tratado por la cual conste el acuerdo de las partes acerca de la interpretación del tratado:

c) toda forma pertinente de derecho internacional aplicable en las relaciones entre las partes.

4. Se dará a un término un sentido especial si consta que tal fue la intención de las partes.

32. Medios de interpretación complementarios. Se podrán acudir a medios de interpretación complementarios, en particular a los trabajos preparatorios del tratado y a las circunstancias de su celebración, para confirmar el sentido resultante de la aplicación del artículo 31, o para determinar el sentido cuando la interpretación dada de conformidad con el artículo 31:

a) deje ambiguo u oscuro el sentido; o

b) conduzca a un resultado manifiestamente absurdo o irrazonable.

33. Interpretación de tratados autenticados en dos o más idiomas. 1. Cuando un tratado haya sido autenticado en dos o más idiomas, el texto hará igualmente fe en cada idioma, a menos que el tratado disponga o las partes convengan que en caso de discrepancia prevalecerá uno de los textos.

2. Una versión del tratado en idioma distinto de aquel en que haya sido autenticado el texto será considerada como texto auténtico únicamente si el tratado así lo dispone o las partes así lo convienen.

3. Se presumirá que los términos del tratado tienen en cada texto auténtico igual sentido.

4. Salvo en el caso en que prevalezca un texto determinado conforme a lo previsto en el párrafo 1, cuando la comparación de los textos auténticas revele una diferencia de sentido que no pueda resolverse con la aplicación de los artículos 31 y 39, se adoptará el sentido que mejor concilie esos textos, habida cuenta del objeto y fin del tratado.

SECCIÓN CUARTA
LOS TRATADOS Y LOS TERCEROS ESTADOS

34. Norma general concerniente a terceros Estados. Un tratado no crea obligaciones ni derechos para un tercer Estado sin su consentimiento.

35. Tratados en que se prevén obligaciones para terceros Estados. Una disposición de un tratado dará origen a una obligación para un tercer Estado si las partes en el tratado tienen la intención de que tal disposición sea el medio de crear la obligación y si el tercer Estado acepta expresamente por escrito esa obligación.

36. Tratados en que se prevén derechos para terceros Estados. 1. Una disposición de un tratado dará origen a un derecho para un tercer Estado si con ella las partes en el tratado tienen la intención de conferir ese derecho al tercer Estado o a un grupo de Estados al cual pertenezca, o bien a todos los Estados y si el tercer Estado asiente a ello. Su asentimiento se presumirá mientras no haya indicación en contrario, salvo que el tratado disponga otra cosa.

2. Un Estado que ejerza un derecho con arreglo al párrafo I deberá cumplir las condiciones que para su ejercicio estén prescritas en el tratado o se establezcan conforme a éste.

37. Revocación o modificación de obligaciones o de derechos de terceros Estados. 1. Cuando de conformidad con el artículo 35 se haya originado una obligación para un tercer Estado, tal obligación no podrá ser revocada ni modificada sino con el consentimiento de las partes en el tratado y del tercer Estado, a menos que conste que habían convenido otra cosa al respecto.

2. Cuando de conformidad con el artículo 36 se haya originado un derecho para un tercer Estado, tal derecho no podrá ser revocado ni modificado por las partes si consta que se tuvo la intención de que el derecho no fuera revocable ni modificable sin el consentimiento del tercer Estado.

38. Normas de un tratado que lleguen a ser obligatorias para terceros Estados en virtud de una costumbre internacional. Lo dispuesto en los artículos 34 a 37 no impedirá que una norma enunciada en un tratado llegue a ser obligatoria para un tercer Estado como norma consuetudinaria de derecho internacional reconocida como tal.

PARTE IV
ENMIENDA Y MODIFICACIÓN DE LOS TRATADOS

39. Norma general concerniente a la enmienda de los tratados. Un tratado podrá ser enmendado por acuerdo entre las partes. Se aplicarán a tal acuerdo las normas enunciadas en la Parte II, salvo en la medida en que el tratado disponga otra cosa.

40. Enmienda de los tratados multilaterales. 1. Salvo que el tratado disponga otra cosa, la enmienda de los tratados multilaterales se regirá por los párrafos siguientes.

2. Toda propuesta de enmienda de un tratado multilateral en las relaciones entre todas las partes habrá de ser notificada a todos los Estados contratantes, cada uno de los cuales tendrá derecho a participar:

a) en la decisión sobre las medidas que haya que adoptar con relación a tal propuesta:

b) en la negociación y la celebración de cualquier acuerdo que tenga por objeto enmendar el tratado.

3. Todo Estado facultado para llegar a ser parte en el tratado estará también facultado para llegar a ser parte en el tratado en su forma enmendada.

4. El acuerdo en virtud del cual se enmiende el tratado no obligará a ningún Estado que sea ya parte en el tratado que no llegue a serlo en ese acuerdo, con respecto a tal Estado se aplicará el apartado b) del párrafo 4 del artículo 30.

5. Todo Estado que llegue a ser parte en el tratado después de la entrada en vigor del acuerdo en virtud del cual se enmiende el tratado será considerado, de no haber manifestado ese Estado una intención diferente:

a) parte en el tratado en su forma enmendada; y

b) parte en el tratado no enmendado con respecto a toda parte en el tratado que no esté obligada por el acuerdo en virtud del cual se enmiende el tratado.

41. Acuerdos para modificar tratados multilaterales entre algunas de las partes únicamente. 1. Dos o más partes en un tratado multilateral podrán celebrar un acuerdo que tenga por objeto modificar el tratado únicamente en sus relaciones mutuas:

a) si la posibilidad de tal modificación está prevista por el tratado: o

b) si tal modificación no está prohibida por el tratado a condición de que:

i) no afecte al disfrute de los derechos que a las demás partes correspondan en virtud del tratado ni al cumplimiento de sus obligaciones: y

ii) no se refiera a ninguna disposición cuya modificación sea incompatible con la consecución efectiva del objeto y del fin del tratado en su conjunto.

2. Salvo que en el caso previsto en el apartado a) del párrafo 1 el tratado disponga otra cosa, las partes interesadas deberán notificar a las demás partes su intención de celebrar el acuerdo y la modificación del tratado que en ese acuerdo se disponga.

PARTE V
NULIDAD, TERMINACIÓN Y SUSPENSIÓN DE LA APLICACIÓN DE LOS TRATADOS

SECCIÓN PRIMERA
DISPOSICIONES GENERALES

42. Validez y continuación en vigor de los tratados. 1. La validez de un tratado o del consentimiento de un Estado en obligarse por un tratado no podrá ser impugnada sino mediante la aplicación de la presente Convención.

2. La terminación de un tratado, su denuncia o el retiro de una parte no podrán tener lugar sino como resultado de la aplicación de las disposiciones del tratado o de la presente Convención. La misma norma se aplicará a la suspensión de la aplicación de un tratado.

43. Obligaciones impuestas por el derecho internacional independientemente de un tratado. La nulidad, terminación o denuncia de un tratado, el retiro de una de las partes o la suspensión de la aplicación del tratado, cuando resulten de la aplicación de la presente Convención o de las disposiciones del tratado, no menoscabarán en nada el deber de un Estado de cumplir toda obligación enunciada en el tratado a la que esté sometido en virtud del derecho internacional independientemente de ese tratado.

44. Divisibilidad de las disposiciones de un tratado. 1. El derecho de una parte, previsto en un tratado o emanado del artículo 56, a denunciar ese tratado, retirarse de él o suspender su aplicación no podrá ejercerse sino con respecto a la totalidad del tratado, a menos que el tratado disponga o las partes convengan otra cosa al respecto.

2. Una causa de nulidad o terminación de un tratado, de retiro de una de las partes o de suspensión de la aplicación de un tratado reconocida en la presente Convención no podrá alegarse sino con respecto a la totalidad del tratado, salvo en los casos previstos en los párrafos siguientes o en el artículo 60.

3. Si la causa se refiere sólo a determinadas cláusulas, no podrá alegarse sino con respecto a esas cláusulas cuando:

a) dichas cláusulas sean separables del resto del tratado en lo que respecta a su aplicación;

b) se desprenda del tratado o conste de otro modo que la aceptación de esas cláusulas no ha constituido para la otra parte o las otras partes en el tratado una base esencial de su consentimiento en obligarse por el tratado en su conjunto, y

c) la continuación del cumplimiento del resto del tratado no sea injusta.

4. En los casos previstos en los artículos 49 y 50, el Estado facultado para alegar el dolo o la corrupción podrá hacerlo en lo que respecta a la totalidad del tratado o, en el caso previsto en el párrafo 3, en lo que respecta a determinadas cláusulas únicamente.

5. En los casos previstos en los artículos 51, 52 y 53 no se admitirá la división de las disposiciones del tratado.

45. Pérdida del derecho a alegar una causa de nulidad, terminación, retiro o suspensión de la aplicación de un tratado. Un Estado no podrá ya alegar una causa para anular un tratado, darlo por terminado, retirarse de él o suspender su aplicación con arreglo a lo dispuesto en los artículos 46 a 50 o en los artículos 60 y 62, si, después de haber tenido conocimiento de los hechos, ese Estado:

a) ha convenido expresamente en que el tratado es válido, permanece en vigor o continúa en aplicación, según el caso; o

b) se ha comportado de tal manera que debe considerarse que ha dado su aquiescencia a la validez del tratado o a su continuación en vigor o en aplicación, según el caso.

SECCIÓN SEGUNDA
NULIDAD DE LOS TRATADOS

46. Disposiciones de derecho interno concernientes a la competencia para celebrar tratados. 1. El hecho de que el consentimiento de un Estado en obligarse por un tratado haya sido manifiesto en violación de una disposición de su derecho interno concerniente a la competencia para celebrar tratados no podrá ser alegado por dicho Estado como vicio de su consentimiento, a menos que esa violación sea manifiesta y afecte a una norma de importancia fundamental de su derecho interno.

2. Una violación es manifiesta si resulta objetivamente evidente para cualquier Estado que proceda en la materia conforme a la práctica usual y de buena fe.

47. Restricción específica de los poderes para manifestar el consentimiento de un Estado. Si los poderes de un representante para manifestar el consentimiento de un Estado en obligarse por un tratado determinado han sido objeto de una restricción específica, la inobservancia de esa restricción por tal representante no podrá alegarse como vicio del consentimiento manifestado por él, a menos que la restricción haya sido notificada con anterioridad a la manifestación de ese consentimiento, a los demás Estados negociadores.

48. Error. 1. Un Estado podrá alegar un error en un tratado como vicio de su consentimiento en obligarse por el tratado si el error se refiere a un hecho o a una situación cuya existencia diera por supuesta ese Estado en el momento de la celebración del tratado y constituyera una base esencial de su consentimiento en obligarse por el tratado.

2. El párrafo I no se aplicara si el Estado de que se trate contribuyó con su conducta al error o si las circunstancias fueron tales que hubiera quedado advertido de la posibilidad de error.

3. Un error que concierna sólo a la redacción del texto de un tratado no afectará a la validez de éste: en tal caso se aplicará el artículo 79.

49. Dolo. Si un Estado ha sido inducido a celebrar un tratado por la conducta fraudulenta de otro Estado negociador, podrá alegar el dolo como vicio de su consentimiento en obligarse por el tratado.

50. Corrupción del representante de un Estado. Si la manifestación del consentimiento de un Estado en obligarse por un tratado ha sido obtenida mediante la corrupción de su representante, efectuada directa o indirectamente por otro Estado negociador, aquel Estado podrá alegar esa corrupción como vicio de su consentimiento en obligarse por el tratado.

51. Coacción sobre el representante de un Estado. La manifestación del consentimiento de un Estado en obligarse por un tratado que haya sido obtenida por coacción sobre su representante mediante actos o amenazas dirigidos contra él carecerá de todo efecto jurídico.

52. Coacción sobre un Estado por la amenaza o el uso de la fuerza. Es nulo todo tratado cuya celebración se haya obtenido por la amenaza o el uso de la fuerza en violación de los principios de derecho internacional incorporados en la Carta de las Naciones Unidas.

53. Tratados que están en oposición con una norma imperativa de derecho internacional general («jus cogens»). Es nulo todo tratado que, en el momento de su celebración, esté en oposición con una norma imperativa de derecho internacional general. Para los efectos de la presente Convención, una norma imperativa de derecho internacional general es una norma aceptada y reconocida por la comunidad internacional de Estados en su conjunto como norma que no admite acuerdo en contrario y que sólo puede ser modificada por una norma ulterior de derecho internacional general que tenga el mismo carácter.

SECCIÓN TERCERA
TERMINACIÓN DE LOS TRATADOS Y SUSPENSIÓN DE SU APLICACIÓN

54. Terminación de un tratado o retiro de él en virtud de sus disposiciones o por consentimiento de las partes. La terminación de un tratado o el retiro de una parte podrán tener lugar:

a) conforme a las disposiciones del tratado, o

b) en cualquier momento, por consentimiento de todas las partes después de consultar a los demás Estados contratantes.

55. Reducción del número de partes en un tratado multilateral a un número inferior al necesario para su entrada en vigor. Un tratado multilateral no terminará por el solo hecho de que el número de partes llegue a ser inferior al necesario para su entrada en vigor, salvo que el tratado disponga otra cosa.

56. Denuncia o retiro en el caso de que el tratado no contenga disposiciones sobre la terminación, la denuncia o el retiro. 1. Un tratado que no contenga disposiciones sobre su terminación ni prevea la denuncia o el retiro del mismo, no podrá ser objeto de denuncia o de retiro a menos:

a) que conste que fue intención de las partes admitir la posibilidad de denuncia o de retiro: o

b) que el derecho de denuncia o de retiro pueda inferirse de la naturaleza del tratado.

2. Una parte deberá notificar con doce meses, por lo menos, de antelación su intención de denunciar un tratado o de retirarse de él conforme al párrafo 1.

57. Suspensión de la aplicación de un tratado en virtud de sus disposiciones o por consentimiento de las partes. La aplicación de un tratado podrá suspenderse con respecto a todas las partes o a una parte determinada:

a) conforme a las disposiciones del tratado, o

b) en cualquier momento, por consentimiento de todas las partes previa consulta con los demás Estados contratantes.

58. Suspensión de la aplicación de un tratado multilateral por acuerdo entre algunas de las partes únicamente. 1. Dos o más parte en un tratado multilateral podrán celebrar un acuerdo que tenga por objeto suspender la aplicación de disposiciones del tratado, temporalmente y sólo en sus relaciones mutuas:

a) si la posibilidad de tal suspensión está prevista por el tratado: o

b) si tal suspensión no está prohibida por el tratado a condición de que:

i) no afecte al disfrute de los derechos que a las demás partes correspondan en virtud del tratado ni al cumplimiento de sus obligaciones: y

ii) no sea incompatible con el objeto y el fin del tratado.

2. Salvo que en el caso previsto en el apartado a) del párrafo 1 el tratado disponga otra cosa, las partes interesadas deberán notificar a las demás partes su intención de celebrar el acuerdo y las disposiciones del tratado cuya aplicación se propone suspender.

59. Terminación de un tratado o suspensión de su aplicación implícitas como consecuencia de la celebración de un tratado posterior. 1. Se considerará que un tratado ha terminado si todas las partes en él celebran ulteriormente un tratado sobre la misma materia y:

a) se desprende del tratado posterior o consta de otro modo que ha sido intención de las partes que la materia se rija por ese tratado; o

b) las disposiciones del tratado posterior son hasta tal punto incompatibles con las del tratado anterior que los dos tratados no pueden aplicarse simultáneamente.

2. Se considerará que la aplicación del tratado anterior ha quedado únicamente suspendida si se desprende del tratado posterior o consta de otro modo que tal ha sido la intención de las partes.

60. Terminación de un tratado o sus pensión de su aplicación como consecuencia de su violación. 1. Una violación grave de un tratado bilateral por una de las partes facultará a la otra para alegar la violación como causa para dar por terminado el tratado o para suspender su aplicación total o parcialmente.

2. Una violación grave de un tratado multilateral por una de las partes facultará:

a) a las otras partes procediendo por acuerdo unánime para suspender la aplicación del tratado total o parcialmente o darlo por terminado sea:

i) en las relaciones entre ellas y el Estado autor de la violación: o

ii) entre todas las partes;

b) a una parte especialmente perjudicada por la violación para alegar ésta como causa para suspender la aplicación del tratado total o parcialmente en las relaciones entre ella y el Estado autor de la violación;

c) a cualquier parte, que no sea el Estado autor de la violación, para alegar la violación como causa para suspender la aplicación del tratado total o parcialmente con respecto a sí misma, sí el tratado es de tal índole que una violación grave de sus disposiciones por una parte modifica radicalmente la situación de cada parte con respecto a la ejecución ulterior de sus obligaciones en virtud del tratado.

3. Para los efectos del presente artículo, constituirán violación grave de un tratado:

a) un rechazo del tratado no admitido por la presente Convención; o

b) la violación de una disposición esencial para la consecución del objeto o del fin del tratado.

4. Los precedentes párrafos se entenderán sin perjuicio de las disposiciones del tratado aplicables en caso de violación.

5. Lo previsto en los párrafos 1 a 3 no se aplicará a las disposiciones relativas a la protección de la persona humana contenidas en tratados de carácter humanitario, en particular a las disposiciones que prohíben toda forma de represalias con respecto a las personas protegidas por tales tratados.

61. Imposibilidad subsiguiente de cumplimiento. 1. Una parte podrá alegar la imposibilidad de cumplir un tratado como causa para darlo por terminado o retirarse de él si esa imposibilidad resulta de la desaparición o destrucción definitivas de un objeto indispensable para el cumplimiento del tratado. Si la imposibilidad es temporal, podrá alegarse únicamente como causa para suspender la aplicación del tratado.

2. La imposibilidad de cumplimiento no podrá alegarse por una de las partes como causa para dar por terminado un tratado, retirarse de él o suspender su aplicación si resulta de una violación, por la parte que la alegue, de una obligación nacida del tratado o de toda otra obligación internacional con respecto a cualquier otra parte en el tratado.

62. Cambio fundamental en las circunstancias. 1. Un cambio fundamental en las circunstancias ocurrido con respecto a las existentes en el momento de la celebración de un tratado y que no fue previsto por las partes no podrá alegarse como causa para dar por terminado el tratado o retirarse de él a menos que:

a) la existencia de esas circunstancias constituyera una base esencial del consentimiento de las partes en obligarse por el tratado, y

b) ese cambio tenga por efecto modificar radicalmente el alcance de las obligaciones que todavía deban cumplirse en virtud del tratado.

2. Un cambio fundamental en las circunstancias no podrá alegarse como causa para dar por terminado un tratado o retirarse de él:

a) si el tratado establece una frontera; o

b) si el cambio fundamental resulta de una violación por la parte que lo alega, de una obligación nacida del tratado o de toda otra obligación internacional con respecto a cualquier otra parte en el tratado.

3. Cuando, con arreglo a lo dispuesto en los párrafos precedentes, una de las partes pueda alegar un cambio fundamental en las circunstancias como causa para dar por terminado un tratado o para retirarse de él, podrá también alegar ese cambio como causa para suspender la aplicación del tratado.

63. Ruptura de relaciones diplomáticas o consulares. La ruptura de relaciones diplomáticas o consulares entre partes de un tratado no afectará a las relaciones jurídicas establecidas entre ellas por el tratado, salvo en la medida en que la existencia de relaciones diplomáticas o consulares sea indispensable para la aplicación del tratado.

64. Aparición de una nueva norma imperativa de derecho internacional general («jus cogens»). Si surge una nueva norma imperativa de derecho internacional general, todo tratado existente que esté en oposición con esa norma se convertirá en nulo y terminará.

SECCIÓN CUARTA
PROCEDIMIENTO

65. Procedimiento que deberá seguirse con respecto a la nulidad o terminación de un tratado, el retiro de una parte o la suspensión de la aplicación de un tratado. 1. La parte que, basándose en las disposiciones de la presente Convención, alegue un vicio de su consentimiento en obligarse por un tratado o una causa para impugnar la validez de un tratado, darlo por terminado, retirarse de él o suspender su aplicación, deberá notificar a las demás partes su pretensión. En la notificación habrá de indicarse la medida que se proponga adoptar con respecto al tratado y las razones en que esta se funde.

2. Si, después de un plazo que, salvo en casos de especial urgencia, no habrá de ser inferior a tres meses contados desde la recepción de la notificación, ninguna parte ha formulado objeciones, la parte que haya hecho la notificación podrá adoptar en la forma prescrita en el artículo 67 la medida que haya propuesto.

3. Si, por el contrario, cualquiera de las demás partes ha formulado una objeción, las partes deberán buscar una solución por los medios indicados en el artículo 33 de la Carta de las Naciones Unidas.

4. Nada de lo dispuesto en los párrafos precedentes afectara a los derechos o a las obligaciones de las partes que se deriven de cualesquiera disposiciones en vigor entre ellas respecto de la solución de controversias.

5. Sin perjuicio de lo dispuesto en el artículo 45, el hecho de que un Estado no haya efectuado la notificación prescrita en el párrafo 1 no le impedirá hacerla en respuesta a otra parte que pida el cumplimiento del tratado o alegue su violación.

66. Procedimientos de arreglo judicial de arbitraje y de conciliación. Si, dentro de los doce meses siguientes a la fecha en que se haya formulado la objeción, no se ha llegado a ninguna solución conforme al párrafo 3 del artículo 65, se seguirán los procedimientos siguientes:

a) cualquiera de las partes en una controversia relativa a la aplicación o la interpretación del artículo 53 o el artículo 64 podrá, mediante solicitud escrita, someterla a la decisión de la Corte Internacional de Justicia a menos que las partes convengan de común acuerdo someter la controversia al arbitraje:

b) cualquiera de las partes en una controversia relativa a la aplicación o la interpretación de cualquiera de los restantes artículos de la parte V de la presente Convención podrá iniciar el procedimiento indicado en el anexo de la Convención presentando al Secretario general de las Naciones Unidas una solicitud a tal efecto.

67. Instrumentos para declarar la nulidad de un tratado, darlo por terminado, retirarse de él o suspender su aplicación. 1. La notificación prevista en el párrafo 1 del artículo 65 habrá de hacerse por escrito.

2. Todo acto encaminado a declarar la nulidad de un tratado, darlo por terminado, retirarse de él o suspender su aplicación de conformidad con las disposiciones del tratado o de los párrafos 2 ó 3 del artículo 65, se hará constar en un instrumento que será comunicado a las demás partes. Si el instrumento no está firmado por el Jefe del Estado, el Jefe del Gobierno o el Ministro de Relaciones Exteriores, el representante del Estado que lo comunique podrá ser invitado a presentar sus plenos poderes.

68. Revocación de las notificaciones y de los instrumentos previstos en los artículos 65 y 67. Las notificaciones o los instrumentos previstos en los artículos 65 y 67 podrán ser revocados en cualquier momento antes de que surtan efecto.

SECCIÓN QUINTA
CONSECUENCIAS DE LA NULIDAD, LA TERMINACIÓN O LA SUSPENSIÓN DE LA APLICACIÓN DE UN TRATADO

69. Consecuencias de la nulidad de un tratado. 1. Es nulo un tratado cuya nulidad quede determinada en virtud de la presente Convención. Las disposiciones de un tratado nulo carecen de fuerza jurídica.

2. Si no obstante se han ejecutado actos basándose en tal tratado:

a) toda parte podrá exigir de cualquier otra parte que en la medida de lo posible establezca en sus relaciones mutuas la situación que habría existido si no se hubieran ejecutado esos actos;

b) los actos ejecutados de buena le antes de que se haya alegado la nulidad no resultarán ilícitos por el solo hecho de la nulidad del tratado;

3. En los casos comprendidos en los artículos 49, 50, 51 ó 52, no se aplicará el párrafo 2 con respecto a la parte a la que sean imputables el dolo, el acto de corrupción o la coacción.

4. En caso de que el consentimiento de un Estado determinado en obligarse por un tratado multilateral este viciado, las normas precedentes se aplicarán a las relaciones entre ese Estado y las partes en el tratado.

70. Consecuencias de la terminación de un tratado. 1. Salvo que el tratado disponga o las partes convengan otra cosa al respecto, la terminación de un tratado en virtud de sus disposiciones o conforme a la presente Convención:

a) eximirá a las partes de la obligación de seguir cumpliendo el tratado;

b) no afectará a ningún derecho, obligación o situación jurídica de las partes creados por la ejecución del tratado antes de su terminación.

2. Si un Estado denuncia un tratado multilateral o se retira de él, se aplicará el párrafo 1 a las relaciones entre ese Estado y cada una de las demás partes en el tratado desde la fecha en que surta efectos tal denuncia o retiro.

71. Consecuencias de la nulidad de un tratado que esté en oposición con una norma imperativa de derecho internacional general. I. Cuando un tratado sea nulo en virtud del artículo 53, las partes deberán:

a) eliminar en lo posible las consecuencias de todo acto, que se haya ejecutado basándose en una disposición que esté en oposición con la norma imperativa de derecho internacional general, y

b) ajustar sus relaciones mutuas a la normas imperativa de derecho internacional general.

2. Cuando un tratado se convierta en nulo y termine en virtud del artículo 64, la terminación del tratado:

a) eximirá a las partes de toda obligación de seguir cumpliendo él tratado;

b) no afectará a ningún derecho, obligación o situación jurídica de las partes creados por la ejecución del tratado antes de su terminación; sin embargo, esos derechos, obligaciones o situaciones podrán en adelante mantenerse únicamente en la medida en que su mantenimiento no esté por sí mismo en oposición con la nueva norma imperativa de derecho internacional general.

72. Consecuencias de la suspensión de la aplicación de un tratado. 1. Salvo que el tratado disponga o las partes convengan otra cosa al respecto, la suspensión de la aplicación de un tratado basada en sus disposiciones o conforme a la presente Convención:

a) eximirá a las partes entre las que se suspenda la aplicación del tratado de la obligación de cumplirlo en sus relaciones mutuas durante el periodo de suspensión;

b) no afectará de otro modo a las relaciones jurídicas que el tratado haya establecido entre las partes.

2. Durante el período de suspensión las partes deberán abstenerse de todo acto encaminado a obstaculizar la reanudación de la aplicación del tratado.

PARTE VI
DISPOSICIONES DIVERSAS

73. Casos de sucesión de Estados, de responsabilidad de un Estado o de ruptura de hostilidades. Las disposiciones de la presente Convención no prejuzgaran ninguna cuestión que con relación a un tratado pueda surgir como consecuencia de una sucesión de Estados, de la responsabilidad internacional de un Estado o de la ruptura de hostilidades entre Estados.

74. Relaciones diplomáticas o consulares y celebración de tratados. La ruptura o la ausencia de relaciones diplomáticas o consulares entre dos o más Estados no impedirá la celebración de tratados entre dichos Estados. Tal celebración por sí misma no prejuzgará acerca de la situación de las relaciones diplomáticas o consulares.

75. Caso de un Estado agresor. Las disposiciones de la presente Convención se entenderán sin perjuicio de cualquier obligación que pueda originarse con relación a un tratado para un Estado agresor como consecuencia de medidas adoptadas conforme a la Carta de las Naciones Unidas con respecto a la agresión de tal Estado.

PARTE VII
DEPOSITARIOS, NOTIFICACIONES, CORRECCIONES Y REGISTRO

76. Depositarios de los tratados. 1. La designación del depositario de un tratado podrá efectuarse por los Estados negociadores en el tratado mismo o de otro modo. El depositario podrá ser uno o más Estados, una organización internacional o el principal funcionario administrativo de tal organización.

2. Las funciones del depositario de un tratado son de Carácter internacional y el depositario está obligado a actuar imparcialmente en el desempeño de ellas. En particular, el hecho de que un tratado no haya entrado en vigor entre algunas de las partes o de que haya surgido una discrepancia entre un Estado y un depositario acerca del desempeño de las funciones de éste no afectará a esa obligación del depositario.

77. Funciones de los depositarios. 1. Salvo que el tratado disponga o los Estados contratantes convengan otra cosa al respecto, las funciones del depositario comprenden en particular las siguientes:

a) custodiar el texto original del tratado y los plenos poderes que se le hayan remitido:

b) extender copias certificadas conformes del texto original y preparar todos los demás textos del tratado en otros idiomas que puedan requerirse en virtud del tratado y transmitirlos a las partes en el tratado y a los Estados facultados para llegar a serlo;

c) recibir las firmas del tratado v recibir y custodiar los instrumentos, notificaciones y comunicaciones relativos a éste;

d) examinar si una firma, un instrumento o una notificación o comunicación relativos al tratado están en debida forma y, de ser necesario, señalar el caso a la atención del Estado de que se trate;

e) informar a las partes en el tratado y a los Estados facultados para llegar a serlo de los actos, notificaciones y comunicaciones relativos al tratado;

f) informar a los Estados facultados para llegar a ser partes en el tratado de la fecha en que se ha recibido o depositado el número de firmas o de instrumentos de ratificación, aceptación aprobación o adhesión necesario para la entrada en rigor del tratado;

g) registrar el tratado en la Secretaría de las Naciones Unidas;

h) desempeñar las funciones especificadas en otras disposiciones de la presente Convención.

2. De surgir alguna discrepancia entre un Estado y el depositario acerca del desempeño de las funciones de éste, el depositario señalará la cuestión a la atención de los Estados signatarios y de los Estados contratantes o, si corresponde, del órgano competente de la organización internacional interesada.

78. Notificaciones y comunicaciones. Salvo cuando el tratado o la presente Convención disponga otra cosa al respecto, una notificación o comunicación que debe hacer cualquier Estado en virtud de la presente Convención:

a) deberá ser transmitida. si no hay depositario, directamente a los Estados a que esté destinada, o, si ha y depositario. a éste;

b) sólo se entenderá que ha quedado hecha por el Estado de que se trate cuando haya sido recibida por el Estado al que fue transmitida. o, en su caso, por el depositario;

c) si ha sido transmitida a un depositario sólo se entenderá que ha sido recibida por el Estado al que estaba destinada cuando éste haya recibido del depositario la información prevista en el apartado el del párrafo 1 del artículo 77.

79. Corrección de errores en textos o en copias certificadas conformes de los tratados. 1. Cuando, después de la autenticación del texto de un tratado los Estados signatarios y los Estados contratantes adviertan de común acuerdo que contiene un error, éste, a menos que tales Estados decidan proceder a su corrección de otro modo, será corregido:

a) introduciendo la corrección pertinente en el texto y haciendo que sea rubricada por representantes autorizados en debida forma;

b) formalizando un instrumento o canjeando instrumentos en los que se haga constar la corrección que se haya acordado hacer; o

c) formalizando, por el mismo procedimiento empleado para el texto original, un texto corregido de todo el tratado.

2. En el caso de un tratado para el que haya depositario, éste notificará a los Estados signatarios y a los Estados contratantes el error y la propuesta de corregirlo y fijará un plazo adecuado para hacer objeciones a la corrección propuesta. A la expiración del plazo fijado:

a) si no se ha hecho objeción alguna, el depositario efectuará y rubricará la corrección en el texto extenderá un acta de rectificación del texto y comunicará copia de ella a las partes en el tratado y a los Estados facultados para llegar a serlo;

b) si se ha hecho una objeción, el depositario comunicará la objeción a los Estados signatarios y a los Estados contratantes.

3. Las disposiciones de los párrafos 1 y 2 se aplicarán también cuando el texto de un tratado haya sido autenticado en dos o más idiomas y se ad-

vierta una falta de concordancia que los Estados signatarios y los Estados contratantes convengan en que debe corregirse.

4. El texto corregido sustituirá «ab initio» al texto defectuoso. a menos que los Estados signatarios y los Estados contratantes decidan otra cosa al respecto.

5. La corrección del texto de un tratado que haya sido registrado será notificada a la Secretaría de las Naciones Unidas.

6. Cuando se descubra un error en una copia certificada conforme de un tratado, el depositario extenderá un acta en la que hará constar la rectificación y comunicará copia de ella a los Estados signatarios y a los Estados contratantes.

80. Registro y publicación de los tratados. 1. Los tratados, después de su entrada en vigor, se transmitirán a la Secretaria de las Naciones Unidas para su registro o archivo e inscripción, según el caso, y para su publicación.

2. La designación de un depositario constituirá la autorización para que éste realice los actos previstos en el párrafo; precedente.

PARTE VIII
DISPOSICIONES FINALES

81. Firma. La presente Convención estará abierta a la firma de todos los estados Miembros de las Naciones Unidas o miembros de algún organismo especializado o del Organismo Internacional de Energía Atómica, así como de todo Estado parte en el Estatuto de la Corte Internacional de Justicia y de cualquier otro Estado invitado por la Asamblea General de las Naciones Unidas a ser parte en la Convención, de la manera siguiente: Hasta el 30 de noviembre de 1969, en el Ministerio Federal de Relaciones Exteriores de la República de Austria, y, después, hasta el 30 de abril de 1970, en la sede de las Naciones Unidas en Nueva York.

82. Ratificación. La presente Convención está sujeta a ratificación. Los instrumentos de ratificación se depositaran en poder del Secretario general de las Naciones Unidas.

83. Adhesión. La presente Convención quedará abierta a la adhesión de todo Estado perteneciente a una de las categorías mencionadas en el artículo 81. Los instrumentos de adhesión se depositarán en poder del Secretario general de las Naciones Unidas.

84. Entrada en vigor. 1. La presente Convención entrará en vigor el trigésimo día a partir de la fecha en que haya sido depositado el trigésimo quinto instrumento de ratificación o de adhesión.

2. Para cada Estado que ratifique la Convención o se adhiera a ella después de haber sido depositado el trigésimo quinto instrumento de ratificación o de adhesión, la Convención entrará en vigor el trigésimo día a partir de la fecha en que tal Estado haya depositado su instrumento de ratificación o de adhesión.

85. Textos auténticos. El original de la presente Convención, cuyos textos en chino, español, francés, inglés y ruso son igualmente auténticos, será depositado en poder del Secretario general de las Naciones Unidas.

En testimonio de lo cual, los plenipotenciarios infrascritos, debidamente autorizados por sus respectivos Gobiernos, han firmado la presente Convención.

Hecha en Viena, el día veintitrés de mayo de mil novecientos sesenta y nueve.

ANEXO

1. El Secretario general de las Naciones Unidas establecerá y mantendrá una lista de amigables componedores integrada por juristas calificados. A tal efecto, se invitará a todo Estado que sea miembro de las Naciones Unidas o parte en la presente Convención a que designe dos amigables componedores; los nombres de las personas así designadas constituirán la lista. La designación de los amigables componedores, entre ellos los designados para cubrir una vacante accidental, se hará para un periodo de cinco años renovable. Al expirar el periodo para el cual hayan sido designados, los amigables componedores continuarán desempeñando las funciones para las cuales hayan sido elegidos con arreglo al párrafo siguiente.

2. Cuando se haya presentado una solicitud, conforme al artículo 66, al Secretario general, éste someterá la controversia a una comisión de conciliación, compuesta en la forma siguiente:

El Estado o los Estados que constituyan una de las partes en la controversia nombrarán:

a) un amigable componedor, de la nacionalidad de ese Estado o de uno de esos Estados, elegido o no de la lista mencionada en el párrafo 1, y

b) un amigable componedor que no tenga la nacionalidad de ese Estado ni de ninguno de esos Estados, elegido de la lista.

El Estado o los Estados que constituyan la otra parte en la controversia nombrarán dos amigables componedores de la misma manera. Los cuatro amigables componedores elegidos por las partes deberán ser nombrados dentro de los sesenta días siguientes a la fecha en que el Secretario General haya recibido la solicitud.

Los cuatro amigables componedores, dentro de los sesenta días siguientes a la fecha en que se haya efectuado el ultimo de sus nombramientos, nombrarán un quinto amigable componedor, elegido de la lista, que será Presidente.

Si el nombramiento del Presidente o de cualquiera de los demás amigables componedores no se hubieren realizado en el plazo antes prescrito para ello, lo efectuará el Secretario general dentro de los sesenta días siguientes a la expiración de ese plazo. El Secretario general podrá nombrar Presidente a una de las personas de la lista o a uno de los miembros de la Comisión de Derecho Internacional. Cualquiera de los plazos en los cuales deban efectuarse los nombramientos podrá prorrogarse por acuerdo de las partes en la controversia.

Toda vacante deberá cubrirse en la forma prescrita para el nombramiento inicial.

3. La Comisión de Conciliación fijará su propio procedimiento. La Comisión, previo consentimiento de las partes en la controversia, podrá invitar a cualquiera de las partes en el tratado a exponerle sus opiniones verbalmente o por escrito. Las decisiones y recomendaciones de la Comisión se adoptarán por mayoría de votos de sus cinco miembros.

4. La Comisión podrá señalar a la atención de las partes en la controversia todas las medidas que puedan facilitar una solución amistosa.

5. La Comisión oirá a las partes, examinará las pretensiones y objeciones, y hará propuestas a las partes con miras a que lleguen a una solución amistosa de la controversia.

6. La Comisión presentará su informe dentro de los doce meses siguientes a la fecha de su constitución. El informe se depositará en poder del Secretario general y se transmitirá a las partes en la controversia. El informe de la Comisión, incluidas cualesquiera conclusiones que en él se indiquen en cuanto a los hechos y a las cuestiones de derecho, no obligará a las partes ni tendrá otro carácter que el de enunciado de recomendaciones presentadas a las partes para su consideración, a fin de facilitar una solución amistosa de la controversia.

7. El Secretario general proporcionará a la Comisión la asistencia y facilidades que necesite. Los gastos de la Comisión serán sufragados por la Organización de las Naciones Unidas.

Inmunidades diplomáticas y consulares

CONVENCIÓN DE VIENA SOBRE RELACIONES DIPLOMÁTICAS, DE 1961[18]

Los Estados Partes en la presente Convención,

Teniendo presente que desde antiguos tiempos los pueblos de todas las naciones han reconocido el estatuto de los funcionarios diplomáticos,

Teniendo en cuenta los propósitos y principios de la Carta de las Naciones Unidas relativos a la igualdad soberana de los Estados, al mantenimiento de la paz y de la seguridad internacionales y al fomento de las relaciones de amistad entre las naciones,

Estimando que una convención internacional sobre relaciones, privilegios e inmunidades diplomáticos contribuirá al desarrollo de las relaciones amistosas entre las naciones, prescindiendo de sus diferencias de régimen constitucional y social,

Reconociendo que tales inmunidades y privilegios se conceden, no en beneficio de las personas, sino con el fin de garantizar el desempeño eficaz de las funciones de las misiones diplomáticas en calidad de representantes de los Estados,

Afirmando que las normas del derecho internacional consuetudinario han de continuar rigiendo las cuestiones que no hayan sido expresamente reguladas en las disposiciones de la presente Convención,

Han convenido en lo siguiente:

Artículo 1. A los efectos de la presente Convención:

a. por «jefe de misión», se entiende la persona encargada por el Estado acreditante de actuar con carácter de tal; b. por «miembros de la misión», se entiende el jefe de la misión y los miembros del personal de la misión;

---

18 D.S. N° 666, del Ministerio de Relaciones Exteriores de Chile, publicado en el Diario Oficial el 4 de marzo de 1968.

c. por «miembros del personal de la misión», se entiende los miembros del personal diplomático, del personal administrativo y técnico y del personal de servicio de la misión; d. por «miembros del personal diplomático», se entiende los miembros del personal de la misión que posean la calidad de diplomático; e. por «agente diplomático», se entiende el jefe de la misión o un miembro del personal diplomático de la misión; f. por «miembros del personal administrativo y técnico», se entiende los miembros del personal de la misión empleados en el servicio administrativo y técnico de la misión; g. por «miembros del personal de servicio», se entiende los miembros del personal de la misión empleados en el servicio doméstico de la misión; h. por «criado particular», se entiende toda persona al servicio doméstico de un miembro de la misión, que no sea empleada del Estado acreditante; i. por «locales de la misión», se entiende los edificios o las partes de los edificios, sea cual fuere su propietario, utilizados para las finalidades de la misión, incluyendo la residencia del jefe de la misión, así como el terreno destinado al servicio de esos edificios o de parte de ellos.

Artículo 2. El establecimiento de relaciones diplomáticas entre Estados y el envío de misiones diplomáticas permanentes se efectúa por consentimiento mutuo.

Artículo 3. 1. Las funciones de una misión diplomática consisten principalmente en:

a. representar al Estado acreditante ante el Estado receptor; b. proteger en el Estado receptor los intereses del Estado acreditante y los de sus nacionales, dentro de los límites permitidos por el derecho internacional; c. negociar con el gobierno del Estado receptor; d. enterarse por todos los medios lícitos de las condiciones y de la evolución de los acontecimientos en el Estado receptor e informar sobre ello al gobierno del Estado acreditante; e. fomentar las relaciones amistosas y desarrollar las relaciones económicas, culturales y científicas entre el Estado acreditante y el Estado receptor.

2. Ninguna disposición de la presente Convención se interpretará de modo que impida el ejercicio de funciones consulares por la misión diplomática.

Artículo 4. 1. El Estado acreditante deberá asegurarse de que la persona que se proponga acreditar como jefe de la misión ante el Estado receptor ha obtenido el asentimiento de ese Estado.

2. El Estado receptor no está obligado a expresar al Estado acreditante los motivos de su negativa a otorgar el asentimiento.

Artículo 5. 1. El Estado acreditante podrá, después de haberlo notificado en debida forma a los Estados receptores interesados, acreditar a un jefe de misión ante dos o más Estados, o bien destinar a ellos a cualquier miembro del personal diplomático, salvo que alguno de los Estados receptores se oponga expresamente.

2. Si un Estado acredita a un jefe de misión ante dos o más Estados, podrá establecer una misión diplomática dirigida por un encargado de negocios ad interim en cada uno de los Estados en que el jefe de la misión no tenga su sede permanente.

3. El jefe de misión o cualquier miembro del personal diplomático de la misión podrá representar al Estado acreditante ante cualquier organización internacional.

Artículo 6. Dos o más Estados podrán acreditar a la misma persona como jefe de misión ante un tercer Estado, salvo que el Estado receptor se oponga a ello.

Artículo 7. Sin perjuicio de lo dispuesto en los artículos 5, 8, 9 y 11, el Estado acreditante nombrará libremente al personal de la misión. En el caso de los agregados militares, navales o aéreos, el Estado receptor podrá exigir que se le sometan de antemano sus nombres, para su aprobación.

Artículo 8. 1. Los miembros del personal diplomático de la misión habrán de tener, en principio, la nacionalidad del Estado acreditante.

2. Los miembros del personal diplomático de la misión no podrán ser elegidos entre personas que tengan la nacionalidad del Estado receptor, excepto con el consentimiento de ese Estado, que podrá retirarlo en cualquier momento.

3. El Estado receptor podrá reservarse el mismo derecho respecto de los nacionales de un tercer Estado que no sean al mismo tiempo nacionales del Estado acreditante.

Artículo 9. 1. El Estado receptor podrá, en cualquier momento y sin tener que exponer los motivos de su decisión, comunicar al Estado acreditante que el jefe u otro miembro del personal diplomático de la misión es persona non grata, o que cualquier otro miembro del personal de la misión no es aceptable. El Estado acreditante retirará entonces a esa persona o pondrá término a sus funciones en la misión, según proceda. Toda persona podrá ser declarada non grata o no aceptable antes de su llegada al territorio del Estado receptor.

2. Si el Estado acreditante se niega a ejecutar o no ejecuta en un plazo razonable las obligaciones que le incumben a tenor de lo dispuesto en el párrafo 1, el Estado receptor podrá negarse a reconocer como miembro de la misión a la persona de que se trate.

Artículo 10. 1. Se notificará al Ministerio de Relaciones Exteriores, o al Ministerio que se haya convenido, del Estado receptor:

a. el nombramiento de los miembros de la misión, su llegada y su salida definitiva o la terminación de sus funciones en la misión; b. la llegada y la salida definitiva de toda persona perteneciente a la familia de un miembro de la misión y, en su caso, el hecho de que determinada persona entre a formar parte o cese de ser miembro de la familia de un miembro de la misión; c. la llegada y la salida definitiva de los criados particulares al servicio de las personas a que se refiere el inciso a. de este párrafo y, en su caso, el hecho de que cesen en el servicio de tales personas; d. la contratación y el despido de personas residentes en el Estado receptor como miembros de la misión o criados particulares que tengan derecho a privilegios e inmunidades.

2. Cuando sea posible, la llegada y la salida definitiva se notificarán también con antelación.

Artículo 11. 1. A falta de acuerdo explícito sobre el número de miembros de la misión, el Estado receptor podrá exigir que ese número este dentro de los límites de lo que considere que es razonable y normal, según las circunstancias y condiciones de ese Estado y las necesidades de la misión de que se trate.

2. El Estado receptor podrá también, dentro de esos límites y sin discriminación alguna, negarse a aceptar funcionarios de una determinada categoría.

Artículo 12. El Estado acreditante no podrá, sin el consentimiento previo y expreso del Estado receptor, establecer oficinas que formen parte de la misión en localidades distintas de aquella en que radique la propia misión.

Artículo 13. 1. Se considerará que el jefe de misión ha asumido sus funciones en el Estado receptor desde el momento en que haya presentado sus cartas credenciales o en que haya comunicado su llegada y presentado copia de estilo de sus cartas credenciales al Ministerio de Relaciones Exteriores, o al Ministerio que se haya convenido, según la práctica en vigor en el Estado receptor, que deberá aplicarse de manera uniforme.

2. El orden de presentación de las cartas credenciales o de su copia de estilo se determinará por la fecha y hora de llegada del jefe de misión.

Artículo 14. 1. Los jefes de misión se dividen en tres clases:

a. embajadores o nuncios acreditados ante los Jefes de Estado, y otros jefes de misión de rango equivalente; b. enviados, ministros o internuncios acreditados ante los Jefes de Estado; c. encargados de negocios acreditados ante los Ministros de Relaciones Exteriores.

2. Salvo por lo que respecta a la precedencia y a la etiqueta, no se hará ninguna distinción entre los jefes de misión por razón de su clase.

Artículo 15. Los Estados se pondrán de acuerdo acerca de la clase a que habrán de pertenecer los jefes de sus misiones.

Artículo 16. 1. La precedencia de los jefes de misión, dentro de cada clase, se establecerá siguiendo el orden de la fecha y la hora en que hayan asumido sus funciones, de conformidad con el artículo 13.

2. Las modificaciones en las cartas credenciales de un jefe de misión que no entrañen cambio de clase no alterarán su orden de precedencia.

3. Las disposiciones de este artículo se entenderán sin perjuicio de los usos que acepte el Estado receptor respecto de la precedencia del representante de la Santa Sede.

Artículo 17. El jefe de misión notificará al Ministerio de Relaciones Exteriores, o al Ministerio que se haya convenido, el orden de precedencia de los miembros del personal diplomático de la misión.

Artículo 18. El procedimiento que se siga en cada Estado para la recepción de los jefes de misión será uniforme respecto de cada clase.

Artículo 19. 1. Si queda vacante el puesto de jefe de misión o si el jefe de misión no puede desempeñar sus funciones, un encargado de negocios ad interim actuará provisionalmente como jefe de la misión. El nombre del encargado de negocios ad interim será comunicado al Ministerio de Relaciones Exteriores del Estado receptor, o al Ministerio que se haya convenido, por el jefe de misión o, en el caso de que este no pueda hacerlo, por el Ministerio de Relaciones Exteriores del Estado acreditante.

2. Caso de no estar presente ningún miembro del personal diplomático de la misión en el Estado receptor, un miembro del personal administrativo y técnico podrá, con el consentimiento del Estado receptor, ser designado por el Estado acreditante para hacerse cargo de los asuntos administrativos corrientes de la misión.

Artículo 20. La misión y su jefe tendrán derecho a colocar la bandera y el escudo del Estado acreditante en los locales de la misión, incluyendo la residencia del jefe de la misión y en los medios de transporte de éste.

Artículo 21. 1. El Estado receptor deberá, sea facilitar la adquisición en su territorio de conformidad con sus propias leyes, por el Estado acreditante, de los locales necesarios para la misión, o ayudar a éste a obtener alojamiento de otra manera.

2. Cuando sea necesario, ayudará también a las misiones a obtener alojamiento adecuado para sus miembros.

Artículo 22. 1. Los locales de la misión son inviolables. Los agentes del Estado receptor no podrán penetrar en ellos sin consentimiento del jefe de la misión.

2. El Estado receptor tiene la obligación especial de adoptar todas las medidas adecuadas para proteger los locales de la misión contra toda intrusión o daño y evitar que se turbe la tranquilidad de la misión o se atente contra su dignidad.

3. Los locales de la misión, su mobiliario y demás bienes situados en ellos, así como los medios de transporte de la misión, no podrán ser objeto de ningún registro, requisa, embargo o medida de ejecución.

Artículo 23. 1. El Estado acreditante y el jefe de la misión están exentos de todos los impuestos y gravámenes nacionales, regionales o municipales, sobre los locales de la misión de que sean propietarios o inquilinos, salvo de aquellos impuestos o gravámenes que constituyan el pago de servicios particulares prestados.

2. La exención fiscal a que se refiere este artículo no se aplica a los impuestos y gravámenes que, conforme a las disposiciones legales del Estado receptor, estén a cargo del particular que contrate con el Estado acreditante o con el jefe de la misión.

Artículo 24. Los archivos y documentos de la misión son siempre inviolables, dondequiera que se hallen.

Artículo 25. El Estado receptor dará toda clase de facilidades para el desempeño de las funciones de la misión.

Artículo 26. Sin perjuicio de sus leyes y reglamentos referentes a zonas de acceso prohibido y reglamentado por razones de seguridad nacional, el Estado receptor garantizará a todos los miembros de la misión la libertad de circulación y de tránsito por su territorio.

Artículo 27. 1. El Estado receptor permitirá y protegerá la libre comunicación de la misión para todos los fines oficiales. Para comunicarse con el gobierno y con las demás misiones y consulados del Estado acreditante, dondequiera que se radiquen, la misión podrá emplear todos los medios de comunicación adecuados, entre ellos los correos diplomáticos y los mensajes en clave o en cifra. Sin embargo, únicamente con el consentimiento del Estado receptor podrá la misión instalar y utilizar una emisora de radio.

2. La correspondencia oficial de la misión es inviolable. Por correspondencia oficial se entiende toda correspondencia concerniente a la misión y a sus funciones.

3. La valija diplomática no podrá ser abierta ni retenida.

4. Los bultos que constituyan la valija diplomática deberán ir provistos de signos exteriores visibles indicadores de su carácter y sólo podrán contener documentos diplomáticos u objetos de uso oficial.

5. El correo diplomático, que debe llevar consigo un documento oficial en el que conste su condición de tal y el número de bultos que constituyan la valija, estará protegido, en el desempeño de sus funciones, por el Estado receptor. Gozará de inviolabilidad personal y no podrá ser objeto de ninguna forma de detención o arresto.

6. El Estado acreditante o la misión podrán designar correos diplomáticos ad hoc. En tales casos se aplicarán también las disposiciones del párrafo 5 de este Artículo, pero las inmunidades en él mencionadas dejarán de ser aplicables cuando dicho correo haya entregado al destinatario la valija diplomática que se le haya encomendado.

7. La valija diplomática podrá ser confiada al comandante de una aeronave comercial que haya de aterrizar en un aeropuerto de entrada autorizado. El comandante deberá llevar consigo un documento oficial en el que conste el número de bultos que constituyan la valija, pero no podrá ser considerado como correo diplomático. La misión podrá enviar a uno de sus miembros, a tomar posesión directa y libremente de la valija diplomática de manos del comandante de la aeronave.

Artículo 28. Los derechos y aranceles que perciba la misión por actos oficiales están exentos de todo impuesto y gravamen.

Artículo 29. La persona del agente diplomático es inviolable. No puede ser objeto de ninguna forma de detención o arresto. El Estado receptor le tratará con el debido respeto y adoptará todas las medidas adecuadas para impedir cualquier atentado contra su persona, su libertad o su dignidad.

Artículo 30. 1. La residencia particular del agente diplomático goza de la misma inviolabilidad y protección que los locales de la misión.

2. Sus documentos, su correspondencia y, salvo lo previsto en el párrafo 3 del Artículo 31, sus bienes, gozarán igualmente de inviolabilidad.

Artículo 31. 1. El agente diplomático gozará de inmunidad de la jurisdicción penal del Estado receptor. Gozará también de inmunidad de su jurisdicción civil y administrativa, excepto si se trata:

a. de una acción real sobre bienes inmuebles particulares radicados en el territorio del Estado receptor, a menos que el agente diplomático los posea por cuenta del Estado acreditante para los fines de la misión; b. de una acción sucesoria en la que el agente diplomático figure, a título privado y no en nombre del Estado acreditante, como ejecutor testamentario, administrador, heredero o legatario; c. de una acción referente a cualquier actividad profesional o comercial ejercida por el agente diplomático en el Estado receptor, fuera de sus funciones oficiales.

2. El agente diplomático no está obligado a testificar.

3. El agente diplomático no podrá ser objeto de ninguna medida de ejecución, salvo en los casos previstos en los incisos a, b y c del párrafo 1 de este artículo y con tal de que no sufra menoscabo la inviolabilidad de su persona o de su residencia.

4. La inmunidad de jurisdicción de un agente diplomático en el Estado receptor no le exime de la jurisdicción del Estado acreditante.

Artículo 32. 1. El Estado acreditante puede renunciar a la inmunidad de jurisdicción de sus agentes diplomáticos y de las personas que gocen de inmunidad conforme al Artículo 37.

2. La renuncia ha de ser siempre expresa.

3. Si un agente diplomático o una persona que goce de inmunidad de jurisdicción conforme al artículo 37 entabla una acción judicial, no le será permitido invocar la inmunidad de jurisdicción respecto de cualquier reconvención directamente ligada a la demanda principal.

4. La renuncia a la inmunidad de jurisdicción respecto de las acciones civiles o administrativas no ha de entenderse que entraña renuncia a la inmunidad en cuanto a la ejecución del fallo, para lo cual será necesaria una nueva renuncia.

Artículo 33. 1. Sin perjuicio de las disposiciones del párrafo 3 de este artículo, el agente diplomático estará, en cuanto a los servicios prestados al Estado acreditante, exento de las disposiciones sobre seguridad social que estén vigentes en el Estado receptor.

2. La exención prevista en el párrafo 1 de este artículo se aplicará también a los criados particulares que se hallen al servicio exclusivo del agente diplomático, a condición de que:

a. no sean nacionales del Estado receptor o no tengan en él residencia permanente; y b. estén protegidos por las disposiciones sobre seguridad social que estén vigentes en el Estado acreditante o en un tercer Estado.

3. El agente diplomático que emplee a personas a quienes no se aplique la exención prevista en el párrafo 2 de este artículo, habrá de cumplir las obligaciones que las disposiciones sobre seguridad social del Estado receptor impongan a los empleadores.

4. La exención prevista en los párrafos 1 y 2 de este Artículo no impedirá la participación voluntaria en el régimen de seguridad social del Estado receptor, a condición de que tal participación esté permitida por ese Estado.

5. Las disposiciones de este artículo se entenderán sin perjuicio de los acuerdos bilaterales o multilaterales sobre seguridad social ya concertados y no impedirán que se concierten en lo sucesivo acuerdos de esa índole.

Artículo 34. El agente diplomático estará exento de todos los impuestos y gravámenes personales o reales, nacionales, regionales o municipales, con excepción:

a. de los impuestos indirectos de la índole de los normalmente incluidos en el precio de las mercaderías o servicios; b. de los impuestos y gravámenes sobre los bienes inmuebles privados que radiquen en el territorio del Estado receptor, a menos que el agente diplomático los posea por cuenta del Estado acreditante y para los fines de la misión; c. de los impuestos sobre las sucesiones que corresponda percibir al Estado receptor, salvo lo dispuesto en el párrafo 4 del artículo 39; d. de los impuestos y gravámenes sobre los ingresos privados que tengan su origen en el Estado receptor y de los impuestos sobre el capital que graven las inversiones efectuadas en empresas comerciales en el Estado receptor; e. de los impuestos y gravámenes correspondientes a servicios particulares prestados; f. salvo lo dispuesto en el artículo 23, de los derechos de registro, aranceles judiciales, hipoteca y timbre, cuando se trate de bienes inmuebles.

Artículo 35. El Estado receptor deberá eximir a los agentes diplomáticos de toda prestación personal, de todo servicio público cualquiera que sea su naturaleza y de cargas militares tales como las requisiciones, las contribuciones y los alojamientos militares.

Artículo 36. 1. El Estado receptor, con arreglo a las leyes y reglamentos que promulgue, permitirá la entrada, con exención de toda clase de derechos de aduana, impuestos y gravámenes conexos, salvo los gastos de almacenaje, acarreo y servicios análogos:

a. de los objetos destinados al uso oficial de la misión; b. de los objetos destinados al uso personal del agente diplomático o de los miembros de su familia que formen parte de su casa, incluidos los efectos destinados a su instalación.

2. El agente diplomático estará exento de la inspección de su equipaje personal, a menos que haya motivos fundados para suponer que contiene objetos no comprendidos en las exenciones mencionadas en el párrafo 1 de este artículo, u objetos cuya importación o exportación esté prohibida

por la legislación del Estado receptor o sometida a sus reglamentos de cuarentena. En este caso, la inspección sólo se podrá efectuar en presencia del agente diplomático o de su representante autorizado.

Artículo 37. 1. Los miembros de la familia de un agente diplomático que formen parte de su casa gozarán de los privilegios e inmunidades especificados en los artículos 29 a 36, siempre que no sean nacionales del Estado receptor.

2. Los miembros del personal administrativo y técnico de la misión, con los miembros de sus familias que formen parte de sus respectivas casas, siempre que no sean nacionales del Estado receptor ni tengan en él residencia permanente, gozarán de los privilegios e inmunidades mencionados en los artículos 29 a 35, salvo que la inmunidad de la jurisdicción civil y administrativa del Estado receptor especificada en el párrafo 1 del artículo 31, no se extenderá a los actos realizados fuera del desempeño de sus funciones. Gozarán también de los privilegios especificados en el párrafo 1 del artículo 36, respecto de los objetos importados al efectuar su primera instalación.

3. Los miembros del personal de servicio de la misión que no sean nacionales del Estado receptor ni tengan en él residencia permanente, gozarán de inmunidad por los actos realizados en el desempeño de sus funciones, de exención de impuestos y gravámenes sobre los salarios que perciban por sus servicios y de la exención que figure en el artículo 33.

4. Los criados particulares de los miembros de la misión, que no sean nacionales del Estado receptor ni tengan en él residencia permanente, estarán exentos de impuestos y gravámenes sobre los salarios que perciban por sus servicios. A otros respectos, sólo gozarán de privilegios e inmunidades en la medida reconocida por dicho Estado. No obstante, el Estado receptor habrá de ejercer su jurisdicción sobre esas personas de modo que no estorbe indebidamente el desempeño de las funciones de la misión.

Artículo 38. 1. Excepto en la medida en que el Estado receptor conceda otros privilegios e inmunidades, el agente diplomático que sea nacional de ese Estado o tenga en él residencia permanente sólo gozará de inmunidad de jurisdicción e inviolabilidad por los actos oficiales realizados en el desempeño de sus funciones.

2. Los otros miembros de la misión y los criados particulares que sean nacionales del Estado receptor o tengan en él su residencia permanente, gozarán de los privilegios e inmunidades únicamente en la medida en que lo admita dicho Estado. No obstante, el Estado receptor habrá de ejercer su jurisdicción sobre esas personas de modo que no estorbe indebidamente el desempeño de las funciones de la misión.

Artículo 39. 1. Toda persona que tenga derecho a privilegios e inmunidades gozará de ellos desde que penetre en el territorio del Estado receptor para tomar posesión de su cargo o, si se encuentra ya en ese territorio, desde que su nombramiento haya sido comunicado al Ministerio de Relaciones Exteriores o al Ministerio que se haya convenido.

2. Cuando terminen las funciones de una persona que goce de privilegios e inmunidades, tales privilegios e inmunidades cesarán normalmente en el momento en que esa persona salga del país o en el que expire el plazo razonable que le haya sido concedido para permitirle salir de él, pero subsistirán hasta entonces, aún en caso de conflicto armado. Sin embargo, no cesará la inmunidad respecto de los actos realizados por tal persona en el ejercicio de sus funciones como miembro de la misión.

3. En caso de fallecimiento de un miembro de la misión, los miembros de su familia continuarán en el goce de los privilegios e inmunidades que les correspondan hasta la expiración de un plazo razonable en el que puedan abandonar el país.

4. En caso de fallecimiento de un miembro de la misión que no sea nacional del Estado receptor ni tenga en él residencia permanente, o de un miembro de su familia que forme parte de su casa, dicho Estado permitirá que se saquen del país los bienes muebles del fallecido, salvo los que hayan sido adquiridos en él y cuya exportación se halle prohibida en el momento del fallecimiento. No serán objeto de impuestos de sucesión los bienes muebles que se hallaren en el Estado receptor por el solo hecho de haber vivido allí el causante de la sucesión como miembro de la misión o como persona de la familia de un miembro de la misión.

Artículo 40. 1. Si un agente diplomático atraviesa el territorio de un tercer Estado que le hubiere otorgado el visado del pasaporte si tal visado fuere necesario, o se encuentra en él para ir a tomar posesión de sus funciones, para reintegrarse a su cargo o para volver a su país, el tercer Estado le concederá la inviolabilidad y todas las demás inmunidades necesarias para facilitarle el tránsito o el regreso. Esta regla será igualmente aplicable a los miembros de su familia que gocen de privilegios e inmunidades y acompañen al agente diplomático o viajen separadamente para reunirse con él o regresar a su país.

2. En circunstancias análogas a las previstas en el párrafo 1 de este artículo, los terceros Estados no habrán de dificultar el paso por su territorio de los miembros del personal administrativo y técnico, del personal de servicio de una misión o de los miembros de sus familias.

3. Los terceros Estados concederán a la correspondencia oficial y a otras comunicaciones oficiales en tránsito, incluso a los despachos en clave o en cifra, la misma libertad y protección concedida por el Estado receptor. Concederán a los correos diplomáticos a quienes hubieren otorgado el visado del pasaporte si tal visado fuere necesario, así como a las valijas diplomáticas en tránsito, la misma inviolabilidad y protección que se halla obligado a prestar el Estado receptor.

4. Las obligaciones de los terceros Estados en virtud de los párrafos 1, 2 y 3 de este artículo serán también aplicables a las personas mencionadas respectivamente en esos párrafos, así como a las comunicaciones oficiales y a las valijas diplomáticas, que se hallen en el territorio del tercer Estado a causa de fuerza mayor.

Artículo 41. 1. Sin perjuicio de sus privilegios e inmunidades, todas las personas que gocen de esos privilegios e inmunidades deberán respetar las leyes y reglamentos del Estado receptor. También están obligados a no inmiscuirse en los asuntos internos de ese Estado.

2. Todos los asuntos oficiales de que la misión esté encargada por el Estado acreditante han de ser tratados con el Ministerio de Relaciones Exteriores del Estado receptor por conducto de él, o con el Ministerio que se haya convenido.

3. Los locales de la misión no deben ser utilizados de manera incompatible con las funciones de la misión tal como están enunciadas en la presente Convención, en otras normas del derecho internacional general o en los acuerdos particulares que estén en vigor entre el Estado acreditante y el Estado receptor.

Artículo 42. El agente diplomático no ejercerá en el Estado receptor ninguna actividad profesional o comercial en provecho propio.

Artículo 43. Las funciones del agente diplomático terminarán, principalmente:

a. cuando el Estado acreditante comunique al Estado receptor que las funciones del agente diplomático han terminado; b. cuando el Estado receptor comunique al Estado acreditante que, de conformidad con el párrafo 2 del artículo 9, se niega a reconocer al agente diplomático como miembro de la misión.

Artículo 44. El Estado receptor deberá, aún en caso de conflicto armado, dar facilidades para que las personas que gozan de privilegios e inmunidades y no sean nacionales del Estado receptor, así como los miembros de sus familias, sea cual fuere su nacionalidad, puedan salir de su territorio lo más pronto posible. En especial, deberá poner a su disposición, si fuere necesario, los medios de transporte indispensables para tales personas y sus bienes.

Artículo 45. En caso de ruptura de las relaciones diplomáticas entre dos Estados, o si se pone término a una misión de modo definitivo o temporal:

a. el Estado receptor estará obligado a respetar y a proteger, aún en caso de conflicto armado, los locales de la misión así como sus bienes y archivos; b. el Estado acreditante podrá confiar la custodia de los locales de la misión, así como de sus bienes y archivos, a un tercer Estado aceptable para el Estado receptor; c. el Estado acreditante podrá confiar la protección de sus intereses y de los intereses de sus nacionales a un tercer Estado aceptable para el Estado receptor.

Artículo 46. Con el consentimiento previo del Estado receptor y a petición de un tercer Estado no representado en él, el Estado acreditante podrá asumir la protección temporal de los intereses del tercer Estado y de sus nacionales.

Artículo 47. 1. En la aplicación de las disposiciones de la presente Convención, el Estado receptor no hará ninguna discriminación entre los Estados.

2. Sin embargo, no se considerará como discriminatorio:

a. que el Estado receptor aplique con criterio restrictivo cualquier disposición de la presente Convención, porque con tal criterio haya sido aplicada a su misión en el Estado acreditante; b. que, por costumbre o acuerdo, los Estados se concedan recíprocamente un trato más favorable que el requerido en las disposiciones de la presente Convención.

Artículo 48. La presente Convención estará abierta a la firma de todos los Estados Miembros de las Naciones Unidas o de algún organismo especializado, así como de todo Estado Parte en el Estatuto de la Corte Internacional de Justicia y de cualquier otro Estado invitado por la Asamblea General de las Naciones Unidas a ser parte en la Convención, de la manera siguiente: hasta el 31 de octubre de 1961, en el Ministerio Federal de Relaciones Exteriores de Austria; y después, hasta el 31 de marzo de 1962, en la Sede de las Naciones Unidas en Nueva York.

Artículo 49. La presente Convención está sujeta a ratificación. Los instrumentos de ratificación se depositarán en poder del Secretario General de las Naciones Unidas.

Artículo 50. La presente Convención quedará abierta a la adhesión de los Estados pertenecientes a alguna de las cuatro categorías mencionadas en el artículo 48. Los instrumentos de adhesión se depositarán en poder del Secretario General de las Naciones Unidas.

Artículo 51. 1. La presente Convención entrará en vigor el trigésimo día a partir de la fecha en que haya sido depositado en poder del Secretario General de las Naciones Unidas el vigesimosegundo instrumento de ratificación o de adhesión.

2. Para cada Estado que ratifique la Convención o se adhiera a ella después de haber sido depositado el vigesimosegundo instrumento de ratificación o de adhesión, la Convención entrará en vigor el trigésimo día a partir de la fecha en que tal Estado haya depositado su instrumento de ratificación o de adhesión.

Artículo 52. El Secretario General de las Naciones Unidas comunicará a todos los Estados pertenecientes a cualquiera de las cuatro categorías mencionadas en el artículo 48:

a. qué países han firmado la presente Convención y cuáles han depositado los instrumentos de ratificación o adhesión, de conformidad con lo dispuesto en los artículos 48, 49 y 50. b. en qué fecha entrará en vigor la presente Convención, de conformidad con lo dispuesto en el artículo 51.

Artículo 53. El original de la presente Convención, cuyos textos chino, español, francés, inglés y ruso son igualmente auténticos, será depositado en poder del Secretario General de las Naciones Unidas, quien remitirá copia certificada a todos los Estados pertenecientes a cualquiera de las cuatro categorías mencionadas en el artículo 48.

EN TESTIMONIO DE LO CUAL, los plenipotenciarios infrascritos, debidamente autorizados por sus respectivos Gobiernos, han firmado la presente Convención.

HECHA en Viena, el día dieciocho de abril de mil novecientos sesenta y uno.

CONVENCIÓN DE VIENA SOBRE RELACIONES CONSULARES, DE 1963[19]

Los Estados Parte en la presente Convención,

Teniendo presente que han existido relaciones consulares entre los pueblos desde hace siglos,

Teniendo en cuenta los Propósitos y Principios de la Carta de las Naciones Unidas relativos a la igualdad soberana de los Estados, al mantenimiento de la paz y de la seguridad internacionales y al fomento de las relaciones de amistad entre las naciones,

Considerando que la Conferencia de las Naciones Unidas sobre Relaciones e Inmunidades Diplomáticas aprobó la Convención de Viena sobre Relaciones Diplomáticas, abierta a la firma de los Estados el 18 de abril de 1961,

Estimando que una convención internacional sobre relaciones, privilegios e inmunidades consulares contribuirá también al desarrollo de las relaciones amistosas entre las naciones, prescindiendo de sus diferencias de régimen constitucional y social,

Conscientes de que la finalidad de dichos privilegios e inmunidades no es beneficiar a particulares, sino garantizar a las oficinas consulares el eficaz desempeño de sus funciones en nombre de sus Estados respectivos,

Afirmando que las normas de derecho internacional consuetudinario continuarán rigiendo las materias que no hayan sido expresamente reguladas por las disposiciones de la presente Convención,

Han convenido lo siguiente:

Artículo 1. Definiciones. 1. A los efectos de la presente Convención, las siguientes expresiones se entenderán como se precisa a continuación:

a) por «oficina consular», todo consulado general, vice-consulado o agencia consular;

---

19 D.S. N° 709, del Ministerio de Relaciones Exteriores de Chile, publicado en el Diario Oficial el 5 de marzo de 1968.

b) por «circunscripción consular», el territorio atribuido a una oficina consular para el ejercicio de las funciones consulares;

c) por «jefe de oficina consular», la persona encargada de desempeñar tal función;

d) por «funcionario consular», toda persona, incluido el jefe de oficina consular, encargada con ese carácter del ejercicio de funciones consulares;

e) por «empleado consular», toda persona empleada en el servicio administrativo o técnico de una oficina consular;

f) por «miembro del personal de servicio», toda persona empleada en el servicio doméstico de una oficina consular;

g) por «miembros de la oficina consular», los funcionarios y empleados consulares y los miembros del personal de servicio;

h) por «miembros del personal consular», los funcionarios consulares salvo el jefe de oficina consular, los empleados consulares y los miembros del personal de servicio;

i) por «miembro del personal privado», la persona empleada exclusivamente en el servicio particular de un miembro de la oficina consular;

j) por «locales consulares», los edificios o las partes de los edificios y el terreno contiguo que, cualquiera que sea su propietario, se utilicen exclusivamente para las finalidades de la oficina consular;

k) por «archivos consulares», todos los papeles, documentos, correspondencia, libros, películas, cintas magnetofónicas y registros de la oficina consular, así como las cifras y claves, los ficheros y los muebles destinados a protegerlos y conservarlos.

2. Los funcionarios consulares son de dos clases: funcionarios consulares de carrera y funcionarios consulares honorarios. Las disposiciones del capítulo II de la presente Convención se aplican a las oficinas consulares dirigidas por funcionarios consulares de carrera; las disposiciones del capítulo III se aplican a las oficinas consulares dirigidas por funcionarios consulares honorarios.

3. La situación particular de los miembros de las oficinas consulares que son nacionales o residentes permanentes del Estado receptor se rige por el artículo 71 de la presente Convención.

CAPÍTULO I
DE LAS RELACIONES CONSULARES EN GENERAL

SECCIÓN I
ESTABLECIMIENTO Y EJERCICIO DE LAS RELACIONES CONSULARES

Artículo 2. Establecimiento de relaciones consulares. 1. El establecimiento de relaciones consulares entre Estados se efectuará por consentimiento mutuo.

2. El consentimiento otorgado para el establecimiento de relaciones diplomáticas entre dos Estados implicará, salvo indicación en contrario, el consentimiento para el establecimiento de relaciones consulares.

3. La ruptura de relaciones diplomáticas no entrañará, ipso facto, la ruptura de relaciones consulares.

Artículo 3. Ejercicio de las funciones consulares. Las funciones consulares serán ejercidas por las oficinas consulares. También las ejercerán las misiones diplomáticas según las disposiciones de la presente Convención.

Artículo 4. Establecimiento de una oficina consular. 1. No se podrá establecer una oficina consular en el territorio del Estado receptor sin su consentimiento.

2. La sede de la oficina consular, su clase y la circunscripción consular, las fijará el Estado que envía y serán aprobadas por el Estado receptor.

3. El Estado que envía no podrá modificar posteriormente la sede de la oficina consular, su clase, ni la circunscripción consular sin el consentimiento del Estado receptor.

4. También se necesitará el consentimiento del Estado receptor si un consulado general o un consulado desea abrir un viceconsulado o una agencia consular en una localidad diferente de aquélla en la que radica la misma oficina consular.

5. No se podrá abrir fuera de la sede de la oficina consular una dependencia que forme parte de aquélla, sin haber obtenido previamente el consentimiento expreso del Estado receptor.

Artículo 5. Funciones consulares. Las funciones consulares consistirán en:

a) proteger en el Estado receptor los intereses del Estado que envía y de sus nacionales, sean personas naturales o jurídicas, dentro de los límites permitidos por el derecho internacional;

b) fomentar el desarrollo de las relaciones comerciales, económicas, culturales y científicas entre el Estado que envía y el Estado receptor, y promover además las relaciones amistosas entre los mismos, de conformidad con las disposiciones de la presente Convención;

c) informarse por todos los medios lícitos de las condiciones y de la evolución de la vida comercial, económica, cultural y científica del Estado receptor, informar al respecto al gobierno del Estado que envía y proporcionar datos a las personas interesadas;

d) extender pasaportes y documentos de viaje a los nacionales del Estado que envía, y visados o documentos adecuados a las personas que deseen viajar a dicho Estado;

e) prestar ayuda y asistencia a los nacionales del Estado que envía, sean personas naturales o jurídicas;

f) actuar en calidad de notario, en la de funcionario de registro civil, y en funciones similares y ejercitar otras de carácter administrativo, siempre que no se opongan las leyes y reglamentos del Estado receptor;

g) velar, de acuerdo con las leyes y reglamentos del Estado receptor, por los intereses de los nacionales del Estado que envía, sean personas naturales o jurídicas, en los casos de sucesión por causa de muerte que se produzcan en el territorio del Estado receptor;

h) velar, dentro de los límites que impongan las leyes y reglamentos del Estado receptor, por los intereses de los menores y de otras personas que carezcan de capacidad plena y que sean nacionales del Estado que envía, en particular cuando se requiera instituir para ellos una tutela o una curatela;

i) representar a los nacionales del Estado que envía o tomar las medidas convenientes para su representación ante los tribunales y otras autoridades del Estado receptor, de conformidad con la práctica y los procedimientos en vigor en este último, a fin de lograr que, de acuerdo con las leyes y reglamentos del mismo, se adopten las medidas provisionales de preservación de los derechos e intereses de esos nacionales, cuando, por estar ausentes o por cualquier otra causa, no puedan defenderlos oportunamente;

j) comunicar decisiones judiciales y extrajudiciales y diligenciar comisiones rogatorias de conformidad con los acuerdos internacionales en vigor y, a falta de los mismos, de manera que sea compatible con las leyes y reglamentos del Estado receptor;

k) ejercer, de conformidad con las leyes y reglamentos del Estado que envía, los derechos de control o inspección de los buques que tengan la nacionalidad de dicho Estado, y de las aeronaves matriculadas en el mismo y, también, de sus tripulaciones;

l) prestar ayuda a los buques y aeronaves a que se refiere el apartado k) de este artículo y, también, a sus tripulaciones; recibir declaración sobre el viaje de esos buques, encaminar y refrendar los documentos de a bordo y, sin perjuicio de las facultades de las autoridades del Estado receptor, efectuar encuestas sobre los incidentes ocurridos en la travesía y resolver los litigios de todo orden que se planteen entre el capitán, los oficiales, los marineros, siempre que lo autoricen las leyes y reglamentos del Estado que envía;

m) ejercer las demás funciones confiadas por el Estado que envía a la oficina consular que no estén prohibidas por las leyes y reglamentos del Estado receptor o a las que éste no se oponga, o las que le sean atribuidas por los acuerdos internacionales en vigor entre el Estado que envía y el receptor.

Artículo 6. Ejercicio de funciones consulares fuera de la circunscripción consular. En circunstancias especiales, el funcionario consular podrá, con el consentimiento del Estado receptor, ejercer sus funciones fuera de su circunscripción consular.

Artículo 7. Ejercicio de funciones consulares en terceros estados. El Estado que envía podrá, después de notificarlo a los Estados interesados y salvo que uno de estos se oponga expresamente a ello, encargar a una oficina consular establecida en un Estado, que asuma el ejercicio de funciones consulares en otros Estados.

Artículo 8. Ejercicio de funciones consulares por cuenta de un tercer estado. Una oficina consular del Estado que envía podrá, previa la adecuada notificación al Estado receptor y siempre que éste no se oponga, ejercer funciones consulares por cuenta de un tercer Estado, en el Estado receptor.

Artículo 9. Categorías de jefes de oficina consular. 1. Los jefes de oficina consular serán de cuatro categorías:

a. cónsules generales;
b. cónsules;
c. vicecónsules;
d. agentes consulares.

2. El párrafo 1 de este artículo no limitará en modo alguno el derecho de cualquiera de las Partes Contratantes a determinar en la denominación de funcionarios consulares que no sean jefes de oficina consular.

Artículo 10. Nombramiento y admisión de los jefes de oficina consular. 1. Los jefes de oficina consular serán nombrados por el Estado que envía y serán admitidos al ejercicio de sus funciones por el Estado receptor.

2. Sin perjuicio de las disposiciones de la presente Convención, los procedimientos de nombramiento y admisión del jefe de oficina consular serán determinados por las leyes, reglamentos y usos del Estado que envía y del Estado receptor, respectivamente.

Artículo 11. Carta patente o notificación de nombramiento. 1. El jefe de la oficina consular será provisto por el Estado que envía de un documento que acredite su calidad, en forma de carta patente u otro instrumento similar, extendido para cada nombramiento y en el que indicará, por lo general, su nombre completo, su clase y categoría, la circunscripción consular y la sede de la oficina consular.

2. El Estado que envía transmitirá la carta patente o instrumento similar, por vía diplomática o por otra vía adecuada, al gobierno del Estado en cuyo territorio el jefe de oficina consular haya de ejercer sus funciones.

3. Si el Estado receptor lo acepta, el Estado que envía podrá remitir al primero, en vez de la carta patente u otro instrumento similar, una notificación que contenga los datos especificados en el párrafo 1 de este artículo.

Artículo 12. Exequátur. 1. El jefe de oficina consular será admitido al ejercicio de sus funciones por una autorización del Estado receptor llamada exequátur, cualquiera que sea la forma de esa autorización.

2. El Estado que se niegue a otorgar el exequátur no estará obligado a comunicar al Estado que envía los motivos de esa negativa.

3. Sin perjuicio de lo dispuesto en los artículos 13 y 15, el jefe de oficina consular no podrá iniciar sus funciones antes de haber recibido el exequátur.

Artículo 13. Admisión provisional del jefe de oficina consular. Hasta que se le conceda el exequátur, el jefe de oficina consular podrá ser admitido provisionalmente al ejercicio de sus funciones. En este caso le serán aplicables las disposiciones de la presente Convención.

Artículo 14. Notificación a las autoridades de la circunscripción consular. Una vez que se haya admitido al jefe de oficina consular, aunque sea provisionalmente, al ejercicio de sus funciones, el Estado receptor estará obligado a comunicarlo sin dilación a las autoridades competentes de la circunscripción consular. Asimismo estará obligado a velar por que se tomen las medidas necesarias para que el jefe de oficina consular pueda cumplir los deberes de su cargo y beneficiarse de las disposiciones de la presente Convención.

Artículo 15. Ejercicio temporal de las funciones de jefe de la oficina consular. 1. Si quedase vacante el puesto de jefe de la oficina consular, o si el jefe no pudiese ejercer sus funciones, podrá actuar provisionalmente, en calidad de tal, un jefe interino.

2. El nombre completo del jefe interino será comunicado al Ministerio de Relaciones Exteriores del Estado receptor o a la autoridad designada por éste, por la misión diplomática del Estado que envía o, si éste no tuviera tal misión en el Estado receptor, por el jefe de la oficina consular o, en caso de que éste no pudiese hacerlo, por cualquier autoridad competente del Estado que envía. Como norma general, dicha notificación deberá hacerse con antelación. El Estado receptor podrá subordinar a su aprobación la admisión como jefe interino de una persona que no sea agente diplomático ni funcionario consular del Estado que envía en el Estado receptor.

3. Las autoridades competentes del Estado receptor deberán prestar asistencia y protección al jefe interino. Durante su gestión, le serán aplicables las disposiciones de la presente Convención, en las mismas condiciones que al jefe de oficina consular de que se trate. Sin embargo, el Estado receptor no estará obligado a otorgar a un jefe interino las facilidades, privilegios e inmunidades de que goce el titular, en el caso de que en aquél no concurran las mismas condiciones que reúna el titular.

4. Cuando en los casos previstos en el párrafo 1 de este artículo, el Estado que envía designe a un miembro del personal diplomático de su misión diplomática en el Estado receptor como jefe interino de una oficina consular, continuará gozando de los privilegios e inmunidades diplomáticos, si el Estado receptor no se opone a ello.

Artículo 16. Precedencia de los jefes de oficinas consulares. 1. El orden de precedencia de los jefes de oficina consular estará determinado, en su respectiva categoría, por la fecha de concesión del exequátur.

2. Sin embargo, en el caso de que el jefe de oficina consular sea admitido provisionalmente al ejercicio de sus funciones antes de obtener el exequátur, la fecha de esta admisión determinará el orden de precedencia, que se mantendrá aun después de concedido el mismo.

3. El orden de precedencia de dos o más jefes de oficina consular que obtengan en la misma fecha el exequátur o la admisión provisional, estará determinado por la fecha de presentación de sus cartas patentes o instrumentos similares, o de las notificaciones a que se refiere el párrafo 3 del artículo 11.

4. Los jefes interinos seguirán, en el orden de precedencia, a los jefes de oficina titulares y, entre ellos, la precedencia estará determinada por la fecha en que asuman sus funciones como tales y que será la que conste en las notificaciones a las que se refiere el párrafo 2 del artículo 15.

5. Los funcionarios consulares honorarios que sean jefes de oficina seguirán a los jefes de oficina consular de carrera en el orden de precedencia en su respectiva categoría, según el orden y las normas establecidas en los párrafos anteriores.

6. Los jefes de oficina consular tendrán precedencia sobre los funcionarios consulares que no lo sean.

Artículo 17. Cumplimiento de actos diplomáticos por funcionarios consulares. 1. En un Estado en que el Estado que envía no tenga misión diplomática y en el que no esté representado por la de un tercer Estado, se podrá autorizar a un funcionario consular, con el consentimiento del Estado receptor y sin que ello afecte a su estatus consular, a que realice actos diplomáticos. La ejecución de esos actos por un funcionario consular no le concederá derecho a privilegios e inmunidades diplomáticos.

2. Un funcionario consular podrá, previa notificación al Estado receptor, actuar como representante del Estado que envía cerca de cualquier organización intergubernamental. En el cumplimiento de esas funciones tendrá derecho a gozar de todos los privilegios e inmunidades que el derecho internacional consuetudinario o los acuerdos internacionales concedan a esos representantes. Sin embargo, en el desempeño de cualquier función consular no tendrá derecho a una mayor inmunidad de jurisdicción que la reconocida a un funcionario consular en virtud de la presente Convención.

Artículo 18. Nombramiento de la misma persona como funcionario consular por dos o más estados. Dos o más Estados podrán, con el consentimiento del Estado receptor, designar a la misma persona como funcionario consular en ese Estado.

Artículo 19. Nombramiento de miembros del personal consular. 1. A reserva de lo dispuesto en los artículos 20, 22 y 23, el Estado que envía podrá nombrar libremente a los miembros del personal consular.

2. El Estado que envía comunicará al Estado receptor el nombre completo, la clase y la categoría de todos los funcionarios consulares que no sean jefes de oficina consular, con la antelación suficiente para que el Estado receptor pueda, si lo considera oportuno, ejercer el derecho que le confiere el párrafo 3 del artículo 23.

3. El Estado que envía podrá, si sus leyes y reglamentos lo exigen, pedir al Estado receptor que conceda el exequátur a un funcionario consular que no sea jefe de una oficina consular.

4. El Estado receptor podrá, si sus leyes y reglamentos lo exigen, conceder el exequátur a un funcionario consular que no sea jefe de oficina consular.

Artículo 20. Número de miembros de la oficina consular. El Estado receptor podrá, cuando no exista un acuerdo expreso sobre el número de miembros de la oficina consular, exigir que ese número se mantenga dentro de los límites que considere razonables y normales, según las circunstancias y condiciones de la circunscripción consular y las necesidades de la oficina consular de que se trate.

Artículo 21. Precedencia de los funcionarios consulares de una oficina consular. La misión diplomática del Estado que envía o, a falta de tal misión en el Estado receptor, el jefe de la oficina consular, comunicará al Ministerio de Relaciones Exteriores del Estado receptor, o a la autoridad que éste designe, el orden de precedencia de los funcionarios de una oficina consular y cualquier modificación del mismo.

Artículo 22. Nacionalidad de los funcionarios consulares. 1. Los funcionarios consulares habrán de tener, en principio, la nacionalidad del Estado que envía.

2. No podrá nombrarse funcionarios consulares a personas que tengan la nacionalidad del Estado receptor, excepto con el consentimiento expreso de ese Estado, que podrá retirarlo en cualquier momento.

3. El Estado receptor podrá reservarse el mismo derecho respecto de los nacionales de un tercer Estado que no sean al mismo tiempo nacionales del Estado que envía.

Artículo 23. Persona declarada «non grata». 1. El Estado receptor podrá comunicar en todo momento al Estado que envía que un funcionario consular es persona non grata, o que cualquier otro miembro del personal ya no es aceptable. En ese caso, el Estado que envía retirará a esa persona, o pondrá término a sus funciones en la oficina consular, según proceda.

2. Si el Estado que envía se negase a ejecutar o no ejecutase en un plazo razonable las obligaciones que le incumben a tenor de lo dispuesto en el párrafo 1 de este artículo, el Estado receptor podrá retirar el exequátur a dicha persona, o dejar de considerarla como miembro del personal consular.

3. Una persona designada miembro de la oficina consular podrá ser declarada no aceptable antes de su llegada al territorio del Estado receptor, o antes de que inicie sus funciones en aquélla si está ya en dicho Estado. En cualquiera de esos casos el Estado que envía deberá retirar el nombramiento.

4. En los casos a los que se refieren los párrafos 1 y 3 de este artículo, el Estado receptor no estará obligado a exponer al Estado que envía los motivos de su decisión.

Artículo 24. Notificación al estado receptor de los nombramientos, llegadas y salidas. 1. Se notificarán al Ministerio de Relaciones Exteriores del Estado receptor, o a la autoridad que éste designe:

a) el nombramiento de los miembros de una oficina consular, su llegada una vez nombrados para la misma, su salida definitiva o la terminación de sus funciones y los demás cambios de su condición jurídica que puedan ocurrir durante su servicio en la oficina consular;

b) la llegada y la salida definitiva de toda persona de la familia de un miembro de la oficina consular que viva en su casa y, cuando proceda, el hecho de que una persona entre a formar parte de esa familia o deje de pertenecer a la misma;

c) la llegada y la salida definitiva de los miembros del personal privado y, cuando proceda, el hecho de que terminen sus servicios como tales;

d) la contratación de personas residentes en el Estado receptor en calidad de miembros de una oficina consular o de miembros del personal privado que tengan derecho a privilegios e inmunidades, así como el despido de las mismas.

2. La llegada y la salida definitiva se notificarán también con antelación, siempre que sea posible.

SECCIÓN II
TERMINACIÓN DE LAS FUNCIONES CONSULARES

Artículo 25. Terminación de las funciones de un miembro de la oficina consular. Las funciones de un miembro de la oficina consular terminarán inter alia:

a. por la notificación del Estado que envía al Estado receptor de que se ha puesto término a esas funciones;

b. por la revocación del exequátur;

c) por la notificación del Estado receptor al Estado que envía de que ha cesado de considerar a la persona de que se trate como miembro del personal consular.

Artículo 26. Salida del territorio del estado receptor. Aun en caso de conflicto armado, el Estado receptor deberá dar a los miembros de la oficina consular y a los miembros del personal privado, que no sean nacionales del Estado receptor, y a los miembros de su familia que vivan en su casa, cualquiera que sea su nacionalidad, el plazo necesario y las facilidades precisas para que puedan preparar su viaje y salir lo antes posible, una vez que tales personas hayan terminado sus funciones. En especial, deberá poner a su disposición, si fuere necesario, los medios de transporte indispensables para dichas personas y sus bienes, con excepción de los adquiridos en el Estado receptor cuya exportación esté prohibida en el momento de la salida.

Artículo 27. Protección de los locales y archivos consulares y de los intereses del estado que envía en circunstancias excepcionales. 1. En caso de ruptura de las relaciones consulares entre dos Estados:

a) el Estado receptor estará obligado a respetar y a proteger, incluso en caso de conflicto armado, los locales consulares, los bienes de la oficina consular y sus archivos;

b) el Estado que envía podrá confiar la custodia de los locales consulares, de los bienes que en ellos se hallen y de los archivos, a un tercer Estado que sea aceptable para el Estado receptor;

c) el Estado que envía podrá confiar la protección de sus intereses y de los intereses de sus nacionales a un tercer Estado, que sea aceptable para el Estado receptor.

2. En caso de clausura temporal o definitiva de una oficina consular, se aplicarán las disposiciones del apartado a) del párrafo 1 de este artículo. Además,

a) si el Estado que envía, aunque no estuviese representado en el Estado receptor por una misión diplomática, tuviera otra oficina consular en el territorio de ese Estado, se podrá encargar a la misma de la custodia de los locales consulares que hayan sido clausurados, de los bienes que en ellos se encuentren y de los archivos consulares y, con el consentimiento del Estado receptor, del ejercicio de las funciones consulares en la circunscripción de dicha oficina consular; o

b) si el Estado que envía no tiene misión diplomática ni otra oficina consular en el Estado receptor, se aplicarán las disposiciones de los apartados b) y c) del párrafo 1 de este artículo.

CAPÍTULO II
FACILIDADES, PRIVILEGIOS E INMUNIDADES RELATIVOS A LAS OFICINAS CONSULARES, A LOS FUNCIONARIOS CONSULARES DE CARRERA Y A OTROS MIEMBROS DE LA OFICINA CONSULAR

SECCIÓN I
FACILIDADES, PRIVILEGIOS E INMUNIDADES RELATIVOS A LA OFICINA CONSULAR

Artículo 28. Facilidades concedidas a la oficina consular para su labor. El Estado receptor concederá todas las facilidades para el ejercicio de las funciones de la oficina consular.

Artículo 29. Uso de la bandera y del escudo nacionales. 1. El Estado que envía tendrá derecho a usar su bandera y su escudo nacionales en el Estado receptor, de conformidad con las disposiciones de este artículo.

2. El Estado que envía podrá izar su bandera y poner su escudo en el edificio ocupado por la oficina consular, en su puerta de entrada, en la residencia del jefe de la oficina consular y en sus medios de transporte, cuando éstos se utilicen para asuntos oficiales.

3. Al ejercer los derechos reconocidos por este artículo, se tendrán en cuenta las leyes, los reglamentos y los usos del Estado receptor.

Artículo 30. Locales. 1. El Estado receptor deberá facilitar, de conformidad con sus leyes y reglamentos, la adquisición en su territorio por el Estado que envía de los locales necesarios para la oficina consular, o ayudarle a obtenerlos de alguna otra manera.

2. Cuando sea necesario, ayudará también a la oficina consular a conseguir alojamiento adecuado para sus miembros.

Artículo 31. Inviolabilidad de los locales consulares. 1. Los locales consulares gozarán de la inviolabilidad que les concede este artículo.

2. Las autoridades del Estado receptor no podrán penetrar en la parte de los locales consulares que se utilice exclusivamente para el trabajo de la oficina consular, salvo con el consentimiento del jefe de la oficina consular, o de una persona que él designe, o del jefe de la misión diplomática del Estado que envía. Sin embargo, el consentimiento del jefe de oficina consular se presumirá en caso de incendio, o de otra calamidad que requiera la adopción inmediata de medidas de protección.

3. Con sujeción a las disposiciones del párrafo 2 de este artículo, el Estado receptor tendrá la obligación especial de adoptar todas las medidas apropiadas para proteger los locales consulares, con arreglo a las disposiciones de los párrafos anteriores, contra toda intrusión o daño y para evitar que se perturbe la tranquilidad de la oficina consular o se atente contra su dignidad.

4. Los locales consulares, sus muebles, los bienes de la oficina consular y sus medios de transporte, no podrán ser objeto de ninguna requisa, por

razones de defensa nacional o de utilidad pública. Si para estos fines fuera necesaria la expropiación, se tomarán las medidas posibles para evitar que se perturbe el ejercicio de las funciones consulares y se pagará al Estado que envía una compensación inmediata, adecuada y efectiva.

Artículo 32. Exención fiscal de los locales consulares. 1. Los locales consulares y la residencia del jefe de la oficina consular de carrera de los que sea propietario o inquilino el Estado que envía, o cualquiera persona que actúe en su representación, estarán exentos de todos los impuestos y gravámenes nacionales, regionales y municipales, excepto de los que constituyan el pago de determinados servicios prestados.

2. La exención fiscal a que se refiere el párrafo 1 de este artículo, no se aplicará a los impuestos y gravámenes que, conforme a la legislación del Estado receptor, deba satisfacer la persona que contrate con el Estado que envía o con la persona que actúe en su representación.

Artículo 33. Inviolabilidad de los archivos y documentos consulares. Los archivos y documentos consulares son siempre inviolables dondequiera que se encuentren.

Artículo 34. Libertad de tránsito. Sin perjuicio de lo dispuesto en sus leyes y reglamentos relativos a las zonas de acceso prohibido o limitado por razones de seguridad nacional, el Estado receptor garantizará la libertad de tránsito y de circulación en su territorio a todos los miembros de la oficina consular.

Artículo 35. Libertad de comunicación. 1. El Estado receptor permitirá y protegerá la libertad de comunicación de la oficina consular para todos los fines oficiales. La oficina consular podrá utilizar todos los medios de comunicación apropiados, entre ellos los correos diplomáticos o consulares, la valija diplomática o consular y los mensajes en clave o cifra, para comunicarse con el gobierno, con las misiones diplomáticas y con los demás consulados del Estado que envía, dondequiera que se encuentren. Sin embargo, solamente con el consentimiento del Estado receptor, podrá la oficina consular instalar y utilizar una emisora de radio.

2. La correspondencia oficial de la oficina consular será inviolable. Por correspondencia oficial se entenderá toda correspondencia relativa a la oficina consular y a sus funciones.

3. La valija consular no podrá ser abierta ni retenida. No obstante, si las autoridades competentes del Estado receptor tuviesen razones fundadas para creer que la valija contiene algo que no sea la correspondencia, los documentos o los objetos a los que se refiere el párrafo 4 de este artículo, podrán pedir que la valija sea abierta, en su presencia, por un representante autorizado del Estado que envía. Si las autoridades del Estado que envía rechazasen la petición, la valija será devuelta a su lugar de origen.

4. Los bultos que constituyan la valija consular deberán ir provistos de signos exteriores visibles, indicadores de su carácter, y sólo podrán contener correspondencia y documentos oficiales, u objetos destinados exclusivamente al uso oficial.

5. El correo consular deberá llevar consigo un documento oficial en el que se acredite su condición de tal y el número de bultos que constituyan la valija consular. Esa persona no podrá ser nacional del Estado receptor ni, a menos que sea nacional del Estado que envía, residente permanente en el Estado receptor, excepto si lo consiente dicho Estado. En el ejercicio de sus funciones estará protegida por el Estado receptor. Gozará de inviolabilidad personal y no podrá ser objeto de ninguna forma de detención o arresto.

6. El Estado que envía, su misión diplomática y sus oficinas consulares podrán designar correos consulares especiales. En ese caso, serán también aplicables las disposiciones del párrafo 5 de este artículo, con la salvedad de que las inmunidades que en él se especifican dejarán de ser aplicables cuando dicho correo haya entregado la valija consular a su cargo al destinatario.

7. La valija consular podrá ser confiada al comandante de un buque, o de una aeronave comercial, que deberá aterrizar en un aeropuerto autorizado para la entrada. Este comandante llevará consigo un documento oficial en el que conste el número de bultos que constituyan la valija, pero no será considerado como correo consular. La oficina consular podrá enviar

a uno de sus miembros a hacerse cargo de la valija, directa y libremente de manos del comandante del buque o de la aeronave, previo acuerdo con las autoridades locales competentes.

Artículo 36. Comunicación con los nacionales del estado que envía. 1. Con el fin de facilitar el ejercicio de las funciones consulares relacionadas con los nacionales del Estado que envía:

a) los funcionarios consulares podrán comunicarse libremente con los nacionales del Estado que envía y visitarlos. Los nacionales del Estado que envía deberán tener la misma libertad de comunicarse con los funcionarios consulares de ese Estado y de visitarlos;

b) si el interesado lo solicita, las autoridades competentes del Estado receptor deberán informar sin retraso alguno a la oficina consular competente en ese Estado cuando, en su circunscripción, un nacional del Estado que envía sea arrestado de cualquier forma, detenido o puesto en prisión preventiva. Cualquier comunicación dirigida a la oficina consular por la persona arrestada, detenida o puesta en prisión preventiva, le será asimismo transmitida sin demora por dichas autoridades, las cuales habrán de informar sin dilación a la persona interesada acerca de los derechos que se le reconocen en este apartado;

c) los funcionarios consulares tendrán derecho a visitar al nacional del Estado que envía que se halle arrestado, detenido o en prisión preventiva, a conversar con él y a organizar su defensa ante los tribunales. Asimismo, tendrán derecho a visitar a todo nacional del Estado que envía que, en su circunscripción, se halle arrestado, detenido o preso en cumplimiento de una sentencia. Sin embargo, los funcionarios consulares se abstendrán de intervenir en favor del nacional detenido, cuando éste se oponga expresamente a ello.

2. Las prerrogativas a las que se refiere el párrafo 1 de este artículo se ejercerán con arreglo a las leyes y reglamentos del Estado receptor, debiendo entenderse, sin embargo, que dichas leyes y reglamentos no impedirán que tengan pleno efecto los derechos reconocidos por este artículo.

Artículo 37. Información en casos de defunción, tutela, curatela, naufragio y accidentes aéreos. Cuando las autoridades competentes del Estado receptor posean la información correspondiente, dichas autoridades estarán obligadas:

a) a informe sin retraso, en caso de defunción de un nacional del Estado que envía, a la oficina consular en cuya circunscripción ocurra el fallecimiento;

b) a comunicar sin retraso, a la oficina consular competente, todos los casos en que el nombramiento de tutor o de curador sea de interés para un menor o un incapacitado nacional del Estado que envía. El hecho de que se facilite esa información, no será obstáculo para la debida aplicación de las leyes y reglamentos relativos a esos nombramientos;

c) a informar sin retraso, a la oficina consular más próxima al lugar del accidente, cuando un buque, que tenga la nacionalidad del Estado que envía, naufrague o encalle en el mar territorial o en las aguas interiores del Estado receptor, o cuando un avión matriculado en el Estado que envía sufra un accidente en territorio del Estado receptor.

Artículo 38. Comunicación con las autoridades del estado receptor. Los funcionarios consulares podrán dirigirse en el ejercicio de sus funciones:

a) a las autoridades locales competentes de su circunscripción consular;

b) a las autoridades centrales competentes del Estado receptor, siempre que sea posible y en la medida que lo permitan sus leyes, reglamentos y usos y los acuerdos internacionales correspondientes.

Artículo 39. Derechos y aranceles consulares. 1. La oficina consular podrá percibir en el territorio del Estado receptor los derechos y aranceles que establezcan las leyes y reglamentos del Estado que envía para las actuaciones consulares.

2. Las cantidades percibidas en concepto de los derechos y aranceles previstos en el párrafo 1 de este artículo y los recibos correspondientes, estarán exentos de todo impuesto y gravamen en el Estado receptor.

SECCIÓN II
FACILIDADES, PRIVILEGIOS E INMUNIDADES RELATIVOS A LOS FUNCIONARIOS CONSULARES DE CARRERA Y A LOS DEMÁS MIEMBROS DE LA OFICINA CONSULAR

Artículo 40. Protección de los funcionarios consulares. El Estado receptor deberá tratar a los funcionarios consulares con la debida deferencia y adoptará todas las medidas adecuadas para evitar cualquier atentado contra su persona, su libertad o su dignidad.

Artículo 41. Inviolabilidad personal de los funcionarios consulares. 1. Los funcionarios consulares no podrán ser detenidos o puestos en prisión preventiva sino cuando se trate de un delito grave y por decisión de la autoridad judicial competente.

2. Excepto en el caso previsto en el párrafo 1 de este artículo, los funcionarios consulares no podrán ser detenidos ni sometidos a ninguna otra forma de limitación de su libertad personal, sino en virtud de sentencia firme.

3. Cuando se instruya un procedimiento penal contra un funcionario consular, éste estará obligado a comparecer ante las autoridades competentes. Sin embargo, las diligencias se practicarán con la deferencia debida al funcionario consular en razón de su posición oficial y, excepto en el caso previsto en el párrafo 1 de este artículo, de manera que perturbe lo menos posible el ejercicio de las funciones consulares. Cuando en las circunstancias previstas en el párrafo 1 de este artículo sea necesario detener a un funcionario consular, el correspondiente procedimiento contra él deberá iniciarse sin la menor dilación.

Artículo 42. Comunicación en caso de arresto, detención preventiva o instrucción de un procedimiento penal. Cuando se arreste o detenga preventivamente a un miembro del personal consular, o se le instruya un procedimiento penal, el Estado receptor estará obligado a comunicarlo sin demora al jefe de oficina consular. Si esas medidas se aplicasen a este último, el Estado receptor deberá poner el hecho en conocimiento del Estado que envía, por vía diplomática.

Artículo 43. Inmunidad de jurisdicción. 1. Los funcionarios consulares y los empleados consulares no estarán sometidos a la jurisdicción de las autoridades judiciales y administrativas del Estado receptor por los actos ejecutados en el ejercicio de las funciones consulares.

2. Las disposiciones del párrafo 1 de este artículo no se aplicarán en el caso de un procedimiento civil:

a) que resulte de un contrato que el funcionario consular, o el empleado consular, no haya concertado, explícita o implícitamente, como agente del Estado que envía, o

b) que sea entablado por un tercero como consecuencia de daños causados por un accidente de vehículo, buque o avión, ocurrido en el Estado receptor.

Artículo 44. Obligación de comparecer como testigo. 1. Los miembros del consulado podrán ser llamados a comparecer como testigos en procedimientos judiciales o administrativos. Un empleado consular o un miembro del personal de servicio no podrá negarse, excepto en el caso al que se refiere el párrafo 3 de este artículo, a deponer como testigo. Si un funcionario consular se negase a hacerlo, no se le podrá aplicar ninguna medida coactiva o sanción.

2. La autoridad que requiera el testimonio deberá evitar que se perturbe al funcionario consular en el ejercicio de sus funciones. Podrá recibir el testimonio del funcionario consular en su domicilio o en la oficina consular, o aceptar su declaración por escrito, siempre que sea posible.

3. Los miembros de una oficina consular no estarán obligados a deponer sobre hechos relacionados con el ejercicio de sus funciones, ni a exhibir la correspondencia y los documentos oficiales referentes a aquellos. Asimismo, podrán negarse a deponer como expertos respecto de las leyes del Estado que envía.

Artículo 45. Renuncia a los privilegios e inmunidades. 1. El Estado que envía podrá renunciar, respecto de un miembro de la oficina consular, a cualquiera de los privilegios e inmunidades establecidos en los artículos 41, 43 y 44.

2. La renuncia habrá de ser siempre expresa, excepto en el caso previsto en el párrafo 3 de este artículo, y habrá de comunicarse por escrito al Estado receptor.

3. Si un funcionario consular o un empleado consular entablase una acción judicial en una materia en que goce de inmunidad de jurisdicción conforme al artículo 43, no podrá alegar esa inmunidad en relación con cualquier demanda reconvencional que esté directamente ligada a la demanda principal.

4. La renuncia a la inmunidad de jurisdicción respecto de acciones civiles o administrativas no implicará, en principio, la renuncia a la inmunidad en cuanto a las medidas de ejecución de la resolución que se dicte, que requerirán una renuncia especial.

Artículo 46. Exención de la inscripción de extranjeros y del permiso de residencia. 1. Los funcionarios y empleados consulares y los miembros de su familia que vivan en su casa, estarán exentos de todas las obligaciones prescritas por las leyes y reglamentos del Estado receptor relativos a la inscripción de extranjeros y al permiso de residencia.

2. Sin embargo, las disposiciones del párrafo 1 de este artículo no se aplicarán a los empleados consulares que no sean empleados permanentes del Estado que envía o que ejerzan en el Estado receptor una actividad privada de carácter lucrativo, ni a los miembros de la familia de esos empleados.

Artículo 47. Exención del permiso de trabajo. 1. Los miembros de la oficina consular estarán exentos, respecto de los servicios que presten al Estado que envía, de cualquiera de las obligaciones relativas a permisos de trabajo que impongan las leyes y reglamentos del Estado receptor referentes al empleo de trabajadores extranjeros.

2. Los miembros del personal privado de los funcionarios y empleados consulares estarán exentos de las obligaciones a las que se refiere el párrafo 1 de este artículo, siempre que no ejerzan en el Estado receptor ninguna otra ocupación lucrativa.

Artículo 48. Exención del régimen de seguridad social. 1. Sin perjuicio de lo dispuesto en el párrafo 3 de este artículo, los miembros de la oficina consular y los miembros de su familia que vivan en su casa estarán exentos, en cuanto a los servicios que presten al Estado que envía, de las disposiciones sobre seguridad social que estén en vigor en el Estado receptor.

2. La exención prevista en el párrafo 1 de este artículo se aplicará también a los miembros del personal privado que estén al servicio exclusivo de los miembros de la oficina consular, siempre que:

a) no sean nacionales o residentes permanentes del Estado receptor; y

b) estén protegidos por las normas sobre seguridad social, en vigor en el Estado que envía o en un tercer Estado.

3. Los miembros de la oficina consular que empleen a personas a quienes no se aplique la exención prevista en el párrafo 2 de este artículo habrán de cumplir las obligaciones que las disposiciones de seguridad social del Estado receptor impongan a los empleadores.

4. La exención prevista en los párrafos 1 y 2 de este artículo no impedirá la participación voluntaria en el régimen de seguridad social del Estado receptor, siempre que sea permitida por ese Estado.

Artículo 49. Exención fiscal. 1. Los funcionarios y empleados consulares, y los miembros de su familia que vivan en su casa, estarán exentos de todos los impuestos y gravámenes personales o reales, nacionales, regionales y municipales, con excepción:

a) de aquellos impuestos indirectos que están normalmente incluidos en el precio de las mercancías y de los servicios;

b) de los impuestos y gravámenes sobre los bienes inmuebles privados que radiquen en el territorio del Estado receptor, salvo lo dispuesto en el artículo 32;

c) de los impuestos sobre las sucesiones y las transmisiones exigibles por el Estado receptor, a reserva de lo dispuesto en el apartado b) del artículo 51;

d) de los impuestos y gravámenes sobre los ingresos privados, incluidas las ganancias de capital, que tengan su origen en el Estado receptor y de los impuestos sobre el capital correspondientes a las inversiones realizadas en empresas comerciales o financieras en ese mismo Estado;

e) de los impuestos y gravámenes exigibles por determinados servimos prestados;

f) de los derechos de registro, aranceles judiciales, hipoteca y timbre, a reserva de lo dispuesto en el artículo 32.

2. Los miembros del personal de servicio estarán exentos de los impuestos y gravámenes sobre los salarios que perciban por sus servicios.

3. Los miembros de la oficina consular, a cuyo servicio se hallen personas cuyos sueldos o salarios no estén exentos en el Estado receptor de los impuestos sobre los ingresos, cumplirán las obligaciones que las leyes y reglamentos de ese Estado impongan a los empleadores en cuanto a la exacción de dichos impuestos.

Artículo 50. Franquicia aduanera y exención de inspección aduanera. 1. El Estado receptor permitirá, con arreglo a las leyes y reglamentos que promulgue, la entrada, con exención de todos los derechos de aduana, impuestos y gravámenes conexos, salvo los gastos de almacenaje, acarreo y servicios análogos, de los objetos destinados:

a) al uso oficial de la oficina consular;

b) al uso personal del funcionario consular y de los miembros de su familia que vivan en su casa, incluidos los efectos destinados a su instalación. Los artículos de consumo no deberán exceder de las cantidades que esas personas necesiten para su consumo directo.

2. Los empleados consulares gozarán de los privilegios y exenciones previstos en el párrafo 1 de este artículo, en relación con los objetos importados al efectuar su primera instalación.

3. El equipaje personal que lleven consigo los funcionarios consulares y los miembros de su familia que vivan en su casa estará exento de

inspección aduanera. Sólo se lo podrá inspeccionar cuando haya motivos fundados para suponer que contiene objetos diferentes de los indicados en el apartado b) del párrafo 1 de este artículo, o cuya importación o exportación esté prohibida por las leyes y reglamentos del Estado receptor, o que estén sujetos a medidas de cuarentena por parte del mismo Estado. Esta inspección sólo podrá efectuarse en presencia del funcionario consular o del miembro de su familia interesado.

Artículo 51. Sucesión de un miembro del consulado o de un miembro de su familia. En caso de defunción de un miembro de la oficina consular o de un miembro de su familia que viva en su casa, el Estado receptor estará obligado:

a. a permitir la exportación de los bienes muebles propiedad del fallecido, excepto de los que haya adquirido en el Estado receptor y cuya exportación estuviera prohibida en el momento de la defunción;

b) a no exigir impuestos nacionales, municipales o regionales sobre la sucesión ni sobre la transmisión de los bienes muebles, cuando éstos se encuentren en el Estado receptor como consecuencia directa de haber vivido allí el causante de la sucesión, en calidad de miembro de la oficina consular o de la familia de un miembro de dicha oficina consular.

Artículo 52. Exención de prestaciones personales. El Estado receptor deberá eximir a los miembros de la oficina consular y a los miembros de su familia que vivan en su casa de toda prestación personal, de todo servicio de carácter público, cualquiera que sea su naturaleza, y de cargas militares, tales como requisas, contribuciones y alojamientos militares.

Artículo 53. Principio y fin de los privilegios e inmunidades consulares. 1. Los miembros de la oficina consular gozarán de los privilegios e inmunidades regulados por la presente Convención, desde el momento en que entren en el territorio del Estado receptor para tomar posesión de su cargo o, si se encuentran ya en ese territorio, desde el momento en que asuman sus funciones en la oficina consular.

2. Los miembros de la familia de un miembro de la oficina consular que vivan en su casa, y los miembros de su personal privado, gozarán de los privilegios e inmunidades previstos en la presente Convención, desde la fecha en que el miembro del consulado goce de privilegios e inmunidades con arreglo al párrafo 1 de este artículo, o desde su entrada en el territorio del Estado receptor o desde el día en que lleguen a formar parte de la familia o del personal privado del miembro de la oficina consular. De esas fechas regirá la que sea más posterior.

3. Cuando terminen las funciones de un miembro de la oficina consular, cesarán sus privilegios e inmunidades así como los de cualquier miembro de su familia que viva en su casa y los de su personal privado; normalmente ello ocurrirá en el momento mismo en que la persona interesada abandone el territorio del Estado receptor o en cuanto expire el plazo razonable que se le concede para ello, determinándose el cese por la fecha más anterior, aunque subsistirán hasta ese momento incluso en caso de conflicto armado. Los privilegios e inmunidades de las personas a las que se refiere el párrafo 2 de este artículo terminarán en el momento en que esas personas dejen de pertenecer a la familia o de estar al servicio de un miembro de la oficina consular. Sin embargo, cuando esas personas se dispongan a salir del Estado receptor dentro de un plazo de tiempo razonable, sus privilegios e inmunidades subsistirán hasta el momento de su salida.

4. No obstante, por lo que se refiere a los actos ejecutados por un funcionario consular o un empleado consular en el ejercicio de sus funciones, la inmunidad de jurisdicción subsistirá indefinidamente.

5. En caso de fallecimiento de un miembro de la oficina consular, los miembros de su familia que vivan en su casa seguirán gozando de los privilegios e inmunidades que les correspondan hasta que salgan del Estado receptor, o hasta la expiración de un plazo prudencial que les permita abandonarlo. De estas fechas regirá la que sea más anterior.

Artículo 54. Obligaciones de los terceros estados. 1. Si un funcionario consular atraviesa el territorio o se encuentra en el territorio de un tercer Estado que, de ser necesario, le haya concedido un visado, para ir a asumir sus funciones o reintegrarse a su oficina consular o regresar al

Estado que envía, dicho tercer Estado le concederá todas las inmunidades reguladas por los demás artículos de la presente Convención que sean necesarias para facilitarle el paso o el regreso. La misma disposición será aplicable a los miembros de su familia que vivan en su casa y gocen de esos privilegios e inmunidades, tanto si acompañan al funcionario consular, como si viajan separadamente para reunirse con él o regresar al Estado que envía.

2. En condiciones análogas a las previstas en el párrafo 1 de este artículo, los terceros Estados no deberán dificultar el paso por su territorio de los demás miembros de la oficina consular y de los miembros de la familia que vivan en su casa.

3. Los terceros Estados concederán a la correspondencia oficial y a las demás comunicaciones oficiales en tránsito, incluso a los despachos en clave o en cifra, la misma libertad y protección que el Estado receptor está obligado a concederles con arreglo a la presente Convención. Concederán a los correos consulares, a los cuales, de ser necesario, se les extenderá un visado, y a las valijas consulares en tránsito, la misma inviolabilidad y protección que el Estado receptor está obligado a concederles de conformidad con la presente Convención.

4. Las obligaciones que prescriben los párrafos 1, 2 y 3 de este artículo para los terceros Estados, se aplicarán asimismo a las personas mencionadas respectivamente en dichos párrafos, y también a las comunicaciones oficiales y valijas consulares, cuya presencia en el territorio del tercer Estado se deba a un caso de fuerza mayor.

Artículo 55. Respeto de las leyes y reglamentos del Estado receptor. 1. Sin perjuicio de sus privilegios e inmunidades, todas las personas que gocen de esos privilegios e inmunidades deberán respetar las leyes y reglamentos del Estado receptor. También estarán obligadas a no inmiscuirse en los asuntos internos de dicho Estado.

2. Los locales consulares no serán utilizados de manera incompatible con el ejercicio de las funciones consulares.

3. Lo dispuesto en el párrafo 2 de este artículo no excluirá la posibilidad de instalar en parte del edificio en que se hallen los locales consulares

las oficinas de otros organismos o dependencias, siempre que los locales destinados a las mismas estén separados de los que utilice la oficina consular. En este caso, dichas oficinas no se considerarán, a los efectos de la presente Convención, como parte integrante de los locales consulares.

Artículo 56. Seguro contra daños causados a terceros. Los miembros de la oficina consular deberán cumplir todas las obligaciones que impongan las leyes y reglamentos del Estado receptor relativas al seguro de responsabilidad civil por daños causados a terceros por la utilización de vehículos, buques o aviones.

Artículo 57. Disposiciones especiales sobre las actividades privadas de carácter lucrativo. 1. Los funcionarios consulares de carrera no ejercerán en provecho propio ninguna actividad profesional o comercial en el Estado receptor.

2. Los privilegios e inmunidades previstos en este capítulo no se concederán:

a) a los empleados consulares o a los miembros del personal de servicio que ejerzan una actividad privada de carácter lucrativo en el Estado receptor;

b) a los miembros de la familia de las personas a que se refiere el apartado a) de este párrafo, o a su personal privado;

c) a los miembros de la familia del miembro de la oficina consular que ejerzan una actividad privada de carácter lucrativo en el Estado receptor.

CAPÍTULO III
RÉGIMEN APLICABLE A LOS FUNCIONARIOS CONSULARES HONORARIOS Y A LAS OFICINAS CONSULARES DIRIGIDAS POR LOS MISMOS

Artículo 58. Disposiciones generales relativas a facilidades, privilegios e inmunidades. 1. Los artículos 28, 29, 30, 34, 35, 36, 37, 38 y 39, el párrafo 3 del artículo 54 y los párrafos 2 y 3 del artículo 55 se aplicarán a las oficinas consulares dirigidas por un funcionario consular honorario. Además, las facilidades, los privilegios, las inmunidades de esas oficinas consulares se regirán por los artículos 59, 60, 61 y 62.

2. Los artículos 42 y 43, el párrafo 3 del artículo 44, los artículos 45 y 53 y el párrafo 1 del artículo 55 se aplicarán a los funcionarios consulares honorarios. Además, las facilidades, privilegios e inmunidades de esos funcionarios consulares se regirán por los artículos 63, 64, 65, 66 y 67.

3. Los privilegios e inmunidades establecidos en la presente Convención no se concederán a los miembros de la familia de un funcionario consular honorario, ni a los de la familia de un empleado consular de una oficina consular dirigida por un funcionario consular honorario.

4. El intercambio de valijas consulares entre dos oficinas consulares situadas en diferentes Estados y dirigidas por funcionarios consulares honorarios no se admitirá sino con el consentimiento de los dos Estados receptores.

Artículo 59. Protección de los locales consulares. El Estado receptor adoptará las medidas que sean necesarias para proteger los locales consulares de una oficina consular, cuyo jefe sea un funcionario consular honorario, contra toda intrusión o daño y para evitar que se perturbe la tranquilidad de dicha oficina consular o se atente contra su dignidad.

Artículo 60. Exención fiscal de los locales consulares. 1. Los locales consulares de una oficina consular, cuyo jefe sea un funcionario consular honorario y de los cuales sea propietario o inquilino el Estado que envía, estarán exentos de todos los impuestos y contribuciones nacionales, regionales y municipales, salvo de los exigibles en pago de determinados servicios prestados.

2. La exención fiscal a que se refiere el párrafo 1 de este artículo no será aplicable a aquellos impuestos y contribuciones que, según las leyes y reglamentos del Estado receptor, habrán de ser pagados por la persona que contrate con el Estado que envía.

Artículo 61. Inviolabilidad de los archivos y documentos consulares. Los archivos y documentos consulares de una oficina consular, cuyo jefe sea un funcionario consular honorario, serán siempre inviolables dondequiera que se encuentren, a condición de que estén separados de otros papeles y documentos y, en especial, de la correspondencia particular del jefe de la oficina consular y de la de toda persona que trabaje con él, y de los objetos, libros y documentos referentes a su profesión o a sus negocios.

Artículo 62. Franquicia aduanera. El Estado receptor, con arreglo a las leyes y reglamentos que promulgue, permitirá la entrada con exención de todos los derechos de aduana, impuestos y gravámenes conexos, salvo los gastos de almacenaje, acarreo y servicios análogos, de los siguientes artículos, cuando se destinen al uso oficial de una oficina consular dirigida por un funcionario consular honorario: escudos, banderas, letreros, timbres y sellos, libros, impresos oficiales, muebles y útiles de oficina y otros objetos análogos, que sean suministrados a la oficina consular por el Estado que envía, o a instancia del mismo.

Artículo 63. Procedimiento penal. Cuando se instruya un procedimiento penal contra un funcionario consular honorario, éste estará obligado a comparecer ante las autoridades competentes. Sin embargo, las diligencias se practicarán con la deferencia debida a ese funcionario por razón de su carácter oficial y, excepto en el caso de que esté detenido o puesto en prisión preventiva, de manera que se perturbe lo menos posible el ejercicio de las funciones consulares. Cuando sea necesario detener a un funcionario consular honorario, se iniciará el procedimiento contra él con el menor retraso posible.

Artículo 64. Protección de los funcionarios consulares honorarios. El Estado receptor tendrá la obligación de conceder al funcionario consular honorario la protección que pueda necesitar por razón de su carácter oficial.

Artículo 65. Exención de la inscripción de extranjeros y del permiso de residencia. Los funcionarios consulares honorarios, salvo aquellos que ejerzan en el Estado receptor cualquier profesión o actividad comercial en provecho propio, estarán exentos de las obligaciones prescritas por las leyes y reglamentos de ese Estado referentes a la inscripción de extranjeros y a permisos de residencia.

Artículo 66. Exención fiscal. Los funcionarios consulares honorarios estarán exentos de todos los impuestos y gravámenes sobre las retribuciones y los emolumentos que perciban del Estado que envía como consecuencia del ejercicio de funciones consulares.

Artículo 67. Exención de prestaciones personales. El Estado receptor eximirá a los funcionarios consulares honorarios de toda prestación personal y de todo servicio público, cualquiera que sea su naturaleza, y de las obligaciones de carácter militar, especialmente de las relativas a requisas, contribuciones y alojamientos militares.

Artículo 68. Carácter facultativo de la institución de los funcionarios consulares honorarios. Todo Estado podrá decidir libremente si ha de nombrar o recibir funcionarios consulares honorarios.

CAPÍTULO IV
DISPOSICIONES GENERALES

Artículo 69. Agentes consulares que no sean jefes de oficina consular. 1. Los Estados podrán decidir libremente si establecen o aceptan agencias consulares dirigidas por agentes consulares que no hayan sido designados como jefes de oficina consular por el Estado que envía.

2. Las condiciones en las cuales podrán ejercer su actividad las agencias consulares a las que se refiere el párrafo 1 de este artículo, y los privilegios e inmunidades que podrán disfrutar los agentes consulares que las dirijan, se determinarán de común acuerdo entre el Estado que envía y el Estado receptor.

Artículo 70. Ejercicio de funciones consulares por las misiones diplomáticas. 1. Las disposiciones de la presente Convención se aplicarán también, en la medida que sea procedente, al ejercicio de funciones consulares por una misión diplomática.

2. Se comunicarán al Ministerio de Relaciones Exteriores del Estado receptor o a la autoridad designada por dicho Ministerio los nombres de los miembros de la misión diplomática que estén agregados a la sección

consular, o estén encargados del ejercicio de las funciones consulares en dicha misión.

3. En el ejercicio de las funciones consulares, la misión diplomática podrá dirigirse:

a) a las autoridades locales de la circunscripción consular;

b) a las autoridades centrales del Estado receptor, siempre que lo permitan las leyes, los reglamentos y los usos de ese Estado o los acuerdos internacionales aplicables.

4. Los privilegios e inmunidades de los miembros de la misión diplomática a los que se refiere el párrafo 2 de este artículo, seguirán rigiéndose por las normas de derecho internacional relativas a las relaciones diplomáticas.

Artículo 71. Nacionales o residentes permanentes del Estado receptor. 1. Excepto en el caso de que el Estado receptor conceda otras facilidades, privilegios e inmunidades, los funcionarios consulares que sean nacionales o residentes permanentes del Estado receptor sólo gozarán de inmunidad de jurisdicción y de inviolabilidad personal por los actos oficiales realizados en el ejercicio de sus funciones, y del privilegio establecido en el párrafo 3 del artículo 44. Por lo que se refiere a estos funcionarios consulares, el Estado receptor deberá también cumplir la obligación prescrita en el artículo 42. Cuando se instruya un procedimiento penal contra esos funcionarios consulares, las diligencias se practicarán, salvo en el caso en que el funcionario esté arrestado o detenido, de manera que se perturbe lo menos posible el ejercicio de las funciones consulares.

2. Los demás miembros de la oficina consular que sean nacionales o residentes permanentes del Estado receptor y los miembros de su familia, así como los miembros de la familia de los funcionarios consulares a los que se refiere el párrafo 1 de este artículo, gozarán de facilidades, privilegios e inmunidades sólo en la medida en que el Estado receptor se los conceda. Las personas de la familia de los miembros de la oficina consular y los miembros del personal privado que sean nacionales o residentes permanentes del Estado receptor, gozarán asimismo de facilidades, privilegios e inmunidades, pero sólo en la medida en que este Estado se los otorgue.

Sin embargo, el Estado receptor deberá ejercer su jurisdicción sobre esas personas, de manera que no se perturbe indebidamente el ejercicio de las funciones de la oficina consular.

Artículo 72. No discriminación entre los Estados. 1. El Estado receptor no hará discriminación alguna entre los Estados al aplicar las disposiciones de la presente Convención.

2. Sin embargo, no se considerara discriminatorio:

a) que el Estado receptor aplique restrictivamente cualquiera de las disposiciones de la presente Convención, porque a sus oficinas consulares en el Estado que envía les sean aquéllas aplicadas de manera restrictiva;

b) que por costumbre o acuerdo, los Estados se concedan recíprocamente un trato más favorable que el establecido en las disposiciones de la presente Convención.

Artículo 73. Relación entre la presente Convención y otros acuerdos internacionales. 1. Las disposiciones de la presente Convención no afectarán a otros acuerdos internacionales en vigor entre los Estados que sean parte en los mismos.

2. Ninguna de las disposiciones de la presente Convención impedirá que los Estados concierten acuerdos internacionales que confirmen, completen, extiendan o amplíen las disposiciones de aquélla.

CAPÍTULO V
DISPOSICIONES FINALES

Artículo 74. Firma. La presente Convención estará abierta a la firma de todos los Estados Miembros de las Naciones Unidas o de algún organismo especializado, así como de todo Estado Parte en el Estatuto de la Corte Internacional de Justicia y de cualquier otro Estado invitado por la Asamblea General de las Naciones Unidas a ser Parte en la Convención, de la manera siguiente: hasta el 31 de octubre de 1963, en el Ministerio Federal de Relaciones Exteriores de la República de Austria; y después, hasta el 31 de marzo de 1964, en la Sede de las Naciones Unidas en Nueva York.

Artículo 75. Ratificación. La presente Convención está sujeta a ratificación. Los instrumentos de ratificación se depositarán en poder del Secretario General de las Naciones Unidas.

Artículo 76. Adhesión. La presente Convención quedará abierta a la adhesión de los Estados pertenecientes a alguna de las cuatro categorías mencionadas en el artículo 74. Los instrumentos de adhesión se depositarán en poder del Secretario General de las Naciones Unidas.

Artículo 77. Entrada en vigor. 1. La presente Convención entrará en vigor el trigésimo día a partir de la fecha en que haya sido depositado en poder del Secretario General de las Naciones Unidas el vigesimosegundo instrumento de ratificación o de adhesión.

2. Para cada Estado que ratifique la Convención o se adhiera a ella después de haber sido depositado el vigesimosegundo instrumento de ratificación o de adhesión, la Convención entrará en vigor el trigésimo día a partir de la fecha en que tal Estado haya depositado su instrumento de ratificación o de adhesión.

Artículo 78. Comunicaciones por el secretario general. El Secretario General de las Naciones Unidas comunicará a todos los Estados pertenecientes a cualquiera de las cuatro categorías mencionadas en el artículo 74:

a) las firmas de la presente Convención y el depósito de instrumentos de ratificación o adhesión, de conformidad con lo dispuesto en los artículos 74, 75 y 76;

b) la fecha en que entre en vigor la presente Convención, de conformidad con lo dispuesto en el artículo 77.

Artículo 79. Textos auténticos. El original de la presente Convención, cuyos textos en chino, español, francés, inglés y ruso son igualmente auténticos, será depositado en poder del Secretario General de las Naciones Unidas, quien enviará copia certificada a todos los Estados pertenecientes a cualquiera de las cuatro categorías mencionadas en el artículo 74.

En Testimonio de lo cual los infrascritos plenipotenciarios, debidamente autorizados por sus respectivos Gobiernos, firman la presente Convención.

Hecha en Viena, el día veinticuatro de abril de mil novecientos sesenta y tres.

«CONVENCIÓN INTERAMERICANA SOBRE ARBITRAJE COMERCIAL INTERNACIONAL, SUSCRITA EN PANAMÁ EL 30 DE ENERO DE 1975», (DECRETO N° 364), PUBLICADO EN EL DIARIO OFICIAL EL 12 DE JULIO DE 1976[20]

Los Gobiernos de los Estados Miembros de la Organización de los Estados Americanos, deseosos de concertar una Convención sobre Arbitraje Comercial Internacional, han acordado lo siguiente:

Artículo 1. Es válido el acuerdo de las partes en virtud del cual se obligan a someter a decisión arbitral las diferencias que pudiesen surgir o que hayan surgido entre ellas con relación a un negocio de carácter mercantil. El acuerdo respectivo constará en el escrito firmado por las partes o en el canje de cartas, telegramas o comunicaciones por télex.

Concordancias: Convención sobre el Reconocimiento y Ejecución de Sentencias Arbitrales Extranjeras, D.O. 30.10.75: Artículo II.

Artículo 2. El nombramiento de los árbitros se hará en la forma convenida por las partes. Su designación podrá delegarse a un tercero sea éste persona natural o jurídica.

Los árbitros podrán ser nacionales o extranjeros.

Concordancias: Ley 19.971 sobre Arbitraje Comercial Internacional, D.O. 29.04.04: Artículos 7, 9, Capítulo III Composición del Tribunal Arbitral.

---

20 Ratificado por Argentina, Bolivia, Brasil, Chile, Colombia, Costa Rica, Ecuador, El Salvador, Estados Unidos, Guatemala, Honduras, México, Nicaragua, Panamá, Paraguay, Perú, República Dominicana, Uruguay, Venezuela.

Artículo 3. A falta de acuerdo expreso entre las partes el arbitraje se llevará a cabo conforme a las reglas de procedimiento de la Comisión Interamericana de Arbitraje Comercial.

Artículo 4. Las sentencias o laudos arbitrales no impugnables según la ley o reglas procesales aplicables, tendrán fuerza de sentencia judicial ejecutoriada. Su ejecución o reconocimiento podrá exigirse en la misma forma que la de las sentencias dictadas por tribunales ordinarios nacionales o extranjeros, según las leyes procesales del país donde se ejecuten, y lo que establezcan al respecto los tratados internacionales.

Concordancias: Código de Procedimiento Civil: Libro III Título I Del Juicio Ejecutivo en las Obligaciones de Dar, Título II Del Procedimiento Ejecutivo en las Obligaciones de Hacer y de No Hacer. Convención sobre el Reconocimiento y Ejecución de Sentencias Arbitrales Extranjeras, D.O. 30.10.75: Artículos I y IV. Código de Derecho Internacional Privado: Artículos 430, 431. Ley 19.971 sobre Arbitraje Comercial Internacional, D.O. 29.04.04: Artículo 35.

Artículo 5. 1. Solo se podrá denegar el reconocimiento y la ejecución de la sentencia, a solicitud de la parte contra la cual es invocada, si ésta prueba ante la autoridad competente del Estado en que se pide el reconocimiento y la ejecución:

a. Que las partes en el acuerdo estaban sujetas a alguna incapacidad en virtud de la ley que les es aplicable o que dicho acuerdo no es válido en virtud de la ley a que las partes lo han sometido, o si nada se hubiere indicado a este respecto, en virtud de la ley del Estado en que se haya dictado la sentencia; o

b. Que la parte contra la cual se invoca la sentencia arbitral no haya sido debidamente notificada de la designación del árbitro o del procedimiento de arbitraje o no haya podido, por cualquier otra razón, hacer valer sus medios de defensa; o

c. Que la sentencia se refiera a una diferencia no prevista en el acuerdo de las partes de sometimiento al procedimiento arbitral; no obstante, si las disposiciones de la sentencia que se refieren a las cuestiones sometidas al arbitraje pueden separarse de las que no hayan sido sometidas al arbitraje, se podrá dar reconocimiento y ejecución a las primeras; o

d. Que la constitución del tribunal arbitral o el procedimiento arbitral no se hayan ajustado al acuerdo celebrado entre las partes o, en defecto de tal acuerdo, que la constitución del tribunal arbitral o el procedimiento arbitral no se hayan ajustado a la ley del Estado donde se haya efectuado el arbitraje; o

e. Que la sentencia no sea aún obligatoria para las partes o haya sido anulada o suspendida por una autoridad competente del Estado en que, o conforme a cuya ley, haya sido dictada esa sentencia.

2. También se podrá denegar el reconocimiento y la ejecución de una sentencia arbitral si la autoridad competente del Estado en que se pide el reconocimiento y la ejecución comprueba:

a. Que, según la ley de este Estado, el objeto de la diferencia no es susceptible de solución por vía de arbitraje; o

b. Que el reconocimiento o la ejecución de la sentencia sean contrarios al orden público del mismo Estado.

Concordancias: Código de Procedimiento Civil: Artículo 242. Convención sobre el Reconocimiento y Ejecución de Sentencias Arbitrales Extranjeras, D.O. 30.10.75: Artículo V. Código de Derecho Internacional Privado: Artículos 423 y 424. Ley 19.971 sobre Arbitraje Comercial Internacional, D.O. 29.04.04: Artículo 36.

Artículo 6. Si se ha pedido a la autoridad competente prevista en el Artículo 5, párrafo 1 e), la anulación o la suspensión de la sentencia, la autoridad ante la cual se invoca dicha sentencia podrá, si lo considera procedente, aplazar la decisión sobre la ejecución de la sentencia y, a solicitud de la parte que pida la ejecución, podrá también ordenar a la otra parte que otorgue garantías apropiadas.

Artículo 7. La presente Convención estará abierta a la firma de los Estados Miembros de la Organización de los Estados Americanos.

Artículo 8. La presente Convención está sujeta a ratificación. Los instrumentos de ratificación se depositaran en la Secretaría General de la Organización de los Estados Americanos.

Artículo 9. La presente Convención quedará abierta a la adhesión de cualquier otro Estado. Los instrumentos de adhesión se depositarán en la Secretaría General de la Organización de los Estados Americanos.

Artículo 10. La presente Convención entrará en vigor el trigésimo día a partir de la fecha en que haya sido depositado el segundo instrumento de ratificación.

Para cada Estado que ratifique la Convención o se adhiera a ella después de haber sido depositado el segundo instrumento de ratificación, la Convención entrará en vigor el trigésimo día a partir de la fecha en que tal Estado haya depositado su instrumento de ratificación o adhesión.

Artículo 11. Los Estados Partes que tengan dos o más unidades territoriales en las que rijan distintos sistemas jurídicos relacionados con cuestiones tratadas en la presente Convención, podrán declarar, en el momento de la firma, ratificación o adhesión, que la Convención se aplicará a todas sus unidades territoriales o solamente a una o más de ellas.

Tales declaraciones podrán ser modificadas mediante declaraciones ulteriores, que especificarán expresamente la o las unidades territoriales a las que se aplicará la presente Convención. Dichas declaraciones ulteriores se transmitirán a la Secretarla General de la Organización de los Estados Americanos y surtirán efecto treinta días después de recibidas.

Artículo 12. La presente Convención regirá indefinidamente, pero cualquiera de los Estados Partes podrá denunciarla. El instrumento de denuncia será depositado en la Secretaría General de la Organización de los Estados Americanos. Transcurrido un año, contado a partir de la fecha de depósito del instrumento de denuncia, la Convención cesará en sus efectos para el Estado denunciante, quedando subsistente para los demás Estados Partes.

Artículo 13. El instrumento original de la presente Convención, cuyos textos en español francés, inglés y portugués son igualmente auténticos, será depositado en la Secretaría General de la Organización de los Estados Americanos. Dicha Secretaría notificará a los Estados Miembros de la Organización de los Estados Americanos y a los Estados que se hayan adherido a la Convención, las firmas, los depósitos de instrumentos de ratificación, adhesión y denuncia, así como las reserves que hubiere. También les transmitirá las declaraciones previstas en el Artículo 11 de la presente Convención.

«CONVENCIÓN SOBRE EL RECONOCIMIENTO Y EJECUCIÓN DE LAS SENTENCIAS ARBITRALES EXTRANJERAS, SUSCRITAS EN NUEVA YORK EL 10 DE JUNIO DE 1958», (DECRETO N° 664), PUBLICADO EN EL DIARIO OFICIAL EL 30 DE OCTUBRE DE 1975[21]

Artículo I. 1.- La presente convención se aplicará al reconocimiento y la ejecución de las sentencias arbitrales dictadas en el territorio de un Estado distinto de aquel en que se pide el reconocimiento y la ejecución de dichas sentencias, y que tengan origen en las diferencias entre personas naturales o jurídicas. Se aplicará también a las sentencias arbitrales que

---

21 Ratificado por Afganistán, Albania, Alemania, Antigua y Barbuda, Arabia Saudita, Argelia, Argentina, Armenia, Australia, Austria, Azerbaiyán, Bahamas, Bahréin, Bangladesh, Barbados, Bielorrusia, Bélgica, Benín, Bolivia, Bosnia y Herzegovina, Botswana, Brasil, Brunei Darussalam, Bulgaria, Burkina Faso, Burundi, Camboya, Camerún, Canadá, Chile, China, Chipre, Colombia, Costa Rica, Côte d'Ivore, Croacia, Cuba, Dinamarca, Djibouti, Dominica, Ecuador, Egipto, El Salvador, Emiratos Árabes Unidos, Eslovaquia, Eslovenia, España, Estados Unidos de América, Estonia, Federación de Rusia, Fiji, Filipinas, Finlandia, Francia, Gabón, Georgia, Ghana, Grecia, Guatemala, Guinea, Haití, Honduras, Hungría, India, Indonesia, Irán, Irlanda, Islandia, Islas Cook, Islas Marshall, Israel, Italia, Jamaica, Japón, Jordania, Kazajstán, Kuwait, Ex República Yugoslava de Macedonia, Lesoto, Letonia, Líbano, Liberia, Liechtenstein, Lituania, Luxemburgo, Madagascar, Malasia, Malí, Malta, Marruecos, Mauricio, Mauritania, México, Mónaco, Mongolia, Montenegro, Mozambique, Myanmar, Nepal, Nicaragua, Níger, Nigeria, Noruega, Nueva Zelanda, Omán, Países Bajos, Pakistán, Panamá, Paraguay, Perú, Polonia, Portugal, Qatar, Reino Unido de Gran Bretaña e Irlanda del Norte, República Árabe Siria, República Centroafricana, República Checa, República de Moldava, República Democrática Popular de Lao, República Dominicana, República Unida de Tanzania, Rumania, Ruanda, San Marino, Vaticano, Santo Tomé y Príncipe, San Vicente y Las Granadinas, Senegal, Serbia, Singapur, Sri Lanka, Sudáfrica, Suecia, Suiza, Tailandia, Tayikistán, Trinidad y Tobago, Túnez, Turquía, Ucrania, Uganda, Uruguay, Uzbekistán, Venezuela, Vietnam, Zambia, Zimbabwe.

no sean consideradas como sentencias nacionales en el Estado en el que se pide su reconocimiento y ejecución.

2.- La expresión sentencia arbitral no sólo comprender las sentencias dictadas por los árbitros nombrados para casos determinados, sino también las sentencias dictadas por los órganos arbitrales permanentes a los que las partes se hayan sometido.

3.- En el momento de firmar o ratificar la presente convención, de adherirse a ella o de hacer la notificación de su extensión prevista en el Art. X, todo Estado podrá, a base de reciprocidad, declarar que aplicará la presente convención al reconocimiento y la ejecución de las sentencias arbitrales dictadas en el territorio de otro Estado contratante únicamente. Podrá también declarar que sólo aplicará la convención a los litigios surgidos de relaciones jurídicas, sean o no contractuales, consideradas comerciales por su derecho interno.

Concordancias: *Código de Procedimiento Civil: Artículo 242. Convención Interamericana sobre Arbitraje Comercial Internacional, D.O. 12.07.76: Artículo 4. Ley 19.971 sobre Arbitraje Comercial Internacional, D.O. 29.09.04: Artículo 35 N° 1.*

Artículo II. 1.- Cada uno de los Estados contratantes reconocerá el acuerdo por escrito conforme al cual las partes se obliguen a someter a arbitraje todas las diferencias que hayan surgido o puedan surgir entre ellas respecto a una determinada relación jurídica, contractual o no contractual, concerniente a un asunto que pueda ser resuelto por arbitraje.

2.- La expresión acuerdo por escrito denotará una cláusula compromisoria incluida en un contrato o un compromiso firmados por las partes o contenidos en un canje de cartas o telegramas.

3.- El tribunal de uno de los Estados contratantes al que se someta un litigio respecto del cuál las partes hayan concluido un acuerdo en el sentido del presente art. remitirá a las partes al arbitraje, a instancia de una de ellas, a menos que compruebe que dicho acuerdo es nulo, ineficaz o inaplicable.

Concordancias: *Convención Interamericana sobre Arbitraje Comercial Internacional, D.O. 12.07.76: Artículo 1. Ley 19.971 sobre Arbitraje Comercial Internacional, D.O. 29.09.04: Artículos 7, 8 N°1, 35 N° 2.*

Artículo III. Cada uno de los Estados contratantes reconocerá la autoridad de la sentencia arbitral y concederá su ejecución de conformidad con las normas del procedimiento vigentes en el territorio donde la sentencia sea invocada, con arreglo a las condiciones que se establecen en los artículos siguientes. Para el reconocimiento o la ejecución de las sentencias arbitrales a que se aplica la presente convención, no se impondrán condiciones apreciablemente más rigurosas, ni honorarios o costos más elevados, que los aplicables al reconocimiento o la ejecución de las sentencias arbitrales nacionales.

Concordancias: *Convención sobre el Reconocimiento y Ejecución de Sentencias Arbitrales Extranjeras, D.O. 30.10.75: Artículo IV. Código de Procedimiento Civil: Libro III Título I Del Juicio Ejecutivo en las Obligaciones de Dar, Título II Del Procedimiento Ejecutivo en las Obligaciones de Hacer y de No Hacer. Código de Derecho Internacional Privado: Artículos 430, 431.*

Artículo IV. 1.- Para obtener el reconocimiento y la ejecución previstos en el art. anterior, la parte que pida el reconocimiento y la ejecución deberá presentar, junto con la demanda:

a) El original debidamente autenticado de la sentencia o una copia de ese original que reúna las condiciones requeridas para su autenticidad, y

b) El original del acuerdo a que se refiere el art. II, o una copia que reúna las condiciones requeridas para su autenticidad.

2.- Si esa sentencia o ese acuerdo no estuvieran en un idioma oficial del país en que se invoca la sentencia, la parte que pida el reconocimiento y la ejecución de esta última deberá presentar una traducción a ese idioma de dichos documentos. La traducción deberá ser certificada por una traductor oficial o un traductor jurado, o por un agente diplomático o consular.

Concordancias: *Código de Procedimiento Civil: Artículo 247. Ley 19.971 sobre Arbitraje Comercial Internacional, D.O. 29.09.04: Artículo 35 N° 2.*

Artículo V. 1.- Sólo se podrá denegar el reconocimiento y la ejecución de la sentencia, a instancia de la parte contra la cual es invocada, si esta parte prueba ante la autoridad competente del país en que se pide el reconocimiento y la ejecución:

a) Que las partes en el acuerdo a que se refiere el Art. II estaban sujetas a alguna incapacidad en virtud de la que les es aplicable o que dicho acuerdo no es válido en virtud de la ley a que las partes lo han sometido, o si nada se hubiera indicado a este respecto, en virtud de la ley del país en que se haya dictado la sentencia; o

b) Que la parte contra la cual se invoca la sentencia arbitral no ha sido debidamente notificada de la designación del árbitro o del procedimiento de arbitraje o no ha podido, por cualquiera otra razón, hacer valer sus medios de defensa; o

c) Que la sentencia se refiere a una diferencia no prevista en el compromiso o no comprendida en las disposiciones de la cláusula compromisoria, o contiene decisiones que exceden de los términos del compromiso de la cláusula compromisoria; no obstante, si las disposiciones de la sentencia que se refieren a las cuestiones sometidas al arbitraje pueden separarse de las que no han sido sometidas al arbitraje, se podrá dar reconocimiento y ejecución a las primeras; o

d) Que la constitución del tribunal arbitral o el procedimiento arbitral no se han ajustado al acuerdo celebrado entre las partes o, en defecto de tal acuerdo, que la constitución del tribunal arbitral o el procedimiento arbitral, no se han ajustado a la ley del país donde se ha efectuado el arbitraje; o

e) Que la sentencia no es aún obligatoria para las partes o ha sido anulada o suspendida por una autoridad competente del país en que, conforme a cuya ley, ha sido dictada esa sentencia.

2.- También se podrá denegar el reconocimiento y la ejecución de una sentencia arbitral si la autoridad competente del país en que se pide el reconocimiento y la ejecución, comprueba:

a) Que, según la ley de ese país, el objeto de la diferencia no es susceptible de solución por vía de arbitraje, o

b) Que el reconocimiento o la ejecución de la sentencia serían contrarios al orden público de ese país.

Concordancias: *Código de Procedimiento Civil: Artículo 242. Código de Derecho Internacional Privado: Artículos 423, 424. Convención Interamericana so-*

bre Arbitraje Comercial Internacional, D.O. 12.07.76: Artículo 5. Ley 19.971 sobre Arbitraje Comercial Internacional, D.O. 29.09.04: Artículo 36.

Artículo VI. Si se ha pedido a la autoridad competente prevista en el Art. V párrafo 1, ej. la anulación o la suspensión de la sentencia, la autoridad ante la cual se invoca dicha sentencia podrá, si lo considera procedente, aplazar la decisión sobre la ejecución de la sentencia y, a instancia de la parte que pida la ejecución, podrá también ordenar a la otra parte que dé garantías apropiadas.

Artículo VII. 1.- Las disposiciones de la presente convención no afectaran la validez de los acuerdos multilaterales o bilaterales relativos al reconocimiento y la ejecución de las sentencias arbitrales concertados por los Estados contratantes, ni privarán a ninguna de las partes interesadas de cualquier derecho que pudieran tener a hacer valer una sentencia arbitral en la forma y medida admitidas por la legislación o los tratados del país donde dicha sentencia se invoque.

2.- El protocolo de Ginebra de 1923, relativo a las cláusulas de arbitraje, y la Convención de Ginebra de 1927, sobre la ejecución de las sentencias arbitrales extranjeras, dejarán de surtir efectos entre los Estados contratantes a partir del momento y en la medida en que la presente convención tenga fuerza obligatoria para ellos.

Concordancias: Convención Interamericana sobre Arbitraje Comercial Internacional, D.O. 12.07.76: Artículo 4.

Artículo VIII. 1.- La presente convención estará abierta hasta el 31 de diciembre de 1958 a la firma de todo miembro de las Naciones Unidas, así como de cualquier otro Estado que sea o llegue a ser miembro de cualquier organismo especializado de las Naciones Unidas, o sea o llegue a ser parte en el Estatuto de la Corte Internacional de Justicia, o de todo otro Estado que haya sido invitado por la Asamblea General de las Naciones Unidas.

2.- La presente convención deberá ser ratificada y los instrumentos de ratificación se depositarán en poder del Secretario General de las Naciones Unidas.

Artículo IX. 1.- Podrán adherirse a la presente convención todos los Estados a que se refiere el Art. VIII.

2.- La adhesión se efectuará mediante el depósito de un instrumento de adhesión en poder del Secretario General de las Naciones Unidas.

Artículo X. 1.- Todo Estado podrá declarar, en el momento de la firma, de la ratificación o de la adhesión, que la presente convención se hará extensiva a todos los territorios cuyas relaciones internacionales tenga a su cargo o a uno o varios de ellos. Tal declaración surtirá efecto a partir del momento en que la convención entre en vigor para dicho Estado.

2.- Posteriormente, esa extensión se hará en cualquier momento por la ratificación dirigida al Secretario General de las Naciones Unidas y surtirá efecto a partir del nonagésimo día siguiente a la fecha en que el Secretario General de las Naciones Unidas haya recibido tal notificación, o en la fecha de entrada en vigor de la convención para tal Estado, si esta última fecha fuese posterior.

3.- Con respecto a los territorios a los que no se haya hecho extensiva la presente convención en el momento de la firma, de la ratificación o de la adhesión, cada Estado interesado examinará la posibilidad de adoptar las medidas necesarias para hacer extensiva la aplicación de la presente convención a tales territorios, a reserva del consentimiento de sus gobiernos cuando sea necesario por razones constitucionales.

Artículo XI. Con respecto a los Estados federales o no unitarios, se aplicarán las disposiciones siguientes:

a) En lo concerniente a los arts. de esta convención cuya aplicación dependa de la competencia legislativa del poder federal, las obligaciones del gobierno federal serán, en esta medida, las mismas que las de los Estados contratantes, que no son Estados federales.

b) En lo concerniente a los arts. de esta convención cuya aplicación dependa de la competencia legislativa de cada uno de los Estados o provincias constituyentes que, en virtud del régimen constitucional de la federación, no estén obligados a adoptar medidas legislativas, el gobierno federal, a la mayor brevedad posible y con su recomendación favorable, pondrá dichos arts. en conocimiento de las autoridades competentes de los Estados o provincias constituyentes.

c) Todo Estado federal que sea parte en la presente convención proporcionará, a solicitud de cualquier otro Estado contratante que le haya sido transmitida por conducto del Secretario General de las Naciones Unidas, una exposición de la legislación y de las practicas vigentes en la Federación y en sus entidades constituyentes con respecto a determinada disposición de la convención, indicando la medida en, que por acción legislativa o de otra índole, se haya dado efecto a tal disposición.

Artículo XII. 1.- La presente convención entrará en vigor el nonagésimo día siguiente a la fecha del depósito del tercer instrumento de ratificación o de adhesión.

2.- Respecto a cada Estado que ratifique la presente convención o se adhiera a ella, después del depósito del tercer instrumento de ratificación o de adhesión, la presente convención entrará en vigor el nonagésimo día siguiente a la fecha del depósito por tal Estado de su instrumento de ratificación o de adhesión.

Artículo XIII. 1.- Todo Estado contratante podrá denunciar la presente convención mediante notificación escrita dirigida al Secretariado General de las Naciones Unidas. La denuncia surtirá efecto un año después de la fecha en que el Secretario General haya recibido la notificación.

2.- Todo Estado que haya hecho una declaración o enviado una notificación conforme a lo previsto en el Art. X, podrá declarar en cualquier momento posterior, mediante notificación dirigida al Secretario General de las Naciones Unidas, que la convención dejará de aplicarse al territorio de que se trate un año después de la fecha en que el Secretario General haya recibido tal notificación.

3.- La presente convención seguirá siendo aplicable a las sentencias arbitrales respecto de las cuales se haya promovido un procedimiento para el reconocimiento o la ejecución antes de que entre en vigor la denuncia.

Artículo XIV. Ningún Estado contratante podrá invocar las disposiciones de la presente convención respecto de otros Estados contratantes más que en la medida en que él mismo este obligado a aplicar esta convención.

Artículo XV. El Secretario General de las Naciones Unidas notificará a todos los Estados a que se refiere el Art. VIII:

a) Las firmas y ratificaciones previstas en el Art. VIII.

b) Las adhesiones previstas en el Art. IX.

c) Las declaraciones y notificaciones relativas a los Arts. X y XI.

d) La fecha de entrada en vigor de la presente convención, en conformidad con el Art. XII.

e) Las denuncias y notificaciones previstas en el Art. XIII.

Artículo XVI. 1.- La presente convención, cuyos textos chino, español, francés, inglés y ruso serán igualmente auténticos, será depositada en los archivos de las Naciones Unidas.

2.- El Secretario General de las Naciones Unidas transmitirá una copia certificada de la presente convención a los Estados a que se refiere el Art. VIII.

Derecho internacional privado de familia

CONVENIO DE 25 DE OCTUBRE DE 1980 SOBRE LOS ASPECTOS CIVILES DE LA SUSTRACCIÓN INTERNACIONAL DE MENORES[22]

Concordancias: Acta N° 205, de la Excma. Corte Suprema, sobre «Sustracción Internacional de Niños, Niñas y Adolescentes», de 2015, publicado en el Diario Oficial el 16 de enero de 2016.

CAPÍTULO I
ÁMBITO DE APLICACIÓN DEL CONVENIO

Artículo 1. La finalidad del presente Convenio será la siguiente:

a) garantizar la restitución inmediata de los menores trasladados o retenidos de manera ilícita en cualquier Estado contratante;

b) velar por que los derechos de custodia y de visita vigentes en uno de los Estados contratantes se respeten en los demás Estados contratantes.

---

22 Véase el Decreto N° 386, publicado en el Diario Oficial el 17 de junio de 1994. El Convenio ha sido ratificado por los siguientes países: Albania, Alemania, Andorra, Argentina, Armenia, Australia, Austria, Bahamas, Belice, Bielorrusia, Bélgica, Bosnia y Herzegovina, Brasil, Bulgaria, Burkina Faso, Canadá, Chile, China, Chipre, Colombia, República de Corea, Costa Rica, Croacia, Dinamarca, El Salvador, Ecuador, Eslovaquia, Eslovenia, España, Estados Unidos de América, Estonia, Fiji, Finlandia, Francia, Gabón, Georgia, Grecia, Guatemala, Guinea, Honduras, Hungría, Iraq, Irlanda, Islandia, Israel, Italia, Japón, Kazajstán, Ex República Yugoslava de Macedonia, Letonia, Lesoto, Lituania, Luxemburgo, Malta, Marruecos, Mauricio, México, Mónaco, Montenegro, Nicaragua, Noruega, Nueva Zelanda, Países Bajos, Panamá, Paraguay, Perú, Polonia, Portugal, Reino Unido de Gran Bretaña e Irlanda del Norte, República Checa, República de Moldava, República Dominicana, Rumania, Federación de Rusia, Saint Kitts y Nevis, San Marino, Serbia, Seychelles, Singapur, Sri Lanka, Sudáfrica, Suecia, Suiza, Tailandia, Trinidad y Tobago, Turkmenistán, Turquía, Ucrania, Uruguay, Uzbekistán, Venezuela, Zimbabue.

Concordancias: *Decreto N° 386, Min. Relaciones Exteriores, Convención sobre los aspectos civiles del secuestro internacional de niños, D.O. 17.06.1994: artículos 3°, 4°, 5°.*

Jurisprudencia: *Véase: SCS, Rol 55035-2016, de 08 de mayo de 2017. «Que la Convención de La Haya sobre Aspectos Civiles de la Sustracción Internacional de Menores, aprobada por el Congreso de nuestro país en enero de 1994, es un instrumento multilateral que pretende, sin entrar en cuestiones de fondo sobre los derechos parentales, restituir al niño al Estado de su residencia habitual. En efecto, de acuerdo a lo establecido en el artículo 1, tiene por finalidad, a) garantizar la restitución inmediata de los menores trasladados o retenidos de manera ilícita en cualquier Estado Contratante; y b) velar porque los derechos de custodia y visita vigentes en uno de los Estados contratantes se respeten». La Corte Suprema ha dicho también que «[E] l objetivo inspirador de la Convención es la restitución del niño ante retenciones y traslados que puedan afectar el derecho de tuición o de visitas de alguno de sus padres», en: SCS, Rol 8727-2012, de 28 de febrero de 2013 y SCS, Rol 7119-2014, de 28 de febrero de 2013. En la SCS, Rol 4943-2006, de 07 de mayo de 2007, nuestro máximo tribunal señaló que «La aplicación del citado estatuto internacional supone, como se ha dicho, la violación de un derecho de tuición reconocido en virtud de una ley del Estado en el cual el niño tenía su residencia habitual inmediatamente antes de su traslado o retención».*

Artículo 2. Los Estados contratantes adoptarán todas las medidas apropiadas para garantizar que se cumplan en sus territorios respectivos los objetivos del Convenio. Para ello deberán recurrir a los procedimientos de urgencia de que dispongan.

Concordancias: *Decreto N° 830, Min. Relaciones Exteriores, Convención sobre los Derechos del Niño, D.O. 27.09.1990: Artículos 11, 35. Decreto N° 386, Min. Relaciones Exteriores, Convención sobre los aspectos civiles del secuestro internacional de niños, D.O. 17.06.1994: artículo 11.*

Artículo 3. El traslado o la retención de un menor se considerarán ilícitos:

a) cuando se hayan producido con infracción de un derecho de custodia atribuido, separada o conjuntamente, a una persona, a una institución, o a cualquier otro organismo, con arreglo al Derecho vigente en el Estado en que el menor tenía su residencia habitual inmediatamente antes de su traslado o retención; y

b) cuando este derecho se ejercía de forma efectiva, separada o conjuntamente, en el momento del traslado o de la retención, o se habría ejercido de no haberse producido dicho traslado o retención.

El derecho de custodia mencionado en a) puede resultar, en particular, de una atribución de pleno derecho, de una decisión judicial o administrativa, o de un acuerdo vigente según el Derecho de dicho Estado.

Concordancias: Código Civil: Artículos 224, 225, 225-2, 226. Ley 16.618 Ley de Menores, D.O. 08.03.1067: Artículos 26, 49. Decreto Nº 386, Min. Relaciones Exteriores, Convención sobre los aspectos civiles del secuestro internacional de niños, D.O. 17.06.1994: artículos 1º, 12, 14, 15, 29.

Artículo 4. El Convenio se aplicará a todo menor que tuviera su residencia habitual en un Estado contratante inmediatamente antes de la infracción de los derechos de custodia o de visita. El Convenio dejará de aplicarse cuando el menor alcance la edad de 16 años.

Concordancias: Código Civil: Artículos 72, 224, 225, 225-2, 226. Ley 16.618 Ley de Menores, D.O. 08.03.1067: Artículos 26, 49. Decreto Nº 386, Min. Relaciones Exteriores, Convención sobre los aspectos civiles del secuestro internacional de niños, D.O. 17.06.1994: artículo 1º.

Artículo 5. A los efectos del presente Convenio:

a) el «derecho de custodia» comprenderá el derecho relativo al cuidado de la persona del menor y, en particular, el de decidir sobre su lugar de residencia;

b) el «derecho de visita» comprenderá el derecho de llevar al menor, por un periodo de tiempo limitado, a otro lugar diferente a aquel en que tiene su residencia habitual.

Concordancias: Código Civil: Artículos 72, 224, 225, 225-2, 226. Ley 16.618 Ley de Menores, D.O. 08.03.1067: Artículos 26, 49. Decreto Nº 386, Min. Relaciones Exteriores, Convención sobre los aspectos civiles del secuestro internacional de niños, D.O. 17.06.1994: artículo 1º.

CAPÍTULO II
AUTORIDADES CENTRALES

Artículo 6. Cada uno de los Estados contratantes designará una Autoridad Central encargada del cumplimiento de las obligaciones que le impone el Convenio.

Los Estados federales, los Estados en que esté vigente más de un sistema jurídico o los Estados que cuenten con organizaciones territoriales autónomas tendrán libertad para designar más de una Autoridad Central y para especificar la extensión territorial de los poderes de cada una de estas Autoridades. El Estado que haga uso de esta facultad designará la Autoridad Central a la que puedan dirigirse las solicitudes, con el fin de que las transmita a la Autoridad Central de dicho Estado.

Artículo 7. Las Autoridades Centrales deberán colaborar entre sí y promover la colaboración entre las Autoridades competentes en sus respectivos Estados, con el fin de garantizar la restitución inmediata de los menores y para conseguir el resto de los objetivos del presente Convenio.

Deberán adoptar, en particular, ya sea directamente o a través de un intermediario, todas las medidas apropiadas que permitan:

a) localizar al menor trasladado o retenido de manera ilícita;

b) prevenir que el menor sufra mayores daños o que resulten perjudicadas las partes interesadas, para lo cual adoptarán o harán que se adopten medidas provisionales;

c) garantizar la restitución voluntaria del menor o facilitar una solución amigable;

d) intercambiar información relativa a la situación social del menor, si se estima conveniente;

e) facilitar información general sobre la legislación de su país relativa a la aplicación del Convenio;

f) incoar o facilitar la apertura de un procedimiento judicial o administrativo, con el objeto de conseguir la restitución del menor y, en su caso, permitir que se regule o se ejerza de manera efectiva el derecho de visita;

g) conceder o facilitar, según el caso, la obtención de asistencia judicial y jurídica, incluida la participación de un abogado;

h) garantizar, desde el punto de vista administrativo, la restitución del menor sin peligro, si ello fuese necesario y apropiado;

i) mantenerse mutuamente informadas sobre la aplicación del presente Convenio y eliminar, en la medida de lo posible, los obstáculos que puedan oponerse a dicha aplicación.

Concordancias: Decreto N° 830, Min. Relaciones Exteriores, Convención sobre los Derechos del Niño, D.O. 27.09.1990: Artículos 4, 9, 11. Código Ci-

vil: Artículos 72, 224, 225, 225-2, 226. Ley 16.618 Ley de Menores, D.O. 08.03.1067: Artículos 26, 49. Decreto N° 386, Min. Relaciones Exteriores, Convención sobre los aspectos civiles del secuestro internacional de niños, D.O. 17.06.1994: artículos 21 inciso 2°.

CAPÍTULO III
RESTITUCIÓN DEL MENOR

Artículo 8. Toda persona, institución u organismo que sostenga que un menor ha sido objeto de traslado o retención con infracción del derecho de custodia, podrá dirigirse a la Autoridad Central de la residencia habitual del menor, o a la de cualquier otro Estado contratante, para que, con su asistencia, quede garantizada la restitución del menor.

La solicitud incluirá:

a) información relativa a la identidad del solicitante, del menor y de la persona que se alega que ha sustraído o retenido al menor;

b) la fecha de nacimiento del menor, cuando sea posible obtenerla;

c) los motivos en que se basa el solicitante para reclamar la restitución del menor;

d) toda la información disponible relativa a la localización del menor y la identidad de la persona con la que se supone que está el menor;

La solicitud podrá ir acompañada o complementada por:

e) una copia auténtica de toda decisión o acuerdo pertinentes;

f) una certificación o declaración jurada expedida por una Autoridad Central o por otra autoridad competente del Estado donde el menor tenga su residencia habitual o por una persona cualificada con respecto al Derecho vigente en esta materia de dicho Estado.

g) cualquier otro documento pertinente.

Concordancias: *Decreto N° 386, Min. Relaciones Exteriores, Convención sobre los aspectos civiles del secuestro internacional de niños, D.O. 17.06.1994: artículos 5°, 9°. Auto Acordado de la Excma. Corte Suprema, sobre procedimiento aplicable al Convenio de La Haya relativo a los efectos civiles del secuestro internacional de niños, niñas y adolescentes, de 2015.*

Artículo 9. Si la Autoridad Central que recibe una solicitud en virtud de lo dispuesto en el artículo 8 tiene razones para creer que el menor se encuentra en otro Estado contratante, transmitirá la solicitud directamente y sin demora a la Autoridad Central de ese Estado contratante e informará a la Autoridad Central requirente o, en su caso, al solicitante.

Concordancias: Convención sobre los aspectos civiles del secuestro internacional de niños, D.O. 17.06.1994: artículo 8°.

Artículo 10. La Autoridad Central del Estado donde se encuentre el menor adoptará o hará que se adopten todas las medidas adecuadas tendentes a conseguir la restitución voluntaria del menor.

Artículo 11. Las autoridades judiciales o administrativas de los Estados contratantes actuarán con urgencia en los procedimientos para la restitución de los menores.

Si la autoridad judicial o administrativa competente no hubiera llegado a una decisión en el plazo de seis semanas a partir de la fecha de iniciación de los procedimientos, el solicitante o la Autoridad Central del Estado requerido, por iniciativa propia o a instancia de la Autoridad Central del Estado requirente tendrá derecho a pedir una declaración sobre las razones de la demora.

Si la Autoridad Central del Estado requerido recibiera una respuesta, dicha Autoridad la transmitirá a la Autoridad Central del Estado requirente o, en su caso, al solicitante.

Artículo 12. Cuando un menor haya sido trasladado o retenido ilícitamente en el sentido previsto en el artículo 3 y, en la fecha de la iniciación del procedimiento ante la autoridad judicial o administrativa del Estado contratante donde se halle el menor, hubiera transcurrido un periodo inferior a un año desde el momento en que se produjo el traslado o retención ilícitos, la autoridad competente ordenará la restitución inmediata del menor.

La autoridad judicial o administrativa, aún en el caso de que se hubieren iniciado los procedimientos después de la expiración del plazo de un año a que se hace referencia en el párrafo precedente, ordenará asimismo la restitución del menor salvo que quede demostrado que el menor ha quedado integrado en su nuevo ambiente.

Cuando la autoridad judicial o administrativa del Estado requerido tenga razones para creer que el menor ha sido trasladado a otro Estado, podrá suspender el procedimiento o rechazar la solicitud de retorno del menor.

Concordancias: Decreto Nº 386, Min. Relaciones Exteriores, Convención sobre los aspectos civiles del secuestro internacional de niños, D.O. 17.06.1994: artículos 3º y 20. Auto Acordado de la Excma. Corte Suprema, sobre procedimiento aplicable al Convenio de La Haya relativo a los efectos civiles del secuestro internacional de Niños, Niñas y Adolescentes, de 2015.

Artículo 13. No obstante lo dispuesto en el artículo precedente, la autoridad judicial o administrativa del Estado requerido no está obligada a ordenar la restitución del menor si la persona, institución u otro organismo que se opone a su restitución demuestra que:

a) la persona, institución u organismo que se hubiera hecho cargo de la persona del menor no ejercía de modo efectivo el derecho de custodia en el momento en que fue trasladado o retenido o había consentido o posteriormente aceptado el traslado o retención; o

b) existe un grave riesgo de que la restitución del menor lo exponga a un peligro grave físico o psíquico o que de cualquier otra manera ponga al menor en una situación intolerable.

La autoridad judicial o administrativa podrá asimismo negarse a ordenar la restitución del menor si comprueba que el propio menor se opone a la restitución, cuando el menor haya alcanzado una edad y un grado de madurez en que resulte apropiado tener en cuenta sus opiniones.

Al examinar las circunstancias a que se hace referencia en el presente artículo, las autoridades judiciales y administrativas tendrán en cuenta la información que sobre la situación social del menor proporcione la Autoridad Central u otra autoridad competente del lugar de residencia habitual del menor.

Concordancias: Decreto Nº 830, Min. Relaciones Exteriores, Convención sobre los Derechos del Niño, D.O. 27.09.1990: Artículos 3, 12. Decreto Nº 386, Min. Relaciones Exteriores, Convención sobre los aspectos civiles del secuestro internacional de niños, D.O. 17.06.1994: artículos 3º y 20. Auto Acordado de la Excma. Corte Suprema, sobre procedimiento aplicable al Convenio de La Haya relativo a los efectos civiles del secuestro internacional de Niños, Niñas y Adolescentes, de 2015.

Artículo 14. Para determinar la existencia de un traslado o de una retención ilícitos en el sentido del artículo 3, las autoridades judiciales o administrativas del Estado requerido podrá tener en cuenta directamente la legislación y las decisiones judiciales o administrativas, ya estén reconocidas formalmente o no en el Estado de la residencia habitual del menor, sin tener que recurrir a procedimientos concretos para probar la vigencia de esa legislación o para el reconocimiento de las decisiones extranjeras que de lo contrario serían aplicables.

Concordancias: Decreto N° 836, Min. Relaciones Exteriores, Convención sobre los Aspectos Civiles del Secuestro Internacional de Niños, D.O. 17.06.1994: Artículo 2 y 3.

Artículo 15. Las autoridades judiciales o administrativas de un Estado contratante, antes de emitir una orden para la restitución del menor podrán pedir que el solicitante obtenga de las autoridades del Estado de residencia habitual del menor una decisión o una certificación que acredite que el traslado o retención del menor era ilícito en el sentido previsto en el artículo 3 del Convenio, siempre que la mencionada decisión o certificación pueda obtenerse en dicho Estado. Las Autoridades Centrales de los Estados contratantes harán todo lo posible por prestar asistencia al solicitante para que obtenga una decisión o certificación de esa clase.

Concordancias: Decreto N° 836, Min. Relaciones Exteriores, Convención sobre los Aspectos Civiles del Secuestro Internacional de Niños, D.O. 17.06.1994: Artículo 2 y 3.

Artículo 16. Después de haber sido informadas de un traslado o retención ilícitos de un menor en el sentido previsto en el artículo 3, las autoridades judiciales o administrativas del Estado contratante a donde haya sido trasladado el menor o donde esté retenido ilícitamente, no decidirán sobre la cuestión de fondo de los derechos de custodia hasta que se haya determinado que no se reúnen las condiciones del presente Convenio para la restitución del menor o hasta que haya transcurrido un periodo de tiempo razonable sin que se haya presentado una solicitud en virtud de este Convenio.

Artículo 17. El solo hecho de que se haya dictado una decisión relativa a la custodia del menor o que esa decisión pueda ser reconocida en el Estado requerido no podrá justificar la negativa para restituir a un menor conforme a lo dispuesto en el presente Convenio, pero las autoridades judiciales o administrativas del Estado podrán tener en cuenta los motivos de dicha decisión al aplicar el presente Convenio.

Artículo 18. Las disposiciones del presente Capítulo no limitarán las facultades de una autoridad judicial o administrativa para ordenar la restitución del menor en cualquier momento.

Artículo 19. Una decisión adoptada en virtud del presente Convenio sobre la restitución del menor no afectará la cuestión de fondo del derecho de custodia.

Concordancias: Ley 16.618 Ley de Menores, D.O. 08.03.1067: Artículo 26.

Artículo 20. La restitución del menor conforme a lo dispuesto en el artículo 12 podrá denegarse cuando no lo permitan los principios fundamentales del Estado requerido en materia de protección de los derechos humanos y de las libertades fundamentales.

Concordancias: Decreto N° 836, Min. Relaciones Exteriores, Convención sobre los Aspectos Civiles del Secuestro Internacional de Niños, D.O. 17.06.1994: Artículo 12.

CAPÍTULO IV
DERECHO DE VISITA

Artículo 21. Una solicitud que tenga como fin la organización o la garantía del ejercicio efectivo del derecho de visita podrá presentarse a las Autoridades Centrales de los Estados contratantes, en la misma forma que la solicitud para la restitución del menor.

Las Autoridades Centrales estarán sujetas a las obligaciones de cooperación establecidas en el artículo 7 para asegurar el ejercicio pacífico del derecho de visita y el cumplimiento de todas las condiciones a que pueda estar sujeto el ejercicio de ese derecho. Las Autoridades Centrales adoptarán las medidas necesarias para eliminar, en la medida de lo posible, todos los obstáculos para el ejercicio de ese derecho.

Las Autoridades Centrales, directamente o por vía de intermediarios, podrán incoar procedimientos o favorecer su incoación con el fin de organizar o proteger dicho derecho y asegurar el cumplimiento de las condiciones a que pudiera estar sujeto el ejercicio del mismo.

Concordancias: Decreto N° 836, Min. Relaciones Exteriores, Convención sobre los Aspectos Civiles del Secuestro Internacional de Niños, D.O. 17.06.1994: Artículo 5, 7 y 29. Código Civil: artículo 229.

CAPÍTULO V
DISPOSICIONES GENERALES

Artículo 22. No podrá exigirse fianza ni depósito alguno, cualquiera que sea la denominación que se le dé, para garantizar el pago de las costas y gastos de los procedimientos judiciales o administrativos previstos en el Convenio.

Artículo 23. No se exigirá, en el contexto del presente Convenio, legalización ni otras formalidades análogas.

Artículo 24. Toda solicitud, comunicación u otro documento que se envíe a la Autoridad Central del Estado requerido se remitirá en el idioma de origen e irá acompañado de una traducción al idioma oficial o a uno de los idiomas oficiales del Estado requerido o, cuando esta traducción sea difícilmente realizable, de una traducción al francés o al inglés.

No obstante, un Estado contratante, mediante la formulación de una reserva conforme a lo dispuesto en el artículo 42, podrá oponerse a la utilización del francés o del inglés, pero no de ambos idiomas, en toda solicitud, comunicación u otros documentos que se envíen a su Autoridad Central.

Concordancias: Decreto N° 836, Min. Relaciones Exteriores, Convención sobre los Aspectos Civiles del Secuestro Internacional de Niños, D.O. 17.06.1994: Artículo 42.

Artículo 25. Los nacionales de los Estados contratantes y las personas que residen en esos Estados tendrán derecho en todo lo referente a la aplicación del presente Convenio, a la asistencia judicial y al asesoramiento jurídico en cualquier otro Estado contratante en las mismas condiciones que si fueran nacionales y residieran habitualmente en ese otro Estado.

Concordancias: Constitución Política de la República: Artículo 19 N°3. Código de Bustamante: Artículos 1 y 2. Código Civil: Artículo 57.

Artículo 26. Cada Autoridad Central sufragará sus propios gastos en la aplicación del presente Convenio.

Las Autoridades Centrales y otros servicios públicos de los Estados contratantes no impondrán cantidad alguna en relación con las solicitudes presentadas en virtud de lo dispuesto en el presente Convenio ni exigirán al solicitante pago alguno por las costas y gastos del proceso ni, dado el caso, por los gastos derivados de la participación de un abogado o asesor jurídico. No obstante, se les podrá exigir el pago de los gastos originados o que vayan a originarse por la restitución del menor.

Sin embargo, un Estado contratante, mediante la formulación de una reserva conforme a lo dispuesto en el artículo 42, podrá declarar que no estará obligado a asumir gasto alguno de los mencionados en el párrafo precedente que se deriven de la participación de un abogado o asesores jurídicos o del proceso judicial, excepto en la medida que dichos gastos puedan quedar cubiertos por un sistema de asistencia judicial y asesoramiento jurídico.

Al ordenar la restitución de un menor o al expedir una orden relativa a los derechos de visita conforme a lo dispuesto en el presente Convenio, las autoridades judiciales o administrativas podrán disponer, dado el caso, que la persona que trasladó o que retuvo al menor o que impidió el ejercicio del derecho de visita, pague los gastos necesarios en que haya incurrido el solicitante o en que se haya incurrido en su nombre, incluidos los gastos de viajes, las costas de representación judicial del solicitante y los gastos de la restitución del menor, así como todos las costas y pagos realizados para localizar al menor.

Concordancias: Decreto N° 836, Min. Relaciones Exteriores, Convención sobre los Aspectos Civiles del Secuestro Internacional de Niños, D.O. 17.06.1994: Artículo 42.

Artículo 27. Cuando se ponga de manifiesto que no se han cumplido las condiciones requeridas en el presente Convenio o que la solicitud carece de fundamento, una Autoridad Central no estará obligada a aceptar la solicitud. En este caso, la Autoridad Central informará inmediatamente de sus motivos al solicitante o a la Autoridad Central por cuyo conducto se haya presentado la solicitud, según el caso.

Artículo 28. Una Autoridad Central podrá exigir que la solicitud vaya acompañada de una autorización por escrito que le confiera poderes para actuar por cuenta del solicitante o para designar un representante habilitado para actuar en su nombre.

Artículo 29. El presente Convenio no excluirá que cualquier persona, institución u organismo que pretenda que ha habido una violación del derecho de custodia o del derecho de visita en el sentido previsto en los artículos 3 o 21, reclame directamente ante las autoridades judiciales o administrativas de un Estado contratante, conforme o no a las disposiciones del presente Convenio.

Concordancias: Decreto N° 836, Min. Relaciones Exteriores, Convención sobre los Aspectos Civiles del Secuestro Internacional de Niños, D.O. 17.06.1994: Artículo 3 y 21.

Artículo 30. Toda solicitud presentada a las Autoridades Centrales o directamente a las autoridades judiciales o administrativas de un Estado contratante de conformidad con los términos del presente Convenio, junto con los documentos o cualquier otra información que la acompañen o que haya proporcionado una Autoridad Central, será admisible ante los tribunales o ante las autoridades administrativas de los Estados contratantes.

Artículo 31. Cuando se trate de un Estado que en materia de custodia de menores tenga dos o más sistemas jurídicos aplicables en unidades territoriales diferentes:

a) toda referencia a la residencia habitual en dicho Estado, se interpretará que se refiere a la residencia habitual en una unidad territorial de ese Estado;

b) toda referencia a la ley del Estado de residencia habitual, se interpretará que se refiere a la ley de la unidad territorial del Estado donde resida habitualmente el menor.

Artículo 32. Cuando se trate de un Estado que en materia de custodia de menores tenga dos o más sistemas jurídicos aplicables a diferentes categorías de personas, toda referencia a la ley de ese Estado se interpretará que se refiere al sistema de Derecho especificado por la ley de dicho Estado.

Artículo 33. Un Estado en el que las diferentes unidades territoriales tengan sus propias normas jurídicas respecto a la custodia de menores no estará obligado a aplicar el presente Convenio cuando no esté obligado a aplicarlo un Estado que tenga un sistema unificado de Derecho.

Artículo 34. El presente Convenio tendrá prioridad en las materias incluidas en su ámbito de aplicación sobre el Convenio de 5 de octubre de 1961 sobre Competencia de las Autoridades y Ley Aplicable en materia de Protección de Menores entre los Estados parte en ambos Convenios.

Por lo demás, el presente Convenio no restringirá la aplicación de un instrumento internacional en vigor entre el Estado de origen y el Estado requerido ni la invocación de otras normas jurídicas del Estado requerido, para obtener la restitución de un menor que haya sido trasladado o retenido ilícitamente o para organizar el derecho de visita.

Artículo 35. El presente Convenio sólo se aplicará entre los Estados contratantes en los casos de traslados o retenciones ilícitos ocurridos después de su entrada en vigor en esos Estados.

Si se hubiera formulado una declaración conforme a lo dispuesto en los artículos 39 o 40, la referencia a un Estado contratante que figura en el párrafo precedente se entenderá que se refiere a la unidad o unidades territoriales a las que se aplica el presente Convenio.

Concordancias: Decreto N° 836, Min. Relaciones Exteriores, Convención sobre los Aspectos Civiles del Secuestro Internacional de Niños, D.O. 17.06.1994: Artículos 39 y 40.

Artículo 36. Nada de lo dispuesto en el presente Convenio impedirá que dos o más Estados contratantes, con el fin de limitar las restricciones a las que podría estar sometida la restitución del menor, acuerden mutuamente la derogación de algunas de las disposiciones del presente Convenio que podrían originar esas restricciones.

CAPÍTULO VI
CLÁUSULAS FINALES

Artículo 37. El Convenio estará abierto a la firma de los Estados que eran Miembros de la Conferencia de La Haya de Derecho Internacional Privado en el momento de su Decimocuarta Sesión.

Será ratificado, aceptado o aprobado y los instrumentos de ratificación, aceptación o aprobación se depositarán en el Ministerio de Asuntos Exteriores del Reino de los Países Bajos.

Concordancias: Decreto N° 836, Min. Relaciones Exteriores, Convención sobre los Aspectos Civiles del Secuestro Internacional de Niños, D.O. 17.06.1994: Artículo 43.

Artículo 38. Cualquier otro Estado podrá adherirse al Convenio.

El instrumento de adhesión será depositado en el Ministerio de Asuntos Exteriores del Reino de los Países Bajos.

Para el Estado que se adhiera al Convenio, éste entrará en vigor el día uno del tercer mes siguiente al depósito de su instrumento de adhesión.

La adhesión tendrá efecto sólo para las relaciones entre el Estado que se adhiera y aquellos Estados contratantes que hayan declarado aceptar esta adhesión. Esta declaración habrá de ser formulada asimismo por cualquier Estado miembro que ratifique, acepte o apruebe el Convenio después de una adhesión. Dicha declaración será depositada en el Ministerio de Asuntos Exteriores del Reino de los Países Bajos; este Ministerio enviará por vía diplomática una copia auténtica a cada uno de los Estados contratantes.

El Convenio entrará en vigor entre el Estado que se adhiere y el Estado que haya declarado que acepta esa adhesión el día uno del tercer mes siguiente al depósito de la declaración de aceptación.

Artículo 39. Todo Estado, en el momento de la firma, ratificación, aceptación, aprobación o adhesión, podrá declarar que el Convenio se extenderá al conjunto de los territorios a los que representa en el plano internacional, o a uno o varios de ellos. Esta declaración surtirá efecto en el momento en que el Convenio entre en vigor para dicho Estado.

Esa declaración, así como toda extensión posterior, será notificada al Ministerio de Asuntos Exteriores de los Países Bajos.

Artículo 40. Si un Estado contratante tiene dos o más unidades territoriales en las que se aplican sistemas jurídicos distintos en relación a las materias de que trata el presente Convenio, podrá declarar, en el momento de la firma, ratificación, aceptación, aprobación o adhesión, que el presente Convenio se aplicará a todas sus unidades territoriales o sólo a una o varias de ellas y podrá modificar esta declaración en cualquier momento, para lo que habrá de formular una nueva declaración.

Estas declaraciones se notificarán al Ministerio de Asuntos Exteriores de los Países Bajos y se indicará en ellas expresamente las unidades territoriales a las que se aplica el presente Convenio.

Artículo 41. Cuando un Estado contratante tenga un sistema de gobierno en el cual los poderes ejecutivo, judicial y legislativo estén distribuidos entre las Autoridades Centrales y otras autoridades dentro de dicho Estado, la firma, ratificación, aceptación, aprobación o adhesión del presente Convenio o la formulación de cualquier declaración conforme a lo dispuesto en el artículo 40, no implicará consecuencia alguna en cuanto a la distribución interna de los poderes en dicho Estado.

Artículo 42. Cualquier Estado podrá formular una o las dos reservas previstas en el artículo 24 y en el tercer párrafo del artículo 26, a más tardar en el momento de la ratificación, aceptación, aprobación o adhesión o en el momento de formular una declaración conforme a lo dispuesto en los artículos 39 o 40. Ninguna otra reserva será admitida.

Cualquier Estado podrá retirar en cualquier momento una reserva que hubiera formulado. El retiro será notificado al Ministerio de Asuntos Exteriores del Reino de los Países Bajos.

La reserva dejará de tener efecto el día primero del tercer mes siguiente a la notificación a que se hace referencia en el párrafo precedente.

Artículo 43. El Convenio entrará en vigor el día primero del tercer mes siguiente al depósito del tercer instrumento de ratificación, aceptación, aprobación o adhesión a que se hace referencia en los artículos 37 y 38.

Después, el Convenio entrará en vigor:

1. para cada Estado que lo ratifique, acepte, apruebe o se adhiera con posterioridad, el día uno del tercer mes siguiente al depósito de su instrumento de ratificación, aceptación, aprobación o adhesión;

2. para los territorios o unidades territoriales a los que se haya extendido el Convenio de conformidad con el artículo 39 o 40, el día uno del tercer mes siguiente a la notificación a que se hace referencia en esos artículos.

Artículo 44. El Convenio tendrá una duración de cinco años a partir de la fecha de su entrada en vigor de conformidad con lo dispuesto en el párrafo primero del artículo 43, incluso para los Estados que con posterioridad lo hubieran ratificado, aceptado, aprobado o adherido.

Salvo denuncia, el Convenio se renovará tácitamente cada cinco años.

Toda denuncia será notificada al Ministerio de Asuntos Exteriores del Reino de los Países Bajos, por lo menos seis meses antes de la expiración del plazo de cinco años. La denuncia podrá limitarse a determinados territorios o unidades territoriales a los que se aplica el Convenio.

La denuncia tendrá efecto sólo respecto al Estado que la hubiera notificado. El Convenio continuará en vigor para los demás Estados contratantes.

Artículo 45. El Ministerio de Asuntos Exteriores del Reino de los Países Bajos notificará a los Estados miembros de la Conferencia y a los Estados que se hayan adherido de conformidad con lo dispuesto en el artículo 38, lo siguiente:

1. las firmas, ratificaciones, aceptaciones y aprobaciones a que hace referencia el artículo 37;
2. las adhesiones a que hace referencia el artículo 38;
3. la fecha en que el Convenio entre en vigor conforme a lo dispuesto en el artículo 43;
4. las extensiones a que hace referencia el artículo 39;
5. las declaraciones mencionadas en los artículos 38 y 40;
6. las reservas previstas en el artículo 24 y en el párrafo tercero del artículo 26 y los retiros previstos en el artículo 42;
7. las denuncias previstas en el artículo 44.

En fe de lo cual, los infrascritos, debidamente autorizados, firman el presente Convenio.

Hecho en La Haya, el 25 de octubre de 1980, en francés y en inglés, siendo ambos textos igualmente auténticos, en un solo ejemplar que se depositará en los archivos del Gobierno del Reino de los Países Bajos y del cual se remitirá por vía diplomática copia auténtica a cada uno de los Estados miembros de la Conferencia de La Haya de Derecho Internacional Privado en el momento de su Decimocuarta Sesión.

CONVENIO SOBRE RESTITUCIÓN INTERNACIONAL DE MENORES ENTRE LA REPÚBLICA DE CHILE Y LA REPÚBLICA ORIENTAL DEL URUGUAY, SUSCRITO EN MONTEVIDEO, EL 15 DE OCTUBRE DE 1981[23]

Artículo 1. El presente Convenio tiene por objeto asegurar la pronta restitución de menores que ilegítimamente se hayan trasladado o hayan sido trasladados del Estado de su residencia habitual al territorio del otro Estado Parte. Asimismo, el convenio se aplicará respecto a aquellos menores indebidamente retenidos fuera del Estado de su residencia habitual.

Artículo 2. La presencia de un menor en el territorio del otro Estado Parte será considerada ilegítima o indebida cuando se produzca en violación de la tenencia, guarda o derecho que sobre él o a su respecto, ejerzan los padres, tutores o guardadores.

Artículo 3. A los efectos de este Convenio, se entiende por residencia habitual del menor el Estado donde tiene su centro de vida.

Artículo 4. A los efectos de este Convenio, una persona será considerada menor, de acuerdo a lo que establezca el derecho de su residencia habitual.

Artículo 5. Para conocer en la acción de restitución internacional de menores, serán competentes los jueces de su residencia habitual.

Artículo 6. Serán titulares de la acción de restitución internacional los padres, guardadores o tutores reconocidos por la ley de la residencia habitual del menor, cuya entrega se reclama.

---

[23] Véase el Decreto Nº 288, publicado en el Diario Oficial el 31 de mayo de 1982.

Artículo 7. Las solicitudes de restitución deberán provenir de jueces internacionalmente competentes y serán acompañadas de:

1.- copia íntegra y auténtica de la resolución que motiva la solicitud;

2.- copia íntegra y auténtica de la documentación que acredite la legitimación procesal de los actores;

3.- ubicación en el Estado requerido del menor cuya restitución se solicita; y

4.- constancia de la fecha en que el menor salió ilegítimamente o indebidamente del Estado de su residencia habitual o de la fecha del vencimiento del plazo, por el que se hubiera autorizado su viaje al extranjero.

Artículo 8. Las solicitudes de restitución internacional serán transmitidas a través del Ministerio de Justicia del Estado requirente, al Ministerio de Justicia del Estado requerido, que la hará llegar hasta el Juez competente.

Sin perjuicio de las garantías de autenticidad que establezcan los Estados Partes, el pedido y la documentación anexa, no necesitarán el requisito de la legitimación.

Artículo 9. El órgano jurisdiccional exhortado competente, previa aprobación con intervención del Ministerio Público del cumplimiento de los requisitos exigidos por el artículo 7°, tomará conocimiento «de visu» del menor y dispondrá sin demora su restitución. De inmediato a la recepción del pedido y mientras se controla el mismo, el juez exhortado deberá adoptar las medidas necesarias para evitar el traslado del menor fuera de su jurisdicción.

Artículo 10. El órgano jurisdiccional requerido podrá denegar o retardar en forma fundada y previa las comprobaciones del caso la restitución solicitada, únicamente cuando existan serias razones que hagan previsible que el retorno del menor signifique grave riesgo para su salud.

Artículo 11. El juez exhortado deberá pronunciarse sobre el fondo de la solicitud de restitución, dentro de un término no mayor a los 45 días corridos contados desde el momento en que ha recibido el exhorto.

En caso de no resolver dentro del término señalado deberá dar cuenta al exhortante de los motivos de la demora.

Artículo 12. Este Convenio se aplicará a las demandas de restitución internacional de menores hechas llegar al Ministerio de Justicia del Estado requerido, dentro del término de un año contados desde la fecha en que el menor salió ilegítima o indebidamente del Estado de su residencia habitual o desde que venciera el plazo por el que se hubiera autorizado su viaje al extranjero.

Artículo 13. El período de un año, no comenzará a contarse en caso de menores cuyo paradero se desconozca, sino desde el momento en que el menor fuera localizado y comunicado su hallazgo al Ministerio de Justicia del Estado de su residencia habitual o al tribunal competente, según el caso.

Artículo 14. El vencimiento del término establecido en el artículo precedente, no impide a las autoridades competentes del Estado en que se encuentre el menor, hacer lugar al pedido de restitución planteado por el Estado de su anterior residencia habitual, consideradas las circunstancias del caso.

Artículo 15. La entrega internacional del menor por el Estado requerido no prejuzga sobre la cuestión relativa a la determinación de a quién ha de corresponder en definitiva la guarda del menor.

Artículo 16. Las autoridades jurisdiccionales de un Estado Parte, en caso de serias sospechas acerca de que un menor con residencia habitual en su jurisdicción se encuentre ilegítima o indebidamente en el territorio de otro Estado Parte, podrán solicitar que las autoridades de éste, dispongan todas las medidas necesarias para su inmediata localización.

A tales efectos el Ministerio de Justicia requirente, se comunicará con su similar del Estado Parte requerido. El pedido no necesitará ser acompañado de la documentación señalada en el artículo 7°.

Artículo 17. Los órganos jurisdiccionales de un Estado Parte que en virtud de lo dispuesto por el artículo anterior, o que por cualquier otra circunstancia tuvieran conocimiento que en su jurisdicción se encuentra en forma ilegítima o indebida un menor fuera del Estado de su residencia habitual, deberán adoptar de inmediato todas las medidas conducentes a asegurar su protección integral, así como aquéllas destinadas a evitar su desaparición y en especial su traslado a terceros países.

Asimismo, a través del respectivo Ministerio de Justicia, se comunicará el hallazgo al similar de la residencia habitual del menor, a efectos de que se pueda iniciar la acción de restitución internacional ante los tribunales competentes.

Artículo 18. Las medidas asegurativas adoptadas en aplicación del artículo anterior se mantendrán por el término de sesenta días corridos, contados desde el momento en que el Ministerio de Justicia del Estado en que fue encontrado el menor, comunique el hallazgo a su similar del Estado de su residencia habitual.

Artículo 19. Transcurrido el término señalado en el artículo anterior, sin que se solicite la restitución internacional, queda a criterio de los órganos jurisdiccionales del Estado en que el menor fue hallado, dejar sin efecto las medidas cautelares adoptadas. El levantamiento de las cautelas no afecta el derecho de los padres, guardadores, o tutores del menor, a solicitar su restitución de acuerdo a los procedimientos establecidos en este Convenio.

Artículo 20. Este Convenio no restringirá las disposiciones de Convenciones Bilaterales o multilaterales vigentes en la materia entre los Estados Partes.

Artículo 21. El presente Convenio regirá indefinidamente y entrará en vigor en la fecha del canje de los instrumentos de ratificación que se efectuará en la ciudad de Santiago, Chile.

Cualquiera de las Partes podrá denunciarlo y cesarán sus efectos transcurridos seis meses contados a partir de la recepción de la denuncia.

Hecho en la ciudad de Montevideo, a los quince días del mes de octubre del año mil novecientos ochenta y uno, en dos ejemplares del mismo tenor igualmente válidos y auténticos.

Por el Gobierno de la República de Chile.- Por el Gobierno de la República Oriental del Uruguay.

CONVENCIÓN INTERAMERICANA SOBRE CONFLICTOS DE LEYES EN MATERIA DE ADOPCIÓN DE MENORES[24]

Artículo 1. La presente Convención se aplicará a la adopción de menores bajo las formas de adopción plena, legitimación adoptiva y otras instituciones afines, que equiparen al adoptado a la condición de hijo cuya filiación esté legalmente establecida, cuando el adoptante (o adoptantes) tenga su domicilio en un Estado Parte y el adoptado su residencia habitual en otro Estado Parte.

Artículo 2. Cualquier Estado Parte podrá declarar, al momento de firmar o ratificar esta Convención, o de adherirse a ella, que se extiende su aplicación a cualquier otra forma de adopción internacional de menores.

Artículo 3. La ley de la residencia habitual del menor regirá la capacidad, consentimiento y demás requisitos para ser adoptado, así como cuáles son los procedimientos y formalidades extrínsecas necesarios para la constitución del vínculo.

Artículo 4. La ley del domicilio del adoptante (o adoptantes) regirá:

a. La capacidad para ser adoptante;

b. Los requisitos de edad y estado civil del adoptante;

c. El consentimiento del cónyuge del adoptante, si fuere del caso, y

d. Los demás requisitos para ser adoptante.

En el supuesto de que los requisitos de la ley del adoptante (o adoptantes) sean manifiestamente menos estrictos a los señalados por la ley de la residencia habitual del adoptado, regirá la ley de éste.

---

24 Suscrita por la República de Chile, en La Paz, Bolivia, el 24 de mayo de 1984. Véase el Decreto N° 24, publicado en el Diario Oficial el 30 de abril de 2002. La Convención ha sido ratificada por Belice, Brasil, Chile, Colombia, Honduras, México, Panamá, República Dominicana, Uruguay.

Concordancias: *Código de Bustamente: artículo 73, 74. Ley N° 19.620 Dicta Normas sobre Adopción de Menores, D.O. 05.08.199: artículos 8, 20, 21, 22, 29, 30.*

Artículo 5. Las adopciones que se ajusten a la presente Convención surtirán sus efectos de pleno derecho, en los Estados Partes, sin que pueda invocarse la excepción de la institución desconocida.

Artículo 6. Los requisitos de publicidad y registro de la adopción quedan sometidos a la ley del Estado donde deben ser cumplidos.

En el asiento registral, se expresarán la modalidad y características de la adopción.

Concordancias: *Ley N° 19.620 Dicta Normas sobre Adopción de Menores, D.O. 05.08.1999: artículos 26, 37.*

Artículo 7. Se garantizará el secreto de la adopción cuando correspondiere. No obstante, cuando ello fuere posible, se comunicarán a quien legalmente proceda los antecedentes clínicos del menor y de los progenitores si se los conociere, sin mencionar sus nombres ni otros datos que permitan su identificación.

Concordancias: *Ley N° 19.620 Dicta Normas sobre Adopción de Menores, D.O. 05.08.1999: artículo 28.*

Artículo 8. En las adopciones regidas por esta Convención las autoridades que otorgaren la adopción podrán exigir que el adoptante (o adoptantes) acredite su aptitud física, moral, psicológica y económica, a través de instituciones públicas o privadas cuya finalidad específica se relacione con la protección del menor. Estas instituciones deberán estar expresamente autorizadas por algún Estado u organismo internacional.

Las instituciones que acrediten las aptitudes referidas se comprometerán a informar a la autoridad otorgante de la adopción acerca de las condiciones en que se ha desarrollado la adopción, durante el lapso de un año. Para este efecto la autoridad otorgante comunicará a la institución acreditante, el otorgamiento de la adopción.

Concordancias: *Ley N° 19.620 Dicta Normas sobre Adopción de Menores, D.O. 05.08.1999: artículos 6, 20, 30.*

Artículo 9. En caso de adopción plena, legitimación adoptiva y figuras afines:

a. Las relaciones entre adoptante (o adoptantes) y adoptado, inclusive las alimentarias, y las del adoptado con la familia del adoptante (o adoptantes), se regirán por la misma ley que rige las relaciones del adoptante (o adoptantes) con su familia legítima;

b. Los vínculos del adoptado con su familia de origen se considerarán disueltos. Sin embargo, subsistirán los impedimentos para contraer matrimonio.

Concordancias: Código de Bustamante: Artículo 74. Ley N° 19.620 Dicta Normas sobre Adopción de Menores, D.O. 05.08.1999: artículo 37. Ley 19.847 Establece Nueva Ley de Matrimonio Civil, D.O. 17.05. 2004: Artículo 6.

Artículo 10. En caso de adopciones distintas a la adopción plena, legitimación adoptiva y figuras afines, las relaciones entre adoptante (o adoptantes) y adoptado se rigen por la ley del domicilio del adoptante (o adoptantes).

Las relaciones del adoptado con su familia de origen se rigen por la ley de su residencia habitual al momento de la adopción.

Artículo 11. Los derechos sucesorios que corresponden al adoptado o adoptante (o adoptantes) se regirán por las normas aplicables a las respectivas sucesiones.

En los casos de adopción plena, legitimación adoptiva y figuras afines, el adoptado, el adoptante (o adoptantes) y la familia de éste (o de éstos), tendrán los mismos derechos sucesorios que corresponden a la filiación legítima.

Concordancias: Código Civil: Artículos 321, 983. Ley N° 19.620 Dicta Normas sobre Adopción de Menores, D.O. 05.08.1999: artículo 37.

Artículo 12. Las adopciones referidas en el artículo 1 serán irrevocables. La revocación de las adopciones a que se refiere el artículo 2 se regirá por la ley de la residencia habitual del adoptado al momento de la adopción.

Concordancias: Ley N° 19.620 Dicta Normas sobre Adopción de Menores, D.O. 05.08.1999: artículo 38.

Artículo 13. Cuando sea posible la conversión de la adopción simple en adopción plena o legitimación adoptiva o instituciones afines, la conversión se regirá, a elección del actor, por la ley de la residencia habitual del adoptado, al momento de la adopción, o por la ley del Estado donde tenga su domicilio el adoptante (o adoptantes) al momento de pedirse la conversión.

Si el adoptado tuviera más de 14 años de edad será necesario su consentimiento.

Artículo 14. La anulación de la adopción se regirá por la ley de su otorgamiento. La anulación sólo será decretada judicialmente, velándose por los intereses del menor de conformidad con el artículo 19 de esta Convención.

Concordancias: Código de Bustamante: Artículo 75. Ley N° 19.620 Dicta Normas sobre Adopción de Menores, D.O. 05.08.1999: artículo 38.

Artículo 15. Serán competentes en el otorgamiento de las adopciones a que se refiere esta Convención las autoridades del Estado de la residencia habitual del adoptado.

Concordancias: Ley N° 19.620 Dicta Normas sobre Adopción de Menores, D.O. 05.08.1999: artículos 6, 18.

Artículo 16. Serán competentes para decidir sobre anulación o revocación de la adopción los jueces del Estado de la residencia habitual del adoptado al momento del otorgamiento de la adopción.

Serán competentes para decidir la conversión de la adopción simple en adopción plena o legitimación adoptiva o figuras afines, cuando ello sea posible, alternativamente y a elección del actor, las autoridades del Estado de la residencia habitual del adoptado al momento de la adopción o las del Estado donde tenga domicilio el adoptante (o adoptantes), o las del Estado donde tenga domicilio el adoptado cuando tenga domicilio propio, al momento de pedirse la conversión.

Concordancias: Ley N° 19.620 Dicta Normas sobre Adopción de Menores, D.O. 05.08.1999: artículo 38.

Artículo 17. Serán competentes para decidir las cuestiones relativas a las relaciones entre adoptado y adoptante (o adoptantes) y la familia de éste (o de éstos), los jueces del Estado del domicilio del adoptante (o adoptantes) mientras el adoptado no constituya domicilio propio.

A partir del momento en que el adoptado tenga domicilio propio será competente, a elección del actor, el juez del domicilio del adoptado o del adoptante (o adoptantes).

Artículo 18. Las autoridades de cada Estado Parte podrán rehusarse a aplicar la ley declarada competente por esta Convención cuando dicha ley sea manifiestamente contraria a su orden público.

Artículo 19. Los términos de la presente Convención y las leyes aplicables según ella se interpretarán armónicamente y en favor de la validez de la adopción y en beneficio del adoptado.

Artículo 20. Cualquier Estado Parte podrá, en todo momento, declarar que esta Convención se aplica a las adopciones de menores con residencia habitual en él por personas que también tengan residencia habitual en el mismo Estado Parte, cuando, de las circunstancias del caso concreto, a juicio de la autoridad interviniente, resulte que el adoptante (o adoptantes) se proponga constituir domicilio en otro Estado Parte después de constituida la adopción.

Artículo 21. La presente Convención estará abierta a la firma de los Estados Miembros de la Organización de los Estados Americanos.

Artículo 22. La presente Convención está sujeta a ratificación. Los instrumentos de ratificación se depositarán en la Secretaría General de la Organización de los Estados Americanos.

Artículo 23. La presente Convención quedará abierta a la adhesión de cualquier otro Estado. Los instrumentos de adhesión de depositarán en la Secretaría General de la Organización de los Estados Americanos.

Artículo 24. Cada Estado podrá formular reservas a la presente Convención al momento de firmarla, ratificarla o al adherirse a ella, siempre que la reserva verse sobre una o más disposiciones específicas.

Artículo 25. Las adopciones otorgadas conforme al derecho interno, cuando el adoptante (o adoptantes) y el adoptado tengan domicilio o residencia habitual en el mismo Estado Parte, surtirán efectos de pleno derecho en los demás Estados Partes, sin perjuicio de que tales efectos se rijan por la ley del nuevo domicilio del adoptante (o adoptantes).

Artículo 26. La presente Convención entrará en vigor el trigésimo día a partir de la fecha en que haya sido depositado el segundo instrumento de ratificación.

Para cada Estado que ratifique la Convención o se adhiera a ella después de haber sido depositado el segundo instrumento de ratificación, la Convención entrará en vigor el trigésimo día a partir de la fecha en que tal Estado haya depositado su instrumento de ratificación o adhesión.

Artículo 27. Los Estados Partes que tengan dos o más unidades territoriales en las que rijan distintos sistemas jurídicos relacionados con cuestiones tratadas en la presente Convención, podrán declarar, en el momento de la firma, ratificación o adhesión, que la Convención se aplicará a todas sus unidades territoriales o solamente a una o más de ellas.

Tales declaraciones podrán ser modificadas mediante declaraciones ulteriores, que especificarán expresamente la o las unidades territoriales a las que se aplicará la presente Convención. Dichas declaraciones ulteriores se transmitirán a la Secretaría General de la Organización de los Estados Americanos y surtirán efecto treinta días después de recibidas.

Artículo 28. La presente Convención regirá indefinidamente, pero cualquiera de los Estados Partes podrá denunciarla. El instrumento de denuncia será depositado en la Secretaría General de la Organización de los Estados Americanos. Transcurrido un año, contado a partir de la fecha del depósito del instrumento de denuncia, la Convención cesará en sus efectos para el Estado denunciante, quedando subsistente para los demás Estados Partes.

Artículo 29. El instrumento original de la presente Convención, cuyos textos en español, francés, inglés y portugués son igualmente auténticos, será depositado en la Secretaría General de la Organización de los Estados Americanos, la que enviará copia auténtica de su texto a la Secretaría de las Naciones Unidas, para su registro y publicación, de conformidad con el artículo 102 de su Carta constitutiva. La Secretaría General de la Organización de los Estados Americanos notificará a los Estados Miembros de dicha Organización y a los Estados que se hayan adherido a la Convención, las firmas, los depósitos de instrumentos de ratificación, adhesión y denuncia, así como las reservas que hubiere. También les transmitirá las declaraciones previstas en los artículos 2, 20 y 27 de la presente Convención.

EN FE DE LO CUAL, los Plenipotenciarios infrascritos, debidamente autorizados por sus respectivos gobiernos, firman la presente Convención.

HECHA EN LA CIUDAD DE LA PAZ, BOLIVIA, el día veinticuatro de mayo de mil novecientos ochenta y cuatro.

CONVENCIÓN SOBRE PROTECCIÓN DEL NIÑO Y COOPERACIÓN EN MATERIA DE ADOPCIÓN INTERNACIONAL[25]

Los Estados signatarios de la presente Convención, Reconociendo que el niño, para el desarrollo pleno y armónico de su personalidad, debería crecer en un ambiente de familia y en una atmósfera de felicidad, amor y comprensión; Recordando que cada Estado debería adoptar, como un asunto prioritario, las medidas apropiadas que permitan que el niño permanezca al cuidado de su familia de origen;

Reconociendo que la adopción internacional puede representar, para un niño a quien no se le ha podido encontrar una familia adecuada en su Estado de origen, la ventaja de tener una familia estable;

Convencidos de la necesidad de adoptar medidas que permitan garantizar que las adopciones internacionales se lleven a cabo en beneficio del niño y respetando sus derechos fundamentales, y para evitar el secuestro, la venta o el tráfico de niños;

---

[25] Adoptada el 29 de mayo de 1993 en la Décimo Séptima Sesión de la Conferencia de La Haya de Derecho Internacional Privado, (Decreto Nº 1215), publicado en el Diario Oficial el 4 de octubre de 1999. A la fecha, la Convención ha sido ratificada por los siguientes países: Albania, Alemania, Andorra, Armenia Australia, Austria, Azerbaiyán, Belice, Bielorrusia, Bélgica, Bolivia, Brasil, Bulgaria, Burkina Faso, Burundi, Cabo Verde, Camboya, Canadá, Chile, China, Chipre, Colombia, Costa Rica, Croacia, Cuba, Dinamarca, Ecuador, El Salvador, Eslovaquia, Eslovenia, España, Estados Unidos de América, Estonia, Fiji, Filipinas, Finlandia, Francia, Georgia, Grecia, Guatemala, Guinea, Haití, Hungría, India, Irlanda, Islandia, Israel, Italia, Kazajstán, Kenia, Ex República Yugoslava de Macedonia, Lesoto, Letonia, Liechtenstein, Lituania, Luxemburgo, Madagascar, Mali, Malta, Mauricio, México, Mónaco, Mongolia, Montenegro, Nepal, Noruega, Nueva Zelanda, Países Bajos, Panamá, Paraguay, Perú, Polonia, Portugal, Reino Unido de Gran Bretaña e Irlanda del Norte, República Checa, República de Moldava, República Dominicana, Ruanda, Rumania, Federación de Rusia, San Marino, Senegal, Serbia, Seychelles, Sri Lanka, Sudáfrica, Suecia, Suiza, Suazilandia, Tailandia, Togo, Turquía, Uruguay, Venezuela, Vietnam.

Deseando establecer para tal efecto, disposiciones comunes que consideren los principios señalados en instrumentos internacionales, principalmente aquellos contemplados en la Convención de las Naciones Unidas sobre los Derechos del Niño del 20 de noviembre de 1989, en la Declaración de las Naciones Unidas sobre Principios Sociales y Jurídicos relacionados con la Protección y Bienestar de Menores con Referencia Especial a la Colocación Adoptiva y la Adopción Nacional e Internacional (Resolución Nº 41/85 de la Asamblea General de fecha 3 de diciembre de 1986). Han convenido en lo siguiente:

CAPÍTULO I
ÁMBITO DE APLICACIÓN DEL CONVENIO

Artículo 1. El presente Convenio tiene por objeto:

a) establecer garantías para que las adopciones internacionales tengan lugar en consideración al interés superior del niño y al respeto a los derechos fundamentales que le reconoce el Derecho internacional;

b) instaurar un sistema de cooperación entre los Estados contratantes que asegure el respeto a dichas garantías y, en consecuencia, prevenga la sustracción, la venta o el tráfico de niños;

c) asegurar el reconocimiento en los Estados contratantes de las adopciones realizadas de acuerdo con el Convenio.

Concordancias: Decreto Nº 830, Min. Relaciones Exteriores, Convención sobre los Derechos del Niño, D.O. 27.09.1990: artículo 11. Decreto Nº 386, Min. Relaciones Exteriores, Convención sobre los aspectos civiles del secuestro internacional de niños, D.O. 17.06.1994: artículo 1º letra a). Decreto Nº 225, Min. Relaciones Exteriores, Protocolo Facultativo de la Convención sobre los Derechos del niño relativa a la venta de niños, la prostitución infantil y la utilización de los niños en la pornografía, con su corrección a la letra b) de su artículo 7º, D.O. 6.09.2003. Decreto Nº 342, Min. Relaciones Exteriores, Protocolo para prevenir, reprimir y sancionar la trata de personas, especialmente mujeres y niños, que complementa la convención de las naciones unidas contra la delincuencia organizada transnacional, D.O. 16.02.2005.

Artículo 2. 1. El Convenio se aplica cuando un niño con residencia habitual en un Estado contratante («el Estado de origen») ha sido, es o va a ser desplazado a otro Estado contratante («el Estado de recepción»), bien después de su adopción en el Estado de origen por cónyuges o por una persona con residencia habitual en el Estado de recepción, bien con la finalidad de realizar tal adopción en el Estado de recepción o en el Estado de origen.

2. El Convenio sólo se refiere a las adopciones que establecen un vínculo de filiación.

Concordancias: Ley N° 19.620 Dicta Normas sobre Adopción de Menores, D.O. 05.08.1999: artículo 29 y 37.

Artículo 3. El Convenio deja de aplicarse si no se han otorgado las aceptaciones a las que se refiere el artículo 17, apartado c), antes de que el niño alcance la edad de dieciocho años.

Concordancias: Decreto N° 1.215, Min. Relaciones Exteriores, Convención sobre protección del niño y cooperación en materia de adopción internacional, D.O. 4.10.1999: artículo 17.

CAPÍTULO II
CONDICIONES DE LAS ADOPCIONES INTERNACIONALES

Artículo 4. Las adopciones consideradas por el Convenio solo pueden tener lugar cuando las Autoridades competentes del Estado de origen:

a) han establecido que el niño es adoptable;

b) han constatado, después de haber examinado adecuadamente las posibilidades de colocación del niño en su Estado de origen, que una adopción internacional responde al interés superior del niño;

c) se han asegurado de que

1) las personas, instituciones y autoridades cuyo consentimiento se requiera para la adopción han sido convenientemente asesoradas y debidamente informadas de las consecuencias de su consentimiento, en particular en relación al mantenimiento o ruptura, en virtud de la adopción, de los vínculos jurídicos entre el niño y su familia de origen,

2) tales personas, instituciones y autoridades han dado su consentimiento libremente, en la forma legalmente prevista y que este consentimiento ha sido dado o constatado por escrito,

3) los consentimientos no se han obtenido mediante pago o compensación de clase alguna y que tales consentimientos no han sido revocados, y

4) el consentimiento de la madre, cuando sea exigido, se ha dado únicamente después del nacimiento del niño; y

d) se han asegurado, teniendo en cuenta la edad y el grado de madurez del niño, de que,

1) ha sido convenientemente asesorado y debidamente informado sobre las consecuencias de la adopción y de su consentimiento a la adopción, cuando este sea necesario,

2) se han tomado en consideración los deseos y opiniones del niño,

3) el consentimiento del niño a la adopción, cuando sea necesario, ha sido dado libremente, en la forma legalmente prevista y que este consentimiento ha sido dado o constatado por escrito, y

4) el consentimiento no ha sido obtenido mediante pago o compensación de clase alguna.

Concordancias: *Ley Nº 19.620, sobre Adopción de Menores, D.O. 5.08.1999: artículos 3º, 6°, 8°, 14 inciso 1º, 29, 31, 32, 42, 43, 44. Decreto Nº 830, Min. Relaciones Exteriores, Convención sobre los Derechos del Niño, D.O. 27.09.1990: artículos 11, 12, 21 letra d). Decreto Nº 1.215, Min. Relaciones Exteriores, Convención sobre protección del niño y cooperación en materia de adopción internacional, D.O. 4.10.1999: artículos 16, 29.*

Artículo 5. Las adopciones consideradas por el Convenio solo pueden tener lugar cuando las Autoridades competentes del Estado de recepción:

a) han constatado que los futuros padres adoptivos son adecuados y aptos para adoptar;

b) se han asegurado de que los futuros padres adoptivos han sido convenientemente asesorados; y

c) han constatado que el niño ha sido o será autorizado a entrar y residir permanentemente en dicho Estado.

Concordancias: *Ley Nº 19.620, sobre Adopción de Menores, D.O. 5.08.1999: artículos 6°, 29, 31, 32. Decreto Nº 1.215, Min. Relaciones Exteriores, Convención sobre protección del niño y cooperación en materia de adopción internacional, D.O. 4.10.1999: artículos 17 letra d), 29.*

CAPÍTULO III
AUTORIDADES CENTRALES Y ORGANISMOS ACREDITADOS

Artículo 6. 1. Todo Estado contratante designará una Autoridad Central encargada de dar cumplimiento a las obligaciones que el Convenio le impone.

2. Un Estado federal, un Estado en el que están en vigor diversos sistemas jurídicos o un Estado con unidades territoriales autónomas puede designar más de una Autoridad Central y especificar la extensión territorial o personal de sus funciones. El Estado que haga uso de esta facultad, designará la Autoridad Central a la que puede dirigirse toda comunicación para su transmisión a la Autoridad central competente dentro de ese Estado.

Concordancias: Ley N° 19.620 Dicta Normas sobre Adopción de Menores, D.O. 05.08.1999: artículo 6.

Artículo 7. 1. Las Autoridades Centrales deberán cooperar entre ellas y promover una colaboración entre las Autoridades competentes de sus respectivos Estados para asegurar la protección de los niños y alcanzar los demás objetivos del Convenio.

2. Tomarán directamente todas las medidas adecuadas para:

a) proporcionar información sobre la legislación de sus Estados en materia de adopción y otras informaciones generales, tales como estadísticas y formularios;

b) informarse mutuamente sobre el funcionamiento del Convenio y, en la medida de lo posible, suprimir los obstáculos para su aplicación.

Artículo 8. Las Autoridades Centrales tomarán, directamente o con la cooperación de autoridades públicas, todas las medidas apropiadas para prevenir beneficios materiales indebidos en relación a una adopción y para impedir toda práctica contraria a los objetivos del Convenio.

Concordancias: Ley N° 19.620, sobre Adopción de Menores, D.O. 5.08.1999: artículos 42, 43, 44. Decreto N° 1.215, Min. Relaciones Exteriores, Convención sobre protección del niño y cooperación en materia de adopción internacional, D.O. 4.10.1999: artículo 32.

Artículo 9. Las Autoridades Centrales tomarán, ya sea directamente o con la cooperación de Autoridades públicas o de otros organismos debidamente acreditados en su Estado, todas las medidas apropiadas, en especial para:

a) reunir, conservar e intercambiar información relativa a la situación del niño y de los futuros padres adoptivos en la medida necesaria para realizar la adopción;

b) facilitar, seguir y activar el procedimiento de adopción;

c) promover, en sus respectivos Estados, el desarrollo de servicios de asesoramiento en materia de adopción y para el seguimiento de las adopciones;

d) intercambiar informes generales de evaluación sobre las experiencias en materia de adopción internacional.

e) responder, en la medida en que lo permita la ley de su Estado, a las solicitudes de información motivadas respecto a una situación particular de adopción formuladas por otras Autoridades centrales o por autoridades públicas.

Concordancias: Decreto Nº 944, Min. de Justicia, Reglamento de la Ley Nº 19.620, sobre Adopción de Menores, D.O. 18.03.2000: artículo 29.

Artículo 10. Sólo pueden obtener y conservar la acreditación los organismos que demuestren su aptitud para cumplir correctamente las funciones que pudieran confiárseles.

Concordancias: Decreto Nº 944, Min. de Justicia, Reglamento de la Ley Nº 19.620, sobre Adopción de Menores, D.O. 18.03.2000: artículos 23 a 26.

Artículo 11. Un organismo acreditado debe:

a) perseguir únicamente fines no lucrativos, en las condiciones y dentro de los límites fijados por las autoridades competentes del Estado que lo haya acreditado;

b) ser dirigido y administrado por personas cualificadas por su integridad moral y por su formación o experiencia para actuar en el ámbito de la adopción internacional; y

c) estar sometido al control de las autoridades competentes de dicho Estado en cuanto a su composición, funcionamiento y situación financiera.

Concordancias: Decreto Nº 944, Min. de Justicia, Reglamento de la Ley Nº 19.620, sobre Adopción de Menores, D.O. 18.03.2000: artículos 23 a 26.

Artículo 12. Un organismo acreditado en un Estado contratante solo podrá actuar en otro Estado contratante si ha sido autorizado por las autoridades competentes de ambos Estados.

Concordancias: Decreto Nº 944, Min. de Justicia, Reglamento de la Ley Nº 19.620, sobre Adopción de Menores, D.O. 18.03.2000: artículos 23 y 24.

Artículo 13. La designación de las Autoridades centrales y, en su caso, el ámbito de sus funciones, así como el nombre y dirección de los organismos acreditados, serán comunicados por cada Estado contratante a la Oficina Permanente de la Conferencia de La Haya de Derecho Internacional Privado.

CAPÍTULO IV
CONDICIONES DE PROCEDIMIENTO RESPECTO A LAS ADOPCIONES INTERNACIONALES

Artículo 14. Las personas con residencia habitual en un Estado contratante que deseen adoptar un niño cuya residencia habitual este en otro Estado contratante, deberán dirigirse a la Autoridad Central del Estado de su residencia habitual.

Concordancias: Decreto Nº 1.215, Min. Relaciones Exteriores, Convención sobre protección del niño y cooperación en materia de adopción internacional, D.O. 4.10.1999: artículos 39.2, 41.

Artículo 15. 1. Si la Autoridad Central del Estado de recepción considera que los solicitantes son adecuados y aptos para adoptar, preparará un informe que contenga información sobre su identidad, capacidad jurídica y aptitud para adoptar, su situación personal, familiar y médica, su medio social, los motivos que les animan, su aptitud para asumir una adopción internacional así como sobre los niños que estarían en condiciones de tomar a su cargo.

2. Esta Autoridad Central transmitirá el informe a la Autoridad Central del Estado de origen.

Concordancias: Decreto Nº 1.215, Min. Relaciones Exteriores, Convención sobre protección del niño y cooperación en materia de adopción internacional, D.O. 4.10.1999: artículos 19.3, 22.5, 31, 39.2.

Artículo 16. 1. Si la Autoridad Central del Estado de origen considera que el niño es adoptable,

a) preparará un informe, que contenga información sobre la identidad del niño, su adoptabilidad, su medio social, su evolución personal y familiar, su historia médica y la de su familia, así como sobre sus necesidades particulares;

b) se asegurará de que se han tenido debidamente en cuenta las condiciones de educación del niño así como su origen étnico, religioso y cultural;

c) se asegurará de que se han obtenido los consentimientos previstos en el artículo 4; y

d) constatará si, basándose especialmente en los informes relativos al niño y a los futuros padres adoptivos, la colocación prevista obedece al interés superior del niño.

2. Esta Autoridad Central transmitirá a la Autoridad Central del Estado de recepción su informe sobre el niño, la prueba de que se han obtenido los consentimientos requeridos y la motivación de la decisión relativa a la colocación, procurando no revelar la identidad de la madre y el padre, si en el Estado de origen no puede divulgarse su identidad.

Concordancias: Decreto Nº 1.215, Min. Relaciones Exteriores, Convención sobre protección del niño y cooperación en materia de adopción internacional, D.O. 4.10.1999: artículos 4º, 19.3, 22.5, 31, 39.2.

Artículo 17. En el Estado de origen sólo se podrá confiar al niño a los futuros padres adoptivos si

a) la Autoridad Central del Estado de origen se ha asegurado de que los futuros padres adoptivos han manifestado su acuerdo;

b) la Autoridad Central del Estado de recepción ha aprobado tal decisión, si así lo requiere la ley de dicho Estado o la Autoridad Central del Estado de origen;

c) las Autoridades Centrales de ambos Estados están de acuerdo en que se siga el procedimiento de adopción; y

d) se ha constatado, de acuerdo con el artículo 5, que los futuros padres adoptivos son adecuados y aptos para adoptar y que el niño ha sido o será autorizado a entrar y residir permanentemente en el Estado de recepción.

Concordancias: Ley N° 19.620 Dicta Normas sobre Adopción de Menores, D.O. 05.08.1999: artículo 29. Decreto N° 1.215, Min. Relaciones Exteriores, Convención sobre protección del niño y cooperación en materia de adopción internacional, D.O. 4.10.1999: artículos 3°, 5°, 19.1, 23.1.

Artículo 18. Las Autoridades Centrales de ambos Estados tomarán todas las medidas necesarias para que el niño reciba la autorización de salida del Estado de origen así como de entrada y residencia permanente en el Estado de recepción.

Concordancias: Decreto N° 1.215, Min. Relaciones Exteriores, Convención sobre protección del niño y cooperación en materia de adopción internacional, D.O. 4.10.1999: artículo 39.2.

Artículo 19. 1. Sólo se podrá desplazar al niño al Estado de recepción si se han observado las exigencias del artículo 17.

2. Las Autoridades Centrales de ambos Estados se asegurarán de que el desplazamiento se realice con toda seguridad, en condiciones adecuadas y, cuando sea posible, en compañía de los padres adoptivos o de los futuros padres adoptivos.

3. Si no se produce el desplazamiento del niño, los informes a los que se refieren los artículos 15 y 16 serán devueltos a las autoridades que los hayan expedido.

Concordancias: Decreto N° 1.215, Min. Relaciones Exteriores, Convención sobre protección del niño y cooperación en materia de adopción internacional, D.O. 4.10.1999: artículos 15, 16, 17, 39.2.

Artículo 20. Las Autoridades Centrales se mantendrán informadas sobre el procedimiento de adopción y las medidas adoptadas para finalizarlo, así como sobre el desarrollo del período probatorio, si fuera requerido.

Concordancias: Decreto Nº 1.215, Min. Relaciones Exteriores, Convención sobre protección del niño y cooperación en materia de adopción internacional, D.O. 4.10.1999: artículo 39.2.

Artículo 21. 1. Si la adopción debe tener lugar en el Estado de recepción tras el desplazamiento del niño y la Autoridad Central de dicho Estado considera que el mantenimiento del niño en la familia de recepción ya no responde a su interés superior, esta Autoridad Central tomará las medidas necesarias para la protección del niño, especialmente para:

a) retirar al niño de las personas que deseaban adoptarlo y ocuparse de su cuidado provisional;

b) en consulta con la Autoridad Central del Estado de origen, asegurar sin dilación una nueva colocación del niño en vistas a su adopción o, en su defecto, una colocación alternativa de carácter duradero; la adopción del niño solo podrá tener lugar si la Autoridad Central del Estado de origen ha sido debidamente informada sobre los nuevos padres adoptivos;

c) como último recurso, asegurar el retorno del niño al Estado de origen, si así lo exige su interés.

2. Teniendo en cuenta especialmente la edad y grado de madurez del niño, se le consultará y, en su caso, se obtendrá su consentimiento en relación a las medidas a tomar conforme al presente artículo.

Concordancias: Ley Nº 19.620, sobre Adopción de Menores, D.O. 5.08.1999: artículos 3º, 14 inciso 1º. Ley Nº 19.968, crea Tribunales de Familia, D.O. 30.08.2004: artículo 69. Decreto Nº 830, Min. Relaciones Exteriores, Convención sobre los Derechos del Niño, D.O. 27.09.1990: artículo 12. Decreto Nº 1.215, Min. Relaciones Exteriores, Convención sobre protección del niño y cooperación en materia de adopción internacional, D.O. 4.10.1999: artículo 4º, letra d), 39.2.

Artículo 22. 1. Las funciones atribuidas a la Autoridad Central por el presente Capítulo pueden ser ejercidas por autoridades públicas o por organismos acreditados conforme al Capítulo III, en la medida prevista por la ley de este Estado.

2. Todo Estado contratante podrá declarar ante el depositario del Convenio que las funciones conferidas a la Autoridad Central por los artículos 15 a 21 podrán también ser ejercidas en ese Estado, dentro de los límites

permitidos por la ley y bajo el control de las Autoridades competentes de dicho Estado, por personas u organismos que:

a) cumplan las condiciones de integridad, competencia profesional, experiencia y responsabilidad exigidas por dicho Estado; y

b) estén capacitadas por su calificación ética y por su formación o experiencia para trabajar en el ámbito de la adopción internacional.

3. El Estado contratante que efectúe la declaración prevista en el apartado 2 informará con regularidad a la Oficina Permanente de la Conferencia de La Haya de Derecho Internacional Privado de los nombres y direcciones de estos organismos y personas.

4. Todo Estado contratante podrá declarar ante el depositario del Convenio que las adopciones de niños cuya residencia habitual esté situada en su territorio solo podrán tener lugar si las funciones conferidas a las Autoridades Centrales se ejercen de acuerdo con el apartado primero.

5. A pesar de que se haya realizado la declaración prevista en el apartado 2, los informes previstos en los artículos 15 y 16 se prepararán, en todo caso, bajo la responsabilidad de la Autoridad Central o de otras autoridades u organismos de acuerdo con el apartado primero.

Concordancias: *Decreto Nº 1.215, Min. Relaciones Exteriores, Convención sobre protección del niño y cooperación en materia de adopción internacional, D.O. 4.10.1999: artículos 15 a 21.*

CAPÍTULO V
RECONOCIMIENTO Y EFECTOS DE LA ADOPCIÓN

Artículo 23. 1. Una adopción certificada como conforme al Convenio por la autoridad competente del Estado donde ha tenido lugar, será reconocida de pleno derecho en los demás Estados contratantes. La certificación especificará cuándo y por quien han sido otorgadas las aceptaciones a las que se refiere el artículo 17, apartado c).

2. Todo Estado contratante, en el momento de la firma, la ratificación, aceptación, aprobación o adhesión, notificará al depositario del Convenio la identidad y las funciones de la autoridad o autoridades que, en dicho Estado, son competentes para expedir la certificación. Notificará asimismo cualquier modificación en la designación de estas autoridades.

Concordancias: *Decreto Nº 1.215, Min. Relaciones Exteriores, Convención sobre protección del niño y cooperación en materia de adopción internacional, D.O. 4.10.1999: artículos 17, 27.2.*

Artículo 24. Solo podrá denegarse el reconocimiento de una adopción en un Estado contratante si dicha adopción es manifiestamente contraria a su orden público, teniendo en cuenta el interés superior del niño.

Artículo 25. Todo Estado contratante puede declarar ante el depositario del Convenio que no reconocerá en virtud de las disposiciones del mismo las adopciones hechas conforme a un acuerdo concluido en aplicación del artículo 39, apartado 2.

Concordancias: *Decreto Nº 1.215, Min. Relaciones Exteriores, Convención sobre protección del niño y cooperación en materia de adopción internacional, D.O. 4.10.1999: artículo 39.2.*

Artículo 26. 1. El reconocimiento de la adopción comporta el reconocimiento

a) del vínculo de filiación entre el niño y sus padres adoptivos;

b) de la responsabilidad de los padres adoptivos respecto al hijo;

c) de la ruptura del vínculo de filiación preexistente entre el niño y su madre y su padre, si la adopción produce este efecto en el Estado contratante en que ha tenido lugar.

2. Si la adopción tiene como efecto la ruptura del vínculo preexistente de filiación, el niño gozará, en el Estado de recepción y en todo otro Estado contratante en que se reconozca la adopción, de derechos equivalentes a los que resultan de una adopción que produzca tal efecto en cada uno de esos Estados.

3. Los apartados precedentes no impedirán la aplicación de disposiciones más favorables al niño que estén en vigor en el Estado contratante que reconozca la adopción.

Concordancias: *Ley Nº 19.620 Dicta Normas sobre Adopción de Menores, D.O. 05.08.1999: artículo 37.*

Artículo 27. 1. Si una adopción realizada en el Estado de origen no tiene por efecto la ruptura del vínculo de filiación preexistente, en el Estado de recepción que reconozca la adopción conforme al Convenio dicha adopción podrá ser convertida en un adopción que produzca tal efecto, si

a) la ley del Estado de recepción lo permite; y

b) los consentimientos exigidos en el artículo 4, apartados c) y d), han sido o son otorgados para tal adopción;

2. El artículo 23 se aplicara a la decisión sobre la conversión de la adopción.

Concordancias: Decreto Nº 1.215, Min. Relaciones Exteriores, Convención sobre protección del niño y cooperación en materia de adopción internacional, D.O. 4.10.1999: artículo 23.

CAPÍTULO VI
DISPOSICIONES GENERALES

Artículo 28. El Convenio no afecta a ley alguna de un Estado de origen que exija que la adopción de un niño con residencia habitual en ese Estado tenga lugar en ese Estado o que prohíba la colocación del niño en el Estado de recepción o su desplazamiento al Estado de recepción antes de la adopción.

Artículo 29. No habrá contacto alguno entre los futuros padres adoptivos y los padres del niño u otras personas que tengan la guarda de éste hasta que se hayan cumplido las condiciones de los art. 4, apartados a) a c) y del artículo 5, apartado a), salvo cuando la adopción del niño tenga lugar entre familiares o salvo que se cumplan las condiciones que establezca la autoridad competente del Estado de origen.

Concordancias: Decreto Nº 1.215, Min. Relaciones Exteriores, Convención sobre protección del niño y cooperación en materia de adopción internacional, D.O. 4.10.1999: artículos 4º y 5º.

Artículo 30. 1. Las autoridades competentes de un Estado contratante asegurarán la conservación de la información de la que dispongan relativa a los orígenes del niño, en particular la información respecto a la identidad de sus padres así como la historia médica del niño y de su familia.

2. Dichas autoridades asegurarán el acceso, con el debido asesoramiento, del niño o de su representante a esta información en la medida en que lo permita la ley de dicho Estado.

Concordancias: Ley N° 19.620, sobre Adopción de Menores, D.O. 5.08.1999: artículo 27 inciso 3°. Decreto N° 944, Min. de Justicia, Reglamento de la Ley N° 19.620 sobre Adopción de Menores, D.O. 18.03.2000: artículos 3° inciso 2°, 6° letra b), 30. Decreto N° 830, Min. Relaciones Exteriores, Convención sobre los Derechos del Niño, D.O. 27.09.1990: artículos 7.1, 8.1. Decreto N° 1.215, Min. Relaciones Exteriores, Convención sobre protección del niño y cooperación en materia de adopción internacional, D.O. 4.10.1999: artículo 31.

Artículo 31. Sin perjuicio de lo establecido en el art. 30, los datos personales que se obtengan o transmitan conforme al Convenio, en particular aquellos a los que se refieren los artículos 15 y 16, no podrán utilizarse para fines distintos de aquellos para los que se obtuvieron o transmitieron.

Concordancias: Decreto N° 1.215, Min. Relaciones Exteriores, Convención sobre protección del niño y cooperación en materia de adopción internacional, D.O. 4.10.1999: artículos 15 y 16.

Artículo 32. 1. Nadie puede obtener beneficios materiales indebidos, como consecuencia de una intervención relativa a una adopción internacional.

2. Solo se podrán reclamar y pagar costes y gastos, incluyendo los honorarios profesionales razonables de las personas que han intervenido en la adopción.

3. Los directores, administradores y empleados de organismos que intervengan en la adopción no podrán recibir remuneraciones desproporcionadas en relación a los servicios prestados.

Concordancias: Ley N° 19.620, sobre Adopción de Menores, D.O. 5.08.1999: artículos 42, 43, 44. Decreto N° 1.215, Min. Relaciones Exteriores, Convención sobre protección del niño y cooperación en materia de adopción internacional, D.O. 4.10.1999: artículo 8°.

Artículo 33. Toda Autoridad competente que constate que no se ha respetado o que existe un riesgo manifiesto de que no sea respetada alguna de las disposiciones del Convenio, informará inmediatamente a la Autoridad Central de su Estado. Dicha Autoridad Central tendrá la responsabilidad de asegurar que se toman las medidas adecuadas.

Artículo 34. Si la autoridad competente del Estado de destino de un documento así lo requiere, deberá proporcionarse una traducción auténtica. Salvo que se disponga lo contrario, los costes de tal traducción correrán a cargo de los futuros padres adoptivos.

Artículo 35. Las autoridades competentes de los Estados contratantes actuarán con celeridad en los procedimientos de adopción.

Artículo 36. En relación a un Estado que tenga, en materia de adopción, dos o más sistemas jurídicos aplicables en distintas unidades territoriales:

a) cualquier referencia a la residencia habitual en dicho Estado se interpretará como una referencia a la residencia habitual en una unidad territorial de dicho Estado;

b) cualquier referencia a la ley de dicho Estado se interpretará como una referencia a la ley vigente en la correspondiente unidad territorial;

c) cualquier referencia a las autoridades competentes o a las autoridades públicas de dicho Estado se interpretará como una referencia a las autoridades autorizadas para actuar en la correspondiente unidad territorial;

d) cualquier referencia a los organismos acreditados de dicho Estado se interpretará como una referencia a los organismos acreditados en la correspondiente unidad territorial.

Artículo 37. En relación a un Estado que tenga, en materia de adopción, dos o más sistemas jurídicos aplicables a diferentes categorías de personas, toda referencia a la ley de ese Estado se interpretará como una referencia al sistema jurídico determinado por la ley de dicho Estado.

Artículo 38. Un Estado contratante en el que distintas unidades territoriales tengan sus propias normas en materia de adopción no estará obligado a aplicar las normas del Convenio cuando un Estado con un sistema jurídico unitario no estaría obligado a hacerlo.

Artículo 39. 1. El Convenio no derogará a los instrumentos internacionales en que los Estados contratantes sean partes y que contengan disposiciones sobre materias reguladas por el presente Convenio, salvo declaración en contrario de los Estados vinculados por dichos instrumentos.

2. Todo Estado contratante podrá concluir con uno o más Estados contratantes acuerdos para favorecer la aplicación del Convenio en sus relaciones recíprocas. Estos acuerdos sólo podrán derogar las disposiciones contenidas en los artículos 14 a 16 y 18 a 21. Los Estados que concluyan tales acuerdos transmitirán una copia de los mismos al depositario del presente Convenio.

Concordancias: Decreto N° 1.215, Min. Relaciones Exteriores, Convención sobre protección del niño y cooperación en materia de adopción internacional, D.O. 4.10.1999: artículos 14, 15, 16, 18, 19, 20, 21, 25.

Artículo 40. No se admitirá reserva alguna al Convenio.

Artículo 41. El Convenio se aplicará siempre que una solicitud formulada conforme al artículo 14 sea recibida después de la entrada en vigor del Convenio en el Estado de origen y en el Estado de recepción.

Concordancias: Decreto N° 1.215, Min. Relaciones Exteriores, Convención sobre protección del niño y cooperación en materia de adopción internacional, D.O. 4.10.1999: artículo 14.

Artículo 42. El Secretario General de la Conferencia de La Haya de Derecho Internacional Privado convocará periódicamente una Comisión especial para examinar el funcionamiento práctico del Convenio.

CAPÍTULO VII
CLÁUSULAS FINALES

Artículo 43. 1. El Convenio estará abierto a la firma de los Estados que fueren miembros de la Conferencia de La Haya de Derecho Internacional

Privado cuando se celebró su Decimoséptima Sesión y de los demás Estados participantes en dicha Sesión.

2. Será ratificado, aceptado o aprobado, y los instrumentos de ratificación, aceptación o aprobación se depositarán en el Ministerio de Asuntos Exteriores del Reino de los Países Bajos, depositario del Convenio.

Artículo 44. 1. Cualquier otro Estado podrá adherirse al Convenio después de su entrada en vigor en virtud del apartado 1 del artículo 46.

2. El instrumento de adhesión se depositará en poder del depositario.

3. La adhesión solo surtirá efecto en las relaciones entre el Estado adherente y los Estados contratantes que no hubiesen formulado objeción a la adhesión en los seis meses siguientes a la recepción de la notificación a que se refiere el apartado b) del artículo 48. Podrá asimismo formular una objeción al respecto cualquier Estado en el momento de la ratificación, aceptación o aprobación del Convenio posterior a la adhesión. Dichas objeciones serán notificadas al depositario del Convenio.

Artículo 45. 1. Cuando un Estado comprenda dos o más unidades territoriales en las que se apliquen sistemas jurídicos diferentes en lo que se refiere a cuestiones reguladas por el presente Convenio, podrá declarar, en el momento de la firma, ratificación, aceptación, aprobación o adhesión, que el Convenio se aplicará a todas sus unidades territoriales o solamente a una o varias de ellas y podrá en cualquier momento modificar esta declaración haciendo otra nueva.

2. Toda declaración de esta naturaleza será notificada al depositario del Convenio y en ella se indicarán expresamente las unidades territoriales a las que el Convenio será aplicable.

3. En el caso de que un Estado no formule declaración alguna al amparo del presente artículo, el Convenio se aplicara a la totalidad del territorio de dicho Estado.

Artículo 46. 1. El Convenio entrará en vigor el día primero del mes siguiente a la expiración de un período de tres meses después del depósito del tercer instrumento de ratificación, de aceptación o de aprobación previsto en el artículo 43.

2. En lo sucesivo, el Convenio entrara en vigor:

a) para cada Estado que lo ratifique, acepte o apruebe posteriormente, o se adhiera al mismo, el primer día del mes siguiente a la expiración de un período de tres meses después del depósito de su instrumento de ratificación, aceptación, aprobación o adhesión;

b) para las unidades territoriales a las que se haya hecho extensiva la aplicación del Convenio de conformidad con el artículo 45, el día primero del mes siguiente a la expiración de un período de tres meses después de la notificación prevista en dicho artículo.

Artículo 47. 1. Todo Estado parte en el presente Convenio podrá denunciarlo mediante notificación por escrito dirigida al depositario.

2. La denuncia surtirá efecto el día primero del mes siguiente a la expiración de un período de doce meses después de la fecha de recepción de la notificación por el depositario del Convenio. En caso de que en la notificación se fije un período más largo para que la denuncia surta efecto, ésta tendrá efecto cuando transcurra dicho período, que se contará a partir de la fecha de recepción de la notificación.

Artículo 48. El depositario del Convenio notificará a los Estados miembros de la Conferencia de La Haya de Derecho Internacional Privado así como a los demás Estados participantes en la Decimoséptima Sesión y a los Estados que se hayan adherido de conformidad con lo dispuesto en el artículo 44:

a) las firmas, ratificaciones, aceptaciones y aprobaciones a que se refiere el artículo 43;

b) las adhesiones y las objeciones a las mismas a que se refiere el artículo 44;

c) la fecha en la que el Convenio entrará en vigor de conformidad con lo dispuesto en el artículo 46;

d) las declaraciones y designaciones a que se refieren los artículos 22, 23, 25 y 45;

e) los acuerdos a que se refiere el artículo 39;

f) las denuncias a que se refiere el artículo 47.

En fe de lo cual, los infrascritos, debidamente autorizados, han firmado el presente Convenio.

Hecho en La Haya, el 29 de mayo de 1993, en francés e inglés, siendo ambos textos igualmente auténticos, en un solo ejemplar, que será depositado en los archivos del Gobierno del Reino de los Países Bajos y del cual se remitirá por vía diplomática una copia autentica a cada uno de los Estados miembros de la Conferencia de La Haya de Derecho Internacional Privado en el momento de celebrarse su Decimoséptima Sesión así como a cada uno de los demás Estados que han participado en dicha Sesión.

CONVENCIÓN SOBRE OBTENCIÓN DE ALIMENTOS EN EL EXTRANJERO, SUSCRITA EN NUEVA YORK EN 1961[26]

PREÁMBULO

Considerando que es urgente la solución del problema humanitario originado por la situación de las personas sin recursos que tienen derecho a obtener alimentos de otras que se encuentran en el extranjero.

Considerando que el ejercicio en el extranjero de acciones sobre prestación de alimentos o la ejecución en el extranjero de decisiones relativas a la obligación de prestar alimentos suscita graves dificultades legales 5 de orden práctico.

Dispuestas a establecer los medios conducentes a resolver ese problema y a subsanar las mencionadas dificultades.

Las Partes Contratantes han convenido lo siguiente:

Artículo 1. Alcance de la Convención. 1. La finalidad de la presente Convención es facilitar a una persona, llamada en lo sucesivo demandante, que se encuentra en el territorio de una de las Partes Contratantes, la obtención de los alimentos que pretende tener derecho a recibir de otra persona, llamada en lo sucesivo demandado, que está sujeta a la jurisdicción de otra Parte Contratante.

---

[26] Decreto N° 23, del Ministerio de Relaciones Exteriores de Chile, publicado en el Diario Oficial el 23 de enero de 1961. Ha sido ratificada por los siguientes países: por Argelia, Argentina, Australia, Austria, Barbados, Bielorrusia, Bélgica, Bosnia Herzegovina, Brasil, Burkina Faso, Cabo Verde, República Centroafricana, Chile, Colombia, Croacia, Chipre, República Dominicana, Ecuador, Estonia, Finlandia, Francia, Alemania, Grecia, Guatemala, Haití, Vaticano, Hungría, Irlanda, Israel, Italia, Kazajistán, Kirguistán, Liberia, Luxemburgo, México, Mónaco, Montenegro, Marruecos, Países Bajos, Nueva Zelanda, Nigeria, Noruega, Pakistán, Filipinas, Polonia, República de Moldava, Rumania, Serbia, Seychelles, Eslovaquia, Eslovenia, España, Sri Lanka, Surinam, Suecia, Suiza, Ex República yugoslava de Macedonia, Túnez, Turquía, Ucrania, Reino Unido de Gran Bretaña e Irlanda del Norte, Uruguay.

Esta finalidad se perseguirá mediante las servicios de Organismos llamados en lo sucesivo Autoridades Remitentes e Instituciones Intermediarias.

2. Los medios Jurídicos a que se refiere la presente Convención son adicionales a cualesquiera otros medios que puedan utilizarse conforme al Derecho interno o al Derecho internacional y no sustitutivos de los mismos.

Concordancias: Decreto N° 23, Min. de Relaciones Exteriores, Convención sobre la obtención de Alimentos en el Extranjero, D.O. 23.01.1961: artículo 8°. Decreto N° 830, Min. Relaciones Exteriores, Convención sobre los Derechos del Niño, D.O. 27.09.1990: artículo 27.4.

Artículo 2. Designación de Organismos. 1. En el momento de depositar el instrumento de ratificación o adhesión cada Parte Contratante designará una o más Autoridades judiciales o administrativas para que ejerzan en su territorio las funciones de Autoridades Remitentes.

2. En el momento de depositar el Instrumento de ratificación o adhesión cada Parte Contratante designará un Organismo público o privado para que ejerza en su territorio las funciones de Institución Intermediaria.

3. Cada Parte Contratante comunicará sin demora al Secretario general de las Naciones Unidas las designaciones hechas conforme a lo dispuesto en los párrafos 1 y 2 y cualquier modificación al respecto.

4. Las Autoridades Remitentes y las Instituciones Intermediarias podrán comunicarse directamente con las Autoridades remitentes y las Instituciones Intermediarias de los demás Partes Contratantes.

Artículo 3. Solicitud a la Autoridad Remitente. 1. Cuando el demandante se encuentre en el territorio de una de las Partes Contratantes, denominada en lo sucesivo Estado del demandante, y el demandado esté sujeto a la Jurisdicción de otra Parte Contratante, que se denominará Estado del demandado, el primero podrá presentar una solicitud a la Autoridad Remitente de su Estado encaminada a obtener aumentos del demandado.

2. Cada Parte Contratante informará al Secretarlo general acerca de los elementos de prueba normalmente exigidos por la Ley del Estado de la Institución Intermediaria para Justificar la demanda de prestación de

alimentos, de la forma en que la prueba debe ser presentada para ser admisible y de cualquier otro requisito que haya de satisfacerse de conformidad con esa Ley.

3. La solicitud deberá ir acompañada de todos los documentos pertinentes, inclusive, en caso necesario, un poder que autorice a la Institución Intermediaria para actuar en nombre del demandante o para designar a un tercero con ese objeto.

Se acompañará también una fotografía del demandante y, de ser posible, una fotografía del demandado.

4. La Autoridad Remitente adoptará las medidas a su alcance para asegurar el cumplimiento de los requisitos exigidos por la Ley del Estado de la Institución intermediaria. Sin perjuicio de lo que disponga dicha Ley, la solicitud expresará:

a) El nombre y apellido del demandante, su dirección, fecha de nacimiento, nacionalidad y ocupación, y, en su caso, el nombre y dirección de su representante legal;

b) El nombre y apellido del demandado y, en la medida en que sean conocidas por el demandante, sus direcciones durante los últimos cinco años, su fecha de nacimiento, nacionalidad y ocupación; 0 Una exposición detallada de los motivos en que se funda la pretensión del demandante y del objeto de ésta y cualesquiera otros datos pertinentes, tales como los relativos a la situación económica y familiar del demandante y el demandado.

Concordancias: Ley N° 14.908, Sobre Abandono de Familia y Pago de Pensiones Alimenticias, D.O. 05.10.1962: artículo 1. Ley 19.968, Crea los Tribunales de Familia, D.O. 30.08.2004: Título III, párrafo tercero. Decreto N° 23, Min. de Relaciones Exteriores, Convención sobre la obtención de Alimentos en el Extranjero, D.O. 23.01.1961: artículo 5.2.

Artículo 4. Transmisión de los documentos. La Autoridad Remitente transmitirá los documentos a la Institución Intermediaria del Estado del demandado, a menos que considero que la solicitud no ha sido formulada de buena fe.

2. Antes de transmitir estos documentos la Autoridad Reclamante se cerciorará de que los mismos reúnen los requisitos de forma de acuerdo con la Ley del Estado del demandante.

3. La Autoridad Remitente podrá hacer saber a la Institución Intermediaria su opinión sobre los méritos de la pretensión del demandante y recomendar que se conceda a éste asistencia jurídica gratuita y exención de costas.

Concordancias: Decreto N° 23, Min. de Relaciones Exteriores, Convención sobre la obtención de Alimentos en el Extranjero, D.O. 23.01.1961: artículo 5.1.

Artículo 5. Transmisión de sentencias y otros actos judiciales. 1. La Autoridad Remitente transmitirá, a solicitud del demandante y de conformidad con las disposiciones del artículo 4, cualquier decisión provisional o definitiva, o cualquier otro acto judicial que haya intervenido en materia de alimentos en favor del demandante en un Tribunal competente de cualquiera de las Partes Contratantes, y si fuera necesario y posible copia de las actuaciones en que haya recaído esa decisión.

2. Las decisiones y actos Judiciales a que se refiere el párrafo precedente podrán ser transmitidos para reemplazar o completar los documentos mencionados en el artículo 3.

3. El procedimiento previsto en el artículo 6 podrá incluir, conforme a la Ley del Estado del demandado, el exequátur o el registro o una nueva acción basada en la decisión transmitida en virtud de lo dispuesto en el párrafo I.

Concordancias: Ley N° 14.908, Sobre Abandono de Familia y Pago de Pensiones Alimenticias, D.O. 05.10.1962: artículo 1. Decreto N° 23, Min. de Relaciones Exteriores, Convención sobre la obtención de Alimentos en el Extranjero, D.O. 23.01.1961: artículos 3, 4 y 6.

Artículo 6. Funciones de la Institución Intermediaria. 1. La Institución Intermediaria, actuando siempre dentro de las facultades que le haya conferido el demandante, tomará todas las medidas apropiadas para obtener el pago de alimentos, inclusive por transacción, y podrá, en caso necesario, iniciar y proseguir una acción de alimentos y hacer ejecutar cualquier sentencia, decisión u otro acto Judicial.

2. La Institución Intermediaria tendrá convenientemente informada a la Autoridad Remitente.

Si no pudiere actuar, le hará saber los motivos de ello y le devolverá la documentación.

3. No obstante cualquier disposición de esta Convención, la Ley aplicable a la resolución de las acciones de alimentos y de toda cuestión que surja con ocasión de la misma será la Ley del Estado del demandado, inclusive el Derecho Internacional privado de ese Estado.

Concordancias: Código Civil: artículo 15.

Artículo 7. Exhortos. Si las Leyes de las dos Partes Contratantes interesadas admiten exhortos, se aplicarán las disposiciones siguientes;

a) El Tribunal que conozca de la acción de alimentos podrá enviar exhortos para obtener más pruebas, documentales o de otra especie, al Tribunal competente de la otra Parte Contratante o a cualquier otra Autoridad o Institución designada por la Parte Contratante en cuyo territorio haya de diligenciarse el exhorto.

b) A fin de que las partes puedan asistir a este procedimiento o estar representadas en él la Autoridad requerida deberá hacer saber a la Institución Intermediaria, a la Autoridad Remitente que corresponda y al demandado la fecha y el lugar en que hayan de practicarse las diligencias solicitadas.

c) Los exhortos deberán cumplimentarse con la diligencia debida, y si a los cuatro meses de recibido un exhorto por la Autoridad requerida no se hubiere diligenciado deberán comunicarse a la Autoridad requirente las razones a que obedezca la demora o la falta de cumplimiento.

d) La tramitación del exhorto no dará lugar al reembolso de derechos o costas de ninguna clase.

e) Sólo podrá negarse la tramitación del exhorto:

1) Si no se hubiere establecido la autenticidad del documento;

2) Si la Parte Contratante en cuyo territorio ha de diligenciarse el exhorto Juzga que la tramitación de éste menoscabaría su soberanía o su seguridad.

Concordancias: *Código de Procedimiento Civil: Artículo 76. Convención interamericana sobre recepción de pruebas en el extranjero, D.S. No. 642, DO. 09.10.1976. Convención interamericana sobre exhortos o cartas rogatorias, Decreto No. 644, DO. 18.10.1976.*

Artículo 8. Modificación de decisiones judiciales. Las disposiciones de la presente Convención se aplicarán asimismo a las solicitudes de modificación de decisiones Judiciales dictadas en materia de prestación de alimentos.

Concordancias: *Decreto Nº 23, Min. de Relaciones Exteriores, Convención sobre la obtención de Alimentos en el Extranjero, D.O. 23.01.1961: artículo 1.*

Artículo 9. Exenciones y utilidades. 1. En los procedimientos regidos por esta Convención los demandantes gozarán del mismo trato y de las mismas exenciones de gastos y costas otorgadas por la Ley del Estado en que se efectúe el procedimiento a. sus nacionales o a sus residentes.

2. No podrá imponerse a los demandantes, por su condición de extranjeros o por carecer de residencia, caución, pago o depósito alguno para garantizar el pago de costas o cualquier otro cargo.

3. Las Autoridades Remitentes y las Instituciones Intermediarias no percibirán remuneración de ninguna clase por los servicios prestados de conformidad con esta Convención.

Concordancias: *Constitución Política de la República: Artículo 19 N°3. Código de Bustamante: Artículos 1 y 2. Código Civil: Artículo 57.*

Artículo 10. Transferencias de fondos. La Parte Contratante cuya legislación imponga restricciones a la transferencia de fondos al extranjero concederá la máxima prioridad a la transferencia de fondos destinados al pago de alimentos o a cubrir los gastos a que den lugar los procedimientos previstos en esta Convención.

Artículo 11. Cláusula relativa a los Estados federales. Con respecto a los Estados federales o no unitarios, se aplicarán las disposiciones siguientes:

a) En lo concerniente a los artículos de esta Convención cuya aplicación dependa de la acción legislativa del poder legislativo federal, las obligaciones del gobierno federal serán, en esta medida, las mismas que las de las Partes que no son Estados federales.

b) En lo concerniente a los artículos de esta Convención cuya aplicación dependa de la acción legislativa de cada uno de los Estados, provincias o cantones constituyentes que, en virtud del régimen constitucional de la federación, no estén obligados a adoptar medidas legislativas, el gobierno federal, a la mayor brevedad posible y con recomendación favorable, comunicará el texto de dichos artículos a las autoridades competentes de los Estados, provincias o cantones.

c) Todo Estado federal que sea Parte en la presente Convención proporcionará, a solicitud de cualquiera otra Parte Contratante que le haya sido transmitida por el Secretario general, un resumen de la legislación y de las prácticas vigentes en la federación y en sus entidades constitutivas con respecto a determinada disposición de la Convención, indicando hasta qué punto, por acción legislativa o de otra índole, se ha aplicado tal disposición.

Artículo 12. Aplicación territorial. Las disposiciones de la presente Convención se aplicarán igualmente a todos los territorios no autónomos o en fideicomiso y a todos los demás territorios de cuyas relaciones internacionales sea responsable una Parte Contratante, a menos que dicha Parte Contratante, al ratificar la Convención o adherirse a ella, haya declarado que no se aplicará a determinado territorio o territorios que estén en esas condiciones. Toda Parte Contratante que haya hecho esa declaración podrá en cualquier momento posterior extender la aplicación de la Convención al territorio o territorios así excluidos, o a cualquiera do ellos, mediante notificación al Secretario general.

Concordancias: Decreto Nº 23, Min. de Relaciones Exteriores, Convención sobre la obtención de Alimentos en el Extranjero, D.O. 23.01.1961: artículo 15.1.

Artículo 13. Firma, ratificación y adhesión. 1. La presente Convención quedará abierta hasta el 31 de diciembre de 1956 a la firma de todo Miembro de las Naciones Unidas, de todo Estado no miembro que sea parte en el Estatuto de la Corte Internacional de Justicia o miembro de un organismo especializado, y de todo otro Estado no miembro que haya sido Invitado por el Consejo Económico y Social a participar en la Convención.

2. La presente Convención será ratificada. Los instrumentos de ratificación serán depositados en poder del Secretario general.

3. Cualquiera de los Estados que se mencionan en el párrafo 1 de este artículo podrá adherirse a la presente Convención en cualquier momento. Los Instrumentos de adhesión serán depositados en poder del Secretario General.

Concordancias: Decreto Nº 23, Min. de Relaciones Exteriores, Convención sobre la obtención de Alimentos en el Extranjero, D.O. 23.01.1961: artículos 17.1 y 21.

Artículo 14. Entrada en vigor. 1. La presente Convención entrará en vigor el trigésimo día siguiente a la fecha en que se haya efectuado el depósito del tercer instrumento de ratificación o de adhesión con arreglo a lo previsto en el artículo 13.

2. Con respecto a cada uno de los Estados que la ratifiquen o se adhieran a ella después del depósito del tercer instrumento de ratificación o adhesión, la Convención entrara, en vigor treinta días después de la (echa en que dicho Estado deposite su instrumento de ratificación o de adhesión.

Artículo 15. Denuncia. 1. Cualquiera de las Partes Contratantes podrá denunciar la presente Convención mediante notificación al Secretario General. Dicha denuncia podrá referirse también a todos o a algunos de los territorios mencionados en el artículo 12.

2. La denuncia surtirá efecto un año después de la fecha en que el Secretarlo general reciba la notificación, excepto para los casos que se estén sustanciando en la fecha en que entre en vigencia dicha denuncia.

Artículo 16. Solución de controversias. Si surgiere entre Partes Contratantes una controversia respecto a la Interpretación o aplicación de la presente Convención, y si tal controversia no pudiere ser resuelta por otros medios, será sometida a la Corte Internacional de Justicia. La controversia será planteada ante la Corte mediante la notificación del compromiso concertado por las Partes en la controversia, o unilateralmente a solicitud de una de ellas.

Artículo 17. Reservas. 1. Si un Estado formula una reserva relativa a cualquier artículo de la presente Convención en el momento de depositar el instrumento de ratificación o de adhesión, el Secretario general comunicará el texto de la reserva a las demás Partes Contratantes y a todos los demás Estados mencionados en el artículo 13. Toda Parte Contratante que se oponga a la reserva podrá notificar al Secretario general, dentro del plazo de noventa días, contados a partir de la fecha de la comunicación, que no acepta dicha reserva, y en tal caso la Convención no entrará en vigor entre el Estado que haya objetado la reserva y el que la haya formulado. Todo Estado que se adhiera posteriormente a la Convención podrá hacer esta notificación en el momento de depositar su instrumento de adhesión.

2. Toda Parte Contratante podrá retirar en cualquier momento una reserva que haya formulado anteriormente y deberá notificar esa decisión al Secretario general.

Artículo 18. Reciprocidad. Una Parte Contratante no podrá Invocar las disposiciones de la presente Convención respecto de otra Parte Contratante sino en la medida en que ella misma esté obligada.

Artículo 19. Notificaciones del Secretario general. 1. El Secretario general notificará a todos los Estados Miembros de las Naciones Unidas y a los Estados no miembros mencionados en el artículo 13:

a) Las comunicaciones previstas en el párrafo 3 del artículo 2.

b) Las informaciones recibidas conforme al párrafo 2 del artículo 3.

c) Las declaraciones y notificaciones hechas conforme al artículo 12.

d) Las firmas, ratificaciones y adhesiones hechas conforme al artículo 13.

e) La fecha en que la Convención haya entrado en vigor, conforme a las disposiciones del párrafo 1 del artículo 14.

f) Las denuncias hechas conforme al artículo 1 del párrafo 15.

g) Las reservas y notificaciones hechas conforme al artículo 17.

2. El Secretario general notificará también a todas las Partes Contratantes las solicitudes de revisión y las respuestas a las mismas, hechas conforme a lo dispuesto en el artículo 20.

Artículo 20. Revisión. 1. Toda Parte Contratante podrá pedir en cualquier momento la revisión de la presente Convención, mediante notificación dirigida al Secretarlo general.

2. El Secretario general transmitirá dicha notificación a cada una de las Partes Contratantes y le pedirá que manifieste dentro de un plazo de cuatro meses si desea reunión de una conferencia para considerar la revisión propuesta. SI la mayoría de las Partes Contratantes responde en sentido afirmativo, dicha conferencia será convocada por el Secretario general.

Artículo 21. Idiomas y depósito de la Convención. El original de la presente Convención, cuyos textos español, chino, francés, inglés y ruso son igualmente auténticos, será depositado en poder del Secretarlo general, quien enviará coplas certificadas conformes a todos los Estados a que se hace referencia en el artículo 13.

Contratos internacionales

«CONVENCIÓN DE LAS NACIONES UNIDAS SOBRE LOS CONTRATOS DE COMPRAVENTA INTERNACIONAL DE MERCADERÍAS, SUSCRITO EN VIENA, EL 11 DE ABRIL DE 1980», (DECRETO Nº 544), PUBLICADO EN EL DIARIO OFICIAL EL 3 DE OCTUBRE DE 1990[27]

PREÁMBULO

Los Estados partes en la presente Convención,

Teniendo en cuenta los amplios objetivos de las resoluciones aprobadas en el sexto período extraordinario de sesiones de la Asamblea General de las Naciones Unidas sobre el establecimiento de un nuevo orden económico internacional,

Considerando que el desarrollo del comercio internacional sobre la base de la igualdad y del beneficio mutuo constituye un importante elemento para el fomento de las relaciones amistosas entre los Estados,

---

[27] Ratificada por: Albania, Alemania, Argentina, Armenia, Australia, Austria, Bahréin, Bielorrusia, Bélgica, Benín, Bosnia Herzegovina, Brasil, Bulgaria, Burundi, Canadá, Chile, China, Chipre, Colombia, Croacia, Cuba, Dinamarca, Ecuador, Egipto, El Salvador, Eslovaquia, Eslovenia, España, Estados Unidos de América, Estonia, Federación de Rusia, Finlandia, Francia, Gabón, Georgia, Grecia, Guinea, Honduras, Hungría, Iraq, Islandia, Israel, Italia, Japón, Kirguistán, Ex República Yugoslava de Macedonia, Lesoto, Letonia, Líbano, Liberia, Lituania, Luxemburgo, Mauritania, México, Mongolia, Montenegro, Noruega, Nueva Zelanda, Países Bajos, Paraguay, Perú, Polonia, República Árabe Siria, República Checa, República Democrática del Congo, República de Corea, República de Moldava, República Dominicana, Rumania, San Marino, San Vicente y las Granadinas, Serbia, Singapur, Suecia, Suiza, Turquía, Ucrania, Uganda, Uruguay, Uzbekistán, Zambia.

Estimando que la adopción de normas uniformes aplicables a los contratos de compraventa internacional de mercaderías en las que se tengan en cuenta los diferentes sistemas sociales, económicos y jurídicos contribuiría a la supresión de los obstáculos jurídicos con que tropieza el comercio internacional y promovería el desarrollo del comercio internacional,

Han convenido en lo siguiente:

PARTE I
ÁMBITO DE APLICACIÓN Y DISPOSICIONES GENERALES

CAPÍTULO I
ÁMBITO DE APLICACIÓN

Artículo 1. 1) La presente Convención se aplicará a los contratos de compraventa de mercaderías entre partes que tengan sus establecimientos en Estados diferentes:

a) cuando esos Estados sean Estados Contratantes; o

b) cuando las normas de Derecho internacional privado prevean la aplicación de la ley de un Estado Contratante.

2) No se tendrá en cuenta el hecho de que las partes tengan sus establecimientos en Estados diferentes cuando ello no resulte del contrato, ni de los tratos entre ellas, ni de información revelada por las partes en cualquier momento antes de la celebración del contrato o en el momento de su celebración.

3) A los efectos de determinar la aplicación de la presente Convención, no se tendrán en cuenta ni la nacionalidad de las partes ni el carácter civil o comercial de las partes o del contrato.

Concordancias: Código Civil: Artículos 1793, 1794. Código de Comercio: Libro II Título II De la Compraventa.

Artículo 2. La presente Convención no se aplicará a las compraventas:

a) de mercaderías compradas para uso personal, familiar o doméstico, salvo que el vendedor, en cualquier momento antes de la celebración del contrato o en el momento de su celebración, no hubiera tenido ni debiera haber tenido conocimiento de que las mercaderías se compraban para ese uso;

b) en subastas;

c) judiciales;

d) de valores mobiliarios, títulos o efectos de comercio y dinero;

e) de buques, embarcaciones, aerodeslizadores y aeronaves;

e) de electricidad.

Artículo 3. 1) Se consideran compraventas los contratos de suministro de mercaderías que hayan de ser manufacturadas o producidas, a menos que la parte que las encargue asuma la obligación de proporcionar una parte sustancial de los materiales necesarios para su manufactura o producción.

2) La presente Convención no se aplicará a los contratos en los que la parte principal de las obligaciones de la parte que proporcione las mercaderías consista en suministrar mano de obra o prestar otros servicios.

Artículo 4. La presente Convención regula exclusivamente la formación del contrato de compraventa y los derechos y obligaciones del vendedor y del comprador dimanantes de ese contrato. Salvo disposición expresa en contrario de la presente Convención, ésta no concierne, en particular:

a) a la validez del contrato ni a la de ninguna de sus estipulaciones, ni tampoco a la de cualquier uso;

b) a los efectos que el contrato pueda producir sobre la propiedad de las mercaderías vendidas.

Concordancias: Código Civil: Artículos 10, 1437, 1444, 1445, 1448, 1451 al 1469, 1545, 1548, 1681, 1682, Libro II Título VI De la Tradición, Párrafos 1 Disposiciones Generales, y Párrafo 2 De la Tradición de las Cosas Corporales Muebles. Código de Comercio: Artículo 148.

Artículo 5. La presente Convención no se aplicará a la responsabilidad del vendedor por la muerte o las lesiones corporales causadas a una persona por las mercaderías.

Concordancias: Código Civil: Libro IV Título XXXV De los Delitos y Cuasidelitos.

Artículo 6. Las partes podrán excluir la aplicación de la presente Convención o, sin perjuicio de lo dispuesto en el art. 12, establecer excepciones a cualquiera de sus disposiciones o modificar sus efectos.

Concordancias: *Código Civil: Artículos 12, 1545, 1546. Código de Comercio: Artículo 113.*

CAPÍTULO II
DISPOSICIONES GENERALES

Artículo 7. 1) En la interpretación de la presente Convención se tendrán en cuenta su carácter internacional y la necesidad de promover la uniformidad en su aplicación y de asegurar la observancia de la buena fe en el comercio internacional.

2) Las cuestiones relativas a las materias que se rigen por la presente Convención que no estén expresamente resueltas en ella se dirimirán de conformidad con los principios generales en los que se basa la presente Convención o, a falta de tales principios, de conformidad con la ley aplicable en virtud de las normas de D.I.P.

Concordancias: *Código de Derecho Internacional Privado: Artículos 184 y 186.*

Artículo 8. 1) A los efectos de la presente Convención, las declaraciones y otros actos de una parte deberán interpretarse conforme a su intención cuando la otra parte haya conocido o no haya podido ignorar cuál era esa intención.

2) Si el párrafo precedente no fuere aplicable, las declaraciones y otros actos de una parte deberán interpretarse conforme al sentido que les habría dado una persona razonable de la misma condición de la otra parte.

3) Para determinar la intención de una parte o el sentido que habría dado una persona razonable deberán tenerse debidamente en cuenta todas las circunstancias pertinentes del caso, en particular las negociaciones, cualesquiera prácticas que las partes hubieran establecido entre ellas, los usos y el comportamiento ulterior de las partes.

Concordancias: *Código Civil: Artículo 1546.*

Artículo 9. 1) Las partes quedarán obligadas por cualquier uso en que hayan convenido y por cualquier práctica que hayan establecido entre ellas.

2) Salvo pacto en contrario, se considerará que las partes han hecho tácitamente aplicable al contrato o a su formación un uso del que tenían o debían haber tenido conocimiento y que, en el comercio internacional, sea ampliamente conocido y regularmente observado por las partes en contratos del mismo tipo en el tráfico mercantil de que se trate.

Concordancias: *Código Civil: Artículo 1545. Código de Comercio: Artículos 4 y 6.*

Artículo 10. A los efectos de la presente convención:

a) si una de las partes tiene más de un establecimiento será el que guarde la relación más estrecha con el contrato y su cumplimiento, habida cuenta de las circunstancias conocidas o previstas por las partes en cualquier momento antes de la celebración del contrato o en el momento de su celebración;

b) si una de las partes no tiene establecimiento, se tendrá en cuenta su residencia habitual.

Concordancias: *Convención de las Naciones Unidas sobre los Contratos de Compraventa Internacional de Mercaderías, D.O. 03.10.90: Artículo 1. Código Civil: Artículo 59.*

Artículo 11. El contrato de compraventa no tendrá que celebrarse ni probarse por escrito ni estará sujeto a ningún otro requisito de forma. Podrá probarse por cualquier medio, incluso por testigos.

Concordancias: *Código Civil: Artículos 1709 y 1710. Código de Comercio: Artículo 128. Código de Derecho Internacional Privado: Artículos 172 y 180.*

Artículo 12. No se aplicará ninguna disposición del art. 11, del art. 29 ni de la Parte II de la presente Convención que permita que la celebración, la modificación o la extinción por mutuo acuerdo del contrato de compraventa o la oferta, la aceptación o cualquier otra manifestación de intención se hagan por un procedimiento que no sea por escrito, en el caso de que cualquiera de las partes tenga su establecimiento en un

Estado Contratante que haya hecho una declaración con arreglo al art. 96 de la presente Convención. Las partes no podrán establecer excepciones a este artículo ni modificar sus efectos.

Concordancias: Código de Derecho Internacional Privado: Artículos 172 y 180.

Artículo 13. A los efectos de la presente Convención, la expresión «por escrito» comprende el telegrama y el télex.

Concordancias: Código de Derecho Internacional Privado: Artículos 172 y 180.

PARTE II
FORMACIÓN DEL CONTRATO

Artículo 14. 1) La propuesta de celebrar un contrato dirigida a una o varias personas determinadas constituirá oferta si es suficientemente precisa e indica la intención del oferente de quedar obligado en caso de aceptación. Una propuesta es suficientemente precisa si indica las mercaderías y, expresa o tácitamente, señala la cantidad y el precio o prevé un medio para determinarlos.

2) Toda propuesta no dirigida a una o varias personas determinadas será considerada como una simple invitación a hacer ofertas, a menos que la persona que haga la propuesta indique claramente lo contrario.

Concordancias: Código de Comercio: Artículos 101 y 105.

Artículo 15. 1) La oferta surtirá efecto cuando llegue al destinatario.

2) La oferta, aun cuando sea irrevocable, podrá ser retirada si su retiro llega al destinatario antes o al mismo tiempo que la oferta.

Concordancias: Código de Comercio: Artículos 97, 98, 99, 100.

Artículo 16. 1) La oferta podrá ser revocada hasta que se perfeccione el contrato si la revocación llega al destinatario antes de que éste haya enviado la aceptación.

2) Sin embargo, la oferta no podrá revocarse:

a) si indica, al señalar un plazo fijo para la aceptación o de otro modo, que es irrevocable; o

b) si el destinatario podía razonablemente considerar que la oferta era irrevocable y ha actuado basándose en esa oferta.

Concordancias: Código de Comercio: Artículos 97, 98, 99.

Artículo 17. La oferta, aun cuando sea irrevocable, quedará extinguida cuando su rechazo llegue al oferente.

Artículo 18. 1) Toda declaración u otro acto del destinatario que indique asentamiento a una oferta constituirá aceptación. El silencio o la inacción, por sí solos, no constituirán aceptación.

2) La aceptación de la oferta surtirá efecto en el momento en que la indicación de asentamiento llegue al oferente. La aceptación no surtirá efecto si la indicación de asentamiento no llega al oferente dentro del plazo que éste haya fijado o, si no se ha fijado plazo, dentro de un plazo razonable, habida cuenta de las circunstancias de la transacción y, en particular, de la rapidez de los medios de comunicación empleados por el oferente. La aceptación de las ofertas verbales tendrá que ser inmediata a menos que de las circunstancias resulte otra cosa.

3) No obstante, si, en virtud de la oferta, de prácticas que las partes hayan establecido entre ellas o de los usos, el destinatario puede indicar su asentamiento ejecutando un acto relativo, por ejemplo, a la expedición de las mercaderías o al pago del precio, sin comunicación al oferente, la aceptación surtirá efecto en el momento en que se ejecute ese acto, siempre que esa ejecución tenga lugar dentro del plazo establecido en el párrafo precedente.

Concordancias: Código de Comercio: Artículos 98, 101, 103.

Artículo 19. 1) La respuesta a una oferta que pretenda ser una aceptación y que contenga adiciones, limitaciones u otras modificaciones se considerará como rechazo de la oferta y constituirá una contraoferta.

2) No obstante, la respuesta a una oferta que pretenda ser una aceptación y que contenga elementos adicionales o diferentes que no alteren

substancialmente los de la oferta constituirá aceptación a menos que el oferente, sin demora injustificada, objete verbalmente la discrepancia o envíe una comunicación en tal sentido. De no hacerlo así, los términos del contrato serán los de la oferta con las modificaciones contenidas en la aceptación.

3) Se considerará que los elementos adicionales o diferentes relativos, en particular, al precio, al pago, a la calidad y a la cantidad de las mercaderías, al lugar y a la fecha de la entrega, al grado de responsabilidad de una parte con respecto a la otra o a la solución de las controversias alteran substancialmente los elementos de la oferta.

Concordancias: Código de Comercio: Artículos 101, 102.

Artículo 20. 1) El plazo de aceptación fijado por el oferente en un telegrama o en una carta comenzará a correr desde el momento en que el telegrama sea entregado para su expedición o desde la fecha de la carta o, si no se hubiere indicado ninguna, desde la fecha que figure en el sobre. El plazo de aceptación fijado por el oferente por teléfono, télex u otros medios de comunicación instantánea comenzará a correr desde el momento en que la oferta llegue al destinatario.

2) Los días feriados oficiales o no laborales no se excluirán del cómputo del plazo de aceptación. Sin embargo, si la comunicación de aceptación no pudiere ser entregada en la dirección del oferente el día del vencimiento del plazo, por ser ese día feriado oficial o no laborable en el lugar del establecimiento del oferente, el plazo se prorrogará hasta el primer día laborable siguiente.

Concordancias: Código Civil: Artículo 1545. Código de Comercio: Artículos 97, 98.

Artículo 21. 1) La aceptación tardía surtirá, sin embargo, efecto como aceptación si el oferente, sin demora, informa verbalmente de ello al destinatario o le envía una comunicación en tal sentido.

2) Si la carta u otra comunicación por escrito que contenga una aceptación tardía indica que ha sido enviada en circunstancias tales que si su transmisión hubiera sido normal habría llegado al oferente en el plazo de-

bido, la aceptación tardía surtirá efecto como aceptación a menos que, sin demora, el oferente informe verbalmente al destinatario de que considera su oferta caducada o le envíe una comunicación en tal sentido.

Artículo 22. La aceptación podrá ser retirada si su retiro llega al oferente antes que la aceptación haya surtido efecto o en ese momento.

Artículo 23. El contrato se perfeccionará en el momento de surtir efecto la aceptación de la oferta conforme a lo dispuesto en la presente Convención.

Concordancias: Código Civil: Artículo 1545. Código de Comercio: Artículos 101.

Artículo 24. A los efectos de esta Parte de la presente Convención, la oferta, la declaración de la aceptación o cualquier otra manifestación de intención «llega» al destinatario cuando se comunica verbalmente o se entrega por cualquier otro medio al destinatario personalmente, o en su establecimiento o dirección postal o, si no tiene establecimiento ni dirección postal, en su residencia habitual.

PARTE III
COMPRAVENTA DE MERCADERÍAS

CAPÍTULO I
DISPOSICIONES GENERALES

Artículo 25. El incumplimiento del contrato por una de las partes será esencial cuando cause a la otra parte un perjuicio tal que la prive substancialmente de lo que tenía derecho a esperar en virtud del contrato, salvo que la parte que haya incumplido no hubiera previsto tal resultado y que una persona razonable de la misma condición no lo hubiera previsto en igual situación.

Concordancias: Código Civil: Artículos 1545, 1546.

Artículo 26. La declaración de resolución del contrato surtirá efecto solo si se comunica a la otra parte.

Artículo 27. Salvo disposición expresa en contrario de ésta Parte de la presente Convención, si una de las partes hace cualquier notificación, petición u otra comunicación conforme a dicha parte y por medios adecuados a las circunstancias, las demoras o los errores que puedan producirse en la transmisión de esa comunicación o el hecho de que no llegue a su destino no privarán a esa parte del derecho a invocar tal comunicación.

Artículo 28. Si, conforme a lo dispuesto en la presente Convención, una parte tiene derecho a exigir de la otra el cumplimiento de una obligación, el tribunal no está obligado a ordenar el cumplimiento específico a menos que lo hiciere, en virtud de su propio derecho, respecto de contratos de compraventa similares no regidos por la presente Convención.

Artículo 29. 1) El contrato podrá modificarse o extinguirse por mero acuerdo entre las partes.

2) Un contrato por escrito que contenga una estipulación que exija que toda modificación o extinción por mutuo acuerdo se haga por escrito no podrá modificarse ni extinguirse por mutuo acuerdo de otra forma. No obstante, cualquiera de las partes quedará vinculada por sus propios actos y no podrá alegar esa estipulación en la medida en que la otra parte se haya basado en tales actos.

Concordancias: Código Civil: 1545. Código de Derecho Internacional Privado: Artículo 181.

CAPÍTULO II
OBLIGACIONES DEL VENDEDOR

Artículo 30. El vendedor deberá entregar las mercaderías, transmitir su propiedad y entregar cualesquiera documentos relacionados con ellas en las condiciones establecidas en el contrato y en la presente Convención.

Concordancias: Código Civil: Artículo 1824. Código de Comercio: Artículo 144.

SECCIÓN I
ENTREGA DE LAS MERCADERÍAS Y DE LOS DOCUMENTOS

Artículo 31. Si el vendedor no estuviere obligado a entregar las mercaderías en otro lugar determinado, su obligación de entrega consistirá:

a) cuando el contrato de compraventa implique el transporte de las mercaderías, en ponerlas en poder del primer porteador para que las traslade al comprador;

b) Cuando, en los casos no comprendidos en el apartado precedente, el contrato verse sobre mercaderías ciertas o sobre mercaderías no identificadas que hayan de extraerse de una masa determinada o que deban ser manufacturadas o producidas y cuando, en el momento de la celebración del contrato, las partes sepan que las mercaderías se encuentran o deben ser manufacturadas o producidas en un lugar determinado, en ponerlas a disposición del comprador en ese lugar.

c) en los demás casos, en poner las mercaderías a disposición del comprador en el lugar donde el vendedor tenga su establecimiento en el momento de la celebración del contrato.

Concordancias: Código de Comercio: Artículo 144.

Artículo 32. 1) Si el vendedor, conforme al contrato o a la presente Convención, pusiere las mercaderías en poder de un porteador y estas no estuvieren claramente identificadas a los efectos del contrato mediante señales en ellas, mediante los documentos de expedición o de otro modo, el vendedor deberá enviar al comprador un aviso de expedición en el que se especifiquen las mercaderías.

2) El vendedor, si estuviere obligado a disponer el transporte de las mercaderías, deberá concertar los contratos necesarios para que éste se efectúe hasta el lugar señalado por los medios de transporte adecuados a las circunstancias y en las condiciones usuales para el transporte.

3) El vendedor, si no estuviere obligado a contratar un seguro de transporte, deberá proporcionar al comprador, a petición de éste, toda la información disponible que sea necesaria para contratar ese seguro.

Concordancias: Código Civil: Artículo 1825.

Artículo 33. El vendedor deberá entregar las mercaderías:

a) cuando, con arreglo al contrato, se haya fijado o pueda determinarse una fecha, en esa fecha; o

b) cuando, con arreglo al contrato, se haya fijado o pueda determinarse un plazo, en cualquier momento dentro de ese plazo, a menos que de las circunstancias resulte que corresponde al comprador elegir la fecha; o

c) en cualquier otro caso, dentro de un plazo razonable a partir de la celebración del contrato.

Concordancias: Código de Comercio: Artículo 144.

Artículo 34. El vendedor, si estuviere obligado a entregar documentos relacionados con las mercaderías, deberá entregarlos en el momento, en el lugar y en la forma fijados por el contrato. En caso de entrega anticipada de documentos, el vendedor podrá, hasta el momento fijado para la entrega, subsanar cualquier falta de conformidad de los documentos, si el ejercicio de ese derecho no ocasiona al comprador inconvenientes ni gastos excesivos. No obstante, el comprador conservará el derecho a exigir la indemnización de los daños y perjuicios conforme a la presente Convención.

Concordancias: Código Civil: Artículo 1828.

SECCIÓN II
CONFORMIDAD DE LAS MERCADERÍAS Y PRETENSIONES DE TERCEROS

Artículo 35. 1) El vendedor deberá entregar mercaderías cuya cantidad, calidad y tipo correspondan a los estipulados en el contrato y que estén envasadas o embaladas en la forma fijada por el contrato.

2) Salvo que las partes hayan pactado otra cosa, las mercaderías no serán conformes al contrato a menos:

a) que sean aptas para los usos a que ordinariamente se destinen mercaderías del mismo tipo;

b) que sean aptas para cualquier uso especial que expresa o tácitamente se haya hecho saber al vendedor en el momento de celebración del contrato, salvo que de las circunstancias resulte que el comprador no confió, o no era razonable que confiara, en la competencia y el juicio del vendedor;

c) que posean las cualidades de la muestra o modelo que el vendedor haya presentado al comprador;

d) que estén envasadas o embaladas en la forma habitual para tales mercaderías o, si no existe tal forma, de una forma adecuada para conservarlas y protegerlas.

3) El vendedor no será responsable, en virtud de los apartados *a)* a *d)* del párrafo precedente, de ninguna falta de conformidad de las mercaderías que el comprador conociera o no hubiera podido ignorar en el momento de la celebración del contrato.

Concordancias: *Código Civil: Artículo 1828. Código de Comercio: Artículo 145.*

Artículo 36. 1) El vendedor será responsable, conforme al contrato y a la presente Convención, de toda falta de conformidad que exista en el momento de la transmisión del riesgo al comprador, aun cuando esa falta solo sea manifiesta después de ese momento.

2) El vendedor también será responsable de toda falta de conformidad ocurrida después del momento indicado en el párrafo precedente y que sea imputable al incumplimiento de cualquiera de sus obligaciones, incluido el incumplimiento de cualquier garantía de que, durante determinado período, las mercaderías seguirán siendo aptas para su uso ordinario o para un uso especial o conservarán las cualidades y características específicas.

Concordancias: *Código Civil: Artículos 1825 y 1826. Código de Comercio: Artículo 150.*

Artículo 37. En caso de entrega anticipada, el vendedor podrá, hasta la fecha fijada para la entrega de las mercaderías, bien entregar la parte o cantidad que falte de las mercaderías o entregar otras mercaderías en sustitución de las entregadas que no sean conformes, bien subsanar cualquier falta de conformidad de las mercaderías entregadas, siempre que el ejercicio de ese derecho no ocasione al comprador inconvenientes ni gastos excesivos. No obstante, el comprador conservará el derecho a exigir la indemnización de los daños y perjuicios conforme a la presente Convención.

Artículo 38. 1) El comprador deberá examinar o hacer examinar las mercaderías en el plazo más breve posible atendidas las circunstancias.

2) Si el contrato implica el transporte de las mercaderías, el examen podrá aplazarse hasta que éstas hayan llegado a su destino.

3) Si el comprador cambia en tránsito el destino de las mercaderías o las reexpide sin haber tenido una oportunidad razonable de examinarlas y si en el momento de celebración del contrato el vendedor tenía o debía haber tenido conocimiento de la posibilidad de tal cambio de destino o reexpedición, el examen podrá aplazarse hasta que las mercaderías hayan llegado a su nuevo destino.

Concordancias: Código de Comercio: Artículo 146.

Artículo 39. 1) El comprador perderá el derecho a invocar la falta de conformidad de las mercaderías si no lo comunica al vendedor, especificando su naturaleza, dentro de un plazo razonable a partir del momento en que la haya o debiera haberla descubierto.

2) En todo caso, el comprador perderá el derecho a invocar la falta de conformidad de las mercaderías si no lo comunica al vendedor en un plazo máximo de dos años contados desde el momento en que las mercaderías se pusieron efectivamente en poder del comprador, a menos que ese plazo sea incompatible con un período de garantía contractual.

Artículo 40. El vendedor no podrá invocar las disposiciones de los art. 38 y 39 si la falta de conformidad se refiere a hechos que conocía o no podía ignorar y que no haya revelado al comprador.

Artículo 41. El vendedor deberá entregar las mercaderías libres de cualesquiera derechos o pretensiones de un tercero, a menos que el comprador convenga en aceptarlas sujetas a tales derechos o pretensiones. No obstante, si tales derechos o pretensiones se basan en la propiedad industrial u otros tipos de propiedad u otros tipos de propiedad intelectual, la obligación del vendedor se regirá por el art. 42.

Concordancias: Código Civil: Libro IV Título XXIII Párrafo 8 Del Saneamiento por Vicios Redhibitorios. Código de Comercio: Artículo 154.

Artículo 42. 1) El vendedor deberá entregar las mercaderías libres de cualesquiera derechos o pretensiones de un tercero basados en la propiedad industrial u otros tipos de propiedad intelectual que conociera o no hubiera podido ignorar en el momento de celebración del contrato, siempre que los derechos o pretensiones se basen en la propiedad u otros tipos de propiedad intelectual:

a) en virtud de la ley del Estado en que haya de revenderse o utilizarse las mercaderías, si las partes hubieran previsto en el momento de celebración del contrato que las mercaderías se revenderían o utilizarían en ese Estado; o

b) en cualquier otro caso, en virtud de la ley del Estado en que el comprador tenga su establecimiento.

2) La obligación del vendedor conforme al párrafo precedente no se extenderá a los casos en que:

a) en el momento de la celebración del contrato, el comprador conociera o no hubiera podido ignorar la existencia del derecho o de la pretensión; o

b) el derecho o la pretensión resulten de haberse ajustado el vendedor a fórmulas, diseños y dibujos técnicos o a otras especificaciones análogas proporcionados por el comprador.

Concordancias: Código Civil: Libro IV Título XXIII Párrafo 8 Del Saneamiento por Vicios Redhibitorios. Código de Comercio: Artículo 154.

Artículo 43. 1) El comprador perderá el derecho a invocar las disposiciones del art. 41 o del art. 42 si no comunica al vendedor la existencia del derecho o pretensión del tercero, especificando su naturaleza, dentro de un plazo razonable a partir del momento en que haya tenido o debiera haber tenido conocimiento de ella.

2) El vendedor no tendrá derecho a invocar las disposiciones del párrafo precedente si conocía el derecho o la pretensión del tercero y su naturaleza.

Artículo 44. No obstante lo dispuesto en el párrafo 1) del art. 39 y en el párrafo 1) del art. 43, el comprador podrá rebajar el precio conforme al art. 50 o exigir la indemnización de los daños y perjuicios, excepto el lucro cesante, si puede aducir una excusa razonable por haber omitido la comunicación requerida.

Concordancias: Código Civil: 1857, 1861.

SECCIÓN III
DERECHOS Y ACCIONES EN CASO DE INCUMPLIMIENTO DEL CONTRATO POR EL VENDEDOR

Artículo 45. 1) Si el vendedor no cumple cualquiera de las obligaciones que le incumben conforme al contrato o a la presente Convención, el comprador podrá:

a) ejercer los derechos establecidos en los artículos 46 a 52;

b) exigir la indemnización de los daños y perjuicios conforme a los artículos 74 a 77.

2) El comprador no perderá el derecho a exigir la indemnización de los daños y perjuicios aunque ejercite cualquier otra acción conforme a su derecho.

2) Cuando el comprador ejercite una acción por incumplimiento del contrato, el juez o el árbitro no podrán conceder al vendedor ningún plazo de gracia.

Concordancias: Código Civil: Artículos 8, 60, 61, 1489, 1857.

Artículo 46. 1) El comprador podrá exigir al vendedor el cumplimiento de sus obligaciones, a menos que haya ejercitado un derecho o acción incompatible con esa exigencia.

2) Si las mercaderías no fueren conformes al contrato, el comprador podrá exigir la entrega de otras mercaderías en sustitución de aquellas solo si la falta de conformidad constituye un incumplimiento esencial del contrato y la petición de sustitución de mercaderías se formula al hacer la comunicación a que se refiere el art. 39 o dentro de un plazo razonable a partir de ese momento.

3) Si las mercaderías no fueren conformes al contrato, el comprador podrá exigir al vendedor que las repare para subsanar la falta de confor-

midad, a menos que esto no sea razonable habida cuenta de todas las circunstancias. La petición de que se reparen las mercaderías deberá formularse al hacer la comunicación a que se refiere el art. 39 o dentro de un plazo razonable a partir de ese momento.

Concordancias: Código Civil: Artículos 8, 60, 61, 1489, 1857. Código de Comercio: Artículo 154.

Artículo 47. 1) El comprador podrá fijar un plazo suplementario de duración razonable para el cumplimiento por el vendedor de las obligaciones que le incumban.

2) El comprador, a menos que haya recibido la comunicación del vendedor de que no cumplirá lo que le incumbe en el plazo fijado conforme al párrafo precedente, no podrá, durante ese plazo, ejercitar acción alguna por incumplimiento del contrato, sin embargo, el comprador no perderá por eso el derecho a exigir la indemnización por los daños y perjuicios por demora en el cumplimiento.

Artículo 48. 1) Sin perjuicio de lo dispuesto en el art. 49, el vendedor podrá, incluso después de la fecha de entrega, subsanar a su propia costa todo incumplimiento de sus obligaciones, si puede hacerlo sin una demora excesiva y sin causar al comprador inconvenientes excesivos o incertidumbre en cuanto al reembolso por el vendedor por los gastos anticipados por el comprador. No obstante, el comprador conservará el derecho a exigir la indemnización de los daños y perjuicios conforme a la presente Convención.

2) Si el vendedor pide al comprador que le haga saber si acepta el cumplimiento y el comprador no atiende la petición en un plazo razonable, el vendedor podrá cumplir sus obligaciones en el plazo indicado en su petición. El comprador no podrá, antes del vencimiento de ese plazo, ejercitar ningún derecho o acción incompatible con el cumplimiento por el vendedor de las obligaciones que lee incumban.

3) Cuando el vendedor comunique que cumplirá sus obligaciones en un plazo determinado, se presumirá que pide al comprador que le haga saber su decisión conforme al párrafo precedente.

4) La petición o comunicación hecha por el vendedor conforme al párrafo 2) o al párrafo 3) de este art. no surtirá efecto a menos que sea recibida por el comprador.

Artículo 49. 1) El comprador podrá declarar resuelto el contrato:

a) si el incumplimiento por el vendedor de cualquiera de las obligaciones que le incumban conforme al contrato o a la presente Convención constituye un incumplimiento esencial del contrato; o

b) en caso de falta de entrega, si el vendedor no entrega las mercaderías dentro del plazo suplementario fijado por el comprador conforme al párrafo 1) del art. 47 o si declara

c) que no efectuará la entrega dentro del plazo así fijado.

2) No obstante, en los casos en que el vendedor haya entregado las mercaderías, el comprador perderá el derecho a declarar resuelto el contrato si no lo hace:

a) en caso de entrega tardía, dentro de un plazo razonable después de que haya tenido conocimiento de que se ha efectuado la entrega; o

b) en caso de incumplimiento distinto de la entrega tardía, dentro de un plazo razonable:

i) después de que haya tenido o debiera haber tenido conocimiento del incumplimiento;

ii) después del vencimiento del plazo suplementario fijado por el comprador conforme al párrafo 1) del art. 47, o después de que el vendedor haya declarado que no cumplirá sus obligaciones dentro de ese plazo suplementario; o

iii) después del vencimiento del plazo suplementario indicado por el vendedor conforme al párrafo 2) del art. 48, o después de que el comprador haya declarado que no aceptará el cumplimiento.

Concordancias: Convención de las Naciones Unidas sobre los Contratos de Compraventa Internacional de Mercaderías, D.O. 03.10.90: Artículo 25. Código Civil: Artículos 1489, 1545, 1546, 1828.

Artículo 50. Si las mercaderías no fueren conformes al contrato, háyase pagado o no el precio, el comprador podrá rebajar el precio proporcionalmente a la diferencia existente entre el valor que las mercaderías efectivamente entregadas tenían en el momento de la entrega y el valor que habrían tenido en ese momento mercaderías conformes al contrato. Sin embargo, el comprador no podrá rebajar el precio si el vendedor subsana cualquier incumplimiento de sus obligaciones conforme al art. 37 0 el 48 o si el comprador se niega a aceptar el cumplimiento por el vendedor conforme a esos arts.

Artículo 51. 1) Si el vendedor solo entrega una parte de las mercaderías o si solo una parte de las mercaderías entregadas es conforme al contrato, se aplicarán los art. 46 a 50 respecto de la parte que falte o que no sea conforme.

2) El comprador podrá declarar resuelto el contrato en su totalidad solo si la entrega parcial o no conforme al contrato constituye un incumplimiento esencial de éste.

Concordancias: Código Civil: Artículos 1857, 1860.

Artículo 52. 1) Si el vendedor entrega las mercaderías antes de la fecha fijada, el comprador podrá aceptar o rehusar su recepción.

2) Si el vendedor entrega una cantidad de mercaderías mayor que la expresada en el contrato, el comprador podrá aceptar o rehusar la recepción de la cantidad excedente. Si el comprador acepta la recepción de la totalidad o de parte de la cantidad excedente, deberá pagarla al precio del contrato.

CAPÍTULO III
OBLIGACIONES DEL COMPRADOR

Artículo 53. El comprador deberá pagar el precio de las mercaderías y recibirlas en las condiciones establecidas en el contrato y en la presente Convención.

Concordancias: Código Civil: Artículos 1871, 1872. Código de Comercio: Artículo 155.

SECCIÓN I
PAGO DEL PRECIO

Artículo 54. La obligación del comprador de pagar el precio comprende la de adoptar las medidas y cumplir los requisitos fijados por el contrato o por las leyes o los reglamentos pertinentes para que sea posible el pago.

Concordancias: Código Civil: Artículos 1545, 1546.

Artículo 55. Cuando el contrato haya sido válidamente celebrado pero en él ni expresa ni tácitamente se haya señalado el precio o estipulado un medio para determinarlo, se considerará, salvo indicación en contrario, que las partes han hecho referencia implícitamente al precio generalmente cobrado en el momento de la celebración del contrato por tales mercaderías, vendidas en circunstancias semejantes, en el tráfico mercantil de que se trate.

Concordancias: Código de Comercio: Artículo 139.

Artículo 56. Cuando el precio se señale en función del peso de las mercaderías, será el peso neto, en caso de duda, el que determine dicho precio.

Artículo 57. 1) El comprador, si no estuviere obligado a pagar el precio en otro lugar determinado, deberá pagarlo al vendedor:

a) en el establecimiento del vendedor; o

b) si el pago debe hacerse contra entrega de las mercaderías o de documentos, en el lugar en que se efectúe la entrega.

2) El vendedor deberá soportar todo aumento de los gastos relativos al pago ocasionado por un cambio de su establecimiento acaecido después de la celebración del contrato.

Concordancias: Código Civil: Artículo 1872. Código de Comercio: Artículo 155.

Artículo 58. 1) El comprador, si no estuviere obligado a pagar el precio en otro momento determinado, deberá pagarlo cuando el vendedor ponga a su disposición las mercaderías o los correspondientes documentos representativos conforme al contrato y a la presente Convención. El vendedor podrá hacer del pago una condición para la entrega de las mercaderías o los documentos.

2) Si el contrato implica el transporte de las mercaderías, el vendedor podrá expedirlas estableciendo que las mercaderías o los correspondientes documentos representativos no se pondrán en poder del comprador más que contra el pago del precio.

3) El comprador no estará obligado a pagar el precio mientras no haya tenido la posibilidad de examinar las mercaderías, a menos que las modalidades de entrega o de pago pactadas por las partes sean incompatibles con esa posibilidad.

Concordancias: Código Civil: Artículo 1872. Código de Comercio: Artículo 155.

Artículo 59. El comprador deberá pagar el precio en la fecha fijada o que pueda determinarse con arreglo al contrato y a la presente Convención, sin necesidad de requerimiento ni de ninguna otra formalidad por parte del vendedor.

Concordancias: Código Civil: Artículo 1872. Código de Comercio: Artículo 155.

SECCIÓN II
RECEPCIÓN

Artículo 60. La obligación del comprador de proceder a la recepción consiste:

a) en realizar todos los actos que razonablemente quepa esperar de él para que el vendedor pueda efectuar la entrega; y

b) en hacerse cargo de las mercaderías.

Concordancias: Código de Comercio: Artículo 153.

SECCIÓN III
DERECHOS Y ACCIONES EN CASO DE INCUMPLIMIENTO DEL CONTRATO POR EL COMPRADOR

Artículo 61. 1) Si el comprador no cumple cualquiera de las obligaciones que le incumben conforme al contrato o a la presente Convención, el vendedor podrá:

a) ejercer los derechos establecidos en los artículos 62 a 65;

b) exigir la indemnización de los daños y perjuicios conforme a los arts. 74 a 77.

2) El vendedor no perderá el derecho a exigir la indemnización de los daños y perjuicios aunque ejercite cualquier otra acción conforme a su derecho.

3) Cuando el vendedor ejercite una acción por incumplimiento del contrato, el juez o el árbitro no podrán conceder al comprador ningún plazo de gracia.

Concordancias: Código Civil: Artículos 1557 y 1558. Código de Comercio: Artículo 153.

Artículo 62. El vendedor podrá exigir al comprador que pague el precio, que reciba las mercaderías o que cumpla las demás obligaciones que le incumban, a menos que el vendedor haya ejercitado un derecho o acción incompatible con esa exigencia.

Concordancias: Código Civil: Artículo 1489 y 1873.

Artículo 63. 1) El vendedor podrá fijar un plazo suplementario de duración razonable para el cumplimiento por el comprador de las obligaciones que le incumban.

2) El vendedor, a menos que haya recibido comunicación del comprador de que no cumplirá lo que le incumbe en el plazo fijado conforme al párrafo precedente, no podrá, durante ese plazo, ejercitar acción alguna por incumplimiento del contrato. Sin embargo, el vendedor no perderá por ello el derecho que pueda tener a exigir la indemnización de los daños y perjuicios por demora en el cumplimiento.

Concordancias: Código Civil: Artículo 1546.

Artículo 64. 1) El vendedor podrá declarar resuelto el contrato:

a) si el incumplimiento por el comprador de cualquiera de las obligaciones que le incumban conforme al contrato o a la presente Convención constituye un incumplimiento esencial del contrato; o

b) si el comprador no cumple su obligación de pagar el precio o no recibe las mercaderías dentro del plazo suplementario fijado por el vendedor conforme al párrafo 1) del art. 63 o si declara que no lo hará dentro del plazo así fijado.

2) No obstante, en los casos en que el comprador haya pagado el precio, el vendedor perderá el derecho a declarar resuelto el contrato si no lo hace:

a) en caso de cumplimiento tardío por el comprador, antes de que el vendedor tenga conocimiento de que se ha efectuado el cumplimiento; o

b) en caso de incumplimiento distinto del cumplimiento tardío por el comprador, dentro de in plazo razonable:

i) después de que el vendedor haya tenido o debiera haber tenido conocimiento del incumplimiento; o

ii) después del vencimiento del plazo suplementario fijado por el vendedor conforme al párrafo 1) del art. 63, o después de que el comprador haya declarado que no cumplirá sus obligaciones dentro de ese plazo suplementario.

Concordancias: Convención de las Naciones Unidas sobre los Contratos de Compraventa Internacional de Mercaderías, D.O. 03.10.90: Artículos 54 y siguientes, 60. Código Civil: Artículos 1489, 1551. Código de Comercio: Artículos 144 y 153.

Artículo 65. 1) Si conforme al contrato correspondiere al comprador especificar la forma, las dimensiones u otras características de las mercaderías y el comprador no hiciere tal especificación en la fecha convenida o en un plazo razonable después de haber recibido un requerimiento del vendedor, éste podrá, sin perjuicio de cualesquiera otros derechos que le correspondan, hacer la especificación él mismo de acuerdo con las necesidades del comprador que le sean conocidas.

2) El vendedor, si hiciere la especificación él mismo, deberá informar de sus detalles al comprador y fijar un plazo razonable para que éste pueda

hacer una especificación diferente. Si, después de recibir esa comunicación, el comprador no hiciere uso de esta posibilidad dentro del plazo así fijado, la especificación hecha por el vendedor tendrá fuerza vinculante.

Concordancias: *Código de Comercio: Artículo 145.*

CAPÍTULO IV
TRANSMISIÓN DEL RIESGO

Artículo 66. La pérdida o el deterioro de las mercaderías sobrevenidos después de la transmisión del riesgo al comprador no liberarán a éste de su obligación de pagar el precio, a menos que se deban a un acto u omisión del vendedor.

Concordancias: *Código Civil: Artículos 1550, 1820. Código de Comercio: Artículos 142, 143, 150, 152.*

Artículo 67. 1) Cuando el contrato de compraventa implique el transporte de las mercaderías y el vendedor no esté obligado a entregarlas en un lugar determinado, el riesgo se transmitirá al comprador en el momento en que las mercaderías se pongan en poder del primer porteador para que las traslade al comprador conforme al contrato de compraventa. Cuando el vendedor esté obligado a poner las mercaderías en poder de un porteador en un lugar determinado, el riesgo no se transmitirá al comprador hasta que las mercaderías se pongan en poder del porteador en ese lugar. El hecho de que el vendedor esté autorizado a retener los documentos representativos de las mercaderías no afectará a la transmisión del riesgo.

2) Sin embargo, el riesgo no se transmitirá al comprador hasta que las mercaderías estén claramente identificadas a los efectos del contrato mediante señales en ellas, mediante los documentos de expedición, mediante comunicación enviada al comprador o de otro modo.

Concordancias: *Código de Comercio: Artículo 143.*

Artículo 68. El riesgo respecto de las mercaderías vendidas en tránsito se transmitirá al comprador desde el momento de la celebración del contrato. No obstante, si así resultare de las circunstancias, el riesgo será asumido por el comprador desde el momento en que las mercaderías se hayan puesto en poder del portador que haya expedido los documentos acreditativos del transporte. Sin embargo, si en el momento de la celebración del contrato de compraventa el vendedor tuviera o debiera haber tenido conocimiento de que las mercaderías habían sufrido pérdida o deterioro y no lo hubiera revelado al comprador, el riesgo de la pérdida o deterioro será de cuenta del vendedor.

Concordancias: Código Civil: Artículo 1820. Código de Comercio: Artículos 142 y 143.

Artículo 69. 1) En los casos no comprendidos en los art. 67 y 68, el riesgo se transmitirá al comprador cuando éste se haga cargo de las mercaderías o, si no lo hace a su debido tiempo, desde el momento en que las mercaderías se pongan a su disposición e incurra en incumplimiento del contrato al rehusar su recepción.

2) No obstante, si el comprador estuviere obligado a hacerse cargo de las mercaderías en un lugar distinto de un establecimiento del vendedor, el riesgo se transmitirá cuando deba efectuarse la entrega y el comprador tenga conocimiento de que las mercaderías están a su disposición en ese lugar.

3) Si el contrato versa sobre mercaderías aún sin identificar, no se considerará que las mercaderías se han puesto a disposición del comprador hasta que estén claramente identificadas a los efectos del contrato.

Concordancias: Código de Comercio: Artículos 142 y 143.

Artículo 70. Si el vendedor ha incurrido en incumplimiento esencial del contrato, las disposiciones de los art. 67, 68 y 69 no afectarán a los derechos y acciones de que disponga el comprador como consecuencia del incumplimiento.

Concordancias: Convención de las Naciones Unidas sobre los Contratos de Compraventa Internacional de Mercaderías, D.O. 03.10.90: Artículo 64.

CAPÍTULO V
DISPOSICIONES COMUNES A LAS OBLIGACIONES DEL VENDEDOR Y DEL COMPRADOR

SECCIÓN I
INCUMPLIMIENTO PREVISIBLE Y CONTRATOS CON ENTREGAS SUCESIVAS

Artículo 71. 1) Cualquiera de las partes podrá diferir el cumplimiento de sus obligaciones si, después de la celebración del contrato, resulta manifiesto que la otra parte no cumplirá una parte esencial de sus obligaciones a causa de:

a) un grave menoscabo de su capacidad para cumplirlas o de su solvencia; o

b) su comportamiento al disponerse a cumplir o al cumplir el contrato.

2) El vendedor, si ya hubiere expedido las mercaderías antes de que resulten evidentes los motivos a que se refiere el párrafo precedente, podrá oponerse a que las mercaderías se pongan en poder del comprador, aun cuando éste sea tenedor de un documento que le permita obtenerlas. Este párrafo concierne sólo a los derechos respectivos del comprador y del vendedor sobre las mercaderías.

3) La parte que difiera el cumplimiento de lo que le incumbe, antes o después de la expedición de las mercaderías, deberá comunicarlo inmediatamente a la otra parte y deberá proceder al cumplimiento si esa otra parte da seguridades suficientes de que cumplirá sus obligaciones.

Concordancias: Código Civil: Artículo 1826 inc. final. Código de Comercio: Artículo 147.

Artículo 72. 1) Si antes de la fecha de cumplimiento fuere patente que una de las partes incurrirá en incumplimiento esencial del contrato, la otra parte podrá declararlo resuelto.

2) Si hubiere tiempo para ello, la parte que tuviere la intención de declarar resuelto el contrato deberá comunicarlo con antelación razonable a la otra parte para que ésta pueda dar seguridades suficientes de que cumplirá sus obligaciones.

3) El comprador que declare resuelto el contrato respecto de cualquier entrega podrá, al mismo tiempo, declararlo resuelto respecto de entregas ya efectuadas o de futuras entregas si, por razón de su interdependencia, tales entregas no pudieren destinarse al uso previsto por las partes en el momento de la celebración del contrato.

Artículo 73. 1) En los contratos que estipulen entregas sucesivas de mercaderías, si el incumplimiento por una de las partes de cualquiera de sus obligaciones relativas a cualquiera de las entregas constituye un incumplimiento esencial del contrato en relación con esa entrega, la otra parte podrá declarar resuelto el contrato en lo que respecta a esa entrega.

2) Si el incumplimiento por una de las partes de cualquiera de sus obligaciones relativas a cualquiera de las entregas da a la otra parte fundados motivos para inferir que se producirá un incumplimiento esencial del contrato en relación con futuras entregas, esa otra parte podrá declarar resuelto el contrato para el futuro, siempre que lo haga dentro de un plazo razonable.

3) El comprador que declare resuelto el contrato respecto de cualquier entrega podrá, al mismo tiempo, declararlo resuelto respecto de entregas ya efectuadas o de futuras entregas si, por razón de su interdependencia, tales entregas no pudieren destinarse al uso previsto por las partes en el momento de la celebración del contrato.

Concordancias: Código Civil: Artículos 1489, 1826 inc. 2.

SECCIÓN II
INDEMNIZACIÓN DE DAÑOS Y PERJUICIOS

Artículo 74. La indemnización de daños y perjuicios por el incumplimiento del contrato en que haya incurrido una de las partes comprenderá el valor de pérdida sufrida y el de la ganancia dejada de obtener por la otra parte como consecuencia del incumplimiento. Esa indemnización no podrá exceder de la pérdida que la parte que haya incurrido en incumplimiento hubiera previsto o debiera haber previsto en el momento de celebración del contrato, tomando en consideración los hechos de que tuvo o debió haber tenido conocimiento en ese momento, como consecuencia posible del incumplimiento del contrato.

Concordancias: Código Civil: Artículos 1556, 1558.

Artículo 75. Si se resuelve el contrato y si, de manera razonable y dentro de un plazo razonable después de la resolución, el comprador procede a una compra de reemplazo o el vendedor a una venta de reemplazo, la parte que exija la indemnización podrá obtener la diferencia entre el precio del contrato y el precio estipulado en la operación de reemplazo, así como cualesquiera otros daños y perjuicios exigibles conforme al art. 74.

Artículo 76. 1) Si se resuelve el contrato y existe un precio corriente de las mercaderías, la parte que exija la indemnización podrá obtener, si no ha procedido a una compra a una compra de reemplazo o a una venta de reemplazo conforme al art. 75, la diferencia entre el precio señalado en el contrato y el precio corriente en el momento de la resolución, así como cualesquiera otros daños y perjuicios exigibles conforme al art. 74. No obstante, si la parte que exija la indemnización ha resuelto el contrato después de haberse hecho cargo de las mercaderías, se aplicará el precio corriente en el momento en que se haya hecho cargo de ellas en vez del precio corriente en el momento de la resolución.

2) A los efectos del párrafo precedente, el precio corriente es el del lugar en que debiera haberse efectuado la entrega de las mercaderías o, si no hubiere precio corriente en ese lugar, el precio en otra plaza que pueda razonablemente sustituir ese lugar, habida cuenta de las diferencias de costo del transporte de las mercaderías.

Artículo 77. La parte que invoque el incumplimiento del contrato deberá adoptar las medidas que sean razonables, atendidas las circunstancias, para reducir la pérdida, incluido el lucro cesante, resultante del incumplimiento. Si no adopta tales medidas, la otra parte podrá pedir que se reduzca la indemnización de los daños y perjuicios en la cuantía en que debía haberse reducido la pérdida.

Concordancias: Código Civil: Artículo 1546.

SECCIÓN III
INTERESES

Artículo 78. Si una parte no paga el precio o cualquier otra suma adecuada, la otra parte tendrá derecho a percibir los intereses correspondientes, sin perjuicio de toda acción de indemnización de los daños y perjuicios exigibles conforme al art. 74.

Concordancias: *Código Civil: Artículo 1546.*

SECCIÓN IV
EXONERACIÓN

Artículo 79. 1) Una parte no será responsable de la falta de cumplimiento de cualquiera de sus obligaciones si prueba que esa falta de cumplimiento se debe a un impedimento ajeno a su voluntad y si no cabía razonablemente esperar que tuviese en cuenta el impedimento en el momento de la celebración del contrato, que lo evitase o superase o que evitase o superase sus consecuencias.

2) Si la falta de cumplimiento de una de las partes se debe a la falta de cumplimiento de un tercero al que haya encargado la ejecución total o parcial del contrato, esa parte sólo quedará exonerada de responsabilidad:

a) si está exonerada conforme al párrafo precedente, y

b) si el tercero encargado de la ejecución también estaría exonerado en el caso de que se aplicaran las disposiciones de este párrafo.

3) La exoneración prevista en este art. surtirá efecto mientras dure el impedimento.

3) La parte que no haya cumplido sus obligaciones deberá comunicar a la otra parte el impedimento y sus efectos sobre su capacidad para cumplirlas. Si la otra parte no recibiera la comunicación dentro de un plazo razonable después de que la parte que no haya cumplido tuviera o debiera haber tenido conocimiento del impedimento, esta última parte será responsable de los daños y perjuicios causados por esa falta de recepción.

4) Nada de lo dispuesto en este art. impedirá a una u otra de las partes ejercer cualquier derecho distinto del derecho a exigir la indemnización de los daños y perjuicios conforme a la presente Convención.

Concordancias: *Código Civil: Artículos 45, 1558.*

Artículo 80. Una parte no podrá invocar el incumplimiento de la otra en la medida en que tal incumplimiento haya sido causado por acción u omisión de aquella.

Concordancias: *Código Civil: Artículo 1546.*

SECCIÓN V
EFECTOS DE RESOLUCIÓN

Artículo 81. 1) La resolución del contrato liberará a las dos partes de sus obligaciones, salvo a la indemnización de daños y perjuicios que pueda ser debida. La resolución no afectará a las estipulaciones del contrato relativas a la solución de controversias ni a ninguna otra estipulación del contrato que regule los derechos y obligaciones de las partes en caso de resolución.

2) La parte que haya cumplido total o parcialmente el contrato podrá reclamar a la otra parte la restitución de lo que haya suministrado o pagado conforme al contrato. Si las dos partes están obligadas a restituir, la restitución deberá realizarse simultáneamente.

Artículo 82. 1) El comprador perderá el derecho a declarar resuelto el contrato o a exigir al vendedor la entrega de otras mercaderías en sustitución de las recibidas cuando le sea imposible restituir éstas en un estado substancialmente idéntico a aquel en que las hubiera recibido.

2) El párrafo precedente no se aplicará:

a) si la imposibilidad de restituir las mercaderías o de restituirlas en un estado substancialmente idéntico a aquel en que el comprador las hubiera recibido no fuere imputable a un acto u omisión de éste;

b) si las mercaderías o una parte de ellas hubieren perecido o se hubieren deteriorado como consecuencia del examen prescrito en el art. 38; o

c) si el comprador, antes de que descubriere o debiera haber descubierto la falta de conformidad, hubiere vendido las mercaderías o una parte de ellas en el curso normal de sus negocios o las hubiere consumido o transformado conforme a un uso normal.

Artículo 83. El comprador que haya perdido el derecho a declarar resuelto el contrato o a exigir al vendedor la entrega de otras mercaderías en sustitución de las recibidas, conforme al artículo 82, conservará todos los demás derechos y acciones que le correspondan conforme al contrato y a la presente Convención.

Artículo 84. 1) El vendedor, si estuviere obligado a restituir el precio, deberá abonar también los intereses correspondientes a partir de la fecha en que se haya efectuado el pago.

2) El comprador deberá abonar al vendedor el importe de todos los beneficios que haya obtenido de las mercaderías o de una parte de ellas:

a) Cuando deba restituir las mercaderías o una parte de ellas; o

b) cuando le sea imposible restituir la totalidad o una parte de las mercaderías o restituir la totalidad o una parte de las mercaderías en un estado substancialmente idéntico a aquel en que las hubiera recibido, pero haya declarado resuelto el contrato o haya exigido al vendedor la entrega de otras mercaderías en sustitución de las recibidas.

SECCIÓN VI
CONSERVACIÓN DE LAS MERCADERÍAS

Artículo 85. Si el comprador se demora en la recepción de las mercaderías o, cuando el pago del precio y la entrega de las mercaderías deban hacerse simultáneamente, no paga el precio, el vendedor, si está en posesión de las mercaderías o tiene de otro modo poder de disposición sobre ellas, deberá adoptar las medidas que sean razonables, atendidas las circunstancias, para su conservación. El vendedor tendrá derecho a retener las mercaderías hasta que haya obtenido del comprador el reembolso de los gastos razonables que haya realizado.

Concordancias: *Código Civil: Artículos 1549, 1827, 1680. Código de Comercio: Artículos 150, 151, 152, 153 inc. 2.*

Artículo 86. 1) El comprador, si ha recibido las mercaderías y tiene la intención de ejercer cualquier derecho a rechazarlas que le corresponda conforme al contrato o a la presente Convención, deberá adoptar las medidas que sean razonables, atendidas las circunstancias, para su conservación. El comprador tendrá derecho a retener las mercaderías hasta que haya obtenido del vendedor el reembolso de los gastos razonables que haya realizado.

2) Si las mercaderías expedidas al comprador han sido puestas a disposición de éste en el lugar de destino y el comprador ejerce el derecho a rechazarlas, deberá tomar posesión de ellas por cuenta del vendedor, siempre que ello pueda hacerse sin pago del precio y sin inconvenientes ni gastos excesivos. Esta disposición no se aplicará cuando el vendedor o una persona facultada para hacerse cargo de las mercaderías por cuenta de aquel esté presente en el lugar de destino. Si el comprador toma posesión de las mercaderías conforme a este párrafo, sus derechos y obligaciones se regirán por el párrafo precedente.

Artículo 87. La parte que esté obligada a adoptar medidas para la conservación de las mercaderías podrá depositarlas en los almacenes de un tercero a expensas de la otra parte, siempre que los gastos resultantes no sean excesivos.

Concordancias: *Código Civil: Artículo 1827. Código de Comercio: Artículo 153 inc. 2.*

Artículo 88. 1) La parte que esté obligada a conservar las mercaderías conforme a los artículos 85 u 86 podrá venderlas por cualquier medio apropiado si la otra parte se ha demorado excesivamente en tomar posesión de ellas, en aceptar su devolución o en pagar el precio o los gastos de su conservación, siempre que comunique con antelación razonable a esa otra parte su intención de vender.

2) Si las mercaderías están expuestas a deterioro rápido, o si su conservación entraña gastos excesivos, la parte que esté obligada a conser-

varlas conforme a los art. 85 u 86 deberá adoptar medidas razonables para venderlas. En la medida de lo posible deberá comunicar a la otra parte su intención de vender.

3) La parte que venda las mercaderías tendrá derecho a retener del producto de la venta una suma igual a los gastos razonables de su conservación y venta. Esa parte deberá abonar el saldo a la otra parte.

Concordancias: *Código de Comercio: Artículos 153.*

PARTE IV
DISPOSICIONES FINALES

Artículo 89. El Secretario General de las Naciones Unidas queda designado depositario de la presente Convención.

Artículo 90. La presente Convención no prevalecerá sobre ningún acuerdo internacional ya celebrado o que se celebre que contenga disposiciones relativas a las materias que se rigen por la presente Convención, siempre que las partes tengan sus establecimientos en Estados partes en ese acuerdo.

Artículo 91. La presente Convención estará abierta a la firma en la sesión de clausura de la Conferencia de la Naciones Unidas sobre los Contratos de Compraventa Internacional de Mercaderías y permanecerá abierta a la firma de todos los Estados en la Sede de las Naciones Unidas, Nueva York, hasta el 30 de septiembre de 1981.

1) La presente Convención estará sujeta a ratificación, aceptación o aprobación por los Estados signatarios.

2) La presente Convención estará abierta a la adhesión de todos los Estados que no sean Estados signatarios desde la fecha en que quede abierta la firma.

3) Los instrumentos de ratificación, aceptación, aprobación y adhesión se depositarán en poder del Secretario General de las Naciones Unidas.

Artículo 92. 1) Todo Estado Contratante podrá declarar en el momento de la firma, la ratificación, la aceptación, la aprobación o la adhesión que no quedará obligado por la Parte II de la presente Convención o que no quedará obligado por la Parte III de la presente Convención.

2) Todo Estado Contratante que haga una declaración conforme al párrafo precedente respecto de la Parte II o de la Parte III de la presente Convención no será considerado Estado Contratante a los efectos del párrafo 1) del art. 1 de la presente Convención respecto de las materias que se rijan por la Parte a la que se aplique la declaración.

Artículo 93. 1) Todo Estado Contratante integrado por dos o más unidades territoriales en las que, con arreglo a su constitución, sean aplicables distintos sistemas jurídicos en relación con las materias objeto de la presente Convención podrá declarar en el momento de la firma, la ratificación, la aceptación, la aprobación o la adhesión que la presente Convención se aplicará a todas sus unidades territoriales o solo a una o varias de ellas y podrá modificar en cualquier momento su declaración mediante otra declaración.

2) Esas declaraciones serán notificadas al depositario y en ellas se hará constar expresamente a qué unidades territoriales se aplica la Convención.

3) Si, en virtud de una declaración hecha conforme a este art., la presente Convención se aplica a una o varias de las unidades territoriales de un Estado Contratante, pero no a todas ellas, y si el establecimiento de una de las partes está situado en ese Estado, se considerará que, a los efectos de la presente Convención, ese establecimiento no está en un Estado Contratante, a menos que se encuentre en una unidad territorial a la que se aplique la Convención.

4) Si el Estado Contratante no hace ninguna declaración conforme al párrafo 1) de este art., la Convención se aplicará a todas las unidades territoriales de ese Estado.

Artículo 94. 1) Dos o más Estados Contratantes que, en las materias que se rigen por la presente Convención, tengan normas jurídicas idénticas o similares, podrán declarar, en cualquier momento, que la Convención no se aplicará a los contratos de compraventa ni a su formación cuando las partes tengan sus establecimientos en esos Estados. Tales declaraciones podrán hacerse conjuntamente o mediante declaraciones unilaterales recíprocas.

2) Todo Estado Contratante que, en las materias que se rigen por la presente Convención, tengan normas jurídicas idénticas o similares a las de uno o varios Estados no Contratantes podrá declarar, en cualquier momento, que la Convención no se aplicará a los contratos de compraventa ni a su formación cuando las partes tengan sus establecimientos en esos Estados.

3) Si un Estado respecto del cual se haya hecho una declaración conforme al párrafo precedente llega a ser ulteriormente Estado Contratante, la declaración surtirá los efectos de una declaración hecha con arreglo al párrafo 1) desde la fecha en que la Convención entre en vigor respecto del nuevo Estado Contratante, siempre que el nuevo Estado Contratante suscriba esa declaración o haga una declaración unilateral de carácter recíproco.

Artículo 95. Todo Estado podrá declarar en el momento del depósito de su instrumento de ratificación, aceptación, aprobación o adhesión que no quedará obligado por el apartado b) del párrafo 1) del art. 1 de la presente Convención.

Artículo 96. El Estado Contratante cuya legislación exija que los contratos de compraventa se celebren o se aprueben por escrito podrá hacer en cualquier momento una declaración conforme al art. 12 en el sentido de que cualquier disposición del art. 11, del art. 29 o de la Parte II de la Presente Convención que permita que la celebración, la modificación o la extinción por mutuo acuerdo del contrato de compraventa, o la oferta, la aceptación o cualquier otra manifestación de intención, se hagan por un procedimiento que no sea por escrito no se aplicará en el caso de que cualquiera de las partes tenga su establecimiento en ese Estado.

Artículo 97. 1) las declaraciones hechas conforme a la Convención en el momento de la firma estarán sujetas a confirmación cuando se proceda a la ratificación, la aceptación o la aprobación.

2) Las declaraciones y las confirmaciones de declaraciones se harán constar por escrito y se notificarán formalmente al depositario.

3) Toda declaración surtirá efecto en el momento de la entrada en vigor de la presente Convención respecto del Estado de que se trate. No obstante, toda declaración de la que el depositario reciba notificación formal después de tal entrada en vigor surtirá efecto el primer día del mes siguiente a la expiración de un plazo de seis meses contados desde la fecha en que haya sido recibida por el depositario. Las declaraciones unilaterales recíprocas hechas conforme al art. 94 surtirán efecto el primer día del mes siguiente a la expiración de un plazo de seis meses contados desde la fecha en que el depositario haya recibido la última declaración.

4) Todo Estado que haga una declaración conforme a la presente Convención podrá retirarla en cualquier momento mediante la notificación formal hecha por escrito al depositario. Este retiro surtirá efecto el primer día del mes siguiente a la expiración de un plazo de seis meses contados desde la fecha en que el depositario haya recibido la notificación.

5) El retiro de una declaración hecha conforme al art. 94 hará ineficaz, a partir de la fecha en que surta efecto el retiro, cualquier declaración de carácter recíproco hecha por otro Estado conforme a ese art.

Artículo 98. No se podrán hacer más reservas que las expresamente autorizadas por la presente Convención.

Artículo 99. 1) La presente Convención entrará en vigor, sin perjuicio de lo dispuesto en el párrafo 6) de este art., el primer día del mes siguiente a la expiración de un plazo de doce meses contados desde la fecha en que haya sido depositado el décimo instrumento de ratificación, aceptación, aprobación o adhesión, incluido todo instrumento que contenga una declaración hecha conforme al art. 92.

2) Cuando un Estado ratifique, acepte o apruebe la presente Convención, o se adhiera a ella, después de haber sido depositado el décimo instrumento de ratificación, aceptación, aprobación o adhesión, la Convención, salvo la parte excluida, entrará en vigor respecto de ese Estado, sin perjuicio en lo dispuesto en el párrafo 6) de este art., el primer día del

mes siguiente a la expiración de un plazo de doce meses contados desde la fecha en que haya depositado su instrumento de ratificación, aceptación, aprobación o adhesión.

3) Todo Estado que ratifique, acepte o apruebe la presente Convención, o se adhiera a ella, y que sea parte de la Convención relativa a una Ley uniforme sobre la formación de contratos para la venta internacional de mercaderías hecha en La Haya el 1. de julio de 1964 (Convención de la Haya sobre la formación, de 1964) o en la Convención relativa a una Ley uniforme sobre la venta internacional de mercaderías hecha en La Haya el 1. De julio de 1964 (Convención de la Haya sobre la venta, de 1964), o en ambas Convenciones, deberá denunciar al mismo tiempo, según el caso, la Convención de La Haya sobre la venta, de 1964, la Convención de La Haya sobre la formación, de 1964, o ambas Convenciones, mediante notificación al efecto al Gobierno de los Países Bajos.

4) Todo Estado Parte en la Convención de La Haya sobre la venta, de 1964, que ratifique, acepte o apruebe la presente Convención, o se adhiera a ella, y que declare o haya declarado conforme al art. 92 que no quedará obligado por la Parte II de la presente Convención denunciará en el momento de la ratificación, la aceptación, la aprobación o la adhesión la Convención de La Haya sobre la venta, de 1964, mediante notificación al efecto al Gobierno de los Países Bajos.

5) Todo Estado parte en la Convención de La Haya sobre la formación, de 1964, que ratifique, acepte o apruebe la presente Convención, o se adhiera a ella, y que declare o haya declarado conforme al art. 92 que no quedará obligado por la Parte III de la presente Convención denunciará en el momento de la ratificación, la aceptación, la aprobación o la adhesión la Convención de La Haya sobre la formación, de 1964, mediante notificación al efecto al Gobierno de los Países Bajos.

6) A los efectos de este art., las ratificaciones, aceptaciones, aprobaciones y adhesiones formuladas respecto de la presente Convención por Estados partes en la Convención de La Haya sobre la formación, de 1964, o en la Convención de La Haya sobre la venta, de 1964, no surtirán efecto hasta que las denuncias que esos Estados deban hacer, en su caso, respecto de estas dos últimas Convenciones hayan surtido a su vez efecto.

El depositario de la presente Convención consultará con el Gobierno de los Países Bajos, como depositario de las Convenciones de 1964, a fin de lograr la necesaria coordinación a este respecto.

Artículo 100. 1) La presente Convención se aplicará a la formación del contrato sólo cuando la propuesta de celebración del contrato se haga en la fecha de entrada en vigor de la Convención respecto de los Estados Contratantes a que se refiere el apartado a) del párrafo 1) del art. 1 o respecto del Estado Contratante a que se refiere el apartado b) del párrafo 1) del art. 1, o después de esa fecha.

2) La presente Convención se aplicará a los contratos celebrados en la fecha de entrada en vigor de la presente Convención respecto de los Estados Contratantes a que se refiere el apartado a) del párrafo 1) del art. 1 o respecto del Estado Contratante a que se refiere el apartado b) del párrafo 1) del art. 1, o después de esa fecha.

Artículo 101. 1) Todo Estado Contratante podrá denunciar la presente Convención, o su Parte II o su Parte III, mediante notificación formal hecha por escrito al depositario.

2) La denuncia surtirá efecto el primer día del mes siguiente a la expiración de un plazo de doce meses contados desde la fecha en que la notificación haya sido recibida por el depositario. Cuando en la notificación se establezca un plazo más largo para que la denuncia surta efecto, la denuncia surtirá efecto a la expiración de ese plazo, contado desde la fecha en que la notificación haya sido recibida por el depositario.

HECHA en Viena, el día once de abril de mil novecientos ochenta, en un solo original, cuyos textos en árabe, chino, español, francés, inglés y ruso son igualmente auténticos.

EN TESTIMONIO DE LO CUAL, los plenipotenciarios infrascritos, debidamente autorizados por sus respectivos Gobiernos, han firmado la presente Convención.

«CONVENCIÓN INTERAMERICANA SOBRE RÉGIMEN LEGAL DE PODERES PARA SER UTILIZADOS EN EL EXTRANJERO», SUSCRITO EN PANAMÁ EL 30 DE ENERO DE 1975 (DECRETO Nº 643), PUBLICADO EN EL DIARIO OFICIAL EL 9 DE JULIO DE 1976[28]

Los Gobiernos de los Estados Miembros de la Organización de los Estados Americanos, deseosos de concertar una convención sobre un régimen legal de poderes para ser utilizados en el extranjero, han acordado lo siguiente:

Artículo 1. Los poderes debidamente otorgados en uno de los Estados Partes en esta Convención serán válidos en cualquiera de los otros, si cumplen con las reglas establecidas en la Convención.

Concordancias: Código Civil: Artículos 17, 1448.

Artículo 2. Las formalidades y solemnidades relativas al otorgamiento de poderes, que hayan de ser utilizados en el extranjero se sujetarán a las leyes del Estado donde se otorguen, a menos que el otorgante prefiera sujetarse a la ley del Estado en que hayan de ejercerse. En todo caso, si la ley de este último exigiere solemnidades esenciales para la validez del poder, regirá dicha ley.

Concordancias: Código Civil: Artículos 17, 2123, 2124.

Artículo 3. Cuando en el Estado en que se otorga el poder es desconocida la solemnidad especial que se requiere conforme a la ley del Estado

28 Ratificada por Argentina, Bolivia, Brasil. Chile, Costa Rica, Ecuador, El Salvador, Guatemala, Honduras, México, Panamá, Paraguay, Perú, República Dominicana, Uruguay, Venezuela.

en que haya de ejercerse, bastará que se cumpla con lo dispuesto en el artículo 7 de la presente Convención.

Artículo 4. Los requisitos de publicidad del poder se someten a la ley del Estado en que éste se ejerce.

Concordancias: Código Civil: Artículo 17.

Artículo 5. Los efectos y el ejercicio del poder se sujetan a la ley del Estado donde éste se ejerce.

Concordancias: Código Civil: Artículo 1448.

Artículo 6. En todos los poderes el funcionario que los legaliza deberá certificar o dar fe si tuviere facultades para ello, sobre lo siguiente:

a. La identidad del otorgante, así como la declaración del mismo acerca de su nacionalidad, edad, domicilio y estado civil;

b. El derecho que el otorgante tuviere para conferir poder en representación de otra persona física o

c. La existencia legal de la persona moral o jurídica en cuyo nombre se otorgare el poder;

d. La representación de la persona moral o jurídica, *así* como el derecho que tuviere el otorgante para conferir el poder.

Concordancias: Código Civil: Artículo 1699.

Artículo 7. Si en el Estado del otorgamiento no existiere funcionario autorizado para certificar o dar fe sobre los puntos señalados en el artículo 6, deberán observarse las siguientes formalidades:

a. El poder contendrá una declaración jurada o aseveración del otorgante de decir verdad sobre lo dispuesto en la letra a) del artículo 6;

b. Se agregarán al poder copias certificadas u otras pruebas con respecto a los puntos señalados en las letras b), c) y d) del mismo artículo;

c. La firma del otorgante deberá ser autenticada;

d. Los demás requisitos establecidos por la ley del otorgamiento.

Artículo 8. Los poderes deberán ser legalizados cuando así lo exigiere la ley del lugar de su ejercicio.

Concordancias: Código de Procedimiento Civil: Artículo 345.

Artículo 9. Se traducirán al idioma oficial del Estado de su ejercicio los poderes otorgados en idioma distinto.

Artículo 10. Esta Convención no restringirá las disposiciones de convenciones que en materia de poderes hubieran sido suscritas o se suscribieren en el futuro en forma bilateral o multilateral por los Estados Partes; en particular el Protocolo sobre Uniformidad del Régimen Legal de los Poderes o Protocolo de Washington de 1940, o las prácticas más favorables que los Estados Partes pudieran observar en la materia.

Artículo 11. No es necesario para la eficacia del poder que el apoderado manifieste en dicho acto su aceptación. Esta resultará de su ejercicio.

Concordancias: Código Civil: Artículo 2124. Código de Comercio: Artículo 245.

Artículo 12. El Estado requerido podrá rehusar el cumplimiento de un poder cuando éste sea manifiestamente contrario a su orden público.

Concordancias: Código Civil: Artículo 1462. Código de Derecho Internacional Privado: Artículo 175.

Artículo 13. La presente Convención estará abierta a la firma de los Estados Miembros de la Organización de los Estados Americanos.

Artículo 14. La presente Convención está sujeta a ratificación. Los instrumentos de ratificación se depositarán en la Secretaría General de la Organización de los Estados Americanos.

Artículo 15. La presente Convención quedará abierta a la adhesión de cualquier otro Estado. Los instrumentos de adhesión se depositarán en la Secretaría General de la Organización de los Estados Americanos.

Artículo 16. La presente Convención entrará en vigor el trigésimo día a partir de la fecha en que haya sido depositado el segundo instrumento de ratificación.

Para cada Estado que ratifique la Convención o se adhiera a ella después de haber sido depositado el segundo instrumento de ratificación, la Convención entrará en vigor el trigésimo día a partir de la fecha en que tal Estado haya depositado su instrumento de ratificación o adhesión.

Artículo 17. Los Estados Partes que tengan dos o más unidades territoriales en las que rijan distintos sistemas jurídicos relacionados con cuestiones tratadas en la presente Convención, podrán declarar, en el momento de la firma, ratificación o adhesión, que la Convención se aplicará a todas sus unidades territoriales o solamente a una o más de ellas.

Tales declaraciones podrán ser modificadas mediante declaraciones ulteriores, que especificarán expresamente la o las unidades territoriales a las que se aplicará la presente Convención. Dichas declaraciones ulteriores se transmitirán a la Secretaría General de la Organización de los Estados Americanos y surtirán efecto treinta días después de recibidas.

Artículo 18. La presente Convención regirá indefinidamente, pero cualquiera de los Estados Partes podrá denunciarla. El instrumento de denuncia será depositado en la Secretaría General de la Organización de los Estados Americanos. Transcurrido un año, contado a partir de la fecha de depósito del instrumento de denuncia, la Convención cesará en sus efectos para el Estado denunciante, quedando subsistente para los demás Estados Partes.

Artículo 19. El instrumento original de la presente Convención, cuyos textos en español, francés, inglés y portugués son igualmente auténticos, será depositado en la Secretaría General de la Organización de los Estados Americanos. Dicha Secretaría notificará a los Estados Miembros de la Organización de los Estados Americanos y a los Estados que se hayan adherido a la Convención, las firmas, los depósitos de instrumentos de ratificación, adhesión y denuncia, así como las reservas que hubiere. También les transmitirá las declaraciones previstas en el artículo 17 de la presente Convención.

EN FE DE LO CUAL, los plenipotenciarios infrascritos, debidamente autorizados por sus respectivos Gobiernos, firman la presente Convención.

HECHA EN LA CIUDAD DE PANAMÁ, República de Panamá, el día treinta de enero de mil novecientos setenta y cinco.

CONVENIO DE LAS NACIONES UNIDAS SOBRE EL TRANSPORTE MARÍTIMO DE MERCANCÍAS (HAMBURGO, 1978)[29]

PREÁMBULO

LOS ESTADOS PARTES EN EL PRESENTE CONVENIO,

HABIENDO RECONOCIDO la conveniencia de fijar de común acuerdo ciertas reglas relativas al transporte marítimo de mercancías,

HAN DECIDIDO celebrar un convenio a esos efectos y han acordado lo siguiente:

PARTE I
DISPOSICIONES GENERALES

Artículo 1. Definiciones. En el presente Convenio:

1. Por «porteador» se entiende toda persona que por sí o por medio de otra que actúe en su nombre ha celebrado un contrato de transporte marítimo de mercancías con un cargador.

2. Por «porteador efectivo» se entiende toda persona a quien el porteador ha encomendado la ejecución del transporte de las mercancías, o de una parte del transporte, así como cualquier otra persona a quien se ha encomendado esa ejecución.

3. Por «cargador» se entiende toda persona que por sí o por medio de otra que actúe en su nombre o por su cuenta ha celebrado un contrato de transporte marítimo de mercancías con un porteador, o toda persona que por sí o por medio de otra que actúe en su nombre o por su cuenta entrega efectivamente las mercancías al portador en relación con el contrato de transporte marítimo.

---

[29] Véase el Decreto N° 605, del Ministerio de Relaciones Exteriores, publicado en el Diario Oficial el 23 de octubre de 1982.

4. Por «consignatario» se entiende la persona autorizada para recibir las mercancías.

5. El término «mercancías» comprende los animales vivos; cuando las mercancías se agrupen en un contenedor, una paleta u otro elemento de transporte análogo, o cuando estén embaladas, el término «mercancías» comprenderá ese elemento de transporte o ese embalaje si ha sido suministrado por el cargador.

6. Por «contrato de transporte marítimo» se entiende todo contrato en virtud del cual el porteador se compromete, contra el pago de un flete, a transportar mercancías por mar de un puerto a otro; no obstante, el contrato que comprenda transporte marítimo y también transporte por cualquier otro medio se considerará contrato de transporte marítimo a los afectos del presente Convenio sólo por lo que respecta al transporte marítimo.

7. Por «conocimiento de embarque» se entiende un documento que hace prueba de un contrato de transporte marítimo y acredita que el porteador ha tomado a su cargo o ha cargado las mercancías, y en virtud del cual éste se compromete a entregarlas contra la presentación del documento. Constituye tal compromiso la disposición incluida en el documento según la cual las mercancías han de entregarse a la orden de una persona determinada, a la orden o al portador.

8. La expresión «por escrito» comprende, entre otras cosas, el telegrama y el telex.

Artículo 2. Ámbito de aplicación. 1. Las disposiciones del presente Convenio se aplicarán a todos los contratos de transporte marítimo entre dos Estados diferentes, siempre que:

a) el puerto de carga previsto en el contrato de transporte marítimo esté situado en un Estado Contratante, o

b) el puerto de descarga previsto en el contrato de transporte marítimo esté situado en un estado Contratante, o

c) uno de los puertos facultativos de descarga previstos en el contrato de transporte marítimo sea el puerto efectivo de descarga y ese puerto esté situado en un Estado Contratante, o

d) el conocimiento de embarque u otro documento que haga prueba del contrato de transporte marítimo se emita en un Estado Contratante, o

e) el conocimiento de embarque u otro documento que haga prueba del contrato de transporte marítimo estipule que el contrato se regirá por las disposiciones del presente Convenio o por la legislación de un Estado que dé efecto a esas disposiciones.

2. Las disposiciones del presente Convenio se aplicarán sea cual fuere la nacionalidad del buque, del porteador, del porteador efectivo, del cargador, del consignatario o de cualquier otra persona interesada.

3. Las disposiciones del presente Convenio no se aplicarán a los contratos del fletamento. No obstante, cuando se emita un conocimiento de embarque en cumplimiento de un contrato de fletamento, las disposiciones del Convenio se aplicarán a ese conocimiento de embarque si éste regula la relación entre el porteador y el tenedor del conocimiento de que no sea el fletador.

4. Si en un contrato se prevé el transporte de mercancías en embarques sucesivos durante un plazo acordado, las disposiciones del presente Convenio se aplicarán a cada uno de esos embarques. No obstante, cuando un embarque se efectúe en virtud de un contrato de fletamento, se aplicarán las disposiciones del párrafo 3 de este artículo.

Artículo 3. Interpretación del Convenio. En la interpretación y aplicación de las disposiciones del presente Convenio se tendrán en cuenta su carácter internacional y la necesidad de promover la uniformidad.

PARTE II
RESPONSABILIDAD DEL PORTEADOR

Artículo 4. Período de responsabilidad. 1. La responsabilidad del porteador por las mercancías en virtud del presente Convenio abarca el período durante el cual las mercancías están bajo la custodia del porteador en el puerto de carga, durante el transporte y en el puerto de descarga.

2. A los efectos del párrafo 2 de este artículo, se considerará que las mercancías están bajo la custodia del porteador.

a) desde el momento en que éste las haya tomado a su cargo al recibirlas:

i) del cargador o de la persona que actúe en su nombre; o

ii) de una autoridad u otro tercero en poder de los cuales, según las leyes o los reglamentos aplicables en el puerto de carga, se hayan de poner las mercancías para ser embarcadas;

b) hasta el momento en que las haya entregado:

i) poniéndolas en poder del consignatario; o

ii) en los casos en que el consignatario no reciba las mercancías del porteador, poniéndolas a disposición del consignatario de conformidad con el contrato, las leyes o los usos del comercio de que se trate aplicables en el puerto de descarga; o

iii) poniéndolas en poder de una autoridad u otro tercero a quienes, según las leyes o los reglamentos aplicables en el puerto de descarga, hayan de entregarse las mercancías.

3. En los párrafos 1 y 2 de este artículo, los términos «porteador» o «consignatario» designan también a los empleados o agentes del porteador o del consignatario, respectivamente.

Artículo 5. Fundamento de la responsabilidad. 1. El porteador será responsable de los perjuicios resultantes de la pérdida o el daño de las mercancías, así como del retraso en la entrega, si el hecho que ha causado la pérdida, el daño o el retraso se produjo cuando las mercancías estaban bajo su custodia en el sentido del artículo 4, a menos que pruebe que él, sus empleados o agentes adoptaron todas las medidas que razonablemente podían exigirse para evitar el hecho y sus consecuencias.

2. Hay retraso en la entrega cuando las mercancías no han sido entregadas en el puerto de descarga previsto en el contrato de transporte marítimo dentro del plazo expresamente acordado, o, a falta de tal acuerdo, dentro del plazo que, atendidas las circunstancias del caso, sería razonable exigir de un porteador diligente.

3. El titular de una acción por pérdida de las mercancías podrá considerarlas perdidas si no han sido entregadas conforme a lo dispuesto en el artículo 4 dentro de un plazo de 60 días consecutivos siguientes a la

expiración del plazo de entrega determinado con arreglo al párrafo 2 de este artículo.

4. a) El porteador será responsable.

i) de la pérdida o el daño de las mercancías, o del retraso en la entrega, causados por incendio, si el demandante prueba que el incendio se produjo por culpa o negligencia del porteador, sus empleados o agentes;

ii) de la pérdida, el daño o el retraso en la entrega respecto de los cuales el demandante pruebe que han sobrevenido por culpa o negligencia del porteador, sus empleados o agentes en la adopción de todas las medidas que razonablemente podían exigirse para apagar el incendio y evitar o mitigar sus consecuencias.

b) En caso de incendio a bordo que afecte a las mercancías, se realizará, si el reclamante o el porteador lo desean, una investigación de la causa y las circunstancias del incendio de conformidad con las prácticas del transporte marítimo y se proporcionará un ejemplar del informe sobre la investigación al porteador y al reclamante que lo soliciten.

5. En el transporte de animales vivos, el porteador no será responsable de la pérdida, el daño o el retraso de la entrega resultantes de los riesgos especiales inherentes a ese tipo de transporte. Cuando el porteador pruebe que ha cumplido las instrucciones especiales que con respecto a los animales le dio el cargador y que, atendidas las circunstancias del caso, la pérdida, el daño o el retraso en la entrega pueden atribuirse a tales riesgos, se presumirá que éstos han sido la causa de la pérdida, el daño o el retraso en la entrega, a menos que existan pruebas de que la totalidad o parte de la pérdida, el daño o retraso en la entrega provenían de culpa o negligencia del porteador, sus empleados o agentes.

6. El porteador no será responsable, salvo por avería gruesa, cuando la pérdida, el daño o el retraso en la entrega hayan provenido de medidas adoptadas para el salvamento de vidas humanas o de medidas razonables adoptadas para el salvamento de mercancías en el mar.

7. Cuando la culpa o negligencia del porteador, sus empleados o agentes concurra con otra causa para ocasionar la pérdida, el daño o el retraso en la entrega, el porteador será responsable sólo en la medida en que la pérdida, el daño o el retraso en la entrega puedan atribuirse a esa culpa o

negligencia, a condición de que pruebe el importe de la pérdida, el daño o el retraso en la entrega que no pueda atribuirse a culpa o negligencia.

Artículo 6. Limitación de la responsabilidad. 1. a) La responsabilidad del porteador por los perjuicios resultantes de la pérdida o el daño de las mercancías, con arreglo a lo dispuesto en el artículo 5, estará limitada a una suma equivalente a 835 unidades de cuenta por bulto u otra unidad de carga transportada, o a 2,5 unidades de cuenta por kilogramo de peso bruto de las mercancías perdidas o dañadas, si esta cantidad es mayor.

b) La responsabilidad del porteador por el retraso en la entrega, con arreglo a lo dispuesto en el artículo 5, estará limitada a una suma equivalente a dos veces y media el flete que deba pagarse por las mercancías que hayan sufrido retraso, pero no excederá de la cuantía total del flete que deba pagarse en virtud del contrato de transporte marítimo de mercancías.

c) En ningún caso la responsabilidad acumulada del porteador por los conceptos enunciados en los apartados a) y b) de este párrafo excederá del límite determinado en virtud del apartado a) por la pérdida total de las mercancías respecto de las cuales se haya incurrido en esa responsabilidad.

2. Para determinar, a los efectos del apartado a) del párrafo 1 de este artículo, qué cantidad es mayor, se aplicarán las normas siguientes:

a) Cuando se utilicen para agrupar mercancías un contenedor, una paleta o un elemento de transporte análogo, todo bulto o unidad de carga transportada que, según el conocimiento de embarque, si se emite, o según cualquier otro documento que haga prueba del contrato de transporte marítimo, estén contenidos en ese elemento de transporte se considerarán como un bulto o una unidad de carga transportada. Salvo en este caso, las mercancías contenidas en ese elemento de transporte se considerarán como una unidad de carga transportada.

b) En los casos en que se haya perdido o dañado el propio elemento de transporte, ese elemento será considerado, si no es propiedad del porteador o no ha sido suministrado por éste, como una unidad independiente de carga transportada.

3. Por unidad de cuenta se entiende la unidad de cuenta mencionada en el artículo 26.

4. El porteador y el cargador podrán pactar límites de responsabilidad superiores a los establecidos en el párrafo 1.

Artículo 7. Aplicación a reclamaciones extracontractuales. 1. Las exoneraciones y límites de responsabilidad establecidos en el presente Convenio serán aplicables a toda acción contra el porteador respecto de la pérdida o el daño de las mercancías a que se refiera el contrato de transporte marítimo, así como respecto del retraso en la entrega, independientemente de que la acción se funde en la responsabilidad contractual, la responsabilidad extracontractual o en otra causa.

2. Si se ejercita tal acción contra un empleado o agente del porteador, ese empleado o agente, si prueba que ha actuado en el ejercicio de sus funciones, podrá acogerse a las exoneraciones y límites de responsabilidad que el porteador pueda invocar en virtud del presente Convenio.

3. Sin perjuicio de lo dispuesto en el artículo 8, la cuantía total de las sumas exigibles del porteador o de cualquiera de las personas a que se refiere el párrafo 2 de este artículo no excederá de los límites de responsabilidad establecidos en el presente Convenio.

Artículo 8. Pérdida del derecho a la limitación de la responsabilidad. 1. El porteador no podrá acogerse a la limitación de la responsabilidad establecida en el artículo 6 si se prueba que la pérdida, el daño o el retraso en la entrega provinieron de una acción o una omisión del porteador realizadas con intención de causar tal pérdida, daño o retraso, o temerariamente y a sabiendas de que probablemente sobrevendrían la pérdida, el daño o el retraso.

2. No obstante lo dispuesto en el párrafo 2 del artículo 7, el empleado o agente del porteador no podrá acogerse a la limitación de la responsabilidad establecida en el artículo 6 si se prueba que la pérdida, el daño o el retraso en la entrega provinieron de una acción o una omisión de ese empleado o agente realizadas con intención de causar tal pérdida, daño o retraso, o temerariamente y a sabiendas de que probablemente sobrevendrían la pérdida, el daño o el retraso.

Artículo 9. Carga sobre cubierta. 1. El porteador podrá transportar mercancías sobre cubierta sólo si ello está en conformidad con un acuerdo celebrado con el cargador o con los usos del comercio de que se trate, o si lo exigen las disposiciones legales vigentes.

2. Si el porteador y el cargador han convenido en que las mercancías se transportarán o podrán transportarse sobre cubierta, el porteador incluirá una declaración a tal efecto en el conocimiento de embarque u otro documento que haga prueba del contrato de transporte marítimo. A falta de esa declaración, el porteador deberá probar que se ha celebrado un acuerdo para el transporte sobre cubierta; no obstante, el porteador no podrá invocar tal acuerdo contra un tercero, incluido un consignatario, que haya adquirido el conocimiento de embarque de buena fe.

3.- Cuando las mercancías hayan sido transportadas sobre cubierta en contravención de lo dispuesto en el párrafo 1 de este artículo o cuando el porteador no pueda invocar, en virtud del párrafo 2 de este artículo, un acuerdo para el transporte sobre cubierta, el porteador, no obstante lo dispuesto en el párrafo 1 del artículo 5, será responsable de la pérdida o el daño de las mercancías, así como del retraso en la entrega, que provengan únicamente del transporte sobre cubierta, y el alcance de su responsabilidad se determinará de conformidad con lo dispuesto en el artículo 6 o el artículo 8 del presente Convenio, según el caso.

4. El transporte de mercancías sobre cubierta en contravención del acuerdo expreso de transportarlas bajo cubierta se considerará una acción u omisión del porteador en el sentido del artículo 8.

Artículo 10. Responsabilidad del porteador y del porteador efectivo. 1. Cuando la ejecución del transporte o de una parte del transporte haya sido encomendada a un porteador efectivo, independientemente de que el contrato de transporte marítimo lo autorice o no, el porteador seguirá siendo responsable de la totalidad del transporte con arreglo a lo dispuesto en el presente Convenio. Respecto del transporte que sea ejecutado por el porteador efectivo, el porteador será responsable de las acciones y omisiones que el porteador efectivo y sus empleados y agentes realicen en el ejercicio de sus funciones.

2. Todas las disposiciones del presente Convenio por las que se rige la responsabilidad del porteador se aplicarán también a la responsabilidad del porteador efectivo respecto del transporte que éste haya ejecutado. Se aplicarán las disposiciones de los párrafos 2 y 3 del artículo 7 y del párrafo 2 del artículo 8 si se ejercita una acción contra un empleado o agente del porteador efectivo.

3. Todo acuerdo especial en virtud del cual el porteador asuma obligaciones no impuestas por el presente Convenio o renuncie a derechos conferidos por el presente Convenio surtirá efecto respecto del porteador efectivo sólo si éste lo acepta expresamente y por escrito. El porteador seguirá sujeto a las obligaciones o renuncias resultantes de ese acuerdo especial, independientemente de que hayan sido aceptadas o no por el porteador efectivo.

4. En los casos y en la medida en que el porteador y el porteador efectivo sean ambos responsables, su responsabilidad será solidaria.

5. La cuantía total de las sumas exigibles del porteador, del porteador efectivo y de sus empleados y agentes no excederá de los límites de responsabilidad establecidos en el presente Convenio.

6. Las disposiciones de este artículo se aplicarán sin perjuicio del derecho de repetición que pueda existir entre el porteador y el porteador efectivo.

Artículo 11. Transporte directo. 1. No obstante lo dispuesto en el párrafo 1 del artículo 10, cuando un contrato de transporte marítimo estipule explícitamente que una parte especificada del transporte a que se refiere ese contrato será ejecutada por una persona determinada distinta del porteador, el contrato podrá estipular asimismo que el porteador no será responsable de la pérdida, el daño o el retraso en la entrega que hayan sido causados por un hecho ocurrido cuando las mercancías estaban bajo la custodia del porteador efectivo durante esa parte del transporte. No obstante, la estipulación que limite o excluya tal responsabilidad no surtirá efecto si no puede incoarse ningún procedimiento judicial contra el porteador efectivo ante un tribunal competente con arreglo al párrafo 1 o al párrafo 2 del artículo 21. La prueba de que la pérdida, el daño o el retraso en la entrega fueron causados por ese hecho corresponderá al porteador.

2. El porteador efectivo será responsable, de conformidad con lo dispuesto en el párrafo 2 del artículo 10, de la pérdida, el daño o el retraso en la entrega que hayan sido causados por un hecho ocurrido mientras las mercancías estaban bajo su custodia.

PARTE III
RESPONSABILIDAD DEL CARGADOR

Artículo 12. Norma general. El cargador no será responsable de la pérdida sufrida por el porteador o por el porteador efectivo, ni del daño sufrido por el buque, a no ser que tal pérdida o daño hayan sido causados por culpa o negligencia del cargador, sus empleados o agentes. Los empleados o agentes del cargador tampoco serán responsables de tal pérdida o daño, a no ser que hayan sido causados por culpa o negligencia de su parte.

Artículo 13. Normas especiales relativas a las mercancías peligrosas. 1. El cargador señalará de manera adecuada las mercancías peligrosas como tales mediante marcas o etiquetas.

2. El cargador, cuando ponga mercancías peligrosas en poder del porteador o de un porteador efectivo, según el caso, le informará del carácter peligroso de aquéllas y, a ser necesario, de las precauciones que deban adoptarse. Si el cargador no lo hace y el porteador o el porteador efectivo no tienen conocimiento del carácter peligroso de las mercancías por otro conducto:

a) el cargador será responsable respecto del porteador y de todo porteador efectivo de los perjuicios resultantes del embarque de tales mercancías, y

b) las mercancías podrán en cualquier momento ser descargadas, destruidas o transformadas en inofensivas, según requieran las circunstancias, sin que haya lugar a indemnización.

3. Las disposiciones del párrafo 2 de este artículo no podrán ser invocadas por una persona que durante el transporte se haya hecho cargo de las mercancías a sabiendas de su carácter peligroso.

4. En los casos en que las disposiciones del apartado b) del párrafo 2 de este artículo no se apliquen o no puedan ser invocadas, las mercancías peligrosas, si llegan a constituir un peligro real para la vida humana o los bienes, podrán ser descargadas, destruidas o transformadas en inofensivas, según requieran las circunstancias, sin que haya lugar a indemnización, salvo cuando exista la obligación de contribuir a la avería gruesa o cuando el porteador sea responsable de conformidad con lo dispuesto en el artículo 5.

PARTE IV
DOCUMENTOS DE TRANSPORTE

Artículo 14. Emisión del conocimiento de embarque. 1. Cuando el porteador o el porteador efectivo se haga cargo de las mercancías, el porteador deberá emitir un conocimiento de embarque al cargador, si éste lo solicita.

2. El conocimiento de embarque podrá ser firmado por una persona autorizada al efecto por el porteador. Se considerará que un conocimiento de embarque firmado por el capitán del buque que transporte las mercancías ha sido firmado en nombre del porteador.

3. La firma en el conocimiento de embarque podrá ser manuscrita, impresa en facsímil, perforada, estampada, en símbolos o registrada por cualquier otro medio mecánico o electrónico, si ello no es incompatible con las leyes del país en que se emita el conocimiento de embarque.

Artículo 15. Contenido del documento de embarque. 1. En el conocimiento de embarque deberán constar, entre otros, los datos siguientes:

a) la naturaleza general de las mercancías, las marcas principales necesarias para su identificación, una declaración expresa, si procede, sobre su carácter peligroso, el número de bultos o de piezas y el peso de las mercancías o su cantidad expresada de otro modo, datos que se harán constar tal como los haya proporcionado el cargador;

b) el estado aparente de las mercancías;

c) el nombre y el establecimiento principal del porteador;

d) el nombre del cargador;

e) el nombre del consignatario, si ha sido comunicado por el cargador;

f) el puerto de carga según el contrato de transporte marítimo y la fecha en que el porteador se ha hecho cargo de las mercancías en ese puerto;

g) el puerto de descarga según el contrato de transporte marítimo;

h) el número de originales del conocimiento de embarque, si hubiere más de uno;

i) el lugar de emisión del conocimiento de embarque;

j) la firma del porteador o de la persona que actúe en su nombre;

k) el flete, en la medida en que deba ser pagado por el consignatario, o cualquier otra indicación de que el flete ha de ser pagado por el consignatario;

l) la declaración mencionada en el párrafo 3 del artículo 23;

m) la declaración, si procede, de que las mercancías se transportarán o podrán transportarse sobre cubierta;

n) la fecha o el plazo de entrega de las mercancías en el puerto de descarga, si en ello han convenido expresamente las partes, y

o) todo límite o límites superiores de responsabilidad que se hayan pactado de conformidad con el párrafo 4 del artículo 6.

2. Una vez cargadas las mercancías a bordo, el porteador emitirá un conocimiento de embarque «embarcado» al cargador, si éste lo solicita, en el cual, además de los datos requeridos en virtud del párrafo 1 de este artículo, se consignará que las mercancías se encuentran a bordo de un buque o de unos buques determinados y se indicará la fecha o las fechas en que se haya efectuado la carga. Si el porteador ha emitido anteriormente un conocimiento de embarque u otro título representativo de cualquiera de esas mercancías al cargador, éste, si el porteador lo solicita, devolverá dicho documento a cambio de un conocimiento de embarque «embarcado». Cuando el cargador solicite un conocimiento de embarque «embarcado», el porteador podrá, para atender a esa solicitud, modificar cualquier do-

cumento emitido anteriormente si, con las modificaciones introducidas, dicho documento contiene toda la información que debe constar en un conocimiento de embarque «embarcado».

3. La omisión en el conocimiento de embarque de uno o varios de los datos a que se refiere este artículo no afectará a la naturaleza jurídica del documento como conocimiento de embarque, a condición, no obstante, de que se ajuste a los requisitos enunciados en el párrafo 7 del artículo 1.

Artículo 16. Conocimientos de embarque: reservas y valor probatorio. 1. Si el conocimiento de embarque contiene datos relativos a la naturaleza general, las marcas principales, el número de bultos o piezas, el peso o la cantidad de las mercancías y el porteador o la persona que emite el conocimiento de embarque en su nombre sabe o tiene motivos razonables para sospechar que esos datos no representan con exactitud las mercancías que efectivamente ha tomado a su cargo, o en caso de haberse emitido un conocimiento de embarque «embarcado», las mercancías que efectivamente ha cargado, o si no ha tenido medios razonables para verificar esos datos, el porteador o esa persona incluirá en el conocimiento de embarque una reserva en la que se especifiquen esas inexactitudes, los motivos de sospecha o la falta de medios razonables para verificar los datos.

2. Si el porteador o la persona que emite el conocimiento de embarque en su nombre no hace constar en ese conocimiento el estado aparente de las mercancías, se considerará que ha indicado en el conocimiento de embarque que las mercancías estaban en buen estado aparente.

3. Salvo en lo concerniente a los datos acerca de los cuales se haya hecho una reserva autorizada en virtud del párrafo 1 de este artículo y en la medida de tal reserva:

a) el conocimiento de embarque establecerá la presunción, salvo prueba en contrario, de que el porteador ha tomado a su cargo o, en caso de haberse emitido un conocimiento de embarque «embarcado», ha cargado las mercancías tal como aparecen descritas en el conocimiento de embarque, y

b) no se admitirá al porteador la prueba en contrario si el conocimiento de embarque ha sido transferido a un tercero, incluido un consignatario, que ha procedido de buena fe basándose en la descripción de las mercancías que figuraba en ese conocimiento.

4. El conocimiento de embarque en el que no se especifique el flete o no se indique de otro modo que el flete ha de ser pagado por el consignatario, conforme a lo dispuesto en el apartado k) del párrafo 1 del artículo 15, o en el que no se especifiquen los pagos por demoras en el puerto de carga que deba hacer el consignatario, establecerá la presunción, salvo prueba en contrario, de que el consignatario no ha de pagar ningún flete ni demoras. Sin embargo, no se admitirá al porteador la prueba en contrario cuando el conocimiento de embarque haya sido transferido a un tercero, incluido un consignatario, que haya procedido de buena fe basándose en la falta de tal indicación en el conocimiento de embarque.

Artículo 17. Garantías proporcionadas por el cargador. 1. Se considerará que el cargador garantiza al porteador la exactitud de los datos relativos a la naturaleza general de las mercancías, sus marcas, número, peso y cantidad que haya proporcionado para su inclusión en el conocimiento de embarque. El cargador indemnizará al porteador de los perjuicios resultantes de la inexactitud de esos datos. El cargador seguirá siendo responsable aun cuando haya transferido el conocimiento de embarque. El derecho del porteador a tal indemnización no limitará en modo alguno su responsabilidad en virtud del contrato de transporte marítimo respecto de cualquier persona distinta del cargador.

2. La carta de garantía o el pacto en virtud de los cuales el cargador se comprometa a indemnizar al porteador de los perjuicios resultantes de la emisión del conocimiento de embarque por el porteador o por una persona que actúe en su nombre, sin hacer ninguna reserva acerca de los datos proporcionados por el cargador para su inclusión en el conocimiento de embarque o acerca del estado aparente de las mercancías, no surtirán efecto respecto de un tercero, incluido un consignatario, al que se haya transferido el conocimiento de embarque.

3. Esa carta de garantía o pacto serán válidos respecto del cargador, a menos que el porteador o la persona que actúe en su nombre, al omitir la reserva a que se refiere el párrafo 2 de este artículo, tenga la intención de

perjudicar a un tercero, incluido un consignatario, que actúe basándose en la descripción de las mercancías que figura en el conocimiento de embarque. En ese caso, si la reserva omitida se refiere a datos proporcionados por el cargador para su inclusión en el conocimiento de embarque, el porteador no tendrá derecho a ser indemnizado por el cargador en virtud del párrafo 1 de este artículo.

4. En caso de fraude intencional, a que se refiere el párrafo 3 de este artículo, el porteador será responsable, sin poder acogerse a la limitación de responsabilidad establecida en el presente Convenio, de los perjuicios que haya sufrido un tercero, incluido un consignatario, por haber actuado basándose en la descripción de las mercancías que figuraba en el conocimiento de embarque.

Artículo 18. Documentos distintos del conocimiento de embarque. Cuando el porteador emita un documento distinto del conocimiento de embarque para que haga prueba del recibo de las mercancías que hayan de transportarse, ese documento establecerá la presunción, salvo prueba en contrario, de que se ha celebrado el contrato de transporte marítimo y de que el porteador se ha hecho cargo de las mercancías tal como aparecen descritas en ese documento.

PARTE V
RECLAMACIONES Y ACCIONES

Artículo 19. Aviso de pérdida, daño o retraso. 1. A menos que el consignatario dé por escrito al porteador aviso de pérdida o daño, especificando la naturaleza de la pérdida o el daño, a más tardar el primer día laborable siguiente al de la fecha en que las mercancías hayan sido puestas en su poder, el hecho de haberlas puesto en poder del consignatario establecerá la presunción, salvo prueba en contrario, de que el porteador ha entregado las mercancías tal como aparecen descritas en el documento de transporte o, si no se hubiere emitido ese documento, en buen estado.

2. Cuando la pérdida o el daño no sean aparentes, las disposiciones del párrafo 1 de este artículo se aplicarán igualmente si no se da aviso por

escrito dentro de un plazo de 15 días consecutivos contados desde la fecha en que las mercancías hayan sido puestas en poder del consignatario.

3. Si el estado de las mercancías ha sido objeto, en el momento en que se han puesto en poder del consignatario, de un examen o inspección conjuntos por las partes, no se requerirá aviso por escrito de la pérdida o el daño que se hayan comprobado con ocasión de tal examen o inspección.

4. En caso de pérdida o daño, ciertos o presuntos, el porteador y el consignatario se darán todas las facilidades razonables para la inspección de las mercancías y la comprobación del número de bultos.

5. No se pagará ninguna indemnización por los perjuicios resultantes del retraso en la entrega, a menos que se haya dado aviso por escrito al porteador dentro de un plazo de 60 días consecutivos contados desde la fecha en que las mercancías hayan sido puestas en poder del consignatario.

6. Si las mercancías han sido entregadas por un porteador efectivo, todo aviso que se dé al porteador efectivo en virtud de este artículo tendrá el mismo efecto que si se hubiera dado al porteador, y todo aviso que se dé al porteador tendrá el mismo efecto que si se hubiera dado al porteador efectivo.

7. Si el porteador o el porteador efectivo no dan por escrito al cargador aviso de pérdida o daño, especificando la naturaleza general de la pérdida o el daño, dentro de un plazo de 90 días consecutivos contados desde la fecha en que se produjo tal pérdida o daño o desde la fecha de entrega de las mercancías de conformidad con el párrafo 2 del artículo 4, si esta fecha es posterior, se presumirá, salvo prueba en contrario, que el porteador o el porteador efectivo no ha sufrido pérdida o daño causados por culpa o negligencia del cargador, sus empleados o agentes.

8. A los efectos de este artículo, se considerará que el aviso dado a una persona que actúe en nombre del porteador o del porteador efectivo, incluido el capitán o el oficial que esté al mando del buque, o a una persona que actúe en nombre del cargador ha sido dado al porteador, al porteador efectivo o al cargador, respectivamente.

Artículo 20. Prescripción de las acciones. 1. Toda acción relativa al transporte de mercancías en virtud del presente Convenio prescribirá si no se ha incoado un procedimiento judicial o arbitral dentro de un plazo de dos años.

2. El plazo de prescripción comenzará el día en que el porteador haya entregado las mercancías o parte de ellas o, en caso de que no se hayan entregado las mercancías, el último día en que debieran haberse entregado.

3. El día en que comienza el plazo de prescripción no estará comprendido en el plazo.

4.- La persona contra la cual se dirija una reclamación podrá, en cualquier momento durante el plazo de prescripción, prorrogar ese plazo mediante declaración por escrito hecha al reclamante. Ese período podrá ser prorrogado nuevamente mediante otra declaración u otras declaraciones.

5.- La acción de repetición que corresponda a la persona declarada responsable podrá ejercitarse incluso después de expirado el plazo de prescripción establecido en los párrafos anteriores, siempre que se ejercite dentro del plazo fijado por la ley del Estado en que se incoe el procedimiento. No obstante, ese plazo no podrá ser inferior a 90 días contados desde la fecha en que la persona que ejercite la acción de repetición haya satisfecho la reclamación o haya sido emplazada con respecto a la acción ejercitada contra ella.

Artículo 21. Jurisdicción. 1.- En todo procedimiento judicial relativo al transporte de mercancías con arreglo al presente Convenio, el demandante podrá, a su elección, ejercitar la acción ante un tribunal que sea competente de conformidad con la ley del Estado en que el tribunal esté situado y dentro de cuya jurisdicción se encuentre uno de los lugares siguientes:

a) el establecimiento principal o, a falta de éste, la residencia habitual del demandado; o

b) el lugar de celebración del contrato, siempre que el demandado tenga en él un establecimiento, sucursal o agencia por medio de los cuales se haya celebrado el contrato; o

c) el puerto de carga o el puerto de descarga; o d) cualquier otro lugar designado al efecto en el contrato de transporte marítimo.

2.- a) No obstante lo dispuesto en el párrafo anterior, la acción podrá ejercitarse ante los tribunales de cualquier puerto o lugar de un Estado Contratante en el que el buque que efectúe el transporte o cualquier otro buque del mismo propietario haya sido embargado de conformidad con las normas aplicables de la legislación de ese Estado y del derecho internacional. Sin embargo, en tal caso, el demandante deberá, si lo solicita el demandado, trasladar la acción, a su elección, ante el tribunal de una de las jurisdicciones a que se refiere el párrafo 1 de este artículo para que se pronuncie sobre la reclamación, pero, antes de ese traslado, el demandado deberá prestar fianza bastante para responder de las sumas que pudieran adjudicarse al demandante en virtud de la decisión que recaiga en el procedimiento.

b) El tribunal del puerto o lugar del embargo resolverá toda cuestión relativa a la prestación de la fianza.

3.- No podrá incoarse ningún procedimiento judicial en relación con el transporte de mercancías en virtud del presente Convenio en un lugar distinto de los especificados en los párrafos 1 o 2 de este artículo. Las disposiciones de este párrafo no constituirán obstáculo a la jurisdicción de los Estados Contratantes en relación con medidas provisionales o cautelares.

4.- a) Cuando se haya ejercitado una acción ante un tribunal competente en virtud de los párrafos 1 o 2 de este artículo, o cuando ese tribunal haya dictado fallo, no podrá iniciarse ninguna nueva acción entre las mismas partes y por las mismas causas, a menos que el fallo dictado por el tribunal ante el que se ejercitó la primera acción no sea ejecutable en el país en que se incoe el nuevo procedimiento;

b) a los efectos de este artículo, las medidas encaminadas a obtener la ejecución de un fallo no se considerarán como inicio de una nueva acción;

c) a los efectos de este artículo, el traslado de una acción a otro tribunal del mismo país o al tribunal de otro país, de conformidad con el apartado a) del párrafo 2 de este artículo, no se considerará como inicio de una nueva acción.

5.- No obstante lo dispuesto en los párrafos anteriores, surtirá efecto todo acuerdo celebrado por las partes después de presentada una reclamación basada en el contrato de transporte marítimo en el que se designe el lugar en el que el demandante podrá ejercitar una acción.

Artículo 22. Arbitraje. 1.- Con sujeción a lo dispuesto en este artículo, las partes podrán pactar por escrito que toda controversia relativa al transporte de mercancías en virtud del presente Convenio sea sometida a arbitraje.

2.- Cuando el contrato de fletamento comprenda una estipulación según la cual las controversias que surjan en relación con ese contrato serán sometidas a arbitraje y un conocimiento de embarque emitido en cumplimiento del contrato de fletamento no contenga cláusula expresa por la que se establezca que esa estipulación será obligatoria para el tenedor del conocimiento, el porteador no podrá invocar la estipulación contra el tenedor que haya adquirido el conocimiento de embarque de buena fe.

3.- El procedimiento arbitral se incoará, a elección del demandante, en uno de los lugares siguientes:

a) un lugar situado en un Estado en cuyo territorio se encuentre:

i) el establecimiento principal o, a falta de éste, la residencia habitual del demandado; o

ii) el lugar de celebración del contrato, siempre que el demandado tenga en él un establecimiento, sucursal o agencia por medio de los cuales se haya celebrado el contrato; o

iii) el puerto de carga o el puerto de descarga; o b) cualquier lugar designado al efecto en la cláusula compromisoria o el compromiso de arbitraje.

4.- El árbitro o el tribunal arbitral aplicará las normas del presente Convenio.

5.- Las disposiciones de los párrafos 3 y 4 de este artículo se considerarán incluidas en toda cláusula compromisoria o compromiso de arbitraje y cualquier estipulación de tal cláusula o compromiso que sea incompatible con ellas será nula y sin efecto.

6.- Ninguna de las disposiciones del presente artículo afectará a la validez del compromiso de arbitraje celebrado por las partes después de presentada la reclamación basada en el contrato de transporte marítimo.

PARTE VI
DISPOSICIONES COMPLEMENTARIAS

Artículo 23. Estipulaciones contractuales. 1.- Toda estipulación del contrato de transporte marítimo, del conocimiento de embarque o de cualquier otro documento que haga prueba del contrato de transporte marítimo será nula y sin efecto en la medida en que se aparte directa o indirectamente de las disposiciones del presente Convenio. La nulidad de esa estipulación no afectará a la validez de las demás disposiciones del contrato o documento que la incluya. Será nula y sin efecto la cláusula por la que se ceda el beneficio del seguro de las mercancías al porteador o cualquier cláusula análoga.

2.- No obstante lo dispuesto en el párrafo 1 de este artículo, el porteador podrá aumentar la responsabilidad y las obligaciones que le incumben en virtud del presente Convenio.

3.- Cuando se emita un conocimiento de embarque o cualquier otro documento que haga prueba del contrato de transporte marítimo, deberá incluirse en él una declaración en el sentido de que el transporte está sujeto a las disposiciones del presente Convenio que anulan toda estipulación que se aparte de ellas en perjuicio del cargador o del consignatario.

4.- Cuando el titular de las mercancías haya sufrido perjuicios como consecuencia de una estipulación que sea nula y sin efecto en virtud de este artículo, o como consecuencia de la omisión de la declaración mencionada en el párrafo 3 de este artículo, el porteador pagará una indemnización de la cuantía necesaria para resarcir al titular, de conformidad con las disposiciones del presente Convenio, de toda pérdida o todo daño de las mercancías o del retraso en la entrega. Además, el porteador pagará una indemnización por los gastos que haya efectuado el titular para hacer valer su derecho; sin embargo, los gastos efectuados para ejercitar la acción a que da derecho la disposición anterior se determinarán de conformidad con la ley del Estado en que se incoe el procedimiento.

Artículo 24. Avería gruesa. 1. Ninguna disposición del presente Convenio impedirá la aplicación de las disposiciones relativas a la liquidación de la avería gruesa contenidas en el contrato de transporte marítimo o en la legislación nacional.

2. Con excepción del artículo 20, las disposiciones del presente Convenio, relativas a la responsabilidad del porteador por pérdida o daño de las mercancías determinarán también si el consignatario puede negarse a contribuir a la avería gruesa y si el porteador está obligado a resarcir al consignatario de su contribución a la avería gruesa o al salvamento.

Artículo 25. Otros convenios. 1. El presente Convenio no modificará los derechos ni las obligaciones del porteador, del porteador efectivo y de sus empleados y agentes establecidos en los convenios internacionales o en las leyes nacionales que se refieran a la limitación de la responsabilidad de los propietarios de buques destinados a la navegación marítima.

2. Las disposiciones de los artículos 21 y 22 del presente Convenio no impedirán la aplicación de las disposiciones imperativas de cualquier otro convenio multilateral que esté en vigor en la fecha del presente Convenio, relativas a las cuestiones tratadas en dichos artículos, siempre que el litigio surja únicamente entre partes que tengan sus establecimientos principales en estados Partes en ese otro Convenio. No obstante, este párrafo no afectará a la aplicación del párrafo 4 del artículo 22 del presente Convenio.

3. No se incurrirá en responsabilidad en virtud de las disposiciones del presente Convenio por el daño ocasionado por un incidente nuclear si el explotador de una instalación nuclear es responsable de ese daño;

a) en virtud de la Convención de París de 29 de julio de 1960 sobre responsabilidad de terceros en materia de energía nuclear, enmendado por el Protocolo Adicional de 28 de enero de 1964, o de la Convención de Viena sobre responsabilidad civil por daños nucleares, de 21 de mayo de 1963, o

b) en virtud de las leyes nacionales que regulen la responsabilidad por daños de esta naturaleza, a condición de que esas leyes sean tan favorables en todos sus aspectos a las personas que puedan sufrir tales daños como la Convención de París o la Convención de Viena.

4. No se incurrirá en responsabilidad en virtud de las disposiciones del presente Convenio por la pérdida, el daño o el retraso en la entrega del equipaje de que sea responsable el porteador en virtud de un convenio internacional o de una ley nacional relativos al transporte marítimo de pasajeros y su equipaje.

5. Las disposiciones del presente Convenio no impedirán la aplicación, por los Estados Contratantes de cualquier otro convenio internacional que esté vigente en la fecha del presente Convenio y que se aplique con carácter obligatorio a los contratos de transporte de mercancías ejecutados principalmente por un modo de transporte distinto del marítimo.

Esta disposición se aplicará también a las revisiones o enmiendas ulteriores de ese convenio internacional.

Artículo 26. Unidad de cuenta. 1. La unidad de cuenta a que se refiere el artículo 6 del presente Convenio es el derecho especial de giro tal como ha sido definido por el Fondo Monetario Internacional. Las cantidades mencionadas en el artículo 6 se convertirán en la moneda nacional de un Estado según el valor de esa moneda en la fecha del fallo o en la fecha acordada por las partes. El valor, en derechos especiales de giro, de la moneda nacional de un Estado Contratante que sea miembro del Fondo Monetario Internacional se calculará según el método de evaluación aplicado en la fecha de que se trate por el Fondo Monetario Internacional en sus operaciones y transacciones. El valor, en derechos especiales de giro, de la moneda nacional, de un Estado Contratante que no sea miembro del Fondo Monetario Internacional se calculará de la manera que determine ese Estado.

2.- No obstante, los Estados que no sean miembros del Fondo Monetario Internacional y cuya legislación no permita aplicar las disposiciones del párrafo 1 de este artículo podrán, en el momento de la firma o en el momento de la ratificación, la aceptación, la aprobación o la adhesión, o en cualquier momento posterior, declarar que los límites de responsabilidad establecidos en el presente Convenio que serán aplicables en sus territorios se fijarán en: 12.500 unidades monetarias por bulto u otra unidad de carga transportada o 37,5 unidades monetarias por kilogramo de peso bruto de las mercancías.

3. La unidad monetaria a que se refiere el párrafo 2 de este artículo corresponde a sesenta y cinco miligramos y medio de oro de novecientas milésimas. La conversión en moneda nacional de las cantidades indicadas en el párrafo 2 se efectuará de conformidad con la legislación del Estado interesado.

4. El cálculo mencionado en la última frase del párrafo 1 y la conversión mencionada en el párrafo 3 de este artículo se efectuarán de manera que, en lo posible, expresen en la moneda nacional del Estado Contratante el mismo valor real que en el artículo 6 se expresa en unidades de cuenta. Los Estados Contratantes comunicarán al depositario su método de cálculo de conformidad con el párrafo 1 de este artículo o el resultado de la conversión mencionada en el párrafo 3 de este artículo, según el caso, en el momento de la firma o al depositar sus instrucciones de ratificación, aceptación, aprobación o adhesión, o al ejercer la opción establecida en el párrafo 2 de este artículo y cada vez que se produzca un cambio en el método de ese cálculo o en el resultado de esa conversión.

PARTE VII
CLÁUSULAS FINALES

Artículo 27. Depositario. El Secretario General de las Naciones Unidas queda designado depositario del presente Convenio.

Artículo 28. Firma, ratificación, aceptación, aprobación y adhesión. 1. El presente Convenio estará abierto a la firma de todos los Estados hasta el 30 de abril de 1979 en la Sede de las Naciones Unidas en Nueva York.

2. El presente Convenio estará sujeto a ratificación, aceptación y aprobación por los Estados signatarios.

3. Después del 30 de abril de 1979, el presente Convenio estará abierto a la adhesión de todos los Estados que no sean Estados signatarios.

4. Los instrumentos de ratificación, aceptación, aprobación y adhesión se depositarán en poder del Secretario General de las Naciones Unidas.

Artículo 29. Reservas. No se podrán hacer reservas al presente Convenio.

Artículo 30. Entrada en vigor. 1. El presente convenio entrará en vigor el primer día del mes siguiente a la expiración del plazo de un año contado desde la fecha en que haya sido depositado el vigésimo instrumento de ratificación, aceptación, aprobación o adhesión.

2. Para cada Estado que llegue a ser Estado Contratante en el presente Convenio después de la fecha en que se haya depositado el vigésimo instrumento de ratificación, aceptación, aprobación o adhesión, el Convenio entrará en vigor el primer día del mes siguiente a la expiración del plazo de un año contado desde la fecha en que haya sido depositado el instrumento pertinente en nombre de ese Estado.

3. Cada Estado Contratante aplicará las disposiciones del presente Convenio a los contratos de transporte marítimo que se celebren en la fecha de entrada en vigor del Convenio respecto de ese Estado o después de esa fecha.

Artículo 31. Denuncia de otros convenios. 1. Al pasar a ser Estado Contratante en el presente Convenio, todo Estado Parte en el Convenio internacional para la unificación de ciertas reglas en materia de conocimientos de embarque, firmado en Bruselas el 25 de agosto de 1924 (Convenio de 1924), notificará al Gobierno de Bélgica, en calidad de depositario del Convenio de 1924, su denuncia de dicho Convenio declarando que ésta surtirá efecto a partir de la fecha en que el presente Convenio entre en vigor respecto de ese Estado.

2. Cuando el presente Convenio haya entrado en vigor de conformidad con el párrafo 1 del artículo 30, el depositario del presente Convenio notificará al Gobierno de Bélgica, en calidad de depositario del Convenio de 1924, la fecha de esa entrada en vigor y los nombres de los Estados Contratantes respecto de los cuales el Convenio haya entrado en vigor.

3. Las disposiciones de los párrafos 1 y 2 de este artículo se aplicarán, según corresponda, a los Estados Partes en el Protocolo firmado el 23 de febrero de 1968 por el que se modifica el Convenio internacional para la unificación de ciertas reglas en materia de conocimientos de embarque, firmado en Bruselas el 25 de agosto de 1924.

4. No obstante lo dispuesto en el artículo 2 del presente Convenio, a los efectos del párrafo 1 de este artículo todo Estado Contratante podrá, si lo considera conveniente, retrasar la denuncia del Convenio de 1924 y del Convenio de 1924 modificado por el Protocolo de 1968 durante un plazo máximo de cinco años contados desde la fecha de entrada en vigor del presente Convenio. En tal caso, notificará su intención al Gobierno de Bélgica. Durante ese período de transición, aplicará el presente Convenio, con exclusión de cualquier otro, respecto de los Estados Contratantes.

Artículo 32. Revisión y enmienda. 1. El depositario convocará una conferencia de los Estados Contratantes en el presente Convenio para revisarlo o enmendarlo si lo solicita un tercio, por lo menos, de los Estados Contratantes.

2. Se entenderá que todo instrumento de ratificación, aceptación, aprobación o adhesión depositado después de la entrada en vigor de una enmienda al presente Convenio se aplica al Convenio enmendado.

Artículo 33. Revisión de las cuantías de limitación y de la unidad de cuenta o de la unidad monetaria. 1. No obstante lo dispuesto en el artículo 32, el depositario convocará una conferencia, de conformidad con el párrafo 2 de este artículo, con el único fin de modificar las cuantías especificadas en el artículo 6 y en el párrafo 2 del artículo 26 o de sustituir una de las unidades definidas en los párrafos 1 y 3 del artículo 26, o ambas, por otras unidades. Sólo si se produce un cambio importante en su valor real se modificarán esas cuantías.

2. El depositario convocará una conferencia de revisión cuando lo solicite una cuarta parte, por lo menos, de los Estados Contratantes.

3. Toda decisión de la Conferencia será adoptada por mayoría de dos tercios de los Estados participantes. El depositario comunicará la enmien-

da a todos los Estados Contratantes para su aceptación y a todos los Estados signatarios del Convenio para su información.

4. Toda enmienda adoptada entrará en vigor el primer día del mes siguiente a la expiración del plazo de un año contado desde su aceptación por dos tercios de los Estados Contratantes. La aceptación se efectuará mediante el depósito de un instrumento formal a tal efecto en poder del depositario.

5. Después de la entrada en vigor de una enmienda, todo Estado Contratante que la haya aceptado tendrá derecho a aplicar el Convenio enmendado en sus relaciones con los Estados Contratantes que no hayan notificado al depositario, en el plazo de seis meses contados desde la adopción de la enmienda, que no se consideran obligados por esa enmienda.

6. Se entenderá que todo instrumento de ratificación, aceptación, aprobación o adhesión depositado después de la entrada en vigor de una enmienda al presente Convenio se aplica al Convenio enmendado.

Artículo 34. Denuncia. 1. Todo Estado Contratante podrá denunciar el presente Convenio en cualquier momento mediante notificación hecha por escrito al depositario.

2. La denuncia surtirá efecto el primer día del mes siguiente a la expiración del plazo de un año contado desde la fecha en que la notificación haya sido recibida por el depositario. Cuando en la notificación se establezca un plazo más largo, la denuncia surtirá efecto a la expiración de ese plazo, contado desde la fecha en que la notificación haya sido recibida por el depositario.

HECHO en Hamburgo, el día treinta y uno de marzo de mil novecientos setenta y ocho, en un solo original, cuyos textos en árabe, chino, español, francés, inglés y ruso son igualmente auténticos.

EN TESTIMONIO DE LO CUAL, los plenipotenciarios infrascritos, debidamente autorizados por sus respectivos Gobiernos, han firmado el presente Convenio.

CONVENCIÓN INTERAMERICANA SOBRE CONFLICTOS DE LEYES EN MATERIA DE LETRAS DE CAMBIO, PAGARÉS Y FACTURAS[30]

Los Gobiernos de los Estados Miembros de la Organización de los Estados Americanos, deseosos de concertar una convención sobre conflictos de leyes en materia de letras de cambio, pagarés y facturas, han acordado lo siguiente:

Artículo 1. La capacidad para obligarse mediante una letra de cambio se rige por la ley del lugar donde la obligación ha sido contraída.

Sin embargo, si la obligación hubiere sido contraída por quien fuere incapaz según dicha ley, tal incapacidad no prevalecerá en el territorio de cualquier otro Estado Parte en esta Convención cuya ley considerare válida la obligación.

Artículo 2. La forma del giro, endoso, aval, intervención, aceptación o protesto de una letra de cambio, se somete a la ley del lugar en que cada uno de dichos actos se realice.

Artículo 3. Todas las obligaciones resultantes de una letra de cambio se rigen por la ley del lugar donde hubieren sido contraídas.

Artículo 4. Si una o más obligaciones contraídas en una letra de cambio fueren inválidas según la ley aplicable conforme a los artículos anteriores, dicha invalidez no afectará aquellas otras obligaciones válidamente contraídas de acuerdo con la ley del lugar donde hayan sido suscritas.

---

30 Véase el Decreto N° 363, del Ministerio de Relaciones Exteriores de Chile, publicado en el Diario Oficial el 13 de julio de 1976.

Artículo 5. Para los efectos de esta Convención, cuando una letra de cambio no indicare el lugar en que se hubiere contraído una obligación cambiaria, ésta se regirá por la ley del lugar donde la letra deba ser pagada, y si éste no constare, por la del lugar de su emisión.

Artículo 6. Los procedimientos y plazos para la aceptación, el pago y el protesto, se someten a la ley del lugar en que dichos actos se realicen o deban realizarse.

Artículo 7. La ley del Estado donde la letra de cambio deba ser pagada determina las medidas que han de tomarse en caso de robo, hurto, falsedad, extravío, destrucción o inutilización material del documento.

Artículo 8. Los tribunales del Estado Parte donde la obligación deba cumplirse o los del Estado Parte donde el demandado se encuentre domiciliado, a opción del actor, serán competentes para conocer de las controversias que se susciten con motivo de la negociación de una letra de cambio.

Artículo 9. Las disposiciones de los artículos anteriores son aplicables a los pagarés.

Artículo 10. Las disposiciones de los artículos anteriores se aplicarán también a las facturas entre Estados Partes en cuyas legislaciones tengan el carácter de documento negociables.

Cada Estado Parte informará a la Secretaría General de la Organización de los Estados Americanos si, de acuerdo con su legislación, la factura constituye documento negociable.

Artículo 11. La ley declarada aplicable por esta Convención podrá no ser aplicada en el territorio del Estado Parte que la considere manifiestamente contraria a su orden público.

Artículo 12. La presente Convención estará abierta a la firma de los Estados Miembros de la Organización de los Estados Americanos.

Artículo 13. La presente Convención está sujeta a ratificación. Los instrumentos de ratificación se depositarán en la Secretaría General de la Organización de los Estados Americanos.

Artículo 14. La presente Convención quedará abierta a la adhesión de cualquier otro Estado. Los instrumentos de adhesión se depositarán en la Secretaría General de la Organización de los Estados Americanos.

Artículo 15. La presente Convención entrará en vigor el trigésimo día a partir de la fecha en que haya sido depositado el segundo instrumento de ratificación.

Para cada Estado que ratifique la Convención o se adhiera a ella después de haber sido depositado el segundo instrumento de ratificación, la Convención entrará en vigor el trigésimo día a partir de la fecha en que tal Estado haya depositado su instrumento de ratificación o adhesión.

Artículo 16. Los Estados Partes que tengan dos o más unidades territoriales en las que rijan distintos sistemas jurídicos relacionados con cuestiones tratadas en la presente Convención, podrán declarar, en el momento de la firma, ratificación o adhesión, que la Convención se aplicará a todas sus unidades territoriales o solamente a una o más de ellas.

Tales declaraciones podrán ser modificadas mediante declaraciones ulteriores, que especificarán expresamente la o las unidades territoriales a las que se aplicará la presente Convención. Dichas declaraciones ulteriores se transmitirán a la Secretaría General de la Organización de los Estados Americanos y surtirán efecto treinta días después de recibidas.

Artículo 17. La presente Convención regirá indefinidamente, pero cualquiera de los Estados Partes podrá denunciarla. El instrumento de denuncia será depositado en la Secretaría General de la Organización de los Estados Americanos. Transcurrido un año, contado a partir de la fecha de depósito del instrumento de denuncia, la Convención cesará en sus efectos para el Estado denunciante, quedando subsistente para los demás Estados Partes.

Artículo 18. El instrumento original de la presente Convención, cuyos textos en español, francés, inglés y portugués son igualmente auténticos será depositado en la Secretaría General de la Organización de los Estados Americanos. Dicha Secretaría notificará a los Estados Miembros de la Organización de los Estados Americanos y a los Estados que se hayan adherido a la Convención, las firmas, los depósitos de instrumentos de ratificación, adhesión y denuncia, así como las reservas que hubiere. También les transmitirá la información a que se refiere el párrafo segundo del artículo 10 y las declaraciones previstas en el artículo 16 de la presente Convención.

EN FE DE LO CUAL, los plenipotenciarios infrascritos, debidamente autorizados por sus respectivos Gobiernos, firman la presente Convención.

HECHA EN LA CIUDAD DE PANAMÁ, República de Panamá, el día treinta de enero de mil novecientos setenta y cinco.

CONVENCIÓN INTERAMERICANA SOBRE CONFLICTOS DE LEYES EN MATERIA DE CHEQUES, SUSCRITA EN PANAMÁ, EN 1975[31]

Los Gobiernos de los Estados miembros de la Organización de los Estados Americanos,

CONSIDERANDO que se ha adoptado en esta misma fecha la Convención Interamericana Sobre Conflictos de Leyes en Materia de Letras de Cambio, Pagarés y Facturas, han acordado lo siguiente:

Artículo 1. Las disposiciones de la Convención Interamericana sobre Conflictos de Leyes en Materia de Letras de Cambio, Pagarés y Facturas son aplicables a los cheques, en cuanto fuere del caso con las siguientes modificaciones:

La ley del Estado Parte en que el cheque debe pagarse determina:

a. El término de presentación;

b. Si puede ser aceptado, cruzado, certificado o confirmado, y los efectos de esas operaciones;

c. Los derechos del tenedor sobre la provisión de fondos y su naturaleza;

d. Los derechos del girador para revocar el cheque u oponerse al pago;

e. La necesidad del protesto u otro acto equivalente para conservar los derechos contra los endosantes, el girador u otros obligados, y

f. Las demás situaciones referentes a las modalidades del cheque.

Artículo 2. La presente Convención estará abierta a la firma de los Estados Miembros de la Organización de los Estados Americanos.

---

31 Véase el Decreto N° 362, del Ministerio de Relaciones Exteriores de Chile, publicado en el Diario Oficial el 08 de julio de 1976.

Artículo 3. La presente Convención está sujeta a ratificación. Los instrumentos de ratificación se depositarán en la Secretaría General de la Organización de los Estados Americanos.

Artículo 4. La presente Convención quedará abierta a la adhesión de cualquier otro Estado. Los instrumentos de adhesión se depositarán en la Secretaría General de la Organización de los Estados Americanos.

Artículo 5. La presente Convención entrará en vigor el trigésimo día a partir de la fecha en que haya sido depositado el segundo instrumento de ratificación.

Para cada Estado que ratifique la Convención o se adhiera a ella después de haber sido depositado el segundo instrumento de ratificación, la Convención entrará en vigor el trigésimo día a partir de la fecha en que tal Estado haya depositado su instrumento de ratificación o adhesión.

Artículo 6. Los Estados Partes que tengan dos o más unidades territoriales en las que rijan distintos sistemas jurídicos relacionados con cuestiones tratadas en la presente Convención, podrán declarar, en el momento de la firma, ratificación o adhesión, que la Convención se aplicará a todas sus unidades territoriales o solamente a una o más de ellas.

Tales declaraciones podrán ser modificadas mediante declaraciones ulteriores, que especificarán expresamente la o las unidades territoriales a las que se aplicará la presente Convención. Dichas declaraciones ulteriores se transmitirán a la Secretaría General de la Organización de los Estados Americanos y surtirán efecto treinta días después de recibidas.

Artículo 7. La presente Convención regirá indefinidamente, pero cualquiera de los Estados Partes podrá denunciarla. El instrumento de denuncia será depositado en la Secretaría General de la Organización de los Estados Americanos. Transcurrido un año contado a partir de la fecha de depósito del instrumento de denuncia, la Convención cesará en sus efectos para el Estado denunciante, quedando subsistente para los demás Estados Partes.

Artículo 8. El instrumento original de la presente Convención, cuyos textos en español, francés, inglés y portugués son igualmente auténticos, será depositado en la Secretaría General de la Organización de los Estados Americanos. Dicha Secretaría notificará a los Estados Miembros de la Organización de los Estados Americanos y a los Estados que se hayan adherido a la Convención, las firmas, los depósitos de instrumentos de ratificación, adhesión y denuncia, así como las reservas que hubiere. También les transmitirá las declaraciones previstas en el artículo 6 de la presente Convención.

EN FE DE LO CUAL, los plenipotenciarios infrascritos, debidamente autorizados por sus respectivos Gobiernos, firman la presente Convención.

HECHA EN LA CIUDAD DE PANAMÁ, República de Panamá, el día treinta de enero de mil novecientos setenta y cinco.

CONVENCIÓN INTERAMERICANA SOBRE CONFLICTOS DE LEYES EN MATERIA DE CHEQUES, SUSCRITA EN MONTEVIDEO, EN 1979[32]

Los gobiernos de los Estados Miembros de la Organización de los Estados Americanos,

CONSIDERANDO que es necesario adoptar en el sistema interamericano normas que permitan la solución de los conflictos de leyes en materia de cheques, han acordado lo siguiente:

Artículo 1. La capacidad para obligarse por medio de un cheque se rige por la ley del lugar donde la obligación ha sido contraída.

Sin embargo, si la obligación hubiere sido contraída por quien fuere incapaz según dicha ley, tal incapacidad no prevalecerá en el territorio de cualquier otro Estado Parte en esta Convención cuya ley considere válida la obligación.

Artículo 2. La forma del giro, endoso, aval, protesta y demás actos jurídicos que puedan materializarse en el cheque, se somete a la ley del lugar en que cada uno de dichos actos se realizare.

Artículo 3. Todas las obligaciones resultantes de un cheque se rigen por la ley del lugar donde hubieren sido contraídas.

Artículo 4. Si una o más obligaciones contraídas en un cheque fueren inválidas según la ley aplicable conforme a los artículos anteriores, dicha invalidez no afectará aquellas otras obligaciones válidamente contraídas de acuerdo con la ley del lugar donde hayan sido suscritas.

Artículo 5. Para los efectos de esta Convención, cuando un cheque no indicare el lugar en que se hubiere contraído la obligación respectiva o

---

32 Véase el Decreto N° 1400, del Ministerio de Relaciones Exteriores de Chile, publicado en el Diario Oficial el 04 de marzo de 1997.

realizado el acto jurídico materializado en el documento, se entenderá que dicha obligación o acto tuvo su origen en el lugar donde el cheque deba ser pagado, y si éste no constare, en el lugar de su emisión.

Artículo 6. Los procedimientos y plazos para el protesto de un cheque u otro acto equivalente para conservar los derechos contra los endosantes, el girador u otros obligados, se someten a la ley del lugar en que el protesto o ese otro acto equivalente se realicen o deban realizarse.

Artículo 7. La ley del lugar en que el cheque debe pagarse determina:

a. Su naturaleza;

b. Las modalidades y sus efectos;

c. El término de presentación;

d. Las personas contra las cuales pueda ser librado;

e. Si puede girarse para «abono en cuenta», cruzado, ser certificado o confirmado, y los efectos de estas operaciones;

f. Los derechos del tenedor sobre la provisión de fondos y naturaleza de dichos derechos;

g. Si el tenedor puede exigir o si está obligado a recibir un pago parcial;

h. Los derechos del girador para revocar el cheque u oponerse al pago;

i. La necesidad del protesto u otro acto equivalente para conservar los derechos contra los endosantes, el girador u otros obligados;

j. Las medidas que han de tomarse en caso de robo, hurto, falsedad, extravío, destrucción o inutilización material del documento, y

k. En general, todas las situaciones referentes al pago del cheque.

Artículo 8. Los cheques que sean presentados a una cámara de compensación intrarregional se regirán, en lo que fuere aplicable, por la presente Convención.

Artículo 9. La ley declarada aplicable por esta Convención podrá no ser aplicada en el territorio del Estado Parte que la considerare manifiestamente contraria a su orden público.

Artículo 10. La presente Convención estará abierta a la firma de los Estados Miembros de la Organización de los Estados Americanos.

Artículo 11. La presente Convención está sujeta a ratificación. Los instrumentos de ratificación se depositarán en la Secretaría General de la Organización de los Estados Americanos.

Artículo 12. La presente Convención quedará abierta a la adhesión de cualquier otro Estado. Los instrumentos de adhesión se depositarán en la Secretaría General de la Organización de los Estados Americanos.

Artículo 13. Cada Estado podrá formular reservas a la presente Convención al momento de firmarla, ratificarla o al adherirse a ella, siempre que la reserva verse sobre una o más disposiciones específicas y que no sea incompatible con el objeto y fin de la Convención.

Artículo 14. La presente Convención entrará en vigor el trigésimo día a partir de la fecha en que haya sido depositado el segundo instrumento de ratificación. Para cada Estado que ratifique la Convención o se adhiera a ella después de haber sido depositado el segundo instrumento de ratificación, la Convención entrar en vigor el trigésimo día a partir de la fecha en que tal Estado haya depositado su instrumento de ratificación o adhesión.

A medida que los Estados Partes en la Convención Interamericana sobre Conflictos de Leyes en Materia de Cheques suscrita el 30 de enero de 1975 en la ciudad de Panamá, República de Panamá, ratifiquen la presente Convención o se adhieran a ella, cesarán para dichos Estados Partes los efectos de la mencionada Convención de Panamá.

Artículo 15. Los Estados Partes que tengan dos o más unidades territoriales en las que rijan distintos sistemas jurídicos relacionados con cuestiones tratadas en la presente Convención, podrán declarar en el momento de la firma, ratificación o adhesión, que la Convención se aplicará a todas sus unidades territoriales o solamente a una o más de ellas. Tales declaraciones podrán ser modificadas mediante declaraciones ulteriores, que especificarán expresamente la o las unidades territoriales a que se aplicará la presente Convención. Dichas declaraciones ulteriores se transmitirán a la Secretaría General de la Organización de los Estados Americanos y surtirán efecto treinta días después de recibidas.

Artículo 16. La presente Convención regirá indefinidamente, pero cualquiera de los Estados Partes podrá denunciarla. El instrumento de denuncia será depositado en la Secretaría General de la Organización de los Estados Americanos. Transcurrido un año, contado a partir de la fecha de depósito del instrumento de denuncia, la Convención cesará en sus efectos para el Estado denunciante, quedando subsistente para los demás Estados Partes.

Artículo 17. El instrumento original de la presente Convención, cuyos textos en español, francés, inglés y portugués son igualmente auténticos, será depositado en la Secretaría General de la Organización de los Estados Americanos, la que enviará copia auténtica de su texto para su registro y publicación a la Secretaría de las Naciones Unidas, de conformidad con el artículo 102 de su Carta constitutiva. La Secretaría General de la Organización de los Estados Americanos notificará a los Estados Miembros de dicha Organización y a los Estados que se hayan adherido a la Convención, las firmas, los depósitos de instrumentos de ratificación, adhesión y denuncia, así como las reservas que hubiere. También les transmitirá las declaraciones previstas en el artículo 15 de la presente Convención.

EN FE DE LO CUAL, los plenipotenciarios infrascritos, debidamente autorizados por sus respectivos gobiernos, firman la presente Convención.

HECHA EN LA CIUDAD DE MONTEVIDEO, República Oriental del Uruguay, el día ocho de mayo de mil novecientos setenta y nueve.

Derecho extranjero

CONVENCIÓN INTERAMERICANA SOBRE PRUEBA E INFORMACIÓN ACERCA DEL DERECHO EXTRANJERO, ADOPTADA EN LA SEGUNDA CONFERENCIA ESPECIALIZADA INTERAMERICANA SOBRE DERECHO INTERNACIONAL PRIVADO, CELEBRADA EN MONTEVIDEO, EL 8 DE MAYO DE 1979, (DECRETO N° 271), PUBLICADO EN EL DIARIO OFICIAL EL 6 DE JUNIO DE 1997[33]

Los Gobiernos de los Estados Miembros de la Organización de los Estados Americanos, deseosos de concertar una convención sobre prueba e información acerca del derecho extranjero, han acordado lo siguiente:

Artículo 1. La presente Convención tiene por objeto establecer normas sobre la cooperación internacional entre los Estados Partes para la obtención de elementos de prueba e información acerca del derecho de cada uno de ellos.

Artículo 2. Con arreglo a las disposiciones de esta Convención, las autoridades de cada uno de los Estados Partes proporcionaran a las autoridades de los demás que lo solicitaren, los elementos probatorios o informes sobre el texto, vigencia, sentido y alcance legal de su derecho.

Artículo 3. La cooperación internacional en la materia de qué trata esta Convención se prestara por cualquiera de los medios de prueba idó-

[33] Ratificado por Argentina, Brasil, Chile, Colombia, Ecuador, El Salvador, España, Guatemala, México, Paraguay, Perú, Uruguay, Venezuela.

neos previstos, tanto por la ley del Estado requerido como por la del Estado requerido.

Serán considerados medios idóneos a los efectos de esta Convención, entre otros, los siguientes:

a. La prueba documental, consistente en copias certificadas de textos legales con indicación de su vigencia, o precedentes judiciales;

b. La prueba pericial, consistente en dictámenes de abogados o expertos en la materia;

c. Los informes del Estado requerido sobre el texto, vigencia, sentido y alcance legal de su derecho sobre determinados aspectos.

Artículo 4. Las autoridades jurisdiccionales de los Estados Partes en esta Convención podrán solicitar los informes a que se refiere el inciso c) del artículo 3.

Los Estados Partes podrán extender la aplicación de esta Convención a la petición de informes de otras autoridades.

Sin perjuicio de lo anterior, serán atendibles las solicitudes de otras autoridades que se refieran a los elementos probatorios indicados en los incisos a) y b) del artículo 3.

Artículo 5. Las solicitudes a que se refiere esta Convención deberán contener lo siguiente:

a. Autoridad de la que provienen y naturaleza del asunto;

b. Indicación precisa de los elementos probatorios que se solicitan;

c. Determinación de cada uno de los puntos a que se refiera la consulta con indicación del sentido y alcance de la misma, acompañada de una exposición de los hechos pertinentes para su debida comprensión.

La autoridad requerida deberá responder a cada uno de los puntos consultados conforme a lo solicitado y en la forma más completa posible.

Las solicitudes serán redactadas en el idioma oficial del Estado requerido o serán acompañadas de una traducción a dicho idioma. La respuesta será redactada en el idioma del Estado requerido.

Artículo 6. Cada Estado Parte quedará obligado a responder las consultas de los demás Estados Partes conforme a esta Convención a través de su autoridad central, la cual podrá transmitir dichas consultas a otros órganos del mismo Estado.

El Estado que rinda los informes a que alude el artículo 3 (c) no será responsable por la opinión emitida ni estará obligado a aplicar o hacer aplicar el derecho según el contenido de la respuesta proporcionada.

El Estado que recibe los informes a que alude el artículo 3 (c) no estará obligado a aplicar o hacer aplicar el derecho según el contenido de la respuesta recibida.

Artículo 7. Las solicitudes a que se refiere esta Convención podrán ser dirigidas directamente por las autoridades jurisdiccionales o a través de la autoridad central del Estado requirente, a la correspondiente autoridad central del Estado requerido, sin necesidad de legalización.

La autoridad central de cada Estado Parte recibirá las consultas formuladas por las autoridades de su Estado y las transmitirá a la autoridad central del Estado requerido.

Artículo 8. Esta Convención no restringirá las disposiciones de convenciones que en esta materia hubieren sido suscritas o que se suscribieren en el futuro en forma bilateral o multilateral por los Estados Partes, o las prácticas más favorables que dichos Estados pudieran observar.

Artículo 9. A los efectos de esta Convención cada Estado Parte designará una autoridad central.

La designación deberá ser comunicada a la Secretarla General de la Organización de los Estados Americanos en el momento del depósito del instrumento de ratificación o adhesión para que sea comunicada a los demás Estados Partes.

Los Estados Partes podrán cambiar en cualquier momento la designación de su autoridad central.

Artículo 10. Los Estados Partes no estarán obligados a responder las consultas de otro Estado Parte cuando los intereses de dichos Estados estuvieren afectados por la cuestión que diere origen a la petición de información o cuando la respuesta pudiere afectar su seguridad o soberanía.

Artículo 11. La presente Convención estará abierta a la firma de los Estados Miembros de la Organización de los Estados Americanos.

Artículo 12. La presente convención está sujeta a ratificación. Los instrumentos de ratificación se depositarán en la Secretaría General de la Organización de los Estados Americanos.

Artículo 13. La presente Convención quedara abierta a la adhesión de cualquier otro Estado. Los instrumentos de adhesión se depositaran en la Secretaría General de la Organización de los Estados Americanos.

Artículo 14. Cada Estado podrá formular reservas a la presente Convención al momento de firmarla, ratificarla o al adherirse a ella, siempre que la reserva verse sobre una o más disposiciones específicas y que no sea incompatible con el objeto y fin de la Convención.

Artículo 15. La presente Convención entrará en vigor el trigésimo día a partir de la fecha en que haya sido depositado el segundo instrumento de ratificación.

Para cada Estado que ratifique la Convención o se adhiera a ella después de haber sido depositado el segundo instrumento de ratificación, la Convención entrara en vigor el trigésimo día a partir de la fecha en que tal Estado haya depositado su instrumento de ratificación o adhesión.

Artículo 16. Los Estados Partes que tengan dos o más unidades territoriales en las que rijan distintos sistemas jurídicos relacionados con cuestiones tratadas en la presente Convención, podrán declarar, en el momento de la firma, ratificación o adhesión, que la Convención se aplicará a todas sus unidades territoriales o solamente a una o más de ellas.

Tales declaraciones podrán ser modificadas mediante declaraciones ulteriores, que especificarán expresamente la o las unidades territoriales a las que se aplicará la presente Convención. Dichas declaraciones ulteriores se transmitirán a la Secretaría General de la Organización de los Estados Americanos y surtirán efecto treinta días después de recibidas.

Artículo 17. La presente Convención regirá indefinidamente, pero cualquiera de los Estados Partes podrá denunciarla. El instrumento de denuncia será depositado en la Secretaría General de la Organización de los Estados Americanos. Transcurrido un año, contado a partir de la fecha de depósito del instrumento de denuncia, la Convención cesara en sus efectos para el Estado denunciante, quedando subsistente para los demás Estados Partes.

Artículo 18. El instrumento original de la presente Convención, cuyos textos en español, francés, inglés y portugués son igualmente auténticos, será depositado en la Secretaría General de la Organización de los Estados Americanos, la que enviara copia auténtica de su texto para su registro y publicación a la Secretaría de las Naciones Unidas, de conformidad con el artículo 102 de su Carta constitutiva. La Secretaría General de la Organización de los Estados Americanos notificara a los Estados Miembros de dicha Organización y a los Estados que se hayan adherido a la Convención, las firmas, los depósitos de instrumentos de ratificación, adhesión y denuncia, así como las reservas que hubiere. También les transmitirá la información a que se refiere el artículo 9 y las declaraciones previstas en el artículo 16 de la presente Convención.

EN FE DE LO CUAL, los plenipotenciarios infrascritos, debidamente autorizados por sus respectivos gobiernos, firman la presente Convención.

HECHA EN LA CIUDAD DE MONTEVIDEO, República Oriental del Uruguay, el día ocho de mayo de mil novecientos setenta y nueve.

CONVENIO SOBRE APLICACIÓN E INFORMACIÓN DEL DERECHO EXTRANJERO, SUSCRITO ENTRE LOS GOBIERNOS DE LA REPÚBLICA DE CHILE Y LA REPÚBLICA ORIENTAL DEL URUGUAY, EN MONTEVIDEO, EL 28 DE JUNIO DE 1984, (DECRETO N° 752), PUBLICADO EN EL DIARIO OFICIAL EL 21 DE OCTUBRE DE 1985

Artículo 1°. Los jueces y autoridades de las Partes, cuando así lo determinen sus normas de conflicto, estarán obligados a aplicar el derecho extranjero tal como lo harían los jueces u órganos administrativos del Estado a cuyo ordenamiento éste pertenece.

Artículo 2°. Todos los recursos otorgados por la ley procesal del lugar del juicio serán igualmente procedentes para los casos en que corresponda la aplicación del derecho de la otra parte.

Artículo 3°. A los efectos del conocimiento del derecho de una Parte aplicable en la otra, sin perjuicio de otros medios de información admitidos por la ley del foro, cada Parte, por intermedio de su Ministerio de Justicia remitirá directamente, a pedido del otro, la información que sea necesaria para lograr la correcta aplicación de las leyes vigentes de su país, por los órganos competentes del requirente.

Artículo 4°. El pedido de informe deberá indicar con precisión los elementos que se soliciten, así como la naturaleza del asunto sometido a decisión, debiendo ser acompañado de una exposición de los hechos pertinentes que permita su comprensión, cuando fuere necesario o conveniente para su correcta calificación.

Artículo 5°. El Ministerio de Justicia requerido responderá a la brevedad sobre los siguientes aspectos que se le soliciten relativos al asunto sometido a consulta, siempre que con ello no se afecte la seguridad o el interés del Estado que integra:

a) legislación vigente aplicable;

b) reseña de los fallos de los Tribunales de Justicia o de órganos administrativos con funciones jurisdiccionales;

c) usos y costumbres del lugar, cuando constituyan fuente o elemento de derecho,

d) reseña de la doctrina nacional.

El informe podrá contener, además, la opinión fundada de oficinas técnicas o de asesores «ad hoc», acerca de la interpretación del derecho aplicable al asunto en cuestión.

Artículo 6°. Los informes proporcionados en la forma prevista en los artículos anteriores, no obligan a los órganos jurisdiccionales o administrativos de los respectivos países.

Las partes en el proceso podrán siempre alegar sobre la existencia, contenido, alcance o interpretación de la ley extranjera aplicable.

Artículo 7°. Los requerimientos e informe indicados en este Convenio se efectuarán sin cargo alguno. Se enviarán en la forma que establezca el Ministerio remitente, sin necesitar legalización. En caso de urgencia, los pedidos de informes podrán formularse y ser respondidos por los servicios telegráficos, de télex u otros medios igualmente idóneos.

Artículo 8°. El presente Convenio regirá indefinidamente y entrará en vigor por el Canje de los Instrumentos de Ratificación, que se efectuará en la ciudad de Santiago.

Cualesquiera de las Partes podrán denunciarlo y cesarán sus efectos transcurridos seis meses contados a partir de la recepción de la denuncia.

Hecho en la ciudad de Montevideo a los veintiocho días del mes de junio del año mil novecientos ochenta y cuatro, en dos ejemplares originales del mismo tenor, igualmente auténticos.

Cooperación jurídica internacional en materia civil y mercantil

CONVENCIÓN INTERAMERICANA SOBRE EXHORTOS O CARTAS ROGATORIAS, APROBADA EN PANAMÁ, EL 30 DE ENERO DE 1975, (DECRETO N° 644), PUBLICADO EN EL DIARIO OFICIAL EL 18 DE OCTUBRE DE 1976[34] [35]

Los Gobiernos de los Estados Miembros de la Organización de los Estados Americanos, deseosos de concertar una Convención sobre exhortos o cartas rogatorias, han acordado lo siguiente:

I. USO DE EXPRESIONES

Artículo 1. Para los efectos de esta Convención las expresiones «exhortos» o «cartas rogatorias» se utilizan como sinónimos en el texto español. Las expresiones «commissions rogatoires», «letters rogatory» y «cartas rogatórias», empleadas en los textos francés, inglés y portugués, respectivamente, comprenden tanto los exhortos como las cartas rogatorias.

---

[34] Ratificado por Argentina, Bolivia, Brasil, Chile, Colombia, Costa Rica, Ecuador, El Salvador, España, Estados Unidos, Guatemala, Honduras, México, Panamá, Paraguay, Perú, Uruguay, Venezuela.

[35] Este Convenio cuenta con Protocolo Adicional a la Convención Interamericana sobre Exhortos o Cartas Rogatorias, de 1975, adoptado en 8 de mayo de 1979, en la 2ª Conferencia Especializada Interamericana sobre Derecho Internacional Privado, celebrada en Montevideo, (Decreto N° 858), publicado en el Diario Oficial el 12 de febrero de 1990.

II. ALCANCE DE LA CONVENCIÓN

Artículo 2. La presente Convención se aplicará a los exhortos o cartas rogatorias expedidos en actuaciones y procesos en materia civil o comercial por los órganos jurisdiccionales de uno de los Estados Partes en esta Convención, y que tengan por objeto:

a. La realización de actos procesales de mero trámite, tales como notificaciones, citaciones o emplazamientos en el extranjero;

b. La recepción y obtención de pruebas de informes en el extranjero, salvo reserva expresa al respecto.

Concordancias: Código de Derecho Internacional Privado: Artículos 388, 427.

Artículo 3. La presente Convención no se aplicará a ningún exhorto o carta rogatoria referente a actos procesales distintos de los mencionados en el Artículo anterior; en especial, no se aplicará a los actos que impliquen ejecución coactiva.

Concordancias: Código de Derecho Internacional Privado: Artículo 388.

III. TRANSMISIÓN DE EXHORTOS O CARTAS ROGATORIAS

Artículo 4. Los exhortos o cartas rogatorias podrán ser transmitidos al órgano requerido por las propias partes interesadas, por vía judicial, por intermedio de los funcionarios consulares o agentes diplomáticos o por la autoridad central del Estado requirente o requerido según el caso.

Cada Estado Parte informará a la Secretaría General de la Organización de los Estados Americanos acerca de cuál es la autoridad central competente pare recibir y distribuir exhortos o cartas rogatorias.

Concordancias: Código de Derecho Internacional Privado: Artículo 388. Código de Procedimiento Civil: Artículo 76. Convención de Viena sobre Relaciones Consulares, D.O. 28.11.67: Artículo 5 letra j).

IV. REQUISITOS PARA EL CUMPLIMIENTO

Artículo 5. Los exhortos o cartas rogatorias se cumplirán en los Estados Partes siempre que reúnan los siguientes requisitos:

a. Que el exhorto o carta rogatoria se encuentre legalizado, salvo lo dispuesto en los Artículos 6 y 7 de esta Convención. Se presumirá que el exhorto o carta rogatoria se halla debidamente legalizado en el Estado requirente cuando lo hubiere sido por funcionario consular o agente diplomático competente;

b. Que el exhorto o carta rogatoria y la documentación anexa se encuentren debidamente traducidos al idioma oficial del Estado requerido.

Concordancias: Constitución Política de la República: Artículo 7. Código de Derecho Internacional Privado: Artículo 391. Código de Procedimiento Civil: Artículo 345. Convención Interamericana sobre Recepción de Pruebas en el Extranjero, D.O. 09.10.76: Artículos 4 y 10.

Artículo 6. Cuando los exhortos o cartas rogatorias se transmitan por vía consular o diplomática o por intermedio de la autoridad central será innecesario el requisito de la legalización.

Concordancias: Código de Derecho Internacional Privado: Artículo 391. Código de Procedimiento Civil: Artículo 345. Convención Interamericana sobre Exhortos o Cartas Rogatorias, D.O. 18.10.76: Artículo 13.

Artículo 7. Los tribunales de las zonas fronterizas de los Estados Partes podrán dar cumplimiento a los exhortos o cartas rogatorias previstos en esta Convención en forma directa, sin necesidad de legalizaciones.

Artículo 8. Los exhortos o cartas rogatorias deberán ir acompañados de los documentos que se entregarán al citado, notificado o emplazado, y que serán:

a. Copia autenticada de la demanda y sus anexos, y de los escritos o resoluciones que sirvan de fundamento a la diligencia solicitada;

b. Información escrita acerca de cuál es el órgano jurisdiccional requirente, los términos de que dispusiere la persona afectada para actuar, y las advertencias que le hiciere dicho órgano sobre las consecuencias que entrañaría su inactividad;

c. En su caso, información acerca de la existencia y domicilio de la defensoría de oficio o de sociedades de auxilio legal competentes en el Estado requirente.

Concordancias: Código de Derecho Internacional Privado: Artículo 391. Convención Interamericana sobre Recepción de Pruebas en el Extranjero, D.O. 09.10.76: Artículo 4.

Artículo 9. El cumplimiento de exhortos o cartas rogatorias no implicará en definitiva el reconocimiento de la competencia del órgano jurisdiccional requirente ni el compromiso de reconocer la validez o de proceder a la ejecución de la sentencia que dictare.

Concordancias: Convención Interamericana sobre Recepción de Pruebas en el Extranjero, D.O. 09.10.76: Artículo 8.

V. TRAMITACIÓN

Artículo 10. Los exhortos o cartas rogatorias se tramitan de acuerdo con las leyes y normas procesales del Estado requerido.

A solicitud del órgano jurisdiccional requirente podrá otorgarse al exhorto o carta rogatoria una tramitación especial, o aceptarse la observancia de formalidades adicionales en la práctica de la diligencia solicitada, siempre que ello no fuera contrario a la legislación del Estado requerido.

Concordancias: Convención Interamericana sobre Recepción de Pruebas en el Extranjero, D.O. 09.10.76: Artículo 6.

Artículo 11. El órgano jurisdiccional requerido tendrá competencia para conocer de las cuestiones que se susciten con motivo del cumplimiento de la diligencia solicitada.

Si el órgano jurisdiccional requerido se declarare incompetente para proceder a la tramitación del exhorto o carta rogatoria, transmitirá de oficio los documentos y antecedentes del caso a la autoridad judicial competente de su Estado.

Artículo 12. En el trámite y cumplimiento de exhortos o cartas rogatorias las costas y demás gastos correrán por cuenta de los interesados.

Será facultativo del Estado requerido dar trámite al exhorto o carta rogatoria que carezca de indicación acerca del interesado que resultare responsable de los gastos y costas cuando se causaren. En los exhortos o cartas rogatorias o con ocasión de su trámite podrá indicarse la identidad del apoderado del interesado para los fines regales.

El beneficio de pobreza se regulará por las leyes del Estado requerido.

Concordancias: *Convención Interamericana sobre Recepción de Pruebas en el Extranjero, D.O. 09.10.76: Artículo 12.*

Artículo 13. Los funcionarios consulares o agentes diplomáticos de los Estados Partes en esta Convención podrán dar cumplimiento a las diligencias indicadas en el Artículo 2 en el Estado en donde se encuentren acreditados siempre que ello no se oponga a las leyes del mismo. En la ejecución de tales diligencias no podrán emplear medios que impliquen coerción.

Concordancias: *Código de Derecho Internacional Privado: Artículos 388, 393.*

VI. DISPOSICIONES GENERALES

Artículo 14. Los Estados Partes que pertenezcan a sistemas de integración económica podrán acordar directamente entre sí procedimientos y trámites particulares más expeditos que los previstos en esta Convención. Estos acuerdos podrán ser extendidos a terceros Estados en la forma que resolvieren las partes.

Artículo 15. Esta Convención no restringirá las disposiciones de convenciones que en materia de exhortos o cartas rogatorias hubieran sido suscritas o que se suscribieren en el futuro en forma bilateral o multilateral por los Estados Partes, o las prácticas más favorables que dichos Estados pudieran observar en la materia.

Artículo 16. Los Estados Partes en esta Convención podrán declarar que extiendan las normas de la misma a la tramitación de exhortos o cartas rogatorias que se refieran a materia criminal, laboral, contencioso-administrativa, juicios arbitrales u otras materias objeto de jurisdicción especial. Tales declaraciones se comunicarán a la Secretaría General de la Organización de los Estados Americanos.

Concordancias: *Código de Derecho Internacional Privado: Artículo 388.*

Artículo 17. El Estado requerido podrá rehusar el cumplimiento de un exhorto o carta rogatoria cuando sea manifiestamente contrario al orden público.

Concordancias: *Código de Derecho Internacional Privado: Artículo 391. Convención Interamericana sobre Recepción de Pruebas en el Extranjero, D.O. 09.10.76: Artículo 16.*

Artículo 18. Los Estados Partes informaran a la Secretaría General de la Organización de los Estados Americanos acerca de los requisitos exigidos por sus leyes para la legalización y para la traducción de exhortos o cartas rogatorias.

Concordancias: *Código de Derecho Internacional Privado: Artículo 391.*

VII. DISPOSICIONES FINALES

Artículo 19. La presente Convención estará abierta a la firma de los Estados Miembros de la Organización de los Estados Americanos.

Artículo 20. La presente Convención está sujeta a ratificación. Los instrumentos de ratificación se depositarán en la Secretaría General de la Organización de los Estados Americanos.

Artículo 21. La presente Convención quedará abierta a la adhesión de cualquier otro Estado. Los instrumentos de adhesión se depositarán en la Secretaría General de la Organización de los Estados Americanos.

Artículo 22. La presente Convención entrará en vigor el trigésimo día a partir de la fecha en que haya sido depositado el segundo instrumento de ratificación.

Para cada Estado que ratifique la Convención o se adhiera a ella después de haber sido depositado el segundo instrumento de ratificación, la Convención entrará en vigor el trigésimo día a partir de la fecha en que tal Estado haya depositado su instrumento de ratificación o adhesión.

Artículo 23. Los Estados Partes que tengan dos o más unidades territoriales en las que rijan distintos sistemas jurídicos relacionados con cuestiones tratadas en la presente Convención, podrán declarar, en el momento de la firma, ratificación o adhesión, que la Convención se aplicará a todas sus unidades territoriales o solamente a una o más de ellas.

Tales declaraciones podrán ser modificadas mediante declaraciones ulteriores, que especificarán expresamente la o las unidades territoriales a las que se aplicará la presente Convención. Dichas declaraciones ulteriores se transmitirán a la Secretaría General de la Organización de los Estados Americanos y surtirán efecto treinta días después de recibidas.

Artículo 24. La presente Convención regirá indefinidamente, pero cualquiera de los Estados Partes podrá denunciarla. El instrumento de denuncia será depositado en la Secretaría General de la Organización de los Estados Americanos. Transcurrido un año, contado a partir de la fecha de depósito del instrumento de denuncia, la Convención cesará en sus efectos pare el Estado denunciante, quedando subsistente pare los demás Estados Partes.

Artículo 25. El instrumento original de la presente Convención, cuyos textos en español, francés, inglés y portugués son igualmente auténticos, será depositado en la Secretaría General de la Organización de los Estados Americanos. Dicha Secretaría notificará a los Estados Miembros de la Organización de los Estados Americanos y a los Estados que se hayan adherido a la Convención, las firmas, los depósitos de instrumentos de ratificación, adhesión y denuncia, así como las reservas que hubiere. También les transmitirá la información a que se refieren el párrafo segundo del Artículo 4 y el Artículo 18, así como las declaraciones previstas en los Artículos 16 y 23 de la presente Convención.

EN FE DE LO CUAL, los plenipotenciarios infrascritos, debidamente autorizados por sus respectivos Gobiernos, firman la presente Convención.

HECHA EN LA CIUDAD DE PANAMÁ, República de Panamá, el día treinta de enero de mil novecientos setenta y cinco.

PROTOCOLO ADICIONAL A LA CONVENCIÓN INTERAMERICANA SOBRE EXHORTOS O CARTAS ROGATORIAS, DE 1975[36]

Los Gobiernos de los Estados Miembros de la Organización de los Estados Americanos, deseosos de fortalecer y facilitar la cooperación internacional en materia de procedimientos judiciales conforme a lo dispuesto en la Convención Interamericana sobre Exhortos o Cartas Rogatorias suscrita en Panamá el 30 de enero de 1975, han acordado lo siguiente:

I. ALCANCE DEL PROTOCOLO

Artículo 1. El presente Protocolo se aplicará exclusivamente a aquellas actuaciones procesales enunciadas en el artículo 2 (a) de la Convención Interamericana sobre Exhortos o Cartas Rogatorias, que en adelante se denominará «la Convención», las cuales se entenderán, para los solos efectos de este Protocolo, como la comunicación de actos o hechos de orden procesal o solicitudes de información por órganos jurisdiccionales de un Estado Parte a los de otro, cuando dichas actuaciones sean el objeto de un exhorto o carta rogatoria transmitida por la autoridad central del Estado requirente a la autoridad central del Estado requerido.

II. AUTORIDAD CENTRAL

Artículo 2. Cada Estado Parte designará la autoridad central que deberá desempeñar las funciones que se le asignan en la Convención en el presente Protocolo. Los Estados Partes, al depositar el instrumento de ratificación o adhesión al Protocolo, comunicarán dicha designación a la Secretaría General de la Organización de los Estados Americanos, la que distribuirá entre los Estados Partes en la Convención una lista que con-

36 Véase el Decreto N° 858, del Ministerio de Relaciones Exteriores de Chile, publicado en el Diario Oficial el 12 de febrero de 1990.

tenga las designaciones que haya recibido. La autoridad central designada por cada Estado Parte, de conformidad con el artículo 4 de la Convención, podrá ser cambiada en cualquier momento, debiendo el Estado Parte comunicar a dicha Secretaría el cambio en el menor tiempo posible.

III. ELABORACIÓN DE LOS EXHORTOS O CARTAS ROGATORIAS

Artículo 3. Los exhortos o cartas rogatorias se elaborarán en formularios impresos en los cuatro idiomas oficiales de la Organización de los Estados Americanos o en los idiomas de los Estados requirente y requerido, según el formulario A del Anexo de este Protocolo.

Los exhortos o cartas rogatorias deberán ir acompañados de:

a. Copia de la demanda o de la petición con la cual se inicia el procedimiento en el que se libra el exhorto o carta rogatoria, así como su traducción al idioma del Estado Parte requerido;

b. Copia no traducida de los documentos que se hayan adjuntado a la demanda o petición;

c. Copia no traducida de las resoluciones jurisdiccionales que ordenen el libramiento del exhorto o carta rogatoria;

d. Un formulario elaborado según el texto B del Anexo a este Protocolo, que contenga la información esencial para la persona o la autoridad a quien deban ser entregados o transmitidos los documentos, y

e. Un formulario elaborado según el texto C del Anexo a este Protocolo en el que la autoridad central deberá certificar si se cumplió o no el exhorto o carta rogatoria.

Las copias se considerarán autenticadas, a los efectos del artículo 8 (a) de la Convención, cuando tengan el sello del órgano jurisdiccional que libre el exhorto o carta rogatoria.

Una copia del exhorto o carta rogatoria acompañada del Formulario B, así como de las copias de que tratan los literales a), b) y c) de este artículo, se entregará a la persona notificada o se transmitirá a la autoridad a la que se dirija la solicitud. Una de las copias del exhorto o carta rogatoria con sus anexos quedará en poder del Estado requerido; y el original no traducido, así como el certificado de cumplimiento con sus respectivos anexos, serán devueltos a la autoridad central requirente por los conductos adecuados.

Si un Estado Parte tiene más de un idioma oficial, deberá declarar, al momento de la firma, ratificación o adhesión a este Protocolo, cuál o cuáles idiomas considera oficiales para los efectos de la Convención y de este Protocolo. Si un Estado Parte comprende unidades territoriales con distintos idiomas, deberá declarar, al momento de la firma, ratificación o adhesión de este Protocolo, cuál o cuáles han de considerarse oficiales en cada unidad territorial para los efectos de la Convención y de este Protocolo. La Secretaría General de la Organización de los Estados Americanos distribuirá entre los Estados Partes en este Protocolo la información contenida en tales declaraciones.

IV. TRANSMISIÓN Y DILIGENCIAMIENTO DEL EXHORTO O CARTA ROGATORIA

Artículo 4. Cuando la autoridad central de un Estado Parte reciba de la autoridad central de otro Estado Parte un exhorto o carta rogatoria, lo transmitirá al órgano jurisdiccional competente para su diligenciamiento, conforme a la ley interna, que sea aplicable.

Una vez cumplido el exhorto o carta rogatoria, el órgano u órganos jurisdiccionales que lo hayan diligenciado, dejarán constancia de su cumplimiento del modo previsto en su ley interna, y lo remitirá a su autoridad central con los documentos pertinentes. La autoridad central del Estado Parte requerido certificará el cumplimiento del exhorto o carta rogatoria a la autoridad central del Estado Parte requirente según el Formulario C del Anexo, el que no necesitará legalización. Asimismo, la autoridad central requerida enviará la correspondiente documentación a la requirente para que ésta la remita junto con el exhorto o carta rogatoria al órgano jurisdiccional que haya librado este último.

V. COSTAS Y GASTOS

Artículo 5. El diligenciamiento del exhorto o carta rogatoria por la autoridad central y los órganos jurisdiccionales del Estado Parte requerido será gratuito. Este Estado, no obstante, podrá reclamar de los interesados el pago de aquellas actuaciones que, conforme a su ley interna, deban ser sufragadas directamente por aquéllos.

El interesado en el cumplimiento de un exhorto o carta rogatoria deberá, según lo prefiera, indicar en el mismo la persona que responderá por los costos correspondientes a dichas actuaciones en el Estado Parte requerido, o bien adjuntar al exhorto o carta rogatoria un cheque por el valor fijado, conforme a lo previsto en el artículo 6 de este Protocolo, para su tramitación por el Estado Parte requerido, para cubrir el gasto de tales actuaciones, o el documento que acredite que por cualquier otro medio dicha suma ya ha sido puesta a disposición de la autoridad central de ese Estado.

La circunstancia de que el costo de las actuaciones realizadas exceda en definitiva el valor fijado, no retrasará ni será óbice para el diligenciamiento y cumplimiento del exhorto o carta rogatoria por la autoridad central y los órganos jurisdiccionales del Estado Parte requerido. En caso de que exceda dicho valor, al devolver el exhorto o carta rogatoria diligenciado, la autoridad central de ese Estado podrá solicitar que el interesado complete el pago.

Artículo 6. Al depositar en la Secretaría General de la Organización de los Estados Americanos el instrumento de ratificación o adhesión a este Protocolo, cada Estado Parte presentará un informe de cuáles son las actuaciones que, según su ley interna, deban ser sufragadas directamente por los interesados, con especificación de las costas y gastos respectivos. Asimismo, cada Estado Parte deberá indicar en el informe mencionado el valor único que a su juicio cubra razonablemente el costo de aquellas actuaciones, cualquiera sea su número o naturaleza. Este valor se aplicará cuando el interesado no designare persona responsable para hacer el pago de esas actuaciones en el Estado requerido, sino que optare por abonarlas directamente en la forma señalada en el artículo 5 de este Protocolo.

La Secretaría General de la Organización de los Estados Americanos distribuirá entre los Estados Partes en este Protocolo la información recibida. Los Estados Partes podrán, en cualquier momento, comunicar a la Secretaría General de la Organización de los Estados Americanos las modificaciones a los mencionados informes, debiendo aquélla poner en conocimiento de los demás Estados Partes en este Protocolo, tales modificaciones.

Artículo 7. En el informe mencionado en el artículo anterior, los Estados Partes podrán declarar que, siempre que se acepte la reciprocidad, no cobrarán a los interesados las costas y gastos de las diligencias necesarias para el cumplimiento de los exhortos o cartas rogatorias, o aceptarán como pago total de ellas el valor único de que trata el artículo 6 u otro valor determinado.

Artículo 8. El presente Protocolo estará abierto a la firma y sujeto a la ratificación o a la adhesión de los Estados Miembros de la Organización de los Estados Americanos que hayan firmado la Convención Interamericana sobre Exhortos o Cartas Rogatorias suscrita en Panamá el 30 de enero de 1975 o que la ratifiquen o se adhieran a ella.

El presente Protocolo quedará abierto a la adhesión de cualquier otro Estado que se haya adherido o se adhiera a la Convención Interamericana sobre Exhortos o Cartas Rogatorias, en las condiciones indicadas en este artículo.

Los instrumentos de ratificación y adhesión se depositarán en la Secretaría General de la Organización de los Estados Americanos.

Artículo 9. El presente Protocolo entrará en vigor el trigésimo día a partir de la fecha en que dos Estados Partes en la Convención hayan depositado sus instrumentos de ratificación o adhesión al Protocolo.

Para cada Estado que ratifique o se adhiera al Protocolo después de su entrada en vigencia, el Protocolo entrará en vigor el trigésimo día a partir de la fecha en que tal Estado haya depositado su instrumento de ratificación o adhesión, siempre que dicho Estado sea Parte en la Convención.

Artículo 10. Los Estados Partes que tengan dos o más unidades territoriales en las que rijan distintos sistemas jurídicos relacionados con cuestiones tratadas en el presente Protocolo, podrán declarar, en el momento de la firma, ratificación o adhesión que el Protocolo se aplicará a sodas sus unidades territoriales o solamente a una o más de ellas.

Tales declaraciones podrán ser modificadas mediante declaraciones ulteriores, que especificarán expresamente la o las unidades territoriales a las que se aplicará el presente Protocolo. Dichas declaraciones ulteriores se transmitirán a la Secretaría General de la Organización de los Estados Americanos y surtirán efecto treinta días después de recibidas.

Artículo 11. El presente Protocolo regirá indefinidamente, pero cualquiera de los Estados Partes podrá denunciarlo. El instrumento de denuncia será depositado en la Secretaría General de la Organización de los Estados Americanos. Transcurrido un año, contado a partir de la fecha del depósito del instrumento de denuncia, el Protocolo cesará en sus efectos para el Estado denunciante quedando subsistente para los demás Estados Partes.

Artículo 12. El instrumento original del presente Protocolo y de su Anexo (Formularios A, B y C), cuyos textos en español, francés, inglés y portugués son igualmente auténticos, será depositado en la Secretaría General de la Organización de los Estados Americanos, la que enviará copia autentica de su texto para su registro y publicación a la Secretaría de las Naciones Unidas, de conformidad con el artículo 102 de su Carta Constitutiva. La Secretaría General de la Organización de los Estados Americanos notificará a los Estados Miembros de dicha Organización y a los Estados que se hayan adherido al Protocolo, las firmas, los depósitos de instrumentos de ratificación, adhesión y denuncia, así como las reservas que hubiere. También les transmitirá las informaciones a que se refieren los artículos 2, 3 (último párrafo) y 6, así como las declaraciones previstas en el artículo 10 del presente Protocolo.

EN FE DE LO CUAL, los plenipotenciarios infrascritos, debidamente autorizados por sus respectivos Gobiernos, firman el presente Protocolo.

HECHO EN LA CIUDAD DE MONTEVIDEO, República Oriental del Uruguay, el día ocho de mayo de mil novecientos setenta y nueve.

CONVENCIÓN INTERAMERICANA SOBRE RECEPCIÓN DE PRUEBAS EN EL EXTRANJERO, SUSCRITO EN PANAMÁ EL 30 DE ENERO DE 1975, (DECRETO N° 642), PUBLICADO EN EL DIARIO OFICIAL EL 9 DE OCTUBRE DE 1976[37]

Los Gobiernos de los Estados Miembros de la Organización de los Estados Americanos, deseosos de concertar una convención sobre recepción de pruebas en el extranjero, han acordado lo siguiente:

Artículo 1. Para los efectos de esta Convención las expresiones «exhortos» o «cartas rogatorias» se utilizan como sinónimos en el texto español. Las expresiones «commissions rogatoires», «letters rogatory» y «cartas rogatorias» empleadas en los textos francés, inglés y portugués respectivamente, comprenden tanto los exhortos como las cartas rogatorias.

Artículo 2. Los exhortos o cartas rogatorias emanados de procedimiento jurisdiccional en materia civil o comercial, que tuvieren como objeto la recepción u obtención de pruebas o informes, dirigidos por autoridades jurisdiccionales de uno de los Estados Partes en esta Convención a las de otro de ellos, serán cumplidos en sus términos si:

1. La diligencia solicitada no fuere contraria a disposiciones legales en el Estado requerido que expresamente la prohíban;
2. El interesado pone a disposición del órgano jurisdiccional requerido los medios que fueren necesarios para el diligenciamiento de la prueba solicitada

Concordancias: *Código de Derecho Internacional Privado: Artículo 393. Convención Interamericana sobre Exhortos o Cartas Rogatorias, D.O. 18.10.76: Artículo 12.*

---

37 Ratificada por Argentina, Chile, Colombia, Costa Rica, Ecuador, El Salvador, Guatemala, Honduras, México, Panamá, Paraguay, Perú, República Dominicana, Uruguay, Venezuela.

Artículo 3. El órgano jurisdiccional del Estado requerido tendrá facultades para conocer de las cuestiones que se susciten con motivo del cumplimiento de la diligencia solicitada.

Si el órgano jurisdiccional del Estado requerido se declarase incompetente para proceder a la tramitación del exhorto o carta rogatoria, pero estimase que es competente otro órgano jurisdiccional del mismo Estado, le transmitirá de oficio los documentos v antecedentes del caso por los conductos adecuados.

En el cumplimiento de exhortos o cartas rogatorias los órganos jurisdiccionales del Estado requerido podrán utilizar los medios de apremio previstos por sus propias leyes.

Concordancias: Código de Derecho Internacional Privado: Artículo 391. Código de Procedimiento Civil: Artículos 359, 380, 394.

Artículo 4. Los exhortos o cartas rogatorias en que se solicite la recepción u obtención de pruebas o informes en el extranjero deberán contener la relación de los elementos pertinentes para su cumplimiento, a saber:

1. Indicación clara y precisa acerca del objeto de la prueba solicitada;
2. Copia de los escritos y resoluciones que funden y motiven el exhorto o carta rogatoria, así como los interrogatorios y documentos que fueran necesarios para su cumplimiento;
3. Nombre y dirección tanto de las partes como de los testigos, peritos y demás personas intervinientes y los datos indispensables para la recepción u obtención de la prueba;
4. Informe resumido del proceso y de los hechos materia del mismo en cuanto fuere necesario para la recepción u obtención de la prueba;
5. Descripción clara y precisa de los requisitos o procedimientos especiales que el órgano jurisdiccional requirente solicitare en relación con la recepción u obtención de la prueba, sin perjuicio de lo dispuesto en el Artículo 2 párrafo primero, y en el Artículo 6.

Concordancias: Código de Derecho Internacional Privado: Artículo 391. Convención Interamericana sobre Exhortos o Cartas Rogatorias, D.O. 18.10.76: Artículos 5 y 8.

Artículo 5. Los exhortos o cartas rogatorias relativos a la recepción u obtención de pruebas se cumplirán de acuerdo con las leyes y normas procesales del Estado requerido.

Concordancias: Código de Derecho Internacional Privado: Artículo 391. Código de Procedimiento Civil: Artículo 76.

Artículo 6. A solicitud del órgano jurisdiccional del Estado requirente podrá aceptarse la observancia de formalidades adicionales o de procedimientos especiales adicional en la práctica de la diligencia solicitada a menos que sean incompatibles con la legislación del Estado requerido o de imposible cumplimiento por éste.

Concordancias: Convención Interamericana sobre Exhortos o Cartas Rogatorias, D.O. 18.10.76: Artículo 10.

Artículo 7. En el trámite y cumplimiento de exhortos o cartas rogatorias las costas y de más gastos correrán por cuenta de los interesados.

Será facultativo del Estado requerido dar trámite a la carta rogatoria o exhorto que carezca de indicación acerca del interesado que resultare responsable de los gastos y costas, cuando se causaren. En los exhortos o cartas rogatorias o con ocasión de su trámite podrá indicarse la identidad del apoderado del interesado para los fines legales.

El beneficio de pobreza se regulará por las leyes del Estado requerido.

Concordancias: Código de Derecho Internacional Privado: Artículos 382, 393. Código de Procedimiento Civil: artículos 129 y ss. Código Orgánico de Tribunales: artículos 591 y ss.

Artículo 8. El cumplimiento de exhortos o cartas rogatorias no implicará en definitiva el reconocimiento de la competencia del órgano jurisdiccional requirente ni el compromiso de reconocer la validez o de proceder a la ejecución de la sentencia que dictare.

Concordancias: Convención Interamericana sobre Exhortos o Cartas Rogatorias, D.O. 18.10.76: Artículo 9.

Artículo 9. El órgano jurisdiccional requerido podrá rehusar, conforme al Artículo 20 inciso primero, el cumplimiento del exhorto o carta rogatoria cuando tenga por objeto la recepción u obtención de pruebas previas a procedimiento judicial o cuando se trate del procedimiento conocido en los países del «Common Law» bajo el nombre de «pretrial discovery of documents».

Artículo 10. Los exhortos o cartas rogatorias se cumplirán en los Estados Partes siempre que reúnan los siguientes requisitos:

1. Que estén legalizados, salvo lo dispuesto por el artículo 13 de esta Convención. Se presumirá que se encuentran debidamente legalizados los exhortos o cartas rogatorias en el Estado requirente cuando lo hubieren sido por funcionario consular o agente diplomático competente.

2. Que el exhorto o carta rogatoria y la documentación anexa se encuentre debidamente traducidos al idioma oficial del Estado requerido.

Los Estados Partes informarán a la Secretarla General de la Organización de los Estados Americanos acerca de los requisitos exigidos por sus leyes para la legalización y para la traducción de exhortos o cartas rogatorias.

Concordancias: Código de Derecho Internacional Privado: Artículos 391, 392. Código de procedimiento Civil: Artículo 345. Convención Interamericana sobre Exhortos o Cartas Rogatorias, D.O. 18.10.76: Artículo 5.

Artículo 11. Los exhortos o cartas rogatorias podrán ser transmitidos al órgano requerido por vía judicial, por intermedio de los funcionarios consulares o agentes diplomáticos o por la autoridad central del Estado requirente o requerido, según el caso.

Cada Estado Parte informará a la Secretarla General de la Organización de los Estados Americanos acerca de cuál es la autoridad central competente para recibir y distribuir exhortos o cartas rogatorias.

Concordancias: Convención de Derecho Internacional Privado: Artículo 388.

Artículo 12. La persona llamada a declarar en el Estado requerido en cumplimiento de exhorto o carta rogatoria podrá negarse a ello cuando invoque impedimento y excepción o el deber de rehusar su testimonio:

1. Conforme a la ley del Estado requerido; o

2. Conforme a la ley del Estado requirente, si el impedimento, la excepción, o el deber de rehusar invocados consten en el exhorto o carta

rogatoria o han sido confirmados por la autoridad requirente a petición del tribunal requerido.

Concordancias: *Código de Derecho Internacional Privado: Artículo 391. Código de Procedimiento Civil: Artículos 359, 360, 389.*

Artículo 13. Cuando los exhortos o cartas rogatorias se transmitan o sean devueltos por vía consular o diplomática o por conducto de la autoridad central, será innecesario el requisito de la legalización de firmas.

Concordancias: *Código de Procedimiento Civil: Artículo 345. Convención Interamericana sobre Exhortos o Cartas Rogatorias, D.O. 18.10.76: Artículo 6.*

Artículo 14. Esta Convención no restringirá las disposiciones de convenciones que en materia de exhortos o cartas rogatorias sobre la recepción u obtención de pruebas hubieran sido suscritas o que se suscribieren en el futuro en forma bilateral o multilateral por los Estados Partes, o las prácticas más favorables que dichos Estados pudieran observar en la materia.

Tampoco restringe la aplicación de las disposiciones en materia de intervención consular para la recepción u obtención de pruebas que estuvieren vigentes en otras convenciones, o las prácticas admitidas en la materia.

Artículo 15. Los Estados Partes en esta Convención podrán declarar que extienden las normas de la misma a la tramitación de exhortos o cartas rogatorias que se refieran a la recepción u obtención de pruebas en materia criminal, laboral, contencioso administrativa, juicios arbitrales u otras materias objeto de jurisdicción especial. Tales declaraciones se comunicarán a la Secretaria General de la Organización de los Estados Americanos.

Artículo 16. El Estado requerido podrá rehusar el cumplimiento de un exhorto o carta rogatoria cuando sea manifiestamente contrario a su orden público.

Concordancias: *Código de Derecho Internacional Privado: Artículo 391. Convención Interamericana sobre Exhortos o Cartas Rogatorias, D.O. 18.10.76: Artículo 17.*

Artículo 17. La presente Convención estará abierta a la firma de los Estados Miembros de la Organización de los Estados Americanos.

Artículo 18. La presente Convención está sujeta a ratificación. Los instrumentos de ratificación se depositarán en la Secretaria General de la Organización de los Estados Americanos.

Artículo 19. La presente Convención quedará abierta a la adhesión de cualquier otro Estado. Los instrumentos de adhesión se depositarán en la Secretarla General de la Organización de los Estados Americanos.

Artículo 20. La presente Convención entrará en vigor el trigésimo día a partir de la fecha en que haya sido depositado el segundo instrumento de ratificación.

Para cada Estado que ratifique la Convención o se adhiera a ella después de haber sido depositado el segundo instrumento de ratificación, la Convención entrar; en vigor el trigésimo día a partir de la fecha en que tal Estado haya depositado su instrumento de ratificación o adhesión.

Artículo 21. Los Estados Partes que tengan dos o más unidades territoriales en las que rijan distintos sistemas jurídicos relacionados con cuestiones tratadas en la presente Convención, podrán declarar, en el momento de la firma, ratificación o adhesión, que la convención se aplicará a todas sus unidades territoriales o solamente a una o más de ellas.

Tales declaraciones podrán ser modificadas mediante declaraciones ulteriores, que especificarán expresamente la o las unidades territoriales a las que se aplicará la presente Convención. Dichas declaraciones ulteriores se transmitirán a la Secretaría General de la Organización de los Estados Americanos y surtirán efecto treinta días después de recibidas.

Artículo 22. La presente Convención regirá indefinidamente, pero cualquiera de los Esta dos Partes podrá denunciarla. El instrumento de denuncia será depositado en la Secretaría General de la Organización de los Estados Americanos. Transcurrido año, contado a partir de la fecha de depósito del instrumento de denuncia, la Convención cesará en sus efectos para el Estado denunciante, quedando subsistente para las demás Estados Partes.

Artículo 23. El instrumento original de la presente Convención, cuyos textos en español, francés, inglés y portugués son igualmente auténticos, será depositado en la Secretaría General de la Organización de los Estados Americanos. Dicha Secretaría notificará a los Estados Miembros de la Organización de los Estados Americanos y a los Estados que se hayan adherido a la Convención, las firmas, los depósitos de instrumentos de ratificación, adhesión y denuncia, así como las reservas que hubiere. También les transmitirá la información a que se refieren el Artículo 10 y el párrafo segundo del Artículo 11, así como las declaraciones previstas en los Artículos 15 y 21 de la presente Convención.

EN FE DE LO CUAL, los plenipotenciarios infrascritos, debidamente autorizados por sus respectivos Gobiernos, firman la presente Convención.

HECHA EN LA CIUDAD DE PANAMÁ, República de Panamá, el día treinta de enero de mil novecientos setenta y cinco.

ACUERDO DE COOPERACIÓN Y ASISTENCIA JURISDICCIONAL EN MATERIA CIVIL, COMERCIAL, LABORAL Y ADMINISTRATIVA ENTRE LOS ESTADOS PARTE DEL MERCOSUR Y LA REPÚBLICA DE BOLIVIA Y LA REPÚBLICA DE CHILE, DE 2002

La República Argentina, la República Federativa del Brasil, la República del Paraguay, la República Oriental del Uruguay, Estados Partes del Mercado Común del Sur (MERCOSUR) y la República de Bolivia y la República de Chile, todas denominadas en lo sucesivo «Estados Partes» a los efectos del presente Acuerdo;

Considerando el Protocolo de Cooperación y Asistencia Jurisdiccional en Materia Civil, Comercial, Laboral y Administrativa aprobado en el Valle de Las Leñas, República Argentina, por Decisión Nº 5/92 del Consejo del Mercado Común, vigente en los cuatro Estados Partes del MERCOSUR;

Teniendo en cuenta el Acuerdo de Complementación Económica Nº 36 firmado entre el MERCOSUR y la República de Bolivia; el Acuerdo de Complementación Económica Nº 35 suscripto entre el MERCOSUR y la República de Chile y las Decisiones del Consejo del Mercado Común (CMC) Nº 14/96 «Participación de terceros países asociados en Reuniones del MERCOSUR» y Nº 12/97 «Participación de Chile en Reuniones del MERCOSUR»;

Reafirmando la voluntad de acordar soluciones jurídicas comunes con el objeto de fortalecer el proceso de integración;

Deseosos de promover e intensificar la cooperación jurisdiccional en materia civil, comercial, laboral y administrativa, a fin de contribuir de este modo al desarrollo de sus relaciones de integración sobre la base de los principios de respeto a la soberanía nacional y a la igualdad de derechos e intereses recíprocos;

Convencidos de que este Acuerdo coadyuvará al trato equitativo de los nacionales, ciudadanos y residentes permanentes o habituales de los Estados Partes del MERCOSUR y de la República de Bolivia y de la República de Chile y le facilitará el libre acceso a la jurisdicción en dichos Estados para la defensa de sus derechos e intereses;

Conscientes de la importancia que reviste para el proceso de integración la adopción de instrumentos comunes que consoliden la seguridad jurídica;

Acuerdan:

CAPÍTULO I
COOPERACIÓN Y ASISTENCIA JURISDICCIONAL

Artículo 1. Los Estados Partes se comprometen a prestarse asistencia mutua y amplia cooperación jurisdiccional en materia civil, comercial, laboral y administrativa. La asistencia jurisdiccional en materia administrativa se referirá, según el derecho interno de cada Estado, a los procedimientos contencioso-administrativos en los que se admitan recursos ante los tribunales.

CAPÍTULO II
AUTORIDADES CENTRALES

Artículo 2. A los efectos del presente Acuerdo, los Estados Partes designarán una Autoridad Central encargada de recibir y tramitar pedidos de asistencia jurisdiccional en materia civil, comercial, laboral y administrativa. A tal fin, dichas Autoridades Centrales se comunicarán directamente entre ellas, dando intervención a las respectivas autoridades competentes, cuando sea necesario.

Los Estados Partes, al depositar el instrumento de ratificación del presente Acuerdo, comunicarán dicha designación al Gobierno depositario, el cual lo pondrá en conocimiento de los demás Estados.

La Autoridad Central podrá ser cambiada en cualquier momento, debiendo el Estado respectivo comunicarlo en el menor tiempo posible al Gobierno depositario del presente Acuerdo, a fin de que ponga en conocimiento de los demás Estados Partes el cambio efectuado.

CAPÍTULO III
IGUALDAD DE TRATO PROCESAL

Artículo 3. Los nacionales, ciudadanos y residentes permanentes o habituales de uno de los Estados Partes gozarán, en las mismas condiciones que los nacionales, ciudadanos y residentes permanentes o habituales de otro Estado Parte, del libre acceso a la jurisdicción en dicho Estado para la defensa de sus derechos e intereses.

El párrafo precedente se aplicará a las personas jurídicas constituidas, autorizadas o registradas de acuerdo a las leyes de cualquiera de los Estados Partes.

Artículo 4. Ninguna caución o depósito, cualquiera sea su denominación, podrá ser impuesta en razón de la calidad de nacional, ciudadano o residente permanente o habitual de otro Estado Parte.

El párrafo precedente se aplicará a las personas jurídicas constituidas, autorizadas o registradas de acuerdo a las leyes de cualquiera de los Estados Partes.

CAPÍTULO IV
COOPERACIÓN EN ACTIVIDADES DE MERO TRÁMITE Y PROBATORIAS

Artículo 5. Cada Estado Parte deberá enviar a las autoridades jurisdiccionales del otro Estado Parte, según las vías previstas en los Artículos 2 y 10, los exhortos en materia civil, comercial, laboral o administrativa, cuando tengan por objeto:

a) diligencias de mero trámite, tales como citaciones, intimaciones o apercibimientos, emplazamientos, notificaciones u otras semejantes;

b) recepción u obtención de pruebas.

Artículo 6. Los exhortos deberán contener:

a) denominación y domicilio del órgano jurisdiccional requirente;

b) individualización del expediente con especificación del objeto y naturaleza del juicio y del nombre y domicilio de las partes;

c) copia de la demanda y transcripción de la resolución que ordena la expedición del exhorto;

d) nombre y domicilio del apoderado de la parte solicitante en el Estado requerido, si lo hubiere;

e) indicación del objeto del exhorto precisando el nombre y domicilio del destinatario de la medida;

f) información del plazo de que dispone la persona afectada por la medida para cumplirla;

g) descripción de las formas o procedimientos especiales con que ha de cumplirse la cooperación solicitada;

h) cualquier otra información que facilite el cumplimiento del exhorto.

Artículo 7. Si se solicitare la recepción de pruebas, el exhorto deberá, además, contener:

a) una descripción del asunto que facilite la diligencia probatoria;

b) nombre y domicilio de testigos u otras personas o instituciones que deban intervenir;

c) texto de los interrogatorios y documentos necesarios.

Artículo 8. El cumplimiento de los exhortos deberá ser diligenciado de oficio por la autoridad jurisdiccional competente del Estado requerido y sólo podrá denegarse cuando la medida solicitada, por su naturaleza, atente contra los principios de orden público del Estado requerido.

Dicho cumplimiento no implicará un reconocimiento de la jurisdicción internacional del juez, del cual emana.

Artículo 9. La autoridad jurisdiccional requerida tendrá competencia para conocer de las cuestiones que se susciten con motivo del cumplimiento de la diligencia solicitada.

Si la autoridad jurisdiccional requerida se declarare incompetente para proceder a la tramitación del exhorto, remitirá de oficio los documentos y antecedentes del caso a la autoridad jurisdiccional competente de su Estado.

Artículo 10. Los exhortos podrán ser transmitidos por vía diplomática o consular, por intermedio de la respectiva Autoridad Central o por las partes interesadas, conforme al derecho interno.

Si la transmisión del exhorto fuere efectuada por intermedio de las Autoridades Centrales o por vía diplomática o consular, no se exigirá el requisito de la legalización.

Si se transmitiere por intermedio de la parte interesada, deberá ser legalizado ante los agentes diplomáticos o consulares del Estado requerido, salvo que entre los Estados requirente y requerido se hubiere suprimido el requisito de la legalización o sustituido por otra formalidad.

Los exhortos y los documentos que los acompañen deberán redactarse en el idioma de la autoridad requirente y ser acompañados de una traducción al idioma de la autoridad requerida.

Artículo 11. La autoridad requirente podrá solicitar de la autoridad requerida se le informe el lugar y la fecha en que la medida solicitada se hará efectiva, a fin de permitir que la autoridad requirente, las partes interesadas o sus respectivos representantes, puedan comparecer y ejercer las facultades autorizadas por la legislación de la Parte requerida.

Dicha comunicación deberá efectuarse con la debida antelación por intermedio de las Autoridades Centrales de los Estados Partes.

Artículo 12. La autoridad jurisdiccional encargada del cumplimiento de un exhorto aplicará su ley interna en lo que a los procedimientos se refiere.

Sin embargo, podrá accederse, a solicitud de la autoridad requirente, a otorgar al exhorto una tramitación especial o aceptarse el cumplimiento de formalidades adicionales en la diligencia del exhorto, siempre que ello no sea incompatible con el orden público del Estado requerido.

El cumplimiento del exhorto deberá llevarse a cabo sin demora.

Artículo 13. Al diligenciar el exhorto, la autoridad requerida aplicará las medidas coercitivas previstas en su legislación interna, en los casos y en la medida en que deba hacerlo para cumplir un exhorto de las autoridades de su propio Estado o un pedido presentado a este efecto por una parte interesada.

Artículo 14. Los documentos en los que conste el cumplimiento del exhorto serán devueltos por los medios y en la forma prevista en el Artículo 10.

Cuando el exhorto no haya sido cumplido en todo o en parte, este hecho, así como las razones que determinaron el incumplimiento, deberán ser comunicados de inmediato a la autoridad requirente, utilizando los medios referidos en el párrafo precedente.

Artículo 15. El cumplimiento del exhorto no podrá dar lugar al reembolso de ningún tipo de gasto, excepto cuando se soliciten medios probatorios que ocasionen erogaciones especiales o se designen profesionales para intervenir en el diligenciamiento.

En tales casos, se deberá consignar en el cuerpo del exhorto los datos de la persona que en el Estado requerido procederá a dar cumplimiento al pago de los gastos y honorarios devengados.

Artículo 16. Cuando los datos relativos al domicilio del destinatario del acto o de la persona citada estén incompletos o sean inexactos, la autoridad requerida deberá agotar todos los medios para satisfacer el pedido. Al efecto, podrá también solicitar al Estado requirente los datos complementarios que permitan la identificación y la localización de la referida persona.

Artículo 17. Los trámites pertinentes para hacer efectivo el cumplimiento del exhorto no requerirán necesariamente la intervención de parte interesada, debiendo ser practicados de oficio por la autoridad jurisdiccional competente del Estado requerido.

CAPÍTULO V
RECONOCIMIENTO Y EJECUCIÓN DE SENTENCIAS Y LAUDOS ARBITRALES

Artículo 18. Las disposiciones del presente Capítulo serán aplicables al reconocimiento y ejecución de las sentencias y de los laudos arbitrales pronunciados en las jurisdicciones de los Estados Partes en materia civil, comercial, laboral y administrativa. Las mismas serán igualmente aplicables a las sentencias en materia de reparación de daños y restitución de bienes pronunciadas en jurisdicción penal.

Artículo 19. El reconocimiento y ejecución de sentencias y laudos arbitrales solicitado por las autoridades jurisdiccionales podrá tramitarse por vía de exhortos y transmitirse por intermedio de la Autoridad Central o por conducto diplomático o consular, conforme al derecho interno.

No obstante lo señalado en el párrafo anterior, la parte interesada podrá tramitar directamente el reconocimiento o ejecución de la sentencia. En tal caso, la sentencia deberá estar debidamente legalizada de acuerdo con la legislación del Estado en que se pretenda su eficacia, salvo que entre el Estado de origen del fallo y el Estado donde es invocado, se hubiere suprimido el requisito de la legalización o sustituido por otra formalidad.

Artículo 20. Las sentencias y los laudos arbitrales a que se refiere el Artículo precedente, tendrán eficacia extraterritorial en los Estados Partes si reúnen las siguientes condiciones:

a) que vengan revestidos de las formalidades externas necesarias para que sean considerados auténticos en el Estado de donde proceden;

b) que éstos y los documentos anexos que fueren necesarios, estén debidamente traducidos al idioma oficial del Estado en el que se solicita su reconocimiento y ejecución;

c) que éstos emanen de un órgano jurisdiccional o arbitral competente, según las normas del Estado requerido sobre jurisdicción internacional;

d) que la parte contra la que se pretende ejecutar la decisión haya sido debidamente citada y se haya garantizado el ejercicio de su derecho de defensa;

e) que la decisión tenga fuerza de cosa juzgada y/o ejecutoria en el Estado en el que fue dictada;

f) que no contraríen manifiestamente los principios de orden público del Estado en el que se solicitare el reconocimiento y/o la ejecución.

Los requisitos de los literales a), c), d), e) y f) deben surgir del testimonio de la sentencia o del laudo arbitral.

Artículo 21. La parte que en un juicio invoque una sentencia o un laudo arbitral de alguno de los Estados Partes, deberá acompañar un testimonio de la sentencia o del laudo arbitral con los requisitos del Artículo precedente.

Artículo 22. Cuando se tratare de una sentencia o de un laudo arbitral entre las mismas partes, fundado en los mismos hechos y que tuviere el mismo objeto que el de otro proceso jurisdiccional o arbitral en el Estado requerido, su reconocimiento y ejecutoriedad dependerán de que la decisión no sea incompatible con otro pronunciamiento anterior o simultáneo recaído en tal proceso en el Estado requerido.

Asimismo, no se reconocerá ni se procederá a la ejecución, cuando se hubiere iniciado un procedimiento entre las mismas partes, fundado en los mismos hechos y sobre el mismo objeto, ante cualquier autoridad jurisdiccional del Estado requerido con anterioridad a la presentación de la demanda ante la autoridad jurisdiccional que hubiere pronunciado la resolución de la que se solicite el reconocimiento.

Artículo 23. Si una sentencia o un laudo arbitral no pudiere tener eficacia en su totalidad, la autoridad jurisdiccional competente en el Estado requerido podrá admitir su eficacia parcial mediando solicitud de parte interesada.

Artículo 24. Los procedimientos, incluso la competencia de los respectivos órganos jurisdiccionales, a los efectos de reconocimiento y ejecución de las sentencias o de los laudos arbitrales, se regirán por la ley del Estado requerido.

CAPÍTULO VI
DE LOS INSTRUMENTOS PÚBLICOS Y OTROS DOCUMENTOS

Artículo 25. Los instrumentos públicos emanados de un Estado Parte tendrán en los otros la misma fuerza probatoria que sus propios instrumentos públicos.

Artículo 26. Los documentos emanados de autoridades jurisdiccionales u otras autoridades de uno de los Estados Partes, así como las escrituras públicas y los documentos que certifiquen la validez, la fecha y la veracidad de la firma o la conformidad con el original, que sean transmitidos por intermedio de la Autoridad Central, quedan exceptuados de toda legalización, apostilla u otra formalidad análoga cuando deban ser presentados en el territorio de otro Estado Parte.

Artículo 27. Cada Estado Parte remitirá, a través de la Autoridad Central, a solicitud de otro Estado y para fines exclusivamente públicos, los testimonios o certificados de las actas de los registros de estado civil, sin cargo alguno.

CAPÍTULO VII
INFORMACIÓN DEL DERECHO EXTRANJERO

Artículo 28. Las Autoridades Centrales de los Estados Partes se suministrarán, en concepto de cooperación judicial, y siempre que no se opongan a las disposiciones de su orden público, informes en materia civil, comercial, laboral, administrativa y de derecho internacional privado, sin gasto alguno.

Artículo 29. La información a que se refiere el Artículo anterior podrá también obtenerse a través de informes suministrados por las autoridades diplomáticas o consulares del Estado Parte de cuyo derecho se trate.

Artículo 30. El Estado Parte que brinde los informes sobre el sentido y alcance legal de su derecho, no será responsable por la opinión emitida ni estará obligado a aplicar su derecho según la respuesta proporcionada.

El Estado Parte que reciba dichos informes no estará obligado a aplicar o hacer aplicar el derecho extranjero según el contenido de la respuesta recibida.

CAPÍTULO VIII
CONSULTAS Y SOLUCIÓN DE CONTROVERSIAS

Artículo 31. Las Autoridades Centrales de los Estados Partes celebrarán consultas en las oportunidades que convengan mutuamente con el fin de facilitar la aplicación del presente Acuerdo.

Artículo 32. Los Estados Partes en caso de controversia sobre la interpretación, la aplicación o el incumplimiento de las disposiciones de este Acuerdo, procurarán resolverla mediante negociaciones diplomáticas directas.

CAPÍTULO IX
DISPOSICIONES FINALES

Artículo 33. El presente Acuerdo no restringirá las disposiciones de las Convenciones que sobre la misma materia, hubieran sido suscriptas anteriormente entre los Estados Partes, en tanto sean más beneficiosas para la cooperación.

Artículo 34. El presente Acuerdo entrará en vigor treinta (30) días después de que hayan sido depositados los instrumentos de ratificación por dos Estados Partes del MERCOSUR y la República de Bolivia o la República de Chile.

Para los demás signatarios, entrará en vigor el trigésimo día posterior al depósito de su respectivo instrumento de ratificación.

Artículo 35. El Gobierno de la República del Paraguay será el depositario del presente Acuerdo y de los instrumentos de ratificación y enviará copias debidamente autenticadas de los mismos a los Gobiernos de los demás Estados Partes.

El Gobierno de la República del Paraguay notificará a los Gobiernos de los demás Estados Partes la fecha de entrada en vigor del presente Acuerdo y la fecha de depósito de los instrumentos de ratificación.

Hecho en la ciudad de Buenos Aires, República Argentina, a los cinco (5) días del mes de julio de 2002, en un ejemplar original, en los idiomas español y portugués, siendo ambos textos igualmente auténticos.

Por la República Argentina, Carlos Ruckauf.- Por la República Federativa del Brasil, Celso Lafer.- Por la República de Paraguay, José Antonio Moreno Ruffinelli.- Por la República Oriental del Uruguay, Didier Opertti.- Por la República de Bolivia, Gustavo Fernández Saavedra.- Por la República de Chile, María Soledad Alvear Valenzuela.

Proceso civil internacional

CONVENCIÓN POR LA QUE SE SUPRIME EL REQUISITO DE LEGALIZACIÓN DE LOS DOCUMENTOS PÚBLICOS EXTRANJEROS, DE 1961

Los Estados signatarios de la presente Convención,

Deseosos de abolir el requisito de legalización diplomática o consular para los documentos públicos extranjeros,

Han resuelto celebrar una Convención para este efecto y han acordado las siguientes disposiciones.

Artículo 1. El presente Convenio se aplicará a los documentos públicos que hayan sido autorizados en el territorio de un Estado contratante y que deban ser presentados en el territorio de otro Estado contratante.

Se considerarán como documentos públicos en el sentido del presente Convenio:

a) Los documentos dimanantes de una autoridad o funcionario vinculado a una jurisdicción del Estado, incluyendo los provenientes del Ministerio Público o de un secretario oficial o agente judicial.

b) Los documentos administrativos.

c) Los documentos notariales.

d) Las certificaciones oficiales que hayan sido puestas sobre documentos privados, tales como la certificación del registro de un documento, la certificación sobre la certeza de una fecha y las autenticaciones oficiales y notariales de firmas en documentos de carácter privado.

Sin embargo, el presente Convenio no se aplicará:

a) A los documentos expedidos por funcionarios diplomáticos o consulares.

b) A los documentos administrativos relacionados directamente con una operación comercial o aduanera.

Artículo 2. Cada Estado contratante eximirá de la legalización a los documentos a los que se aplique el presente Convenio y que deberán ser presentados en su territorio. La legalización, en el sentido del presente Convenio, sólo cubrirá la formalidad por la que los presentes diplomáticos o consulares del país en cuyo territorio del documento debe surtir efecto certifiquen la autenticidad de la firma, la calidad en que el signatario del documento haya actuado y, en su caso, la identidad del sello o timbre que el documento ostente.

Artículo 3. La única formalidad que podrá ser exigida para certificar la autenticidad de la firma, el carácter con que ha actuado el signatario del documento y, de corresponder, la identidad del sello o del timbre que lleva el documento, será una acotación que deberá ser hecha por la autoridad competente del Estado en el cual se originó el documento, de conformidad con lo previsto en el artículo 4.

Sin embargo, la formalidad mencionada en el párrafo precedente no podrá exigirse cuando las leyes, reglamentos o las costumbres vigentes en el Estado en el que el documento deba surtir efecto, o un acuerdo entre dos o más Estados contratantes, la rechacen, la simplifiquen o eximan al documento del requisito de la legalización.

Artículo 4. La acotación prevista en el Artículo 3, Párrafo Primero, se colocará sobre el propio documento o sobre una prolongación del mismo, de conformidad con el modelo anexo al presente Convenio. Sin embargo, la acotación podrá redactarse en la lengua oficial de la autoridad que la expida. Las indicaciones que figuren en la misma podrán igualmente ser escritas en otro idioma, pero el título «Apostille (Convention de la Haya du 5 Octobre 1961)» deberá mencionarse en idioma francés.

Artículo 5. La acotación se expedirá a petición del signatario o de cualquier otra persona portadora del documento.

Debidamente cumplimentada, la acotación certificará la autenticidad de la firma, del carácter con que el signatario haya actuado, y en su caso, la identidad del sello o timbre que lleva el documento.

La firma, sello o timbre que figuren en la acotación quedarán exentos de toda certificación.

Artículo 6. Cada Estado contratante designará, las autoridades consideradas en base al ejercicio de sus funciones como tales, a alas que dicho Estado atribuye competencia para expedir la acotación prevista en el Artículo 3, Párrafo primero y deberá notificar esa designación al Ministerio de Asuntos Extranjeros de los Países Bajos en el momento del depósito del correspondiente instrumento de calificación o de adhesión o de su declaración de extensión. También deberá notificarle toda modificación en la designación de esas autoridades.

Artículo 7. Cada una de las autoridades designadas conforme al Artículo 6, deberá llevar un registro o fichero en el que queden anotadas las acotaciones expedidas, indicando:

a) El número de orden y fecha de la acotación.

b) El nombre del signatario del documento público y el carácter en que haya actuado o, para los documentos sin firma, la indicación de la autoridad que haya puesto el sello o timbre.

A solicitud de cualquier interesado, la autoridad que haya expedido la acotación deberá comprobar si las anotaciones incluidas en la acotación se ajustan a las del registro o fichero.

Artículo 8. Cuando entre dos o más Estados contratantes exista un Tratado, Convenio o Acuerdo que contenga disposiciones que sometan la certificación de una firma, sello o timbre a ciertas formalidades, el presente convenio sólo anulará dichas disposiciones si tales formalidades son más rigurosas que las previstas en los artículo 3 y 4.

Artículo 9. Cada Estado contratante adoptará las medidas necesarias para evitar que sus funcionarios diplomáticos o consulares procedan a legalizaciones, en los casos en que el presente Convenio prevea la exención de esa formalidad.

Artículo 10. El presente Convenio estará abierto a la firma de los Estados representados en la Novena Sesión de la Conferencia de La Haya sobre Derecho Internacional Privado, así como por Irlanda, Islandia, Liechtenstein y Turquía.

Será ratificado y los instrumentos de ratificación serán depositados ante el Ministerio de Asuntos Extranjeros de los Países Bajos.

Artículo 11. El presente Convenio entrará en vigencia a los sesenta días de ser depositado el tercer instrumento de ratificación previsto en el Artículo 10, Párrafo 2.

Para cada Estado signatario que lo ratifique posteriormente, el Convenio entrará en vigencia a los sesenta días de ser depositado su instrumento de ratificación.

Artículo 12. Cualquier Estado al que no se haga referencia en el Artículo 10 podrá adherirse al presente Convenio, una vez entrado éste en vigencia en virtud del artículo 11, Párrafo primero. El instrumento de adhesión será depositado ante el Ministerio de Asuntos Extranjeros de los Países Bajos.

La adhesión sólo surtirá efecto en las relaciones entre el Estado adherente y los Estados contratantes que no hayan formulado objeción en su contra dentro de los seis meses siguientes a la recepción de la notificación preceptuada en el Artículo 15, literal d) Tal objeción será notificada al Ministerio de Asuntos Extranjeros de los Países Bajos.

El Convenio entrará en vigencia entre el Estado adherente y los Estados que no hayan formulado objeción contra la adhesión sesenta días subsiguientes a la expiración del plazo de seis meses mencionados en el párrafo precedente.

Artículo 13. Todo Estado podrá declarar, en el momento de la firma, ratificación o adhesión, que el presente Convenio se extenderá al conjunto de territorios que éste representa internacionalmente, o a uno o varios de ellos. Esta declaración surtirá efecto en el momento de la entrada en vigencia del Convenio para dicho Estado.

Con posterioridad, toda extensión de esta naturaleza deberá ser notificada al Ministerio de Asuntos Extranjeros de los Países Bajos.

Cuando la declaración de extensión sea hecha por un Estado que haya firmado y ratificado el Convenio, éste entrará en vigencia para los territorios afectados conforme a lo previsto en el Artículo 11. Cuando la declaración de extensión sea hecha por un Estado que se haya adherido al Convenio, éste entrará en vigencia para los territorios afectados conforme a lo previsto en el artículo 12.

Artículo 14. El presente Convenio tendrá una duración de cinco años a partir de la fecha de su entrada en vigencia conforme al artículo 11, Párrafo primero, incluso para los Estados que lo hayan ratificado o se hayan adherido con posterioridad.

El Convenio se renovará tácitamente cada cinco años, salvo denuncia.

La denuncia se notificará al Ministerio de Asuntos Extranjeros de los Países Bajos al menos con seis meses de antelación a la expiración del plazo de cinco años.

Podrá limitarse a ciertos territorios a los que se aplique el Convenio.

La denuncia sólo tendrá efecto con respecto al Estado que la hubiera notificado. El Convenio continuará en vigencia para los demás Estados contractuales.

Artículo 15. El Ministerio de Asuntos Extranjeros de los Países Bajos notificará a los Estados a que se hace referencia en el artículo 10, así como a los Estados que se hayan adherido conforme al artículo 12.

a) Las notificaciones preceptuadas en el artículo 6, párrafo 2.

b) Las firmas y ratificaciones previstas en el artículo 10.

c) La fecha en la que el presente Convenio haya de entrar en vigencia conforme a las disposiciones del artículo 11, párrafo primero.

d) Las adhesiones y objeciones mencionadas en el artículo 12 y la fecha en la que las adhesiones hayan de tener efecto.

e) Las extensiones previstas en el artículo 13 y la fecha en la que tendrán efecto.

f) Las denuncias referidas en el artículo 14, párrafo tercero.

En fe de lo cual, los infrascritos, debidamente autorizados, firman el presente Convenio.

Extendido en La Haya, el 5 de octubre de 1961, en idioma francés e inglés, prevaleciendo el texto en francés en caso de divergencia entre ambos textos, en un solo ejemplar, que será depositado en los archivos del Gobierno de los Países Bajos y del que una copia certificada conforme, será remitida, por vía diplomática, a cada uno de los Estados representados en la Novena Sesión de la Conferencia de La Haya de Derecho Internacional Privado, así como a Irlanda, Islandia, Liechtenstein y Turquía.

DECRETO N° 81, APRUEBA REGLAMENTO DE LA LEY N° 20.7011, QUE IMPLEMENTA LA CONVENCIÓN DE LA HAYA QUE SUPRIME LA EXIGENCIA DE LEGALIZACIÓN DE DOCUMENTOS PÚBLICOS EXTRANJEROS[38]

Vistos:

Los artículos 32, Nº 6, y 54), Nº 1), de la Constitución Política de la República; el Decreto con Fuerza de Ley Nº 161 de 1978, del Ministerio de Relaciones Exteriores; el artículo 8° de la Ley Nº 20.711, que implementa la Convención de La Haya que Suprime la Exigencia de Legalización de Documentos Públicos Extranjeros (Convención de la Apostilla), adoptada el 5 de octubre de 1961 en La Haya, Países Bajos;

Considerando:

Que la Convención de La Haya que Suprime la Exigencia de Legalización de Documentos Públicos Extranjeros tiene por objeto simplificar la autenticación de dichos documentos que deben ser presentados en el extranjero, facilitando su circulación entre los Estados Parte.

Que los documentos públicos otorgados por un Estado Parte de la Convención no deberán ser sometidos al procedimiento de legalización si respecto de estos se ha otorgado un certificado denominado «Apostilla» por la autoridad designada por el Estado del que dimana dicho documento.

Que la apostilla en la forma extendida de acuerdo con el presente Reglamento, será la única formalidad exigible para acreditar la autenticidad de la firma, la calidad en que el signatario del documento ha actuado y en su caso la identidad del sello o timbre de que el documento electrónico está revestido.

Decreto:

Apruébase el siguiente Reglamento de la Ley Nº 20.711 que implementa la Convención de La Haya que Suprime la Exigencia de Legalización de

---

[38] Publicado en el Diario Oficial el 28 de noviembre de 2015.

Documentos Públicos Extranjeros (Convención de la Apostilla), adoptada el 5 de octubre de 1961, en La Haya, Países Bajos.

Artículo 1°. De conformidad con lo dispuesto en los artículos 8° y 9° de la Ley N° 20.711, el presente Reglamento regula la forma de solicitar, tramitar y otorgar apostillas en conformidad con lo establecido en la Convención de La Haya que Suprime la Exigencia de Legalización de Documentos Públicos Extranjeros, en adelante Convención de la Apostilla, y determina la forma de organización del Sistema Electrónico Único de Apostillas.

I. DISPOSICIONES COMUNES

Artículo 2°. Para los efectos del presente Reglamento, la apostilla es un certificado, que emitido de conformidad con lo que se indica en lo sucesivo, produce respecto del documento público para el cual se otorga, los mismos efectos que el proceso de legalización.

Válidamente otorgada, la apostilla certificará respecto del documento público, en todos los Estados Parte en cuyo ordenamiento la Convención de la Apostilla se encuentre en vigor, la autenticidad de la firma en él contenida, la calidad en que ese signatario haya actuado y, en su caso, la identidad del sello o timbre del que el instrumento esté revestido.

Artículo 3°. La apostilla se expedirá respecto de documentos públicos y su otorgamiento se realizará electrónicamente, a solicitud del portador, por las autoridades u órganos públicos y en la forma que se establece en el presente Reglamento. Su tramitación y registro se efectuará en forma centralizada y en línea, mediante el Sistema Electrónico Único de Apostillas que regula el artículo 14.

II. DOCUMENTOS PÚBLICOS

Artículo 4°. Para los efectos del presente Reglamento serán considerados documentos públicos los que reciben dicha calificación por la Convención de la Apostilla.

III. DE LAS AUTORIDADES COMPETENTES PARA EXPEDIR APOSTILLAS Y EL REGISTRO DE FIRMAS

Artículo 5°. A las autoridades competentes señaladas en los artículos 6° y 7° corresponde verificar la autenticidad de los documentos públicos cuyo apostillado se ha solicitado y expedir las apostillas electrónicas generadas y registradas en el Sistema Electrónico Único de Apostillas.

Para cumplir este cometido, las autoridades competentes deberán contar con instalaciones adecuadas y personal suficiente sujeto a permanente capacitación para que desarrollen y mantengan las buenas prácticas. Asimismo, deberán elaborar instructivos que proporcionen a los miembros del personal, entre otros, guías para identificar los documentos públicos que puedan ser apostillados.

Artículo 6°. Son autoridades competentes para expedir apostillas:

1) El Subsecretario de Justicia y los Secretarios Regionales Ministeriales de Justicia, respecto de los siguientes documentos públicos:

a) Emanados de Notarías Públicas de cualquier región del país;

b) Emanados de los Archiveros Judiciales de cualquier región del país;

c) Emanados de los Conservadores de Bienes Raíces de cualquier región del país;

d) Servicios dependientes y los relacionados con el Ministerio de Justicia, de su competencia, en cualquier región del país, con excepción del Servicio de Registro Civil e Identificación que se regirá por el numeral 4 del presente artículo; y,

e) Sentencias y otras resoluciones dictadas por los Tribunales de Justicia que pertenezcan al Poder Judicial, que hayan sido autenticadas por el ministro de fe competente del respectivo tribunal.

El Secretario Regional Ministerial de Justicia de la Región Metropolitana no gozará de la facultad contemplada en el párrafo anterior, siendo competente el Subsecretario de Justicia para otorgar apostillas en dicha región respecto de los documentos, sentencias y resoluciones indicados precedentemente.

2) Los Secretarios Regionales del Ministerio de Educación respecto de los siguientes documentos públicos:

a) Certificados de estudios básicos, medios o superiores, entendiéndose en dicha categoría aquellos que tienen su origen en los mismos, tales como certificados de notas, de alumno regular, de título, concentraciones de notas, informes de personalidad, licencias de enseñanza media, mallas curriculares, planes y programas de estudio, títulos y otros análogos.

b) Aquellos que acreditan puntajes obtenidos en evaluaciones de selección universitaria, de su competencia.

3) Los Secretarios Regionales Ministeriales de Salud, los Directores de Servicios de Salud y el Intendente de Prestadores de Salud, respecto de aquellos documentos públicos en que consten las firmas de las autoridades de ese Ministerio o de algún profesional de esa área en que se acredite el estado de salud de una persona o le prescriba algún tratamiento o medicación.

4) El Director Nacional y Directores Regionales del Servicio de Registro Civil e Identificación, respecto de los documentos públicos emanados de dicho Servicio.

Artículo 7°. La Dirección General de Asuntos Consulares y de Inmigración del Ministerio de Relaciones Exteriores estará facultada para expedir apostillas respecto de todo documento público emitido por cualquier autoridad y que se autentifique mediante el Sistema sobre el que trata el presente Reglamento.

Artículo 8°. Las autoridades mencionadas en los artículos precedentes y sus subrogantes legales deberán registrar su firma de forma presencial o electrónica en el Registro de Firmas del Sistema Electrónico Único de Apostillas, a cargo del Ministerio de Relaciones Exteriores, sin que sea necesario que el respectivo decreto de nombramiento se encuentre totalmente tramitado. Una vez registrado, se le asignará un nombre de usuario, se le proporcionará una contraseña de acceso y se le proveerá de una firma electrónica avanzada con sujeción a las normas establecidas en la Ley N°

19.799, sobre Documentos Electrónicos, Firma Electrónica y Servicios de Certificación de dicha firma.

El cese de funciones en el cargo, también deberá ser comunicado a dicha Secretaría de Estado, conforme con las instrucciones que ésta imparta.

IV. DE LA SOLICITUD, TRAMITACIÓN Y OTORGAMIENTO DE LAS APOSTILLAS

Artículo 9°. Las apostillas serán solicitadas a la autoridad competente por el interesado, quien exhibirá en ese acto, el original del documento público que se pretende apostillar.

Para la expedición de la apostilla, la autoridad competente no podrá establecer requisitos especiales al interesado, sin perjuicio de aquellas exigencias contenidas en el presente Reglamento sobre el documento público para el cual se otorga.

Artículo 10. A solicitud del interesado, el funcionario encargado de apostillar procederá a incorporar el documento público al Sistema Electrónico Único de Apostillas completando los campos proporcionados por dicho sistema informático. Verificado que el documento es de aquellos susceptibles de apostillar, el sistema generará una apostilla electrónica, le asignará un número único de ingreso, la fecha de su otorgamiento, el nombre y calidad jurídica del signatario y será firmada electrónicamente por la autoridad competente. Además, se deberá incluir una copia digitalizada del documento público en el Sistema Electrónico Único de Apostillas.

La apostilla electrónica y la copia digitalizada del documento público para el cual se otorga, serán archivadas en forma centralizada y en línea, en el Sistema Electrónico Único de Apostillas.

Artículo 11. La autoridad competente podrá rechazar la solicitud de apostillar si el documento respecto del cual se requiere, no es un documento público de conformidad con el presente Reglamento. En todo caso, deberá denegar su otorgamiento si no pudiere verificar la autenticidad de la firma en él contenida, la calidad en que su signatario haya actuado y en su caso, la identidad del sello o timbre del que el documento esté revestido.

Artículo 12. Una vez incorporado el documento público al Sistema Electrónico Único de Apostillas, se entregará al usuario una copia en papel de la apostilla electrónica expedida, la que deberá llevar impresa en lugar visible el número único de ingreso referido en el artículo 10° anterior, a través del cual el interesado podrá verificar su autenticidad electrónicamente en el sitio web dispuesto para dicho efecto.

Artículo 13. Las autoridades competentes podrán emitir apostillas respecto de certificados otorgados por sus respectivos Servicios a través de sistemas en línea. En el caso indicado, ambos documentos serán simultáneamente generados y puestos a disposición del interesado.

Artículo 14. La generación de apostillas electrónicas operará mediante mecanismos de interoperabilidad y será centralizada a través de los «Servicios Web», que prestará para dicho efecto, el Sistema Electrónico Único de Apostillas.

No obstante lo anterior, cada servicio público que requiera entregar documentos públicos apostillados electrónicamente a través de sus propios sistemas, deberá cumplir con los estándares tecnológicos y procedimientos que el Ministerio de Relaciones Exteriores defina para este efecto.

V. DEL SISTEMA ELECTRÓNICO ÚNICO DE APOSTILLAS

Artículo 15. El Ministerio de Relaciones Exteriores estará a cargo de la administración, mantención, disponibilidad y seguridad del Sistema Electrónico Único de Apostillas creado por la Ley N° 20.711. Su página institucional deberá mantener permanentemente a disposición del público la información sobre el soporte, los protocolos de seguridad del registro y navegadores de internet a través de los cuales se podrán efectuar las comunicaciones entre el Sistema y los usuarios.

Artículo 16. A través del Sistema Electrónico Único de Apostillas, al cual se podrá acceder desde el sitio www.apostilla.gob.cl, será posible verificar, utilizando el número único de ingreso referido en el artículo 10, la autenticidad de la apostilla, su fecha de expedición, la firma de la autoridad competente y la imagen si fuese necesario.

VI. DE LA FORMA DE LA APOSTILLA

Artículo 17. La apostilla tendrá la forma de un certificado, podrá ser impresa en un papel blanco de tamaño carta (21,59 cm x 27,94 cm) y deberá contener al menos los siguientes campos, en un cuadrado de 9 centímetros por lado como mínimo.

ÍNDICE ANALÍTICO DEL CÓDIGO DE DERECHO INTERNACIONAL PRIVADO

A

D

Q

R

S

JURISPRUDENCIA CHILENA (2023-2024)

I. CORTE SUPREMA

EXEQUÁTUR
- SCS, Rol 7303-2024, de 15 de enero de 2025;
- SCS, Rol 252314-2023, de23 de septiembre de 2024;
- SCS, Rol 94-2023, de 24 de enero de 2024;
- SCS, Rol 4702-2024, de 8 de agosto de 2024;
- SCS, Rol 3545-2022, de 16 de enero de 2023;
- SCS, Rol 9067-2022, de 12 de enero de 2023;

EXTRADICIÓN
- SCS, Rol 55432-2024, de 2 de diciembre de 2024 (extradición pasiva);
- SCS, Rol 41586-2024, de 17 de septiembre de 2024;
- SCS, Rol 22425-2024, de 2 de septiembre de 2024 (extradición activa);
- SCS, Rol 22400-2024, de 2 de diciembre de 2024 (extradición activa);
- SCS, Rol 29166-2024, de 9 de agosto de 2024 (extradición pasiva);
- SCS, Rol 2378-1998, de 25 de junio de 2024 (extradición activa)
- SCS, Rol 1539-2024, de 29 de febrero de 2024 (extradición activa);
- SCS, Rol 199426-2023, de 25 de septiembre de 2023 (extradición pasiva)
- SCS, Rol 10331-2023, de 9 de febrero de 2023 (extradición pasiva)

PACTOS DE ELECCIÓN DE FORO
- SCS, Rol 21834-2022, de 13 de junio de 2024 (artículos 318 y 321 del Código);

II. CORTES DE APELACIONES

EXTRADICIÓN
- SCA de Santiago, Rol 7077-2024, de 30 de diciembre de 2024 (extradición activa);
- SCA de Santiago, Rol 6383-2024, de 18 de noviembre de 2024 (extradición activa);
- SCA de Santiago, Rol 4072-2024, de 12 de julio de 2024 (extradición activa);
- SCA de Concepción, Rol 1013-2024, de 14 de mayo de 2024;

- SCA de Santiago, Rol 446-2024, de 8 de febrero de 2024 (extradición activa);
- SCA de Antofagasta, Rol 38-2024, de 24 de enero de 2024 (extradición activa);
- SCA de Santiago, Rol 6383-2024, de 18 de noviembre de 2024 (extradición activa);
- SCA de Santiago, Rol 6120-2023, de 12 de enero de 2024 (extradición activa);
- SCA de Concepción, Rol 752-2023, de 12 de junio de 2023 (extradición activa);

PACTOS DE ELECCIÓN DE FORO
- SCA de Santiago, Rol 16986-2022, de 15 de octubre de 2024 (artículos 318 y 321 del Código);

III. JUZGADOS CIVILES

COBRO DE PESOS
- Sentencia del 1 Juzgado de Letras de La Serena, causa Rol C-2569-2019, de 15 de abril de 2020;

DONACIONES
- Sentencia del 25 Juzgado Civil de Santiago, causa Rol V-59-2021, de 3 de febrero de 2023;

QUERELLA POSESORIA DE AMPARO
- Sentencia del 2do Juzgado de Letras de Osorno, causa Rol C-1110-2022, de 20 de julio de 2022;

RECTIFICACIÓN DE PARTIDAS
- Sentencia del 11 Juzgado Civil de Santiago, causa Rol V-284-2021, de 14 de abril de 2022;

RECLAMO NEGATIVA DEL CONSERVADOR DE BIENES RAÍCES A INSCRIBIR
- Sentencia del 25 Juzgado Civil de Santiago, causa Rol V-188-2021, de 25 de septiembre de 2021;

IV. JUZGADOS LABORALES

DEMANDA EN CONTRA DE EMBAJADA
- Sentencia del 2do Juzgado de Letras del Trabajo de Santiago, causa Rol O-6232-2023, de 29 de noviembre de 2024;
- Sentencia del 2do Juzgado de Letras del Trabajo de Santiago, causa Rol O-1314-2022, de 15 de junio de 2023;

EXCEPCIÓN DE LITISPENDENCIA
- Sentencia del 1er Juzgado de Letras del Trabajo de Santiago, causa Rol O-818-2022, de 11 de noviembre de 2023.